RAINER JACOBS

Die Quit-Rents in den USA und ihre Wurzeln in der Geschichte des englisch-amerikanischen Real-Property-Law

NEUE KÖLNER
RECHTSWISSENSCHAFTLICHE
ABHANDLUNGEN

HERAUSGEGEBEN VON
DER RECHTSWISSENSCHAFTLICHEN FAKULTÄT
DER UNIVERSITÄT ZU KÖLN

HEFT 68

1971

DE GRUYTER · BERLIN · NEW YORK

Die Quit-Rents in den USA und ihre Wurzeln in der Geschichte des englisch-amerikanischen Real-Property-Law

Von

Rainer Jacobs

1971

DE GRUYTER · BERLIN · NEW YORK

ISBN 3 11 001722 9

Satz und Druck: Saladruck, 1 Berlin 36

MEINER MUTTER

VORWORT

Die Arbeit wurde angeregt und betreut von Herrn Professor Dr. Gerhard *Kegel*. Ihm sei an dieser Stelle mein aufrichtiger und herzlicher Dank ausgesprochen für die zahllosen hilfreichen Hinweise, für die stete, vertrauensvolle Unterstützung und für die großzügige Förderung. Er war es, der mein Interesse und meine Neugier für die anglo-amerikanischen Rechte geweckt hat.

Besonderen Dank schulde ich der New York State Library in Albany. Sie hat mir wertvolles historisches Material zur *manorial-lease* im Staat New York zur Verfügung gestellt.

Das Manuskript der Arbeit wurde im Sommer 1968 abgeschlossen.

Köln, im November 1970

Rainer Jacobs

INHALT

3. Abschnitt

4. Abschnitt

2. TEIL

1. Abschnitt

2. Abschnitt

3. Abschnitt

4. Abschnitt

3. TEIL

1. Abschnitt

2. Abschnitt

3. Abschnitt

4. Abschnitt

5. Abschnitt

ABKÜRZUNGEN

Übliche Abkürzungen der deutschen Rechtssprache werden nicht aufgeführt.

A. 2d	Atlantic Reporter, Second Series [seit 1938]
A. C.	Appeal Cases [seit 1891]
A. E. A.	Administration of Estates Act, 1925, 15 Geo. 5 c. 23
Ala.	Alabama; Alabama State Reports
All E. R.	All England Law Reports [seit 1936]
A. L. R.	American Law Reports Annotated [1913—1948]
A. L. R. 2d	American Law Reports Annotated, Second Series [seit 1944]
Am. Dec.	American Decisions [1765—1870]
Am. Hist. Rev.	American Historical Review
Am. J. Legal Hist.	American Journal of Legal History
Am. Rep.	American Reports [1868—1887]
Am. St. Rep.	American State Reports [1887—1911]
And.	Anderson's Reports, Common Pleas [1534—1605, letzte Ausgabe 1664—1665]
Ann. Cas.	American and English Annotated Cases [1904 bis 1918]
Anon.	Anonymous
Anst.	Anstruther's Reports, Exchequer [1792—1797, letzte Ausgabe 1817]
App. Div.	Supreme Court, Appellate Division, Appellate Division Reports, Supreme Court of New York [1896—1955]
Ariz.	Arizona; Arizona State Reports
Ark.	Arkansas; Arkansas State Reports
Atk.	Atkyns' Reports, Chancery [1736—1754, letzte Ausgabe 1794]
Atl.	Atlantic Reporter [1885—1938]
Barb.	Barbour's New York Supreme Court Reports [1847—1876]
B. & C.	Barnewall and Cresswell's Reports, King's Bench [1822—1830]

Beav.	Beavan's Reports, Rolls Court [1838—1866]
Binn.	Binney's Pennsylvania Reports [1799—1814]
Black. W.	Sir William Blackstone's Reports, King's Bench [1746—1779, letzte Ausgabe 1828]
Bland	Bland's Maryland Chancery Reports
Bli.	Bligh's Reports, House of Lords [1819—1821]
Boyce	Boyce's Delaware Reports [1909—1920]
Bro. P. C.	Brown's Cases in Parliament, House of Lords [1701—1800, letzte Ausgabe 1803]
Brownl. & Golds.	Brownlow and Goldesborough's Reports, Common Pleas [1569—1624, letzte Ausgabe 1675]
B. U. L. Rev.	Boston University Law Review
Bulstr.	Bulstrode's Reports, King's Bench [1610—1626, letzte Ausgabe 1688]
Burr.	Burrow's Reports, King's Bench [1756—1771, letzte Ausgabe 1812]
Bush.	Bush's Reports, Kentucky [1866—1879]
c.	chapter
C.	Commissioner
Cal.	California; California State Reports
Cal. L. Rev.	California Law Review
Camb. L. J.	Cambridge Law Journal
Cases t. Talbot	Cases in Equity tempore Talbot [1733—1737]
C. B. (N. S.)	Common Bench Reports, New Series [1856—1865]
C. C.	Circuit Court [old federal]
Ch.	Chancery [seit 1891]; Chapter
Chan.	Chancery Court
Ch. D.	Chancery Division [1875—1890]
Ch. R.	Reports in Chancery [1615—1712, letzte Ausgabe 1736]
Cir.	Circuit Court of Appeals [federal]
Cir. J.	Circuit Jugde
C. J.	Lord Chief Justice
Colo.	Colorado; Colorado State Reports
Colum. L. Rev.	Columbia Law Review
Conn.	Connecticut; Connecticut State Reports
Co. Rep.	Coke's Reports [1572—1616]
Cow.	Cowen's New York Supreme Court Reports [1823—1829]
C. P.	Common Pleas
Cro. Eliz. Cro. Jac. Cro. Car.	Croke's King's Bench Reports tempore Elizabeth I (1 Cro.), James I (2 Cro.), Charles II (3 Cro.) [1582—1641, letzte Ausgabe 1790—1792]

Ct. App.	Court of Appeal(s) [state]
Ct. Err. & App.	Court of Errors and Appeals
D.	District Court [federal]
D. C.	District of Columbia
Del.	Delaware; Delaware State Reports
Denio.	Denio's New York Reports [1845—1848]
Dist. Ct.	District Court [state]
D. J.	District Judge
Doug.	Douglas' Michigan Reports
Dougl.	Douglas' Reports, King's Bench [1778—1785, letzte Ausgabe 1813—1831]
Dutch.	Dutcher's New Jersey Reports
Dyer	Dyer's Reports, King's Bench [1513—1582, letzte Ausgabe 1794]
Econ. Hist. Rev.	Economic History Review
Edw.	Edward
Eng. Hist. Rev.	English Historical Review
Eng. Rep.	English Reports — Full Reprint [1220—1867]
et al.	et alios
Ex.	Court of Exchequer
f., fol.	folio
F. 2d	Federal Reporter, Second Series [seit 1924]
Fed.	Federal Reporter [1880—1924]
Fla.	Florida; Florida State Reports
F. Supp.	Federal Supplement [seit 1932]
Ga.	Georgia; Georgia State Reports
Ga. App.	Georgia Appeals Reports [seit 1907]
Geo.	George
Geo. L. J.	Georgetown Law Journal
Gill & Johns.	Gill & Johnson's Maryland Reports
Gouldsborough	Gouldsborough's Reports, Queen's Bench and King's Bench [1586—1602, letzte Ausgabe 1682]
Hardres	Hardres' Reports, Exchequer [1655—1660, letzte Ausgabe 1792]
Harv. L. Rev.	Harvard Law Review
Hen.	Henry
Hil.	Hilary Term
H. L.	House of Lords

Ida.	Idaho; Idaho State Reports
Ill.	Illinois; Illinois State Reports
Ill. L. Rev.	Illinois Law Review
Ind.	Indiana; Indiana State Reports
Iowa L. Rev.	Iowa Law Review
Irl.	Irland
J.	Judge; Justice
J. & H.	Johnson & Hemming's Vice-Chancellors' Reports [1859—1862]
Johns. Cas.	Johnson's New York Cases [1799—1804]
Johns. R.	Johnson's Reports, New York Supreme Court [1806—1823]
K. B.	King's Bench
Ky.	Kentucky; Kentucky State Reports
Ld. Raym.	Lord Raymond's King's Bench Reports [1694 bis 1734, letzte Ausgabe 1790]
L. Ed.	Lawyers' Edition, United States Supreme Court Reports [1754—1956]
Leo.	Leonard's King's Bench Reports [1553—1615, letzte Augsabe 1686—1687]
Lev.	Levinz's King's Bench Reports [1660—1697, letzte Ausgabe 1802]
Ley	Ley's King's Bench Reports [1608—1629, letzte Ausgabe 1659]
L. J.	Lord Justice
L. R. A.	Lawyers' Reports Annotated [1888—1906]
L. R. A. (n. s.)	Lawyers' Reports Annotated, New Series [1906 bis 1915]
L. R. Eq.	Law Reports, Equity Cases [1865—1875]
L. R. Ex.	Law Reports, Exchequer Cases [1865—1875]
L. Q. Rev.	Law Quarterly Review
Man. & G.	Manning and Granger's Common Pleas Reports [1840—1844]
Mass.	Massachusetts; Massachusetts State Reports
Md.	Maryland; Maryland State Reports
Md. L. Rev.	Maryland Law Review
Me.	Maine; Maine State Reports
Mich.	Michigan; Michigan State Reports
Mich. L. Rev.	Michigan Law Review
Michs.	Michaelmas Term
Minn.	Minnesota; Minnesota State Reports

Misc. Rep.	New York Miscellaneous Reports [1892—1955]
Miss.	Mississippi; Mississippi State Reports
Mo.	Missouri; Missouri State Reports
Mod.	Modern Reports, King's Bench [1669—1755, letzte Ausgabe 1793—1796]
Moo. P. C. C.	Moore's Privy Council Cases [1836—1862]
Moore (K. B.)	Moore's Reports, King's Bench [1485—1621, letzte Ausgabe 1688]
N. C.	North Carolina; North Carolina State Reports
N. D.	North Dakota; North Dakota State Reports
N. E.	North Eastern Reporter [1885—1936]
N. E. 2d	North Eastern Reporter, Second Series [seit 1934]
Neb.	Nebraska; Nebraska State Reports
N. H.	New Hampshire; New Hampshire State Reports
N. J.	New Jersey; New Jersey State Reports [seit 1948]
N. J. L.	New Jersey Law Reports [1790—1948]
Noy	Noy's King's Bench Reports [1559—1649, letzte Ausgabe 1669]
N. W.	North Western Reporter [1879—1941]
N. W. 2d	North Western Reporter, Second Series [seit 1941]
N. Y.	New York; New York State Reports
N. Y. S. 2d	New York Supplement, Second Series [seit 1937]
N. Y. Supp.	New York Supplement [1888—1937]
N. Y. U. Intra. L. Rev.	New York University Intramural Law Review
Ohio St.	Ohio State Reports [ab 1852]
Ore.	Oregon; Oregon State Reports
P. 2d	Pacific Reporter, Second Series [seit 1931]
Pa.	Pennsylvania; Pennsylvania State Reports [ab 1845]
Pac.	Pacific Reporter [1883—1931]
Pa. D. & C.	Pennsylvania District and County Reports [1921 bis 1954]
Pa. Dist.	Pennsylvania District Reports [1892—1921]
Pa. Super.	Pennsylvania Superior Court Reports [seit 1895]
P. C.	Privy Council
P. D.	Probate Division [1875—1890]
Pet.	Peters' United States Supreme Court Reports [1828—1842]
Pick.	Pickering's Massachusetts Reports [1822—1839]
Plowd.	Plowden's Reports (Commentaries) [1550—1580, letzte Ausgabe 1816]

P. WMS.	Peere Williams' Chancery and King's Bench Reports [1695—1736, letzte Ausgabe 1826]
Q. B.	Queen's Bench; Queen's Bench Reports [1841 bis 1852]; Queen's Bench [1891—1900, seit 1952]
Rawle	Rawle's Pennsylvania Reports [1828—1835]
R. Ct.	Rolls Court
R. Hist. Soc.	Royal Historical Society
R. I.	Rhode Island; Rhode Island State Reports
Rich.	Richard
Rolle	Rolle's King's Bench Reports [1614—1625, letzte Ausgabe 1675—1676]
R. S.	Rolls Series
s.	section; shilling
Salk.	Salkeld's King's Bench Reports [1689—1712, letzte Ausgabe 1795]
S. C.	South Carolina; South Carolina State Reports
S. Ct.	Supreme Court
s. d.	sine dato
S. E.	South Eastern Reporter [1887—1939]
S. E. 2d	South Eastern Reporter, Second Series [seit 1939]
Sid.	Siderfin's King's Bench Reports [1657—1670, letzte Ausgabe 1714]
S. Jud. Ct.	Supreme Judicial Court
S. S.	Selden Society
Stan. L. Rev.	Stanford Law Review
Strange	Strange's King's Bench Reports [1716—1749, letzte Ausgabe 1795]
Sup. Ct.	United States Supreme Court Reporter [seit 1882]
Super. Ct.	Superior Court
S. W.	South Western Reporter [1886—1928]
S. W. 2d	South Western Reporter, Second Series [seit 1928]
Tenn.	Tennessee; Tennessee State Reports
Tothill	Tothill's Chancery Reports [1559—1646, letzte Ausgabe 1872]
Tulane L. Rev.	Tulane Law Review
T. U. P. Charlt.	T. U. P. Charlton's Reports, Georgia
U. Pa. L. Rev.	University of Pennsylvania Law Review
U. S.	United States Supreme Court Reports [seit 1754]

v.	versus
Va.	Virginia; Virginia State Reports
Vand. L. Rev.	Vanderbilt Law Review
Vaugh.	Vaughan's Common Pleas Reports [1665—1674, letzte Ausgabe 1706]
Vern.	Vernon's Chancery Reports [1681—1720, letzte Ausgabe 1828]
Vern. & Scriv.	Vernon and Scriven's Irish King's Bench Reports [1786—1788]
Vict.	Victoria
Vol.	Volume
VSWG	Vierteljahrsschrift für Sozial- und Wirtschaftsgeschichte
Vt.	Vermont; Vermont State Reports
Wash.	Washington; Washington State Reports
Watts	Watts' Pennsylvania Reports [1832—1840]
Wend.	Wendell's New York Reports [1828—1841]
Whart.	Wharton's Pennsylvania Reports [1835—1841]
Wight.	Wightwick's Exchequer Reports [1810—1811, letzte Ausgabe 1819]
Wis.	Wisconsin; Wisconsin State Reports
W. N. C.	Weekly Notes of Cases — Pennsylvania
W. & S.	Watts and Sergeant's Pennsylvania Reports [1841 bis 1845]
W. Va.	West Virginia; West Virginia State Reports
Wyo.	Wyoming; Wyoming State Reports
Yale L. J.	Yale Law Journal
Y. B.	Year Book
Yeates	Yeates' Pennsylvania Reports [1791—1808]

EINLEITUNG

Im Jahre 1066, nach seinem Sieg bei Hastings, läßt William the Conqueror seinen Vasallen Pusey ins Kriegshorn blasen und überträgt ihm alles Land, soweit das Horn schallt. Pusey verpflichtet sich, als treuer Vasall dem König mit Waffen zu dienen, wenn dieser ihn ruft.

1278 beschenkt König Edward I den Höfling Bignorel mit einem Landgut. Bignorel verleiht einen Teil des Gutes weiter an Erneswet, der sich verpflichtet, das Gut zu bewirtschaften und jährlich Geld und Naturalien an Bignorel zu leisten.

1632 überträgt König Charles II das Gebiet von Maryland in den überseeischen Kolonien an Cecil Calvert, den zweiten Lord Baltimore. Dieser verpflichtet sich, dem König alljährlich zu Osterdienstag zwei Indianerpfeile aus Maryland auf Schloß Windsor zu bringen.

Im Sommer 1793 überbringt eine Abordnung der Stadt Easton, Pa. der Familie Penn eine rote Rose — entsprechend einer Vereinbarung, die man im Jahre 1764 bei einer Landübertragung getroffen hatte.

Am 6. Juni 1815 überträgt Isaac D. Verplanck ein Stück Land in der Albany county im US-Staat New York an Henry und James H. Arnold, die sich verpflichten, Verplanck hierfür jährlich 17 $ zu zahlen.

Obwohl zwischen der Landübertragung William's von 1066 und der Übertragung Verplanck's von 1815 fast 800 Jahre liegen, weisen sie deutliche Gemeinsamkeiten auf: Ein Stück Land wird übertragen, und der Empfänger verpflichtet sich zu einer wiederkehrenden, zeitlich unbeschränkten Gegenleistung, zu einer *rent-Zahlung*. Hier besteht diese rent aus Kriegsdiensten, aus Naturalien und Geld, aus zwei Indianerpfeilen, aus einer roten Rose oder aus einer bestimmten Geldsumme.

Von einer quit-rent spricht man, wenn der Erwerber seine ursprünglich geschuldete rent durch eine Geldzahlung ersetzt. Leistet z. B. der Vasall Pusey im ersten Fall eine Geld-rent anstelle der Kriegsdienste, so hat sich die rent in eine quit-rent umgewandelt. Unter *quit-rent* versteht man daher eine fest bestimmte, wiederkehrende Geldzahlung, die an die Stelle der eigentlich von dem Erwerber dem Veräußerer geschuldeten Dienste tritt und durch die der Erwerber von diesen Diensten frei („quit“) wird[1].

Doch muß die quit-rent nicht unbedingt eine Geldleistung sein. Später werden die eigentlich geschuldeten Dienste oft auch durch symbolische Leistungen ersetzt, die ebenfalls als quit-rents bezeichnet werden[2]. So sind die zwei Indianerpfeile des Cecil Calvert und die rote Rose der Stadt Easton ebenso quit-rents wie die Geldzahlung des Erneswet an Bignorel und wie die jährlichen 17 $ von Henry und James H. Arnold.

Die vorliegende Arbeit befaßt sich mit den quit-rents, die heute noch in den Vereinigten Staaten von Amerika, und zwar in den Bundesstaaten Maryland, Pennsylvania und New York, gebräuchlich sind. Daß dabei die Entwicklung der quit-rent in England und die Rezeption des englischen Immobiliarsachenrechts in den amerikanischen Kolonien einen breiten Raum einnehmen, ergibt sich aus dem Charakter der quit-rent: Sie läßt sich nur historisch erklären und nur historisch verstehen.

Die Ursprünge der quit-rent liegen in England, so daß die Untersuchung vom englischen Recht und der Entstehung und Entwicklung der quit-rent in England auszugehen hat. Das englische Grundstücksrecht, zu dem die quit-rent gehört, ist einzig in seiner Art: Es beruht noch heute sehr weitgehend auf feudalen Rechtsbegriffen und ist mit dem kontinentalen Sachenrechtssystem kaum vergleichbar[3]. Man muß

---

[1] *Blackstone*, II, S. 42: .“ . . *quit* rents, *quieti reditus;* because thereby the tenant goes quit and free of all other services”; ebenso *Digby*, S. 292, Fußn. 2.

Ähnlich, allerdings einengend auf Geld-rents *Black*'s Law Dictionary, S. 1417: “A rent paid by the tenant of the freehold, by which he goes quit and free, — that is discharged from any other rent.”

So auch *Bouvier*'s Law Dictionary, II, S. 2786 und *Bouvier*'s Law Dictionary, *Baldwin*'s Edition, S. 1011.

In diesem Sinn auch *Casner-Leach*, S. 265, Fußn. 17: “. . . quit-rents — i. e. rents which were paid as a substitute for feudal services, ‘that the tenant might be quit of his service’.”, und *Kaufman*, 5 Md. L. Rev. 6: “A quit rent, according to the original English usage, was a term meaning a fixed sum of money reserved as a substitute for all indefinite services due by the tenant to the lord, since after he had paid it, the tenant was quit from all feudal services except fealty.”

[2] So enthalten die Definitionen *Blackstone*'s und *Digby*'s keine Beschränkung auf eine Geld-rent, siehe vorige Fußn.

[3] *Pollock*, Recht des Grundbesitzes, S. 15, 16 schreibt: „Es [das englische Grundbesitzrecht] ist eine in ihrer Art einzige Übereinanderschichtung verschiedenartigen Baumaterials. Lehnverhältnis und Vertrag, Gewohnheit und freie Konkurrenz, Gesetzgebung und Gebrauch; . . . alle diese Bestandteile haben dazu beigetragen, eine gewaltige und unentwirrbare Anhäufung von Rechtsbestimmungen über den Grundbesitz zu schaffen, . . .“

dieses Grundbesitzsystem, soweit es für die quit-rents interessiert, einer genauen Betrachtung unterziehen. Daher beschäftigt sich der 1. Teil der vorliegenden Arbeit mit der „Entwicklung der rent in England bis zur Besiedlung Amerikas unter Berücksichtigung des englischen Sachenrechtssystems"[4].

Mit der Besiedlung Amerikas seit Anfang des 17. Jahrhunderts entsteht auf diesem Kontinent eine neue Rechtsordnung, von der nicht ohne weiteres gesagt werden kann, daß sie der englischen hätte gleichen müssen. Im Gegenteil: Die Siedler kamen nur zum Teil aus England und auch nur, weil sie die dortigen Verhältnisse als entwürdigend und unerträglich empfunden hatten. Was hätte näher gelegen, als sich von der alten englischen Rechtsordnung zu lösen und ein neues freiheitliches Recht zu schaffen? Andererseits waren sie mit diesem Recht vertraut. Sie wußten allenfalls, *was* sie ändern, nicht aber, *wie* sie es ändern wollten. Denn andere Rechtssätze waren ihnen kaum bekannt. Nach der Revolution und Unabhängigkeit der Kolonien änderte sich die Lage: Die Unabhängigkeitserklärung vom 4. Juli 1776[5] hatte eine demokratische Grundordnung proklamiert, der sich das Recht anpassen mußte. Der 2. Teil der Arbeit behandelt daher die „Rezeption und Umwandlung der rent und des englischen Sachenrechtssystems in Amerika", soweit dies für die quit-rents interessiert[6].

Die quit-rents bestehen, wenn auch in abgewandelter Form, noch heute in Maryland, Pennsylvania und New York. In Maryland haben sie sich unter Umgehung alter Rechtsvorschriften entwickelt; in Pennsylvania sind sie direkt auf die quit-rents der englischen Könige aus der Kolonialzeit zurückzuführen, und in New York beruhen sie auf einer besonderen rechtlichen Konstruktion, die teils zur Umgehung alter englischer, teils zur Umgehung New Yorker Vorschriften geschaffen wurde. Der 3. Teil der Arbeit stellt daher die „quit-rents in Amerika heute" dar[7].

Auf den ersten Blick überrascht, daß die quit-rents noch heute in einigen US-Staaten gebräuchlich sind. Denn sie stammen aus dem alten englischen Recht und scheinen mit der demokratischen Rechtsordnung der USA kaum vereinbar. Dementsprechend sind sie auch nach der amerikanischen Revolution in vielen US-Staaten abgeschafft worden[8]. Die Frage, die daher gestellt wird[9], lautet: Sind die be-

[4] Unten S. 5—101.

[5] Abgedruckt z. B. in N. J. Rev. Stat. 1937, Bd. IV, S. 35—36.

[6] Unten S. 102—181.

[7] Unten S. 182—251.

[8] Näher dazu unten S. 130—177.

[9] Z. B. *Casner-Leach*, S. 266 unter „Problem".

stehenden quit-rents in Maryland, Pennsylvania und New York feudale Rechtsinstitute?

Daß diese Frage verneint werden muß, daß die bestehenden quit-rents in Maryland, Pennsylvania und New York keine feudalen Rechtsinstitute sind, sondern Rechtsgebilde, die vollständig in dem privatrechtlichen Sachenrechtssystem dieser US-Staaten eingegliedert und aufgegangen sind, das ist die These der vorliegenden Untersuchung.

Man mag allerdings fragen, welchen Sinn eine Untersuchung und Darstellung der quit-rents im Recht der USA hat, zumal diese quit-rents ohnehin nur noch in Maryland, Pennsylvania und New York bestehen.

Die fremden Rechte sind aus verschiedenen bekannten Gründen mehr und mehr in den Vordergrund getreten. Die Entdeckung und Erkenntnis des fremden Rechts vollziehen sich häufig dort, wo man eine Nahtstelle, eine Entwicklungslinie dieses Rechts aufspürt. Sie läßt deutlicher die Prinzipien und das Gefüge dieses fremden Rechts sowie dessen Verknüpfung mit alten Rechtstraditionen erkennen als eine panoramahafte Darstellung des geltenden Rechts. Eine solche Nahtstelle des amerikanischen Grundbesitzrechts ist die quit-rent, selbst wenn sie in vielen US-Staaten heute nicht mehr besteht: Sie spielte einerseits eine — wie sich zeigen wird — wichtige Rolle beim Übergang von einem feudalen (öffentlich-rechtlichen) Grundbesitzrecht zu einem privatrechtlichen Immobiliarsachenrecht. Andererseits stand sie am Anfang einer eigenen US-amerikanischen Rechtsordnung, bildet also die Nahtstelle zwischen englischem und amerikanischem Recht. Insoweit bietet sie ein Paradigma für die Rezeption des englischen Rechts in den englischen Kolonien und späteren US-Staaten.

Die Darstellung der quit-rents, die Untersuchung der Frage, warum sie in Maryland, Pennsylvania und New York bestehen, in anderen US-Staaten dagegen nicht, versprechen daher einen lohnenden Einblick in das Gefüge und die Entwicklung des amerikanischen Grundbesitzrechts.

Zum Technischen ist zu bemerken: Die juristischen Begriffe des englischen Rechts sind beibehalten und nicht ins Deutsche übersetzt. Eine Übersetzung dieser Ausdrücke empfiehlt sich nicht. Sie wäre notgedrungen ungenau — diese Ausdrücke decken sich nur selten mit juristischen deutschen Ausdrücken — und würde die Gefahr in sich bergen, daß der Leser sich allzu schnell mit diesen Begriffen vertraut glaubt.

1. TEIL

Entwicklung der rent in England bis zur Besiedlung Amerikas unter Berücksichtigung des englischen Sachenrechtssystems

1. ABSCHNITT

Altes englisches (angelsächsisches) Gewohnheitsrecht

Das alte englische (angelsächsische) Gewohnheitsrecht, wie es vor der normannischen Eroberung bestand, ist nur in groben Umrissen bekannt[1]. Mit Sicherheit kann lediglich gesagt werden, daß es durch Bräuche und Gewohnheiten wesentlich verworrener als das spätere englische Immobiliarsachenrecht war[2]. Überdies stehen nur wenige schriftliche und urkundliche Zeugnisse aus jener Zeit zur Verfügung.

A. GRUNDBESITZTYPEN

Eine einheitliche Art des Grundbesitzes gab es nicht. Es waren vielmehr drei verschiedene Arten des Grundbesitzes bekannt — folkland (Volksland), bocland (Buchland) und laen-land, deren Bestimmung verschieden war[3].

---

[1] *Riesenfeld* in Pound-Festschrift, S. 442: "Unfortunately, the veils of obscurity hang deeply over the regimes of land tenure existing during the long period of more than a half millenium that stretches from the Anglo-Saxon settlement in Britain to the coming of the Normans."

[2] *Pollock*, Recht des Grundbesitzes, S. 26.

[3] *Vinogradoff*, Manor, S. 142, 143; *Maitland*, Domesday Book, S. 244 bis 258; *Pollock and Maitland*, I, S. 38—39: *Holdsworth*, II, S. 57—63.

Einige Autoren nennen nur bocland und folkland, z. B. *Taswell-Langmead*, S. 8. Dabei stützen sie sich auf ein Gesetz Edwards des Älteren, nach dem aller Landbesitz von diesen beiden Formen erfaßt wird: I Edward 2, *Attenborough*, S. 117: "we have declared what he is liable to, who withholds from another his rights either in bocland or folcland."

I. Folkland und bocland

Das *folkland* (folcland) oder Volksland entsprach nach einer älteren Meinung dem ager publicus des römischen Rechts[4]: Im Anschluß an *Allen*[5] wurde angenommen, daß dieses Land keinem einzelnen, sondern nur dem Volk gehört habe. Es habe nur hin und wieder einzelnen Personen zu Besitz und Nutzung, nicht aber, auch nicht für kurze Zeit, zu Eigentum überlassen werden können[6]. Nach dieser Ansicht war das folkland grundsätzlich unveräußerlich[7].

Demgegenüber war nach *Vinogradoff*[8] das Volksland in der Regel einzelnen Personen zu Sondereigentum überlassen. Dieses Sondereigentum war allerdings gebunden durch die allgemeinen Interessen der jeweiligen Dorfgemeinde[9]. Das Volksland bildeten danach alle Ländereien, die in Sondereigentum standen, ohne Buchland zu sein[10], also ethel[11], alod[12], family land[13] oder yrfe-land[14]. Danach war das Volksland im Gegensatz zu der Ansicht *Allen*'s[15] frei vererblich und wahrscheinlich auch, allerdings nur mit Zustimmung der Familiensippe, frei veräußerbar[16].

---

[4] *Pollock,* Recht des Grundbesitzes, S. 27, 263. Vgl. auch *Gneist,* S. 3; *Kemble,* Cod. Dipl., S. CIV; *Kemble,* Saxons, I, S. 289; *Stubbs,* Constitutional History, I, S. 81; *Freeman,* I, S. 90; *Lodge,* S. 57; *Chadwick,* S. 85 bis 87; *Kovalevsky,* 4. L. Q. Rev. 274 f. Vgl. im übrigen *Holdsworth,* II, S. 57 f., mit Nachweis aus einem der Laws of King Edward; *Taswell-Langmead,* S. 8, Fußn. 28 und *Plucknett,* 6 Econ. Hist. Rev. 64—72.

[5] *Allen,* S. 135—159.

[6] Vgl. besonders *Pollock,* Recht des Grundbesitzes, S. 28; *Kovalevsky,* 4 L. Q. Rev. 274 f.

[7] Vgl. die in Fußn. 4 Zitierten.

[8] *Vinogradoff,* 8 Eng. Hist. Rev. 5—17. Vgl. auch *Maitland,* Domesday Book, S. 244 ff.

[9] Vgl. dazu *Holdsworth,* II, S. 58.

[10] *Vinogradoff,* 8 Eng. Hist. Rev. 11: "The folkland is what our scholars have called ethel and alod and family land and yrfeland; it is land held under the old restrictive common law, the law which keeps land in families, as contrasted with land which is held under a book, under a privilegium, modelled on Roman precedents, expressed in Latin words, armed with ecclesiastical sanctions, and making for free alienation and individualism."

[11] Ethel ist erbliches, in Sondereigentum besessenes Land; die Bezeichnung stammt von *Kemble,* Saxons, I, S. 301.

[12] Alod bezeichnet dasselbe wie ethel, *Digby,* S. 12.

[13] Die Bezeichnung stammt von *Lodge* und meint dasselbe wie ethel.

[14] Yrfe-land bezeichnet ebenfalls dasselbe wie ethel, siehe *Pollock,* Recht des Grundbesitzes, S. 29. Die Bezeichnung stammt von ihm selbst.

[15] Siehe oben Fußn. 5.

[16] *Vinogradoff,* 8 Eng. Hist. Rev. 5—17. Kritisch *Kovalevsky,* 4 L. Q. Rev. 274.

Welcher Ansicht zu folgen ist, mag offen bleiben. In jedem Fall handelte es sich um freie, vom König unabhängige Besitzstände entweder des Volkes oder einzelner Personen.

Das *bocland* (bookland) oder Buchland weist demgegenüber Unterschiede auf[17]: Zwar wurde auch dieses Land in Sondereigentum besessen, jedoch nach den ausdrücklichen Bestimmungen einer *schriftlichen Urkunde* (book oder charter), mit der die Übertragung (grant)[18] vollzogen wurde[19].

Ursprünglich war diese Form nur zur Übertragung von Land an *Kirchen und Klöster* gebräuchlich[20]. In der Hoffnung, damit ihre Seele zu retten, aber auch aus geschäftlichen Gründen, haben die Könige und Grundherren hiervon nicht selten Gebrauch gemacht[21]. Später verlieh der König auch Buchland an *Privatpersonen* zu nichtkirchlichen Zwecken.

Zu jeder Verleihung war die Zustimmung des Weisen-Männer-Rates (Witan, Witenagemot, Assembly of the Wise) erforderlich[22].

Das Buchland war *vererblich* und *frei veräußerlich*[23], soweit nicht ausdrücklich in der Verleihungsurkunde Beschränkungen genannt

---

[17] Vgl. *Digby*, S. 15; *Holdsworth*, II, S. 58; *Gneist*, S. 3; *Vinogradoff*, 8 Eng. Hist. Rev. 1; *Pollock*, 8 Eng. Hist. Rev. 270.

[18] Ein Beispiel einer solchen Urkunde ist abgedruckt unten in Anhang I, S. 257.

[19] *Coke*, Law Tracts, S. 2; *Palgrave*, Normandy and England, II, S. CCXXVII, zitiert nach *Pollock*, Recht des Grundbesitzes, S. 260; *Holdsworth*, II, S. 59; *Digby*, S. 11; *Pollock and Maitland*, II, S. 86; *Taswell-Langmead*, S. 9; *Pollock*, 8 Eng. Hist. Rev. 269; *Riesenfeld* in Pound-Festschrift, S. 447.

Dies bestätigt der berühmte *Beda*-Brief — abgedruckt bei *Kemble*, Saxons, I, S. 290 — an *Egbert*, Bischof von York, in dem von „litteras privilegiorum" gesprochen wird. Vgl. dazu *Holdsworth*, II, S. 58.

[20] *Digby*, S. 12; *Holdsworth*, II, S. 58; *Maitland*, Domesday Book, S. 257; *Pollock*, Recht des Grundbesitzes, S. 30.

[21] *Holdsworth*, II, S. 60 berichtet von der Übertragung von Salzwerken von *Ethelbald von Mercia* an das Kloster von Worchester „pro redemptione animae meae".

Die grant-Urkunde endet mit den Worten: „hanc mutuam vicissitudinem idcirco fecisse nos constat, quia utrisque nobis aptum esse visum est."

[22] Eingehend *Holdsworth*, II, S. 58—60. Vgl. auch *Digby*, S. 11 und *Pollock*, Recht des Grundbesitzes, S. 33, 258.

Vgl. zu den Befugnissen des Witan *Taswell-Langmead*, S. 17—20.

[23] *Glanvill*, II, 6, S. 26 f.; *Stubbs*, Constitutional History, I, S. 80; *Freeman*, IV, S. 732; *Allen*, S. 145; *Digby*, S. 13, 29, 100, 101; *Holdsworth*, II, S. 62; *Pollock*, Recht des Grundbesitzes, S. 36; *Pollock and Maitland*, II, S. 258—260; *Maitland*, Domesday Book, S. 141—142; *Vinogradoff*, English Society, S. 396—397; *Walsh*, S. 7, Fußn. 17; *Niles-Walsh* in A. L. P., I, § 2.1, S. 75—76.

waren[24]. Die Vererbung konnte allerdings beschränkt (entailed) werden, wodurch der gegenwärtige Besitzer sein Veräußerungsrecht verlor[25]. Der Besitzer von Buchland hatte einen *freien Besitzstand* und war in keiner Weise von dem König oder der Dorfgemeinde abhängig, wiewohl er üblicherweise in einem engen persönlichen Verhältnis zum König stand[26]. Das Buchland kann daher als *erste Form unbeschränkten Sondereigentums* und als *Allodialeigentum* angesehen werden[27].

Die großen Grundbesitzer und Gefolgsleute des Königs hatten daher in der vornormannischen Zeit das Land zu *eigen* und nicht als Leihe wie z. B. bei den Lehen in Deutschland[28].

II. Laen-land

1. Herkunft und Gestalt des laen-land

Buch- und Volksland konnten für eine bestimmte Zeit an einzelne Personen zur Bewirtschaftung übergeben werden. Dadurch entstand *laen-land* oder *loan-land*[29] (loan of land), das diese Personen aufgrund einer Übereinkunft oder einer Erlaubnis des Grundherrn innehatten[30].

---

[24] *Digby*, S. 12; *Stubbs*, Constitutional History, I, S. 76, Fußn. 3; *Taswell-Langmead*, S. 9.

[25] Beispiele bei *Kemble*, Cod. Dipl., Nr. 299, 314; Nachweise bei *Freeman*, IV, S. 732 und *Allen*, S. 145.

Laws of Alfred, cap. 41: "The man who has bookland and which his kindred left him, then ordain we that he must not give it from his maegburg [kindred], if there be writing or witness that it was forbidden by those men who at first acquired it, and by those who gave it to him, that he should do so; and then let that be declared in the presence of the king and of the bishop before his kinsmen.", *Digby*, S. 13, Fußn. 4. Der Text findet sich auch bei *Attenborough*, S. 83 und *Taswell-Langmead*, S. 9, Fußn. 30.

[26] *Maitland*, Domesday Book, S. 314.

[27] *Pollock*, Recht des Grundbesitzes, S. 31. Allodialeigentum von lat. alodium ist freies, absolutes und (von einem Oberherrn) unabhängiges Eigentum. Näher unten S. 135, Fn. 189. Alodium ist die übliche lateinische Übersetzung von bocland; *Pollock*, Recht des Grundbesitzes, S. 257; *Pollock*, 8 Eng. Hist. Rev. 269.

[28] *Ganshof*, S. 180.

[29] *Kemble*, Saxons, I, S. 310; *Digby*, S. 16—19; *Pollock*, Recht des Grundbesitzes, S. 37—44, 261; *Holdsworth*, II, S. 60—62; *Vinogradoff*, English Society, S. 229—232; *Taswell-Langmead*, S. 9; *Vinogradoff*, 8 Eng. Hist. Rev. 11.

[30] Ein Beispiel für laen findet sich unten Anhang II, S. 257—258.

Hier waren es die *Kirchen und Klöster,* die mit dieser Form der Besitzübertragung den Anfang machten: Sie übergaben das Land, da sie es behalten und keinen fremden vererblichen Besitzstand einräumen wollten, für *eine bestimmte Zeit* (a temporary loan), meist drei Lebensalter[31], entweder an große Grundbesitzer oder an einfache Leute, die das Land selbst bestellten[32]. Sogar der König erhielt mitunter laen-land übertragen[33].

Das laen-land war daher anfänglich *weder frei veräußerbar noch frei vererblich*[34]. Der Besitzer von laen-land genoß *eine dem leasehold entsprechende Stellung,* während im Gegensatz dazu der bocland-Besitzer die Stellung eines freeholders hatte[35]. Allerdings hatten die laen-Besitzstände die Tendenz, sich zu unbeschränkten Eigentumsrechten zu entwickeln, wenn sie in die Hände der Stärksten fielen[36].

Die *Rechte* und *Pflichten* der Besitzer des laen-land waren sehr verschieden: Die unbedeutendsten Besitzer werden sich schwerlich besser gestanden haben als Tagelöhner; die großen dagegen nicht schlechter als ein Pächter[37]. Was sie als *Entgelt (rent)* für die Übertragung des laen-land zu entrichten hatten, ergab sich aus der Übereinkunft mit dem Grundherrn. Da die Grundherren meist Klöster waren[38], kam es mitunter vor, daß der laen-Besitzer z. B. die Kirche reparieren, das Land bestellen, für die Nahrung der Klösterbrüder sorgen mußte u. ä.[39] Dies geht aus einem Brief des Bischofs *Oswald* von Worchester

---

[31] *Digby,* S. 16, mit Nachweisen; *Holdsworth,* II, S. 60; *Riesenfeld* in Pound-Festschrift, S. 446.

[32] *Digby,* S. 16; *Holdsworth,* II, S. 60—61; *Pollock,* Recht des Grundbesitzes, S. 37; *Taswell-Langmead,* S. 9; *Riesenfeld* in Pound-Festschrift, S. 446 f. Zu weitgehend wohl *John,* S. 51—53, der folkland und laen-land gleichsetzen will.

[33] *Maitland,* Domesday Book, S. 302.

[34] *Pollock,* Recht des Grundbesitzes, S. 37 und 257—258; *Riesenfeld* in Pound-Festschrift, S. 446—448.

[35] *Digby,* S. 16.

Später war eine genaue Unterscheidung von bocland und laen-land (von Grundherren) kaum mehr möglich, da das Buch allein nicht mehr zur Unterscheidung ausreichte und die Rechte der Besitzer von laen-land praktisch denen von bocland angeglichen waren. Vgl. *Maitland,* Domesday Book, S. 314; *Holdsworth,* II, S. 62.

Zum leasehold bzw. freehold näher unten S. 78—82, 70—72.

[36] *Pollock,* Recht des Grundbesitzes, S. 38.

[37] *Holdsworth,* II, S. 61; *Pollock,* Recht des Grundbesitzes, S. 37—38.

[38] *Holdsworth,* I, S. 61: "In fact, just as it is the king who usually makes books, so it is the church which usually makes loans, sometimes to great men, but more often to persons who can serve it — to its thegns or cnihts."

[39] *Holdsworth,* II, S. 61.

an *König Edgar*[40] hervor. Allerdings dürfte dieser Brief wohl nicht die üblichen Verpflichtungen wiedergeben. Denn sonst hätte für *Oswald* kein Grund bestanden, dies *König Edgar* schriftlich mitzuteilen. Zudem nahmen die von *Oswald* übertragenen laen-lands eine besondere Stellung ein[41], wie der Ausdruck „*Oswald's law*" im Domesday Book[42] zeigt.

2. *Geldzahlung als rent*

Mitunter mußte der Besitzer von laen-land neben Dienstleistungen und Naturalien *Geldzahlungen* als Entgelt an den Grundherrn entrichten[43]. Dies blieb jedoch zunächst die *Ausnahme*, sieht man von den Zahlungen an Dritte — z. B. die Begleichung aller Kirchenschulden[44] — ab. Ob der Besitzer von laen-land anstelle der Dienstleistungen *nur* eine *rent in Geld* erbringen konnte, ist zweifelhaft[45]. In diesen frühen Jahren waren die lords gerade an Dienstleistungen *und* Naturalien interessiert. Gleichwohl werden einzelne große laen-Besitzer nur eine Geld-rent bezahlt haben[46].

B. BEDEUTUNG DER GRUNDBESITZTYPEN

I. Ausgangspunkte

Diese Grundbesitztypen waren eingebettet in die Dorfgemeinschaften des germanischen Rechts, die wichtigsten und bedeutendsten sozialen Einheiten der damaligen Zeit[47]: Die von der Dorfgemeinde in Besitz genommenen Flächen wurden in der Hauptsache unter die Mitglieder zur Bewirtschaftung verteilt. Die übrig gebliebenen Flächen

---

[40] *Birch*, III, Nr. 1136, S. 382.

[41] *Holdsworth*, II, S. 61.

[42] *Domesday Book*, I, S. 172: „OSWALDESLAV". Vgl. dazu im einzelnen *John*, S. 80—139.

[43] *Kemble*, Saxons, I, S. 311; *Digby*, S. 16; *Holdsworth*, II, S. 60.

[44] Dies ist ausdrücklich in dem Oswald-Brief an *König Edgar* — Fußn. 40 oben — erwähnt.

[45] *Digby*, S. 16 spricht zwar von „rents reserved in money, in kind, *or* in labor", doch dürfte sich dafür kein zwingender Anhaltspunkt ergeben.

[46] *Maitland*, Domesday Book, S. 314.

[47] Sie sind schon beschrieben bei *Tacitus*, Kap. 26 und *Caesar*, Buch VI (22).

Vgl. zur Dorfgemeinschaft *Nasse*, S. 28; *Stubbs*, Constitutional History, I, S. 49—52; *Green*, S. 180—187.

wurden in gemeinsamen Gebrauch genommen und wechselten periodisch in ihrer Bewirtschaftung, weswegen sie *lammas-land* genannt wurden[48].

II. Bedeutung für die damalige Gesellschaft

Der Bedeutung dieser Besitzstände für die damalige Gesellschaft wird man am ehesten gerecht, wenn man die *Interessen* untersucht, die die Beteiligten an den einzelnen Besitzständen hatten. Es bestanden Interessen des Königs (1), Interessen der Kirchen und Klöster (2) und private Interessen (3).

1. Interessen des Königs

Die Interessen des Königs waren wirtschaftlicher und politischer Art.

Die *wirtschaftlichen* Interessen verlangten, daß möglichst viel Land kultiviert und unter den Pflug genommen wurde. Dies mehrte die Macht des Königs, den Wohlstand der Bürger und damit die Einkünfte, aus denen der Staatshaushalt bestritten werden mußte[49].

Für die Bewirtschaftung des Landes kamen damals die *Dorfgemeinschaften* und die *Kirchen und Klöster* in Frage. Zwar boten die letzteren dem König mehr Gewähr für eine rasche Kultivierung und ordnungsgemäße Pflege des Landes. Doch erbrachten sie keine *Dienstleistungen oder Naturalien* und *keinen Zins*, so daß dem König diese Einkünfte verloren gingen[50]. Er hatte daher kein sonderliches Interesse, bocland an Kirchen und Klöster zu übertragen, und so waren diese Übertragungen nicht sehr häufig[51].

Die *politischen* Interessen forderten einerseits, möglichst viel kultiviertes Land im Eigentum des Königs zu behalten und, wenn überhaupt, dann das Land nur an solche Untertanen abzugeben, die dem König nicht gefährlich werden konnten. Andererseits war der König, der kein stehendes Heer hatte, auf die Hilfe gerade derer angewiesen, die nächst ihm am mächtigsten waren. *Sie* mußte er für sich gewinnen.

---

[48] *Digby*, S. 6; *Pollock*, Recht des Grundbesitzes, S. 49.
Am Lammas-day (13. August) wechselte die Bewirtschaftung.

[49] *Holdsworth*, II, S. 64; *Pollock*, Recht des Grundbesitzes, S. 81—82.

[50] Später führte dies unter Edward I zum *Statute of Mortmain*, 7 Edw. I, stat. 2, c. 13 (1279), unten Anhang V, S. 261—262, das sich gegen die Beschenkung der Geistlichkeit wandte. Vgl. *Holdsworth*, II, S. 245, 294; III, 76—77; im übrigen unten S. 56.

[51] *Pollock*, Recht des Grundbesitzes, S. 31—32.

Sie waren es auch, die am ehesten die recht erheblichen Dienstleistungen und Geldzahlungen erbringen konnten[52].

2. *Interessen der Kirchen und Klöster*

Die Kirchen und Klöster wollten möglichst *viel eigenes Land erhalten* und auch *behalten*. Andererseits mußte alles Land bewirtschaftet werden, was den Kirchen und Klöstern allein nicht möglich war. Sie übergaben daher das Land anderen zur Bewirtschaftung[53]. Dabei waren sie in erster Linie daran interessiert, dieses Land nur *zeitweilig* und *nicht zu Eigentum* zu übertragen.

3. *Private Interessen*

Die privaten Interessen waren sehr verschieden, je nachdem ob es sich um die der starken und mächtigen Gefolgsleute des Königs oder um die der einfachen Landbevölkerung handelte:

Die *Gefolgsleute* wollten *möglichst freie Besitzstände* erwerben, die in einem Rechtsstreit nachweisbar waren. Sie wollten ihre Stellung möglichst weit der des Königs annähern. Ihr Streben nach Macht drückte sich — wie in diesen frühen Jahren üblich — in dem Streben nach Landbesitz aus[54]. Andererseits war der *Dienst für den König* eine Ehre. Eine persönliche Beziehung und Bindung zum König war die höchste Auszeichnung. In ihr und in der Treue zum König erfüllte sich der Ehrbegriff des Mannes[55]. Die Mitgliedschaft im Gefolge des Königs verschaffte Rang und Würde. Dabei gingen die *persönliche Bindung* zum König und die *Unterordnung bezüglich des Grundbesitzes* Hand in Hand. In der Rechtstheorie waren sie sogar *identische Begriffe*[56].

Die *kleinen Leute* hatten andere Interessen: In den unruhigen Zeitläufen, in denen „alte Marksteine verrückt, alte Gebräuche vernachlässigt wurden, in welchen die Bande der Gesellschaft sich lockerten,

---

[52] *Holdsworth*, II, S. 61.

[53] *Digby*, S. 16; *Holdsworth*, II, S. 60.

[54] *Digby*, S. 27; *Holdsworth*, II, S. 45.

[55] *Tacitus*, Kap. 16; *Holdsworth*, II, S. 62, 64—65; *Pollock*, Recht des Grundbesitzes, S. 39; *de Vries*, S. 59—65.

Eine eindrucksvolle Schilderung dieser Treue findet sich in dem angelsächsischen Lied von *Byrhtnots Fall* in der Schlacht bei Maldon 991. Vgl. hierzu „The Battle of Maldon", herausgegeben v. E. V. *Gordon*, 3. Aufl. London 1954.

[56] *Pollock*, Recht des Grundbesitzes, S. 40, 43.

. . ., in welchem der Freie bereit war, sein Haupt für Brot vor jedem zu beugen“[57] — es war die Zeit der Däneneinfälle —, suchten sie nach einem Herrn, der ihnen *Schutz* bot, *Brot und Arbeit* gab und der für sie haftete; denn es herrschte der Grundsatz der *Haftung mit Leib, Leben und Vermögen*[58]. Sie begaben sich daher bereitwillig in persönliche Abhängigkeit und Unterordnung im Grundbesitz[59].

III. Folgen: Vorrang des laen-land

Die teils widerstreitenden, teils übereinstimmenden Interessen führten dazu, daß das *folkland* im großen und ganzen unangetastet blieb. Es ging eher zurück, als daß es sich vermehrte[60]. Die Personen, die diese Besitzstände innehatten, waren an einer Veränderung kaum interessiert. Allenfalls der König schränkte den Umfang des folkland zugunsten des laen-land für seine Gefolgsleute (thegns) ein.

Das *bocland* stagnierte ebenfalls in seiner Entwicklung: Verleihungen an Klöster waren nicht mehr so häufig wie in früheren Jahrhunderten. Mitunter waren jedoch weltliche Herren an der Verleihung von bocland interessiert, da es ihnen sehr weitgehende Besitzrechte und gleichzeitig gegenüber dem König Abgabenfreiheit verschaffte[61].

Im Interesse der meisten Beteiligten lag indes die Schaffung von *laen-land:*

Der *König* übernahm diese Form des Landbesitzes von den Klöstern als willkommene Möglichkeit zur Verwirklichung seiner Interessen. Denn das laen-land gewährte — jedenfalls im Anfang — kein freies Eigentum und band den Begünstigten persönlich an den Oberherrn[62].

Ebenso verliehen die *Klöster* viel laen-land. Denn sie behielten das Eigentum an dem Land, brauchten es aber nicht zu bewirtschaften und erhielten überdies üblicherweise noch eine rent.

Die Verbreitung des laen-land lag ebenso im Interesse der *großen Grundbesitzer* und bedeutenden *Lehnsherren* des Königs, die selbst bocland besaßen, dieses aber nicht allein bewirtschaften konnten. Bocland konnten und wollten sie nicht verleihen. Die Schaffung von

---

[57] *Pollock*, Recht des Grundbesitzes, S. 44.

[58] *Holdsworth*, II, S. 41—44.

[59] Näher mit Einzelheiten *Pollock*, Recht des Grundbesitzes, S. 41—43.

[60] *Pollock*, Recht des Grundbesitzes, S. 38, 48—49.

[61] In seinem Brief an *Egbert* berichtet *Beda* — oben Fußn. 19, S. 7 — von Verleihungen an Leute, die vorgaben, Geistliche zu sein, um von den bei weltlichen Verleihungen üblichen Abgaben und Dienstleistungen befreit zu sein.

[62] *Holdsworth*, II, S. 14; *Stevenson*, 9 Eng. Hist. Rev. 742.

laen-land sicherte ihnen die Bewirtschaftung und noch eine rent. Dem entsprach auf der anderen Seite das Interesse der *Gefolgsmannen* und *kleinen Leute*, sich in persönliche Abhängigkeit zu begeben und in einen untergeordneten Besitzstand zu fügen.

Das *laen-land* wurde so der *bevorzugte und häufigste Besitzstand*[63]. Er ersetzte alle anderen Besitzstände: Zur Zeit der normannischen Eroberung waren fast alle Inhaber von Grundbesitz *laen-land-Besitzer*[64].

C. ANFÄNGE DER LEHENSIDEE

Mit der Verbreitung des laen wuchs die Bedeutung der *mesne lords*, d. h. der Mittelsmänner zwischen dem König und den Bauern[65]. Sie waren selbst Oberherren (lords) den Bauern gegenüber, denen sie das Land zu laen übergeben hatten, und waren ihrerseits dem König gegenüber entweder aus der Übertragung von Buchland oder aus der Verleihung von laen-land verpflichtet. Der Gefolgsmann (thegn), an den der König Land übertrug, schuldete dem König *persönliche Dienste*, und zwar in der Regel *Kriegsdienste*[66]. Es entstand bereits damals *eine Art Afterbelehnung (Subinfeudation)* wie sie später typisch für das Feudalsystem wurde[67]. Die persönlichen Bindungen an den lord waren bereits damals fast ebenso ausgeprägt wie später unter dem Feudalsystem[68].

Mit dieser *Abkehr vom absoluten Eigentum* und mit dem *Durchbruch des laen-land* waren die Bedingungen für den Aufstieg des Feudalsystems sehr günstig. Somit gewannen schon damals die Merkmale der Lehensidee an Boden[69].

---

[63] *Holdsworth*, II, S. 66.

[64] *Pollock*, Recht des Grundbesitzes, S. 38.

[65] *Holdsworth*, II, S. 62, 64—65. Näher auch unten S. 21—22.

[66] *Holdsworth*, II, S. 65. Vgl. zu den Kriegsdiensten und ihre Organisation *Round*, S. 67—69.

[67] *Maitland*, Domesday Book, S. 314; a. A. *Jolliffe*, S. 74, 77—78, 138, der eine Entwicklung vom laen-land zum Feudalismus nach 1066 ablehnt, weil jenes nicht vererblich war.

[68] *Maitland*, Domesday Book, S. 310 berichtet, daß Bischof *Oswald* z. B. sehr daran interessiert war, wen seine laen-Besitzer heirateten. In *Domesday Book*, I, S. 173 ist berichtet, daß Bischof *Eldred* die Erbin eines seiner laen-Besitzer mit einem seiner Gefolgsleute verheiratete. Vgl. auch *Digby*, S. 26—28.

[69] *Holdsworth*, II, S. 64—65 spricht von „germs of the idea of tenure", *Digby*, S. 26 von „elements of the idea of tenure".

D. WACHSENDE BEDEUTUNG DER RENT

Mit der Verleihung des laen-land wurde die Zahlung einer rent von Dienstleistungen, Naturalien oder Geld als Entgelt für den gewährten laen-Besitz gebräuchlich[70]. Damit setzte sich schon vor der Eroberung und vor dem Aufstieg des Feudalsystems die rent in England durch. Als rent waren Dienstleistungen und Naturalien, aber auch — wie gezeigt[71] — *Geldzahlungen* möglich. Sie traten allerdings nur als *Ersatz* für die eigentlich geschuldeten Dienstleistungen und Naturalien in Erscheinung: Sie befreiten den Schuldner, der diese Geldzahlungen erbrachte, von seiner Verpflichtung zu Dienstleistungen und Naturalien[72]. Somit bestanden im angelsächsischen Gewohnheitsrecht schon *vor* der normannischen Eroberung und der Einrichtung des Feudalsystems *Ersatz-rent-Zahlungen.* Sie können *als Vorläufer der quit-rents* des tenure-Systems gelten.

Die Bedeutung der rent stieg mit dem wachsenden Bedürfnis nach persönlicher Bindung. Dennoch ist die rent als Entgelt für das laen-land *älter* als die Lehensidee und das Feudalsystem[73]. Die rent ist nicht erst aus den Bedürfnissen der damaligen Zeit entstanden. Das für das Feudalsystem typische Streben nach persönlicher Bindung zum lord hat sich vielmehr des alten Rechtsinstituts der rent für seine Zwecke bedient. Ob die rent oder die quit-rent wirklich ein feudales Rechtsinstitut ist, ist daher sehr fraglich. Jedenfalls reicht ihre Entstehung in die *vorfeudale Zeit* zurück. Möglicherweise hat sie aber erst ihre rechtliche *Ausprägung* im Feudalsystem erhalten, so daß sie dennoch als feudales Institut anzusehen ist. Möglicherweise ist sie aber auch unter dem Feudalismus und dem damit verbundenen persönlichen Vasallenverhältnis besonders *gefördert* worden, weil sie seinen Bedürfnissen in geradezu glücklicher Weise entgegenkam.

2. ABSCHNITT
Das Feudalsystem in England

Der Sieg der Normannen am *14. Oktober 1066* in der *Schlacht bei Hastings*[74] und die Eroberung Englands brachten große Veränderungen für das englische Recht und die englische Sozialordnung. War die

---

[70] *Pollock,* Recht des Grundbesitzes, S. 43. Vgl. auch oben S. 9—10.

[71] Oben S. 10.

[72] *Holdsworth,* II, S. 60.

[73] So offenbar auch *Digby,* S. 27.

[74] Schilderungen der Ereignisse finden sich bei *Douglas,* William, S. 181 bis 210; *Butler,* S. 178—195, 216—253.

Sozialordnung vor der Eroberung eine überwiegend bäuerliche[75], so begann mit der Eroberung das *Zeitalter des Feudalismus.*

A. BEGRIFF „FEUDALISMUS"

Der Begriff „Feudalismus" ist in seinem Inhalt vage und komplex[76]. Zur Verwirrung trägt bei, daß er oft nur zur Bezeichnung eines seiner charakteristischen Züge gebraucht wird.

Der Feudalismus in England bestand aus verschiedenen Elementen. Nach *Holdsworth*[77] versteht man unter Feudalismus zweierlei: ein System der land tenure und ein Regierungssystem. Differenzierter teilt *Plucknett*[78] den Feudalismus in drei charakteristische Elemente: die persönliche Bindung zwischen dem *lord* und seinem Gefolgsmann *(tenant)*, das land-tenure-System, das auf dieser persönlichen Bindung beruhte, und schließlich eine besondere Militärorganisation. Diese drei Elemente bilden überdies in ihrer Verbindung ein Regierungssystem.

Die *persönliche Bindung* zwischen lord und Gefolgsmann ist das *bedeutendste* und *wichtigste Kriterium.* Sie beruhte auf einem feierlichen und heiligen Treueid *(fealty)* und einer symbolischen Huldigung *(homage)*[79]: Der Gefolgsmann (tenant) kniete bei der *homage* ungegürtet und mit entblößtem Haupt vor dem lord nieder, legte seine Hände in die seines lord und sprach:

> "I become your man from this day forward, of life and limb, and of earthly worship, and unto you shall be true and faithful, and bear to you faith for the tenements that I claim to hold of you, saving the faith that I owe unto our soveraign Lord the King[80]."

Den Treueid *(fealty)* schwor der Gefolgsmann stehend, indem er seine rechte Hand auf die Bibel legte:

> "Hear you this my Lord, That I unto you shall be faithful and true, and bear you faith for the lands or tenements that I claim to hold of you, and truly to you shall do the customes and services that I ought to do unto you at times assigned; as GOD me help and all his Saints[81]."

Wie der Text der Zeremonie zeigt, war die *persönliche Bindung* immer *mit einer Landvergabe verknüpft.* Diese ist daher als Teil der persönlichen Bindung zwischen lord und tenant anzusehen.

---

[75] *Hollister,* 66 Am. Hist. Rev. 641 spricht von „peasant society".
[76] *Plucknett,* S. 506.
[77] *Holdsworth,* I, S. 17.
[78] *Plucknett,* S. 506—509.
[79] *Littleton,* Buch II, Kap. 1,2, S. 45 f., 49; *Coke on Littleton,* S. 67 b, 68.
[80] *Littleton,* Buch II, Kap. 1, S. 45 f.
[81] *Littleton,* Buch II, Kap. 2, S. 49.

Es besteht mithin kein Grund, beide mit *Plucknett*[82] zu trennen. Vielmehr wird es dem damaligen Rechtszustand eher gerecht, wenn man beide als *land-tenure-System* zusammenfaßt. Dieses System brachte überdies eine straffe Militärorganisation mit sich, in der jeder tenant bestimmte Aufgaben hatte, zu deren Erfüllung er dem lord aufgrund seiner persönlichen Bindung verpflichtet war. Das Militärsystem wird daher ebenfalls von diesem land-tenure-System umfaßt, so daß es gerechtfertigt ist, mit *Holdsworth*[83] die drei Kriterien des Feudalismus *(Plucknett)* unter dem *System der land tenure oder feudal tenure* zusammenzufassen.

Daneben mag man unter „Feudalismus" auch eine Regierungsform verstehen; doch ist dies hier nicht von Interesse.

Der *Feudalismus in England* erschöpft sich mithin in dem freilich sehr komplizierten und verzweigten *land-tenure-System*[84]. Er kann wie folgt *definiert* werden: Der Feudalismus bezeichnet ein auf der persönlichen Bindung zwischen lord und tenant beruhendes System, in dem sich die Vergabe von Land und die Pflichten, dem lord — meist militärisch — zu dienen, gegenüberstanden[85].

B. KONTINUITÄT DES FEUDALISMUS IN ENGLAND

I. Diskussion und Streitstand

Die Frage nach der Kontinuität des Feudalismus in England nach 1066 ist oft behandelt und im wesentlichen in zwei Richtungen beantwortet worden: Die einen halten den Feudalismus für eine radikale Neuerung der normannischen Eroberer, die anderen für historisch gewachsen aus Vorläufern der Zeit vor der Eroberung[86].

Im *17. Jahrhundert* herrschte die Meinung, namentlich vertreten von *Spelman*[87] und *Cotton*[88], die englische Gesellschaft sei durch die

[82] Oben S. 16.

[83] Oben S. 16.

[84] Die in ihm enthaltene persönliche Bindung hat drei Komponenten: beneficium, commendatio und private jurisdiction. *Beneficium* bezeichnet die Landvergabe gegen bestimmte Dienste, *commendatio* die Unterstellung des Gefolgsmanns unter den Schutz des Herrn. Die *private jurisdiction* gab dem lord das Recht, Rechtsfälle, die von seinen tenants oder von dritter Seite in bezug auf seine tenants an ihn herangetragen wurden, zu entscheiden. Vgl. *Digby*, S. 31—33; *Lovell*, S. 52 f.

[85] Vgl. z. B. *Hollister*, 66 Am. Hist. Rev. 642, Fußn. 4.

[86] Einen Überblick über die Diskussion gibt *Hollister*, 66 Am. Hist. Rev. 642—650.

[87] *Spelman*, S. 10.

[88] *Cotton*, S. 14.

normannische Eroberung radikal umgewälzt worden. Das *19. Jahrhundert* brachte im Rahmen der romantischen Bewegung und ihres ausgeprägten Sinnes für Tradition und historische Kontinuität eine Neubelebung der Diskussion. Wie im deutschen Recht *(von Savigny* und *Eichhorn)* schieden sich *Romanisten und Germanisten.* Beide stimmten trotz großer Unterschiede in der Begründung darin überein, daß die normannische Eroberung keine einschneidende Bedeutung für den Aufstieg des Feudalismus hatte[89]. Der Hauptvertreter der Romanisten war *Palgrave:* Er sah das entscheidende Ereignis der englischen Geschichte in der römischen Besetzung. Alle späteren Eroberungen einschließlich der normannischen hielt er für fast bedeutungslos[90]. Hauptvertreter der Germanisten war *Freeman:* In seinem Werk über die normannische Eroberung kam er zu dem Ergebnis, daß die Eroberung in keiner Weise die Entwicklung zum Feudalismus in England beeinflußt habe. Vielmehr habe der Feudalismus seinen Ursprung in der späten angelsächsischen Zeit vor der Eroberung. Die Normannen hätten den in England sich ohnehin entwickelnden Feudalismus lediglich reguliert und systematisiert. Auch ohne die Normannen hätte sich die angelsächsische Gesellschaft zum Feudalismus entwickelt[91].

Gegen *Ende des 19. Jahrhunderts* trat *Round* dieser Ansicht entgegen: Er sah keine Vorläufer des Feudalismus im angelsächsischen England. Vielmehr wurde der Feudalismus seiner Ansicht nach mit der Eroberung plötzlich und abrupt in England eingeführt. Er veränderte die englische Gesellschaft radikal ohne jegliche Vorbereitung. *Round* stützte seine These dabei auf die seines Erachtens ganz neue Ausgestaltung der Landübertragungen an die Gefolgsleute *William*'s[92]. Diese Gefolgsleute (knights) hätten ihrerseits ihre Vorläufer nicht in den angelsächsischen thegns[93].

Der Auffassung *Round's* folgten in neuerer Zeit namentlich *Douglas*[94] und F. M. *Stenton*[95] sowie *Jolliffe*[96], *Stephenson*[97] und

---

89 *Hollister,* 66 Am. Hist. Rev. 642. Vgl. zu dem Meinungsstreit Romanisten-Germanisten *Aston,* R. Hist. Soc., 5. Serie, Bd. VIII, S. 59—83.

90 *Palgrave* in seinen Werken „Rise and Progress of the English Commonwealth" und „History of Normandy and England", zitiert nach *Hollister,* 66 Am. Hist. Rev. 642, Fußn. 7.

91 *Freeman,* I, S. 1—6; V, S. 334—336, 366 ff.

92 Bei den Namen der Könige wird hier ausschließlich die englische Schreibweise verwandt.

93 *Round,* S. 225—314; *Round,* 6 Eng. Hist. Rev. 417—443, 625—645 und 7 Eng. Hist. Rev. 11—24. Bezeichnenderweise überschrieb er das zitierte Kapitel wie die Aufsatzserie mit „The Introduction of Knight Service into England".

94 *Douglas,* 9 Econ. Hist. Rev. 129: "Anglo-Norman studies are to-day dominated by a lively consciousness of the cataclysm which marked the

einige andere Historiker[98]. *Maitland*[99] und *Vinogradoff*[100] versuchten dagegen, die Kontinuität zwischen dem angelsächsischen thegn und dem normannischen knight und damit überhaupt des Feudalismus nachzuweisen.

In der neuesten Literatur trifft *Round's* Ansicht zunehmend auf Widerspruch und Ablehnung: Nach *Barlow*[101], *Sayles*[102] und *Prestwich*[103] haben vor allem *Hollings*[104] und *John*[105] gezeigt, daß eine kontinuierliche Entwicklung zum Feudalismus in England bestanden hat. *John* hat seine Forschungen besonders auf die militärische Organisation vor und nach der Eroberung erstreckt und dabei die historische Gleichförmigkeit der Einrichtungen vor und nach der Eroberung überzeugend dargetan[106].

Neuerdings bestreitet allerdings *Hollister* die Kontinuität zwischen knight und thegn[107]. Seine Erwägungen leiden freilich darunter, daß sie sich ausschließlich auf die Militärtaktik und die Kriegführung stützen. So werden sie zu wenig dem land-tenure-System als dem Kernstück des Feudalismus gerecht.

II. Eigene Stellungnahme

Die Ansicht *Round*'s erscheint zu einseitig[108]. Gestützt auf die Beweise von *Hollings* und *John* wird man annehmen müssen, daß der Feudalismus in England *keine radikale Umwälzung* gebracht hat, daß

genesis of English feudalism, and the unanimity here achieved by scholars in opposition to the views of their predecessors is ... remarkable ...".

95 F. M. *Stenton*, English Feudalism, S. 1—6, 122; F. M. *Stenton*, Anglo-Saxon England, S. 672 f. bemerkt, daß die angelsächsischen thegns „were not in any sense the predecessors of the feudal Knights ... After a generation of research Round's theory has been confirmed at every point".

96 *Jolliffe*, S. 74—78, 138.

97 *Stephenson*, 48 Am. Hist. Rev. 245 f.

98 Z. B. *Adams*, 7 Am. Hist. Rev. 34; *Chew*, S. 2. Vgl. auch *Painter*, S. 45.

99 *Maitland*, Domesday Book, S. 152—155.

100 *Vinogradoff*, English Society, S. 39—89.

101 *Barlow*, S. 7 ff., 22—23, 107—120, 150—151.

102 *Sayles*, Foundations, S. 205—211, 213.

103 *Prestwich*, R. Hist. Soc., 5. Serie, Bd. IV, S. 19—43.

104 *Hollings*, 63 Eng. Hist. Rev. 453—487.

105 *John*, S. 140—143. Er widmet das ganze letzte Kapitel seines Werkes dem Angriff auf *Round's* These.

106 *John*, S. 140—143, 149—151.

107 *Hollister*, 66 Am. Hist. Rev. 650.

108 *Sayles*, Foundations, S. 213 schreibt: "Extreme opinions are superficial opinions and, plausible as this explanation of events may appear to be, it dissolves completely when removed from the realm of theory and submitted to the acid test of facts."

vielmehr in der vornormannischen Gesellschaft eine entsprechende Entwicklung vorhanden war[109]. Das *Feudalsystem* war für England jedoch insofern *neu* als es durch einen plötzlichen Anstoß — die normannische Eroberung — so stark in seiner Entwicklung vorangetrieben wurde, daß es nach 1066 in verhältnismäßig kurzer Zeit vollendet war.

Sicherlich erklärt sich dies nicht allein aus der vornormannischen Entwicklung. Es kommt hinzu, daß — wie C. H. *Haskins* nachgewiesen hat[110] — die Normannen bereits ein fast vollendetes Feudalsystem kannten, bevor sie nach England kamen.

Daneben haben auch die *politischen Folgen von 1066* entscheidend zum Aufstieg des Feudalismus beigetragen: Durch die Eroberung und die Konfiszierung des Landbesitzes verfügte William plötzlich über sehr viel Land, das er unter seine Gefolgsleute verteilen mußte. Da er als Eroberer kam, standen ihm die Bevölkerung und der hohe angelsächsische Adel, die zahlenmäßig den Normannen weit überlegen waren, anfangs wohl feindlich gegenüber[111]. William gab daher das Land nur an die Gefolgsleute, auf deren Treue und Loyalität er sich unbedingt verlassen konnte, zumal er sich als Herzog der Normandie oft in Frankreich aufhielt. Überdies dauerte die Bedrohung von außen, besonders durch die Dänen, unvermindert an[112].

Die enge persönliche Bindung zwischen William und seinen Gefolgsleuten war mithin eine *politische Notwendigkeit*. Sie fand ihren Ausdruck in der Schlußklausel der homage-Formel, wonach jeder tenant dem *König* Treue schuldete. Diese Klausel war auf Veranlassung William's aufgenommen worden, der schon 1086 zu Salisbury (Sarum) allen bedeutenden tenants Huldigung und Treueid abnahm und sie damit auf sich, den König, einschwor[113].

Der *Aufstieg des Feudalismus* beruhte daher

1. auf der schon in der vornormannischen Zeit bestehenden Entwicklung zum Feudalismus,

---

[109] *Riesenfeld* in Pound-Festschrift, S. 448 spricht von „an incipient feudalism in pre-Conquest England".

[110] C. H. *Haskins*, S. 5. Vgl. auch *Digby*, S. 32. Kritisch *John*, S. 152.

[111] Vgl. *Douglas*, William, S. 265—288; F. M. *Stenton*, R. Hist. Soc., 4. Serie, Bd. XXVI, S. 1—17; *Taswell-Langmead*, S. 31.

Die Zahl der normannischen Gefolgsleute wird auf ca. 180 geschätzt; *Riesenfeld* in Pound-Festschrift, S. 449, mit Nachweisen.

[112] *Blackstone*, II, S. 49.

[113] Vgl. *Blackstone*, II, S. 49, bes. Fußn. s: „Omnes praedia tenentes, quotquot essent notae meliores per totam Angliam, ejus homines facti sunt, et omnes se illi subdidere, ejusque facti sunt vasalli, ac ei fidelitatis juramenta praestiterunt, se contra alios quoscunque illi fidos futuros. Chron. Sax. A. D. 1086."

2. auf der normannischen Eroberung, die ein schon fast vollendetes Feudalsystem mitbrachte, und
3. auf den damaligen politischen Notwendigkeiten.

Diese drei Komponenten haben in ihrer Verbindung zu einer einzigartigen Gestaltung des Feudalsystems in Europa geführt[114].

III. Zusammenfassung

Der Feudalismus in England bestand in erster Linie aus einem land-tenure-System, das seinerseits auf der persönlichen Bindung zwischen Oberherrn und Gefolgsmann beruhte.

Der Feudalismus ist in England nicht plötzlich und unvorbereitet eingeführt worden. Er ist vielmehr aus der schon in vornormannischer Zeit bestehenden Tendenz zu persönlicher Bindung zwischen Oberherrn und Gefolgsmann entstanden, wobei seine rasche und frühe Vollendung wesentlich durch die normannische Eroberung begünstigt wurde.

C. LAND-TENURE-SYSTEM

I. Gestalt der tenure

Das land-tenure- oder feudal-tenure-System beherrscht das englische Immobilienrecht in seiner formellen Gestaltung bis heute[115]. Es beruht auf dem Grundsatz, den William the Conqueror nach der Konfiszierung fast allen Landbesitzes eingeführte hatte: *Alles Land ist Königsland (terra regis)*[116].

Terra regis wurde alles Land, das vor der Eroberung *folkland und bocland* gewesen war[117]. Der König betrachtete dieses Land als sein privates Eigentum und nicht als Land, daß er kraft seiner Krone für das Volk besaß[118]. Jeder andere besaß das ihm übertragene Land dagegen nur als *tenant in fee*.

---

[114] *Ganshof*, S. 180.

[115] Vgl. *Pollock*, Recht des Grundbesitzes, S. 70: „Bis auf den heutigen Tag kann das englische Immobiliarrecht seiner Form nach nur als abgeänderter Feudalismus bezeichnet werden ..."

[116] Das Domesday Book beginnt bei der Verzeichnung des Landbesitzes in jedem Gebiet mit der Feststellung der „TERRA REGIS": z. B. *Domesday Book*, I, S. 75: „DORSETE: TERRA REGIS.

REX tenet insulā quae vocat PORLAND. REX Edward tenuit in vita sua ..."

[117] *Digby*, S. 17; *Pollock*, Recht des Grundbesitzes, S. 46—48.

[118] *Pollock*, Recht des Grundbesitzes, S. 48.

Der *tenant* konnte über das Land verfügen und es etwa unter Vorbehalt einer rent auf einen anderen weiterübertragen, der dann *sein* tenant wurde und demgegenüber *er* der lord war[119]. Hatte z. B. A das Land vom König inne, dann war er tenant des Königs. Übertrug A das Land an B und C, dann waren sie tenants des A, und A war ihr lord. Dieses Verhältnis zwischen dem König als lord und A als tenant und das neugeschaffene Verhältnis zwischen A als lord und B und C als tenants sind die *tenure,* so genannt, weil A sowie B und C ihr Land als tenant des Königs bzw. von A „hielten" (lat. „tenere"). Diese Reihe konnte beliebig nach unten weitergeführt, und es konnten beliebig viele tenures geschaffen werden, so daß eine *Besitzpyramide*[120] entstand. Jeder in dieser Pyramide war zugleich lord für den unter ihm Stehenden und tenant seines Oberbesitzers (mesne lords) mit Ausnahme des Königs — er war nur lord — und aller tenants auf der untersten Stufe der Pyramide — sie waren nur tenants. Auf diese Weise entstanden oft mehrere Besitzrechte an ein und demselben Land: Jeweils der unterste tenant hatte das Land in Besitz und nutzte es.

Mit der Vergabe von Land durch den König oder einen anderen lord war der tenant im Gegenzug zu einer eigenen Leistung, der *rent*[121], verpflichtet. Sie bestand in der Regel in *Dienstleistungen (services)* und wurde von dem *unmittelbaren* tenant geschuldet, in dem Beispiel also von A und von B und C, und zwar auch dann, wenn sie das Land schon in einer neuen tenure weiterübertragen hatten und selbst nicht mehr im Besitz des Landes waren[122].

II. Arten der tenure

Die tenures unterscheidet man nach der Art der vom tenant geschuldeten rent und dabei wiederum nach der Art der geschuldeten Dienstleistungen. So gibt es *free tenures, unfree tenures* und *miscellaneous tenures*[123]. Unter die *free tenures* fallen die grand sergeanty, die knight tenure (oder military tenure), die tenure of free and common

---

[119] Vgl. hierzu *Blackstone,* II, S. 59—62.

[120] *Simes* in A. L. P., I, § 1.4, S. 8.

[121] *Blackstone,* II, S. 62: „... which attendance was his reditus or return, his rent or service, for the land he claimed to hold."

[122] *Blackstone,* II, S. 60 f.

[123] Ursprünglich, zu *Bracton*'s Zeiten, waren es folgende tenures: tenure by knight service (tenementum per servitium militare), free socage (liberum socagium), absolute or pure villenage (purum villenagium) und villein-socage (villanum socagium). Die beiden ersten waren free tenures, die beiden letzten servile tenures, die mit einer Leibeigenschaft der tenants verbunden waren. Vgl. *Bracton,* Buch 4, Tr. 1, Kap. 28, § 1: „Tenementorum aliud

socage und die frankalmoyn tenure. Von den *unfree tenures* ist die *villein tenure* für die Entwicklung der quit-rent wichtig, wohingegen die übrigen unfree tenures und die miscellaneous tenures[124] hier nicht interessieren.

1. Grand sergeanty

Bei der tenure by grand sergeanty hatte der tenant das Land gegen besondere Dienste inne, die er dem König schuldete und die als sehr ehrenvoll galten, z. B. „to carry the banner of the King, or his lance, or to lead his army, or to be his Marshall, or to carry his sword before him at his Coronation, or to be his Sewer at his Coronation, or his Carver, or his Butler, or to be one of his Chamberlains of the receipt of his Exchequer, or to do other like services"[124a]. Da diese Dienste dem König persönlich geleistet werden mußten, bestand die tenure by grand sergeanty ausschließlich zwischen dem König und seinen tenants, den sogen. tenants in capite (tenants in chief)[124b].

2. Knight tenure oder military tenure

Die knight tenure oder military tenure[125] war bei weitem die bedeutendste: Sie erstreckte sich auf fast die gesamte terra regis.

---

liberum, aliud villenagium. Item, liberorum aliud tenetur libere pro homagio et servitio militari; aliud in libero socagio cum fidelitate tantum.", und § 5: „Villenagiorum aliud purum, aliud privilegiatum. Qui tenet in puro villenagio faciet quicquid ei praeceptum fuerit, et semper tenebitur ad incerta. Aliud genus villenagii dicitur villanum socagium; et huiusmodi villani socmanni — villana faciunt servitia, sed certa et determinata."

Zu *Blackstone's* Zeit waren es aber bereits diese tenures. Vgl. *Blackstone,* II, S. 61.

[124] Zu den unfree tenures gehörten im wesentlichen die villein tenures, copyholds und customary freeholds; zu den miscellaneous tenures die homage ancestral und manors of ancient demesne. Letztere gewannen allerdings nur geringe Bedeutung. Vgl. *Megarry-Wade,* S. 23—30.

[124a] *Littleton,* Buch I, Kap. VIII, S. 87 f.; vgl. auch *Coke on Littleton,* S. 105 b, 106; *Cheshire,* S. 19; *Megarry-Wade,* S. 16; *Megarry,* S. 12.

Littleton, a. a. O., S. 89 erwähnt auch die sogen. „cornage", d. i. die Pflicht eines tenant, an der Grenze nach Schottland Wache zu halten und ins Horn zu blasen, wenn „the Scots or other enemies are come or will enter into England". Kritisch dazu *Maitland,* Papers, II, S. 98—100.

[124b] *Cheshire,* S. 20; *Megarry-Wade,* ebenda; *Megarry,* ebenda.

[125] Vgl. hierzu *Littleton,* Buch II, Kap. IV, S. 55—64; *Blackstone,* II, S. 62—77; *Digby,* S. 37—47; *Holdsworth,* II, S. 65 f.; III, S. 30—39; *Pollock,* Recht des Grundbesitzes, S. 72 f., 81—83; *Plucknett,* S. 531 f.; *Taswell-Langmead,* S. 35 f.; *Lovell,* S. 54.

Für eine knight tenure war eine bestimmte Fläche Land (knight fee), zur Zeit *William*'s etwa im Werte von mindestens 20 Pfund pro Jahr, erforderlich. Der knight tenant mußte seinem lord 40 Tage im Jahr, bei einem halben knight fee 20 Tage im Jahr, zur Kriegführung zur Vergügung stehen, wenn der lord dies verlangte *(knight service)*. Überdies waren mit dieser tenure erhebliche *Lasten (incidents)* verbunden, die neben die Pflicht zur militärischen Hilfeleistung traten, und zwar aids, relief, primer seisin, wardship, marriage, fines for alienation, escheat und forfeiture[126].

a) Aids

Die als aids *(Hilfsgelder)* bezeichneten Abgaben waren ursprünglich wohl freiwillige Zahlungen des tenant[127]; doch entwickelten sie sich im Laufe der Zeit zu Zahlungsverpflichtungen, denen der tenant bei *drei bestimmten Anlässen* nachkommten mußte[128]:

1. Wenn der lord in Gefangenschaft geriet, mußte der tenant das *Lösegeld* aufbringen. Diese Verpflichtung ergab sich aus dem gegenseitigen Treueverhältnis. Kam der tenant dieser Pflicht nicht nach, obwohl er sie hätte erfüllen können, dann büßte er seinen ganzen Landbesitz ein.

2. Bei der Erhebung des *ältesten Sohnes* des lord in den *Ritterstand*, „a matter that was formerly attended with great ceremony, pomp and expense“[129], mußte der tenant einen Beitrag leisten[130].

3. Bei der *Verheiratung der ältesten Tochter* des lord mußte der tenant für eine angemessene Aussteuer sorgen[131].

b) Relief

Das relief (relevium oder laudemium) wurde beim Tod des letzten tenant fällig, wenn der Nachkomme selbst tenant werden wollte.

---

[126] Zum Vorstehenden vgl. *Blackstone*, II, S. 62.

[127] *Bracton*, Buch 2, Tr. 1, Kap. 16, § 8: „Auxilia fiunt de gratia et non de jure, — cum dependeant ex gratia tenentium et non ad voluntatem dominorum.“

[128] *Blackstone*, II, S. 63: "but in process of time they grew to be considered as a matter of right, not of discretion."

Zum Folgenden vgl. *Blackstone*, ebenda.

[129] *Blackstone*, ebenda.

[130] Dieses Hilfsgeld konnte allerdings erst verlangt werden, wenn der Sohn 15 Jahre alt wurde oder Waffen tragen konnte.

[131] *Blackstone*, II, S. 63 f.: "for daughter's portions were in those days extremely slender; few lords being able to save much out of their income for this purpose; nor could they acquire money by other means, being wholly conversant in matters of arms; nor, by the nature of their tenure, could they charge their lands with this, or any other incumbrances."

Denn der dem tenant übertragene estate war ursprünglich nicht vererblich[132]. Das relief wurde allerdings erst fällig, wenn der Erbe des verstorbenen tenant das 21. Lebensjahr vollendet hatte[133].

Die *Höhe des relief* setzte der lord nach Belieben fest, später wurde sie gesetzlich festgelegt[134].

c) Primer seisin

Die primer seisin wurde bei derselben Gelegenheit fällig wie das relief, allerdings nur bei *tenants in capite (tenants in chief)*, d. h. bei tenants, die unmittelbar dem König unterstanden[135]. Sie beruhte wie das relief auf dem Gedanken, daß im feudalen System der König das Land an den tenant persönlich verlieh und das Land daher eigentlich nach dem Tod des tenant an den König zurückfallen mußte[136]. Die primer seisin wurde erst fällig, wenn der Erbe des tenant in capite volljährig wurde[137].

Die primer seisin bestand grundsätzlich in dem Gewinn eines Jahres und einer zusätzlichen Gebühr bei der Übertragung des Landes[138].

d) Wardship

Über die minderjährigen Kinder seines verstorbenen tenant stand dem lord die wardship *(Vormundschaft)* zu[139]. Sie umfaßte die Personen- und Vermögenssorge für den minderjährigen Erben. Über die Führung der Vormundschaft und über den Gewinn aus dem Land brauchte der lord keine Rechenschaft abzulegen.

---

132 *Glanvill*, IX, 1, S. 103—106; *Littleton*, Buch II, Kap. IV, S. 62—63; *Blackstone*, II, S. 65; *Pollock and Maitland*, I, S. 308—318.

133 *Littleton*, Buch II, Kap. IV, S. 63; *Blackstone*, II, S. 66. Grund: Der lord hatte bis zur Volljährigkeit die wardship und damit ohnehin alle Erträgnisse des Landes; unten sub d).

134 William the Conqueror setzte sie auf eine bestimmte Menge Waffen und Rüstungen, ersatzweise Zahlung von 100 s. fest. Unter William Rufus war sie wieder unbestimmt, während sein Bruder Henry I die alte „charter" seines Vaters William wieder in Kraft setzte. Unter Henry II wurden die Waffenlieferungen abgeschafft; das relief wurde auf 100 s. festgesetzt. Vgl. *Glanvill*, IX, 4, S. 108; *Littleton*, ebenda; *Blackstone*, ebenda und unten Fußn. 220, S. 43.

135 *Blackstone*, II, S. 66; *Holdsworth*, II, S. 157.

136 *Coke on Littleton*, S. 77; *Blackstone*, II, S. 66 f.

137 Knaben wurden mit 21, verheiratete Mädchen mit 14, unverheiratete mit 16 Jahren volljährig, *Littleton*, Buch II, Kap. IV, S. 55—56.

138 *Coke on Littleton*, S. 77. Hatte der tenant das Land selbst nicht in Besitz, dann bestand der primer seisin aus dem halben Gewinn eines Jahres.

139 *Glanvill*, VII, 9—10, S. 82—84; *Littleton*, Buch II, Kap. IV, S. 55—56; *Coke on Littleton*, S. 76; *Blackstone*, II, S. 67 f.; *Holdsworth*, III, S. 55—60; *Plucknett*, S. 534 f.

Diese wardship erklärt sich wiederum aus der für den Feudalismus typischen persönlichen Bindung zwischen lord und tenant: Der lord war an einer guten und loyalen Erziehung des tenant interessiert, damit dieser die Dienste später aufs beste erfüllen konnte. Solange der Erbe nicht großjährig war, fehlte dem lord ein wichtiger tenant für den Kriegsdienst. Er mußte sich daher aus dem Gewinn des Landes schadlos halten, mit dem er sich einen Ersatzmann beschaffen konnte[140].

e) Marriage

Die marriage (maritagium) gab dem lord das Recht, bis zur Volljährigkeit des Mündels über dessen *Verheiratung* zu bestimmen[141]. Dieses Recht hat seinen Grund wiederum in der persönlichen Bindung zwischen lord und tenant: Dem lord lag viel daran, daß der Mündel — besonders der weibliche — nicht einen seiner Feinde heiratete[142].

Weigerte sich der Mündel, entsprechend den Anweisungen des lord zu heiraten, dann erhielt dieser eine Geldzahlung, den *value of marriage* (valor maritagii), in Höhe des Wertes, den ein Heiratskandidat für die Verheiratung — meistens eines weiblichen Mündels — zahlen würde. Heiratete der Mündel gar gegen den Willen des lord, dann wurde der doppelte value of marriage fällig[143].

f) Fines for alienation

Die fines for alienation mußte der tenant immer dann zahlen, wenn er das Land oder Teile des Landes einem anderen übertrug[144]. Diese Zahlung läßt sich zwar auch aus der persönlichen lord-tenant-Bindung erklären, doch oblag sie wahrscheinlich nur den tenants in capite, die ohnehin nicht ohne Erlaubnis des Königs veräußern konnten[145].

g) Escheat und forfeiture

Starb der tenant ohne blutsverwandte Erben[146], dann fiel das Land

---

140 *Blackstone,* II, S. 67 f.

141 *Glanvill,* VII, 12, S. 85—87; *Littleton,* Buch II, Kap. IV, S. 55—56; *Coke on Littleton,* S. 76; *Blackstone,* II, S. 70 f.; *Holdsworth,* III, S. 55—60; *Plucknett,* S. 535.

142 *Bracton,* Buch 2, Kap. 37, § 6; *Glanvill,* VII, 12, S. 85—87.

143 Statute of Merton, 20 Hen. III, c. 6 (1236), Anhang IV, S. 260. Vgl. auch *Littleton,* Buch II, Kap. IV, S. 61; *Coke on Littleton,* S. 82 b; *Blackstone,* II, S. 70.

144 *Blackstone,* II, S. 71 f.

145 *Blackstone,* II, S. 72. Näher unten S. 47, Fußn. 240.

146 Blutsverwandte Erben waren im Rahmen der gesetzlichen Erbfolge die Söhne, Brüder und Schwestern, Onkel, der Vater und seine Verwandten, die Mutter und ihre Verwandten, und zwar in dieser Reihenfolge; bei Deszendenten herrschte die lineare Erbfolge, bei Aszendenten die collaterale. Vgl. *Glanvill,* VII, 4, S. 79; *Littleton,* Buch I, Kap. I, S. 2—5; *Coke on Littleton,* S. 10—14.

an den unmittelbar über ihm stehenden lord zurück, an den König daher nur, wenn es sich um einen tenant in capite handelte *(escheat, Heimfall).*

Dasselbe galt, wenn der tenant Verrat (treason) oder ein sonstiges schweres Verbrechen (felony)[147] begangen hatte. Der tenant hatte dann seine Besitzrechte verwirkt *(forfeiture, Verwirkung).*

Escheat und forfeiture beruhen darauf, daß das Land dem König gehörte und an den tenant nur *verliehen* wurde: Fiel der tenant mit seinem Stamme weg, dann war die Landvergabe gegenstandslos geworden. Hatte der tenant seine Besitzrechte durch ein Verbrechen verwirkt, dann war das Treueverhältnis zwischen lord und tenant erschüttert, und das Land fiel deshalb an den lord zurück[148].

3. Tenure of free and common socage

Die tenure of free and common socage umfaßte — abgesehen von der grand sergeanty — alle weltlichen tenures *ohne Kriegsdienste*[149].

---

[147] Zum Begriff „felony" vgl. *Holdsworth,* II, S. 302 f.

[148] Vgl. zu escheat und forfeiture *Glanvill,* VII, 17, S. 90—91; *Littleton,* Buch I, Kap. I, S. 4; *Coke on Littleton,* S. 12—14; *Blackstone,* II, S. 72 f.; *Pollock and Maitland,* I, S. 351 f.; II, S. 22 f.; *Holdsworth,* III, S. 61—64; *Plucknett,* S. 536.

Escheat wurde 1925 in England abgeschafft. Das real property fällt nunmehr der Krone, dem Duke of Lancaster oder dem Duke of Cornwall als bona vacantia (Land ohne Eigentümer) zu; Administration of Estates Act, 1925, ss. 45 (I) (d), 46 (I), (VI); *Halsbury's* Statutes of England, Bd. 9, S. 750—752. Vgl. hierzu In re Sir Spencer; Wells. Swinburne-Hanham v. Howard, [1933] Ch. 29, 55 per *Romer,* L. J.; In re Mitchell Decd., Hatton v. Jones, [1954] Ch. 525, 527—529; *Williams,* Nr. 1435, S. 910.

Vgl. zum escheat allgemein Burgess v. Wheate, 1 Black. W. 123, 96 Eng. Rep. 67 (K. B. 1759); Beale v. Symonds, 16 Beav. 406, 51 Eng. Rep. 835 (R. Ct. 1853); *Hardman,* 4 L. Q. Rev. 318—344.

Vgl. zum escheat des Duke of Lancaster Dyke v. Walford, 5 Moo. P. C. C. 434, 435—498, 13 Eng. Rep. 557, 558—581 (P. C. 1846).

Vgl. zum escheat des Duke of Cornwall The Prince's Case, 8 Co. Rep. 1, 27, 77 Eng. Rep. 481, 513 f. (K. B. 1614); Attorney General to Prince of Wales v. St. Aubyn, Wight. 167, 178 f., 145 Eng. Rep. 1215, 1219 f. (Ex. 1811); Rowe v. Brenton, 8 B. & C. 737, 741—766, 108 Eng. Rep. 1217, 1219—1228 (K. B. 1828); Attorney General to the Prince of Wales v. Crossman, L. R. 1 Ex. 381, 382—385 (1866); Solicitor of the Duchy of Cornwall v. Next of Kin of Canning, 5 P. D. 114, 115 (1880).

[149] *Bracton,* Buch 2, Kap. 16, § 9; *Fleta,* S. 199; *Littleton,* Buch II, Kap. V, S. 65—75; *Coke on Littleton,* S. 85 b—93 b; *Blackstone,* II, S. 78—90; *Digby,* S. 46—48; *Holdsworth,* III, S. 44—47; *Plucknett,* S. 537.

Zur grand sergeanty näher oben S. 23.

Bei ihr mußten meist fest bestimmte, wiederkehrende Geldzahlungen, mitunter auch ehrenvolle Dienste geleistet werden[150].

Die feudalen incidents der knight tenure trafen den tenant of socage indessen ebenso wie den knight tenant: Er mußte die *aids* (Hilfsgelder) erbringen, allerdings nur für die Erhebung des ältesten Sohnes des lord in den Ritterstand und die Verheiratung der ältesten Tochter des lord[151].

Ebenso mußte er das *relief* zahlen, und zwar in Höhe der rent eines Jahres[152]. Daher wurde mitunter gesagt, der tenant of socage schulde kein relief, er müsse nur eine *doppelte rent* beim Tode seines Erblassers zahlen[153]. Denn anders als bei der knight tenure wurde das relief mit dem Tod des alten tenant auch dann fällig, wenn der Erbe noch nicht volljährig war. Der Grund: dem lord stand hier nicht die wardship und damit kein Kontrollrecht über das Vermögen seines tenant zu.

Die *primer seisin* bestand wie bei der knight tenure, allerdings auch hier nur zu Lasten der tenants in capite[154].

Die *wardship* war hier indessen anders geregelt[155]: Sie trat nur ein, wenn der minderjährige Erbe weniger als 14 Jahre alt war, und sie stand dem nächsten von denjenigen Verwandten des Erben zu, dem die Erbschaft auf keinen Fall zufallen konnte. Sie erlosch, sobald der Erbe 14 Jahre alt wurde. Das Recht ging davon aus, daß der Erbe mit diesem Alter für seine Belange selbst sorgen konnte. Nach diesem Zeitpunkt konnte der Erbe sich selbst einen Vormund wählen. Der wichtigste Unterschied zur knight tenure war jedoch, daß der Vormund hier die Erträgnisse des Landes nicht für sich verbrauchen durfte, sondern Rechenschaft ablegen und die Erträgnisse herausgeben mußte, wenn die Vormundschaft endete. Der Grund: Der tenant of socage hatte keine militärischen Dienste zu leisten, die sich der lord sichern und die er gegebenenfalls ersetzen mußte.

---

[150] Manchmal wurden auch Sachleistungen erbracht, z. B. ein Pfund Pfeffer, eine Rose u. ä., *Littleton,* Buch II, Kap. V, S. 72.

[151] *Coke on Littleton,* S. 90 b, 91; *Blackstone,* II, S. 87; *Digby,* S. 47; *Holdsworth,* III, S. 47, 60 f.

[152] S. 25, Fußn. 134.

[153] Z. B. *Bracton,* Buch 2, Kap. 37, § 8. Entsprechend sagt das statute 28 Edw. I, c. 1, ein sokeman habe kein relief zu entrichten, sondern eine doppelte rent beim Tode des Erblassers. Vgl. *Blackstone,* II, S. 87; *Digby,* S. 47, Fußn. 3.

[154] *Coke on Littleton,* S. 77; *Blackstone,* II, S. 88; *Holdsworth,* III, S. 47, 54 f.

[155] Zum Folgenden vgl. *Glanvill,* VII, 11, S. 84 f.; *Littleton,* Buch II, Kap. V, S. 68—70; *Coke on Littleton,* S. 87 b; *Blackstone,* II, S. 88; *Digby,* S. 47; *Holdsworth,* III, S. 59 f.; *Plucknett,* S. 537.

Die *marriage* war wie folgt geregelt[156]: Verheiratete der Vormund den Erben vor dessen 14. Lebensjahr, dann mußte er über den value of marriage wie über die Erträgnisse des Landes Rechenschaft ablegen. Heiratete der Mündel indes vor seinem 14. Lebensjahr ohne den Willen des Vormunds, so fiel diesem der value of marriage zu, und er brauchte darüber keine Rechenschaft abzulegen. Nach seinem 14. Lebensjahr konnte der Erbe ohne Zustimmung des Vormunds nach seinem Belieben heiraten. Der Grund für diese abweichende Regelung liegt wiederum darin, daß der tenant of socage keine Kriegsdienste zu leisten brauchte.

Die *fines for alienation* mußten wahrscheinlich auch hier nur die tenants in capite zahlen[157].

Escheat und forfeiture waren wie bei der knight tenure geregelt[158].

4. *Frankalmoyn tenure*

Die kirchliche tenure war die frankalmoyn tenure. Fast alles Land, das die Kirchen und Klöster besaßen, stand unter dieser Art der tenure[159]. Sie entstand durch eine Landvergabe an eine Kirche oder ein Kloster, wobei diese jedoch nur als Mittler angesehen wurden: Die Landvergabe war an Gott und die Heiligen gerichtet. Landbesitzer waren nach der damaligen Auffassung die Heiligen selbst. So ist z. B. im Domesday Book der heilige Paulus als Landbesitzer aufgeführt[160].

Die frankalmoyn tenure war ganz anders gestaltet als die anderen tenure-Arten[161]. Die persönliche Bindung zwischen lord und tenant trat hinter die Bindung zwischen Gott und tenant (Kirche oder Kloster) zurück. Der tenant leistete daher nicht den Treueid (fealty)[162],

---

[156] Zum Folgenden vgl. *Littleton*, ebenda; *Coke on Littleton*, S. 89 b; *Blackstone*, II, S. 89.

Digby, S. 47 und *Plucknett*, S. 537 schreiben, der tenant of socage sei frei von der marriage gewesen.

[157] *Blackstone*, II, S. 89 unter Berufung auf *Coke on Littleton*, S. 43.

[158] *Blackstone*, II, S. 89. *Glanvill*, VII, 17, S. 90—91; *Littleton*, Buch I, Kap. I, S. 4 und *Coke on Littleton*, S. 12—14 unterscheiden insofern gar nicht zwischen knight tenure und free and common socage tenure.

[159] *Blackstone*, II, S. 101.

[160] *Domesday Book*, II, S. 12—13. Vgl. hierzu *Holdsworth*, III, S. 27, Fußn. 6.

[161] Zum Folgenden: *Bracton*, Buch 4, Kap. 28; *Littleton*, Buch II, Kap. VI, S. 75—81; *Coke on Littleton*, S. 93 b—100 b; *Blackstone*, II, S. 101 f.; *Pollock*, Recht des Grundbesitzes, S. 47, 120 f.; *Holdsworth*, III, S. 27—29; *Taswell-Langmead*, S. 36.

[162] *Littleton*, a. a. O., S. 77: "...because that this Divine Service is better for them before God then any doing of Fealty."

weil „he hath professed himself only to be Gods man“[163], wohl aber die Huldigung (homage)[164].

Die *rent* des tenant bestand in Gebeten für das Seelenheil des lord und seiner Erben. Sie war im allgemeinen unbestimmt und ihrer Natur nach nicht klagbar; deswegen die Bezeichnung „in frank almoigne“[165].

Von allen *feudalen incidents* war der frankalmoyn tenant befreit.

5. *Villein tenure*

a) Abgrenzung zum free tenure

Die villein tenure als unfree tenure unterschied sich im wesentlichen in drei Punkten von den bisher behandelten free tenures:

1. Sie gewährte dem tenant ***keine seisin*** an dem Land[166].

Seisin (von „set“ oder „sit“, franz. „saisine“) bezeichnete den Besitz an Immobilien (im Gegensatz zur possession, die beispielsweise die lease gewährte)[167]. Sie genoß dinglichen Rechtsschutz vor jedem unzulässigen Eingriff — selbst des lord — vor den common-law-Gerichten[168].

In unsere Kategorien von Besitz und Eigentum läßt sich seisin nicht einordnen. Sie stand zwischen Besitz und Eigentum. Seisin kann man allenfalls als „berechtigten Besitz“ umschreiben[169]. Das germanische Recht kannte dieses Rechtsinstitut in der *Gewere*[170].

2. Die *services,* die der unfree tenant leisten mußte, waren gänzlich *unbestimmt* und konnten sich von Tag zu Tag ändern. Sie waren zudem in der Regel belastender und beschwerlicher als die services bei

---

[163, 164] *Littleton*, Buch II, Kap. I, S. 46.

[165] *Pollock*, Recht des Grundbesitzes, S. 47, Fußn. 16. Andere Bezeichnungen: „free alms“ oder „in liberam Eleemosynam“; *Littleton,* Buch II, Kap. VI, S. 75.

[166] *Pollock and Maitland,* I, S. 360; *Holdsworth,* III, S. 77 f.; *Megarry-Wade,* S. 23; *Megarry,* S. 18.

[167] Taylor d'Atkyns v. Horde, 1 Burr. 60, 107, 97 Eng. Rep. 190, 216 (K. B. 1757); *Pollock and Maitland,* II, S. 29, 30, 32, 33; *Holdsworth,* II, S. 492; III, S. 77 f.; *Megarry-Wade,* S. 48—50, 525, 1133; *Megarry,* S. 34 bis 36; *Maitland,* 1 L. Q. Rev. 324; *Maitland,* 2 L. Q. Rev. 481—486; *Maitland,* 4 L. Q. Rev. 24—39, 286—299; *Pollock,* 11 L. Q. Rev. 329 f.; *Sweet,* 12 L. Q. Rev. 239—247; *Bordwell,* 34 Harv. L. Rev. 592—596.

[168] *Holdsworth,* III, S. 78. Zu den Gerichten vgl. unten S. 33, Fußn. 182.

[169] Vgl. *Bondzio,* S. 11 und dort Fußn. 47: „Dabei ist nicht der berechtigte Besitz im Gegensatz zum unberechtigten des deutschen Sachenrechts gemeint, sondern ein ‚vom Besitzrecht eingefärbter‘ Besitz.“

[170] *Heusler,* Gewere, S. 50—66, 114—163 und (vergleichend) 336—364; *Conrad,* I, S. 44 f., 428.

den free tenures und bestanden überwiegend aus niederen Knechtschaftarbeiten, z. B. Pflügen der Äcker und Tagelöhnerdiensten[171].

3. Die tenants lebten bei einer unfree tenure, wenn auch nicht notwendigerweise, zumeist selbst in einem *unfreien Status* (villein status)[172], wohingegen die tenants einer free tenure immer persönlich frei waren. Ein persönlich unfreier tenant lebte daher immer in einer unfree tenure, ein persönlich freier tenant aber entweder in einer free tenure oder in einer unfree tenure[173].

Villein tenure war mithin ein Lehensverhältnis, bei dem der lord dem tenant ein Stück Land übertrug und bei dem der tenant zu Knechtsdiensten verpflichtet war. Der tenant konnte einen persönlich freien oder unfreien Status haben[174].

Nach der normannischen Eroberung wurde ein großer Teil Englands von diesen villein tenants bewirtschaftet[175].

b) Herkunft der villein tenure

Die älteste Form der villein tenure stammte noch aus vornormannischer Zeit und war unter dem Namen *farm* (das dem sächsischen „feorm" und dem englischen „food" entspricht) bekannt: Der tenant mußte für eine bestimmte Zeit einen großen Teil der Erzeugnisse und Früchte des ihm übertragenen Landes an den lord für dessen Haushalt abgeben[176]. Dieses farm-System wurde allerdings schon bald durch eine Verpflichtung des tenants zu *Arbeitsleistungen* ersetzt: Der tenant mußte die Ländereien des lord bestellen und auf dessen Gütern Knechtsarbeiten verrichten. Diese tenants waren durchweg unfreie Personen. Sie genossen keinen Rechtsschutz gegenüber der Willkür des lord[177].

---

[171] *Pollock and Maitland*, I, S. 364—372; *Seebohm*, 7 Eng. Hist. Rev. 445, 463.

[172] Simon v. Walsingham, Y. B. 2 Edw. II, pl. 13 (K. B. 1308—1309), S. S., Vol. 17 (1903), S. 61; *Digby*, S. 50; *Pollock and Maitland*, I, S. 414 bis 420; *Holdsworth*, II, S. 160, 208—210; III, S. 167 f.; *Plucknett*, S. 538; *Megarry-Wade*, S. 24.

[173] *Pollock and Maitland*, I, S. 372, 408.

[174] *Littleton*, Buch II, Kap. XI, S. 97 f.; *Coke on Littleton*, S. 116, 116 b; *Blackstone*, II, S. 90—98; *Digby*, S. 152 f.; *Holdsworth*, III, S. 24 f.; *Pollock*, Recht des Grundbesitzes, S. 263; *Plucknett*, S. 538; *Megarry-Wade*, S. 24—26.

[175] Heydon's Case, 3 Co. Rep. 7, 8 b, 76 Eng. Rep. 637, 640 (K. B. 1584); *Holdsworth*, III, S. 165; *Pollock*, Recht des Grundbesitzes, S. 58; *Megarry-Wade*, S. 24.

[176] *Maitland*, Domesday Book, S. 146; *Vinogradoff*, Villainage, S. 301 bis 307; *Holdsworth*, III, S. 165.

[177] Hierzu eingehend *Blackstone*, II, S. 92—96; *Vinogradoff*, Villainage, S. 306; *Holdsworth*, III, S. 166; *Pollock*, Recht des Grundbesitzes, S. 263 bis 266.

c) *Manor*

Im Mittelpunkt der villein tenure stand die feudale Einheit, der *manor*, auch lat. *manerium* oder *a manendo*[178]: ein nach dem tenure-System aufgebautes und organisiertes Gut des lord; ein Landbesitz, gruppiert um ein Gutshaus und das Land, das der lord selbst innehatte[179]. Der manor bestand freilich nicht nur aus Land, das die villein tenants für ihren lord bebauten, sondern auch aus Land, das den free tenants in free and common socage tenure, sowie dem Land, das den unfree tenants als Gegenleistung für ihre services übertragen worden war.

Im wesentlichen setzte sich der manor zusammen aus

1. dem Land, das der lord nicht an free tenants übertragen hatte und woran er selbst seisin besaß *(demesne)*; es waren dies das zentrale manor-Haus und das Land, das die villein tenants für den lord bestellten;
2. dem Land, das den free tenants und den unfree tenants (ihnen allerdings ohne seisin) übertragen worden war, und
3. einer Gemeinschaftsweide für die Tiere aller tenants[180].

Anfangs war der villein tenant im manor vollständig von der Willkür seines lord abhängig und daher *tenant at the will of the lord:* Der lord konnte jederzeit das Land von dem tenant herausverlangen und die tenure beenden, also nicht nur, wenn der tenant seine Dienste nicht erfüllte, sondern auch ohne irgendeinen Grund. Starb der villein tenant, dann konnte der lord, selbst wenn der tenant einen Erben hinterlassen hatte, das Land anderweitig übertragen[181].

Die lords machten von ihren Rechten allerdings nur sehr selten Gebrauch. Gleichwohl war die Rechtsstellung des tenant doch recht unsicher. Eine Klagemöglichkeit hatte er nicht: Die common-law-

---

[178] *Blackstone,* II, S. 90.

[179] *Littleton,* Buch II, Kap. XI, S. 97; *Coke on Littleton,* S. 116; *Blackstone,* II, S. 90 f.; *Digby,* S. 213—217; *Pollock and Maitland,* I, 594 f.; *Vinogradoff,* English Society, S. 340, 471 f.; *Vinogradoff,* Manor, S. 225; *Holdsworth,* II, S. 63; *Plucknett,* S. 95 f.; *Megarry-Wade,* S. 24; *Maitland,* Introduction, S. XXXIX—XLI.

Der manor war schon in angelsächsischer Zeit in England bekannt, *Holdsworth,* II, a. a. O.; ein Beispiel ist der *Fardel Manor,* auf dem Sir Walter *Raleigh* aufwuchs. Er besteht seit 1042 bis heute. Vgl. *The Times,* 17. Oktober 1966, S. 10 (mit Bild).

[180] *Holdsworth,* II, S. 63; *Megarry-Wade,* S. 24.

[181] *Littleton,* Buch II, Kap. XI, S. 97—98; *Coke on Littleton,* S. 116; *Pollock and Maitland,* I, S. 360; *Digby,* S. 153; *Pollock,* Recht des Grundbesitzes, S. 63; *Megarry-Wade,* S. 25.

Gerichte[182] waren nicht zuständig, weil der villein tenant keine seisin hatte und also kein freeholder war[183].

Es blieb der Weg vor das Gericht des lord: Jeder manor hatte ein eigenes Gericht, den *Customary Court,* in dem der lord in Streitigkeiten zwischen ihm und den villein tenants Recht sprach[184].

Das Ergebnis war nicht so, wie man vielleicht annehmen mag. Zwar fielen die Rechtssprüche anfangs oft zugunsten des lord aus, allerdings mehr deshalb, weil der lord tatsächlich fast unbeschränkte Rechte hatte, als deshalb, weil das Gericht parteiisch geurteilt hätte. Im Laufe der Zeit entwickelten sich in jedem manor *feste Gewohnheiten (customs).* Sie wurden in der Praxis überwiegend anerkannt und von den manor-Gerichtshöfen ihren Urteilen zugrunde gelegt[185].

Diese customs waren zwar in den einzelnen manors verschieden. Im Grundsatz bildeten sich jedoch übereinstimmend folgende *services und incidents der villein tenure:*

Die Hauptleistung des villein tenant waren die *landwirtschaftlichen Dienste* auf dem manor des lord[186].

Von den incidents der free tenures mußte der villein tenant die *relief-Zahlung* erbringen, wenn er als Erbe in die Rechtsstellung des Erblassers eintreten wollte; ferner die *fines for alienation* bei der Übertragung des Landes[187]. Schließlich war das Land mit *escheat* und

---

[182] Das sind die ordentlichen königlichen Gerichte, und zwar die Royal courts, die Königsgerichte: courts of King's (Queen's) Bench, of Common Pleas, of Exchequer. Eine graphische Übersicht findet sich bei *Winfield,* S. 131.

[183] *Digby,* S. 153, 288 f.; *Holdsworth,* III, S. 175; *Pollock,* Recht des Grundbesitzes, S. 263; *Plucknett,* S. 538.

Zum freeholder eingehend unten S. 70—77.

[184] *Coke on Littleton,* S. 58; *Digby,* S. 290; *Holdsworth,* II, S. 315—320; III, S. 175; *Megarry-Wade,* S. 25; *Maitland,* Introduction, S. XVI—XVII.

Der Customary Court war für die unfree tenants eingerichtet. Für die free tenants gab es den Court Baron.

[185] *Pollock and Maitland,* I, S. 361, 376 f.; *Digby,* S. 289—291; *Holdsworth,* II, S. 316 f.; III, S. 175; *Plucknett,* S. 310; *Megarry-Wade,* S. 25.

Vgl. zu den customs *Schechter,* 28 Colum. L. Rev. 283—290.

[186] *Littleton,* Buch II, Kap. XI, S. 97 f.; *Coke on Littleton,* S. 116; *Blackstone,* II, S. 95; *Digby,* S. 51; *Holdsworth,* III, S. 165 f.; *Pollock,* Recht des Grundbesitzes, S. 263; *Megarry-Wade,* S. 25.

[187] Sie konnten durch customs festgesetzt werden, William Halton, Baronet v. Hassell, 2 Strange 1042, 93 Eng. Rep. 1020 (K. B. 1796). War dies nicht geschehen, dann konnte der lord nur eine reasonable fine verlangen. Bezahlte der tenant eine unreasonable fine nicht, dann war dies keine forfeiture, Hobart v. Hammond, 4 Co. Rep. 27 b, 76 Eng. Rep. 942, 944 (K. B. 1600); Wharton v. King, 3 Anst. 659, 663, 674, 145 Eng. Rep. 998, 999, 1003 (Ex. 1796); Lord Abergavenny v. Thomas, 3 Anst. 668, 145 Eng. Rep. 1001

forfeiture belastet, dem Heimfallsrecht des lord im Falle, daß der villein tenant ohne Erben starb oder Verrat oder ein sonstiges schweres Verbrechen gegen den lord begangen hatte[188]. Dies letztere war insofern ein wesentlicher Fortschritt, als der lord früher dem villein tenant das Land ohne jede Begründung entziehen konnte[189].

Überdies mußte ein neuer villein tenant beim Tode des Erblassers das *heriot* erbringen, eine Naturalabgabe, bestehend aus dem besten Stück Hornvieh oder anderen beweglichen Sachen[190]. Es wurde — wie relief — für die Erlaubnis des lord gezahlt, daß der Erbe in die Stellung des bisherigen villein tenant eintrete.

Infolge der Anerkennung dieser customs durch die manor-Gerichte war der villein tenant nicht mehr nur von der Willkür seines lord abhängig und daher nicht mehr tenant at the will of the lord, sondern jetzt *tenant at the will of the lord according to the custom of the manor*[191].

III. Die rent

1. Gestalt der rent

Die verschiedenen tenure-Arten stimmten darin überein, daß der tenant eine rent erbringen mußte. *Rent* und *Landvergabe* standen sich als zwei *gegenseitige Leistungen* gegenüber. So war z. B. der König bei den knight tenures in erster Linie an den Kriegsdiensten seiner Vasallen interessiert. Als Gegenleistung stellte er ihnen Land zur Verfügung, aus dem sie Einkünfte und Gewinne erzielen konnten. Bei den socage tenures war es ähnlich, nur trat an die Stelle der Kriegsdienste die rent in Naturalien oder Geld.

Die *rent,* von lat. reditus[192], war daher eine *bestimmte wiederkehrende Leistung* innerhalb des tenure-Verhältnisses, seien es Kriegsdienste, seien es Dienstleistungen oder auch Geldzahlungen. Die Ge-

---

(Chan. 1789); Duke of Grafton v. Horton, 2 Bro. P. C. 284, 287—288, 1 Eng. Rep. 946, 948—949 (H. L. 1726).

188 *Blackstone,* II, S. 97 f.; *Holdsworth,* III, S. 169.

189 Siehe oben S. 32.

190 Western v. Bailey, [1897] 1 Q. B. 86; *Blackstone,* II, S. 97; *Digby,* S. 292; *Pollock and Maitland,* I, S. 312; *Pollock,* Recht des Grundbesitzes, S. 59; *Plucknett,* S. 739, Fußn. 2.

Im alten deutschen Recht war dies als Besthauptrecht (Kurmede) bekannt. Vgl. dazu *Heusler,* Institutionen, I, S. 139; *Conrad,* I, S. 117, 304.

191 *Littleton,* Buch II, Kap. XI, S. 97 f.; *Coke on Littleton,* S. 116; *Digby,* S. 292.

192 *Blackstone,* II, S. 41: "The word, rent, or render, reditus, signifies a compensation, or return." Vgl. auch *Coke on Littleton,* S. 141 b, 142.

bete bei den frankalmoyn tenures können ausgeklammert werden: Sie hatten eine eigenartige Struktur und sind für das englische Sachenrecht aufgrund der Mortmain-(Tote-Hand-)Gesetzgebung[193] ohne Bedeutung geblieben.

Die rent bestand sowohl bei den knight tenures wie bei den socage tenures in einer *wiederkehrenden* Leistung, die überdies für alle Zukunft in ihrer Höhe festgelegt war. So hatte der knight tenant eine *bestimmte* Anzahl von Soldaten zu stellen, der socage tenant *bestimmte* Dienstleistungen oder Naturalien zu erbringen, wie Getreide, Gemüse, Blumen, auch Pferde oder Kühe u. ä.[194], oder aber *bestimmte* Geldzahlungen.

Nach dem Vertrag, der der rent regelmäßig zugrunde lag, waren lord und tenant also zu zwei gegenseitigen Leistungen verpflichtet, der lord zur Hingabe von Grundbesitz, der tenant zur Erbringung der rent[195].

2. *Arten der rent*

Das common law kannte drei Arten der rent: *rent-service, rent-charge* und *rent-seck*[196].

a) Rent-service

Die *rent-service* setzt sich zusammen aus einer Geldzahlung und einer Dienstleistung. Der geringste Dienst kann fealty sein; geringst, weil sie ein einmaliger Akt ist und nur aus Worten besteht. Der Dienst kann aber auch — statt fealty — homage und fealty (auch ein geringer Dienst) oder aber ein anderer Akt sein, z. B. Pflügen. Rent-service war also Geldzahlung und fealty, Geldzahlung und homage mit fealty oder Geldzahlung und ein anderer Akt[197]. Diese rent-

---

[193] Näher unten S. 55—56. Das Statute of Mortmain, 7 Edw. I, stat. 2, c. 13 (1279) ist abgedruckt in Anhang V, unten S. 261—262.

[194] *Coke on Littleton*, S. 142: "And the rent may as well be in delivery of Hens, Capons, Roses, Spurres, Bowes, Shafes, Horses, Hawkes, Pepper, Comine, Wheat, or other profit that lyeth in render, office, attendance, and such like: as in payment of money."

Vgl. auch *Glanvill*, IX, 2, S. 106; X, 6, S. 120 f.; *Blackstone*, II, S. 41; *Pollock and Maitland*, II, S. 129—132; *Holdsworth*, III, S. 125 f.

[195] Vgl. *Coke on Littleton*, S. 142; *Blackstone*, II, S. 41; *Holdsworth*, III, S. 125 f.

[196] Vgl. *Littleton*, Buch II, Kap. XII, S. 117—133; *Coke on Littleton*, S. 141 b—162 b; *Blackstone*, II, S. 41—42; *Digby*, S. 238, Fußn. 2; *Holdsworth*, III, S. 125—126.

[197] *Blackstone*, II, S. 41 f.: "Rent-service is so called because it hath some corporal service incident to it, as at least fealty, or the feodal oath of

service wurde — ebenso wie das Land selbst — in der Hand des lord als *unbewegliches Vermögen — real property* — angesehen. Sie belastete dinglich das Land, das dem tenant übertragen war. Bei Übertragung des Landes an einen Dritten ging sie ipso iure mit dem Land auf den Erwerber über, und dieser haftete für sie.

Der *tenant* erwarb ebenfalls einen dinglichen Titel: Er erhielt das *unbeschränkte Besitzrecht und das* (vom König abhängige) *Eigentum* an dem Land *(fee simple).* Er hatte die *dingliche Rechtsstellung des Eigentümers* und demgemäß auch alle dinglichen Abwehrrechte des Eigentümers gegen fremde Eingriffe.

Übertrug der lord hingegen einen *beschränkten Besitzstand* — fee tail, life estate oder eine zeitlich beschränkte lease[198] — und behielt er sich dabei eine rent vor, so verblieb neben der rent eine *Anwartschaft* auf den Besitzstand, sobald dieser beendet war. Diese Anwartschaft wurde *reversion* genannt und gab einen future estate[199]. Sie verblieb als ein Teil des Vermögens bei dem lord und wurde selbst als unbewegliches Vermögen angesehen. Sie konnte selbständig übertragen und vererbt werden[200].

Das wesentliche Merkmal der rent-service bestand in dem *right of distress:* Dem lord stand *kraft Gesetzes* eine Art *Pfändungsrecht* an dem Land zu, aufgrund dessen er bei säumiger rent-Zahlung ohne weiteres in das Land vollstrecken und den Besitz des Landes wiedererlangen konnte, und zwar gleichgültig, ob das Land noch im Besitz seines tenant oder schon im Besitz eines Dritten war[201].

Die rent-service war teilbar; denn sie war real property und konnte immer im Verhältnis des Landes geteilt werden. Bei der Übertragung von Land wurde daher immer der entsprechende Teil der rent-service mitübertragen. Das wirtschaftliche Gleichgewicht zwischen rent-service und übertragenem Land konnte daher durch eine Teilung nicht gestört werden.

---

fidelity. For, if a tenant holds his land by fealty, and ten shillings rent; or by the service of ploughing the lord's land, and five shillings rent; these pecuniary rents, being connected with personal services, are therefore called rent-service." Ebenso *Littleton,* a. a. O., S. 117 f.; *Coke on Littleton,* S. 142: "It is called a Rent service, because it hath some corporall service incident unto it, which at the least is fealty, as here it appeareth."

198 Näher zu fee tail unten S. 72—74, zu life estate und S. 74—75 und zu lease unten S. 78—82.

199 *Littleton,* a. a. O., S. 118, 125 f.; *Coke on Littleton,* S. 142 b; *Blackstone,* II, S. 42.

200 Näher unten S. 75—76.

201 *Littleton,* a. a. O., S. 118; *Coke on Littleton,* S. 142; *Blackstone,* II, S. 42; *Holdsworth,* III, S. 125.

b) Rent-charge

Die *rent-charge*[202] entstand grundsätzlich nicht bei einer tenure. Denn mit der rent-charge waren keine persönlichen Dienste verbunden, so daß sie für die tenures mit deren persönlicher lord-tenant-Bindung ungeeignet war. Vielmehr entstand die rent-charge in der Regel bei einer *lease*, einer nur zeitweisen Überlassung des Grundbesitzes ohne Eigentumsübertragung, wenn sich der lord die Zahlung bzw. Leistung einer rent in bestimmter Höhe ausdrücklich vertraglich vorbehielt[203].

Im Gegensatz zur rent-service war die rent-charge nur *bewegliches Vermögen — personal property*. Sie belastete nicht dinglich den Grund und Boden und ging daher bei der Übertragung des Landes an einen Dritten grundsätzlich nicht mit dem Land auf den Erwerber über. Der lord hatte daher *kein gesetzliches „Pfändungsrecht"*, mit dessen Hilfe er bei rent-Rückständen in das Land vollstrecken konnte. Doch stand ihm ein solches Recht dann zu, wenn er es sich bei der Begründung der rent ausdrücklich *vertraglich vorbehalten* hatte *(clause of distress)*[204]. Der lord konnte dann ohne weiteres in das Land vollstrecken, und zwar selbst dann, wenn es bereits auf einen Dritten übertragen war.

Da diese clause of distress üblicherweise vereinbart wurde, unterschied sich die rent-charge hinsichtlich des Pfändungsrechts von der rent-service nur dadurch, daß es bei dieser gesetzlich, bei jener nur vertraglich bestand[205]. In der praktischen Wirkung gab es dagegen insoweit keinen Unterschied.

Der *praktisch wichtigste Unterschied* zwischen beiden rent-Arten war vielmehr dieser: Die *rent-charge* war *nicht teilbar*. Sie galt als personal property und folgte bei Übertragungen grundsätzlich nicht dem Lande. Sie hätte daher — wenn überhaupt — nur unabhängig vom Land geteilt werden können. Dies hätte aber die Stellung des Gläubigers geschwächt, der sich bei rent-Rückständen dann nicht nur

---

[202] *Blackstone*, II, S. 42: "... is called a rent-charge, because in this manner the land is charged with a distress for the payment of it."; *Littleton*, a. a. O., S. 119: "... is a Rent charge, because such Lands or Tenements are charged with such distresse by force of the writing only, and not of common right."; *Coke on Littleton*, S. 143 b: "It is called a Rent charge, because the Land for payment thereof is charged with a distress."

[203] Hierzu und zum Folgenden *Littleton*, a. a. O., S. 119—121; *Coke on Littleton*, S. 144—146; *Blackstone*, II, S. 42; *Digby*, S. 238, Fußn. 2; *Holdsworth*, III, S. 126. Zum lease näher unten S. 78—82.

[204] *Littleton*, a. a. O., S. 119; *Blackstone*, II, S. 42.

[205] *Blackstone*, ebenda: "In this case the land is liable to the distress, not of common right, but by virtue of the clause in the deed."

mit mehreren Landbesitzern, sondern auch mit mehreren rent-Schuldnern hätte auseinandersetzen müssen.

c) Rent-seck

Hatte der lord sich bei Vereinbarung der rent das Pfändungsrecht *nicht* ausdrücklich vorbehalten, so konnte er bei rent-Rückständen nicht in das Land vollstrecken, sondern nur seinen tenant *persönlich* haftbar machen. Eine solche rent ohne das Pfandrecht in das Land war eine *rent-seck* oder *dry rent* (reditus siccus)[206].

3. Quit-rent

Neben dieser Unterscheidung der rent-Arten nach der Pfändungsmöglichkeit kann man die *rent* auch danach einteilen, ob sie *neben* anderen Leistungen oder *statt* anderer Leistungen zu erbringen war:

In der Regel trat diese rent *neben* andere Leistungen[207] und wurde in Geld oder auch in Naturalien geleistet. Mitunter zahlte ein tenant jedoch *nur* eine derartige *Geld-* oder *Naturalien-rent*. Dabei unterscheidet man, ob diese rent *ursprünglich* geschuldet wurde oder aber ob sie *an die Stelle* anderer Leistungen getreten war und den tenant von diesen anderen, ursprünglich geschuldeten Leistungen befreite. In diesem letzteren Fall spricht man von einer *quit-rent* (quieti reditus), weil der tenant von den eigentlich geschuldeten rents frei oder „quit" wurde.[208]

Diese quit-rents traten wie die übrigen rents in den drei Erscheinungsformen der rent-service, rent-charge und rent-seck auf.

Zur quit-rent gehörten z. B. die *rents of assise* eines tenant, der innerhalb eines manor lebte, und die *chief rents* (reditus capitales) der übrigen tenants, die keine Dienstleistungen erbrachten[209].

4. Durchsetzung der rent

Soweit dem lord ein Zugriffsrecht auf das mit der rent belastete Land zustand, standen ihm die *dinglichen Klagen (real actions)* zu Gebote, sobald er *seisin* („berechtigten" Besitz an Immobilien, Gewere) an der rent erlangt hatte[210]. Da die rent-service als real property an-

---

[206] *Littleton,* a. a. O., S. 119 f., 120: "... and if the Grant be without clause of distresse, then it is a Rent secke. ...; for that no distress is incident unto it."; *Coke on Littleton,* S. 144; *Blackstone,* II, S. 42; *Holdsworth,* III. S. 125; *Digby,* S. 238, Fußn. 2.

[207] Siehe oben S. 34.

[208] Näher oben S. 1 f.

[209] Vgl. *Blackstone,* II, S. 42.

[210] *Blackstone,* III, S. 117; *Holdsworth,* III, S. 86, 126; *Digby,* S. 238, Fußn. 2 a. E.; *Pollock,* Recht des Grundbesitzes, S. 104. Zur *seisin* näher oben S. 30.

gesehen wurde, war seisin an ihr durchaus möglich. Zur Durchsetzung seiner rent-Erträgnisse konnte der lord die *assize of novel disseisin*, die eigentliche Besitzklage, einbringen und so den Besitz des Landes selbst wiedererlangen[211]. Diese Klagen standen dem lord gegen jeden Dritten zu.

Belastete die rent hingegen nicht das Land, dann konnte der lord die *writ of annuity* erheben, eine zunächst ebenfalls dingliche, später aber persönliche Klageart[212].

Die klageweise Verfolgung seiner Rechte war für den lord allerdings oft mit großen Schwierigkeiten verbunden: Das Prozeßverfahren war sehr schwerfällig und langatmig, da es gerade in bezug auf Grundbesitz mit einem großen Zeremoniell belastet war[213].

Bis zum Erlaß der Magna Carta[214] im Jahre 1215 war das Gericht überdies oft schwer zu finden. Denn es folgte dem Hof des Königs, der sich nur selten für längere Zeit an einem Ort aufhielt. Da die Nachrichtenverbindungen noch sehr rudimentär waren und die Anreise oft lange dauerte, kam es durchaus vor, daß der Hof des Königs schon längst abgereist war, wenn der Kläger schließlich ankam. Da sich der König auch oft in Frankreich in seinen normannischen Besitzungen aufhielt, mußte der Kläger möglicherweise mehrmals den Kanal überqueren, ehe er sein Recht fand[215].

D. ZUSAMMENFASSUNG.

DAS FEUDALSYSTEM UND DIE QUIT-RENT

Das land-tenure-System in England beruhte auf der Verleihung von Land aus der terra regis an Gefolgsleute des Königs. Dadurch entstand die *tenure-Beziehung* zwischen Oberherrn (lord) und Gefolgsmann (tenant), deren wesentlicher Charakter in der *persönlichen Bindung zwischen lord und tenant* lag.

---

[211] *Holdsworth*, ebenda, unter Berufung auf 13 Edw. I, stat. I, c. 25 (K. B. 1285).

[212] Y. B. 3 Edw. II, pl. 47 (K. B. 1310); S. S., Vol. 20 (1905), S. 137 f.; *Holdsworth*, III, S. 126.

[213] *Pollock*, Recht des Grundbesitzes, S. 101.

[214] Gemäß Art. 17 der Magna Carta sollte das Gericht nicht mehr dem Hof folgen, unten S. 259.

[215] *Pollock*, Recht des Grundbesitzes, S. 101 f. Berücksichtigt man die hohen Reisekosten und die Gebühren, die die königlichen Beamten erhielten, damit sie den Rechtsstreit überhaupt vor das Gericht brachten, so war das Verfahren insgesamt sehr kostspielig.

Da die tenants ihrerseits das Land ganz oder teilweise weiterverleihen konnten, entstand eine *Besitzpyramide*, in der jedes Glied außer dem obersten und den untersten zugleich lord und tenant war.

Dieses feudale land-tenure-System kannte im wesentlichen folgende *Arten:* grand sergeanty, knight tenure (military tenure), tenure of free and common socage, frankalmoyn tenure und villein tenure.

Die *grand sergeanty* verpflichtete den tenant in chief (nur im Verhältnis zwischen ihm und dem König bestand diese tenure-Art) zu bestimmten persönlichen Diensten, die als besonders ehrenvoll galten, z. B. das Tragen des königlichen Banners.

Die wichtigste, bedeutendste und weitest verbreitete Art war die *knight tenure:* Der knight tenant war zu Kriegsdiensten verpflichtet und überdies bei bestimmten Gelegenheiten mit zusätzlichen Verpflichtungen belastet.

Bei der *tenure of free and common socage* mußte der tenant anstelle von Kriegsdiensten Dienstleistungen oder wiederkehrende Geldzahlungen erbringen. Ähnlich dem knight tenant war er bei bestimmten Gelegenheiten mit zusätzlichen Pflichten belastet.

Die *frankalmoyn tenure* war den Kirchen und Klöstern vorbehalten. Diese brauchten lediglich Gebete für das Seelenheil des lord zu verrichten.

Bei der *villein tenure* war der tenant, der häufig persönlich unfrei war, zu niederen Dienstleistungen verpflichtet und überdies mit zusätzlichen Verpflichtungen bei bestimmten Gelegenheiten belastet, jedoch teilweise anders als bei der knight tenure und bei der free and common socage tenure.

Der tenant mußte für das ihm übertragene Land eine *rent* erbringen, entweder in Dienstleistungen oder in Geld oder in Dienstleistungen und Geld. Die rent und die Landvergabe standen sich im tenure-Verhältnis als gegenseitige Leistungen gegenüber. Sie bestand aus einer bestimmten, wiederkehrenden Leistung des tenant für das ihm übertragene Land.

Das common law kannte drei Arten der rent, die sich hinsichtlich des Pfändungsrechtes unterschieden: *rent-service* mit einem gesetzlichen Pfändungsrecht und der Natur des real property, *rent-charge* mit vertraglichem Pfändungsrecht und der Natur des personal property und *rent-seck*, bei der der lord kein Pfändungsrecht, sondern nur einen persönlichen Anspruch gegen seinen tenant hatte.

Unter *quit-rent* verstand man die Geld- oder Naturalien-rent, die der tenant anstelle von Dienstleistungen erbrachte und die ihn von diesen Dienstleistungen befreite.

Die Leistungen der tenants waren in den fünf geschilderten tenure-Arten durchaus unterschiedlich: Es wurden Kriegsdienste, Dienstleistungen höherer oder niederer Art, Geldzahlungen und Gebete geschuldet, alle unter der gemeinsamen Bezeichnung *„rent"*; Dienste höherer Art bei der grand sergeanty, Kriegsdienste bei der knight tenure, Dienstleistungen und Geldzahlungen bei der socage tenure, Gebete bei der frankalmoyn tenure und Dienstleistungen niederer Art bei der villein tenure. In ihnen *verkörperte* sich die für das Feudalsystem typische *persönliche Bindung* zwischen lord und tenant, der Kern des land-tenure-Systems in England. *Diese rents* gehören also zum *Wesen des Feudalsystems* in England.

In der Blüte des Feudalismus in England waren grundsätzlich *keine anderen rents* möglich. Denn die rents waren auf die Interessen und Bedürfnisse des lord abgestimmt: Der König war bei der *grand sergeanty* an den *persönlichen Diensten*, die lords waren bei den *knight tenures* an *Kriegsdiensten*, bei den socage tenures an *Dienstleistungen und Geldzahlungen*, bei den frankalmoyn tenures an *Gebeten* und bei den *villein tenures* an den *Arbeitsleistungen* interessiert.

Eine *Abkehr* von diesen rents bedeutete mithin eine Abkehr von der persönlichen Bindung zwischen lord und tenant und damit vom Wesen des Feudalsystems überhaupt.

Die *Geldzahlungen*, die als rent *bei den socage tenures* zu zahlen waren, traten zunächst *neben* die Dienstleistungen und nicht an deren Stelle. Sie waren mit diesen tenures ursprünglich verbundene rents, also keine ersatzweisen Geldzahlungen für eigentlich geschuldete Dienstleistungen. Sie *ersetzten nicht*, sie *ergänzten* die Dienstleistungen.

Anders dagegen die *quit-rents:* Sie bestanden zwar meist ebenfalls aus Geldzahlungen, doch waren sie nicht ursprünglich mit der tenure verbunden. Sie *ersetzten* vielmehr mit befreiender Wirkung die eigentlich geschuldeten rents, bei den knight tenures die Kriegsdienste, bei den socage tenures die Dienstleistungen.

Mit dieser Befreiung von den ursprünglichen rents und dem Anwachsen der quit-rents *löste* sich die für das Feudalsystem wesentliche *persönliche lord-tenant-Bindung*. Das Feudalsystem verlor damit seinen charakteristischen Zug.

Die *quit-rents* gehörten daher *nicht zum Wesen des Feudalsystems.* Im Gegenteil: Sie waren ihrem Ziele nach unvereinbar mit diesem System. Da sie den Fortfall der persönlichen Bindung begünstigten und vorantrieben, waren sie *keine feudalen Institute*, sondern Institute, die am Beginn des Niedergangs des Feudalsystems in England standen, also (überspitzt formuliert) *feudalfeindliche Institute.*

Die quit-rents standen damit am Ende des von William the Conqueror vervollkommneten englischen Feudalsystems. Sie begünstigten und beschleunigten dabei die *Entwicklung vom feudalen* (öffentlich-rechtlichen) *land-tenure-System zu einem privatrechtlichen real-property-System.*

3. ABSCHNITT
Wandlungen und Niedergang des Feudalsystems in England

A. AUSGANGSPUNKTE

Das Feudalsystem in England hat sich bis zur Besiedlung Amerikas in vieler Hinsicht entscheidend gewandelt: Von einem *Feudalsystem* kann nur noch der *Form, nicht* mehr dem *Inhalt* nach die Rede sein.

Die *quit-rent* könnte allerdings, wenn sie auch kein feudales Rechtsinstitut war, derart vollkommen in die feudalen Rechtsinstitute übernommen und eingefügt worden sein, daß sie materiell einen feudalen Gehalt erlangt hätte oder doch zumindest als feudales Rechtsinstitut verstanden würde. Doch die Entwicklung führt nicht *zum* Feudalismus, sondern gerade umgekehrt *vom* Feudalismus zu einem bürgerlichen Sachenrechtssystem. Sollte die quit-rent diese Entwicklung eingeleitet und keinen feudalen Inhalt erlangt haben, dann könnte sie *zu keiner Zeit* als feudales Rechtsinstitut angesehen werden, und es bestände heute kein Grund, sie als Relikt des Feudalsystems zu verstehen.

Das Feudalsystem in England war wie jedes feudale Recht *öffentliches Recht* (public law)[216]: Es regelte die Beziehungen zwischen Übergeordneten (lords) und Untergeordneten (tenants). Die Gründe hierfür waren mannigfach: Einmal kannte das frühe Recht ohnehin nicht wie wir die strenge Unterscheidung zwischen privatem und öffentlichem Recht. Jedes aus unserer Sicht privatrechtliche Verhältnis berührte unmittelbar öffentliche Interessen und wurde daher von der öffentlichen Gewalt selbst unmittelbar geregelt. Die Störung des Rechtsfriedens des einzelnen wurde als Störung des allgemeinen Rechtsfriedens verstanden. Überdies bedeutete *Grundbesitz* politische *Macht*, nicht — wie heute — nur Handelsobjekt oder Kapitalanlage. Der Besitzstand und die Verfügungsmacht über Grundbesitz erforderten daher eine wirksame Kontrolle durch die Gemeinschaft. Der Grundbesitz hatte also zur damaligen Zeit einen wichtigen *politischen Inhalt.*

Mit der wachsenden Bedeutung des Geldes verlor der Grundbesitz diesen Inhalt und der Feudalismus damit seine Grundlage. Denn die persönliche lord-tenant-Bindung war auf dem Grundbesitz aufgebaut. Der Weg war nun frei für ein *privatrechtlich organisiertes real-property-System.*

---

[216] *Holdsworth,* III, S. 47, 50, 191.

B. STAND DES FEUDALEN SACHENRECHTS

I. Vererblichkeit der knight tenure

Die Kriegslehen waren nach der normannischen Eroberung zunächst nicht vererblich[217]. Der Grund: Sie schufen zwischen lord und tenant eine enge persönliche Bindung und hingen daher ganz wesentlich von der *Person* des tenant ab. Starb der tenant, dann mußte der lord sichergehen, daß der neue tenant ebenso gute und treue Kriegsdienste leistete wie der alte. Durch eine Vererbung konnte dies nicht gewährleistet werden. Der lord mußte die Auswahl des neuen tenant beeinflussen können. Nur mit seiner Zustimmung konnte die knight tenure daher vererbt werden. Bestätigt wird diese Ansicht durch die relief-Zahlung: Sie ist nur verständlich, wenn man annimmt, daß die knight tenure *anfangs nicht vererblich* war[218].

Freilich setzte sich schon sehr bald nach der Eroberung die Vererblichkeit der knight tenure durch[219]. Die relief-Zahlung blieb jedoch bestehen, wurde allerdings der Höhe nach festgelegt[220].

1100 erkannte Henry I in seiner Krönungscharter die Vererblichkeit der knight tenures ausdrücklich an[221]. Die *Vererblichkeit der knight tenures* wurde seitdem ein fester *Grundsatz* des englischen Rechts[222].

---

[217] *Blackstone*, II, S. 65; *Pollock and Maitland*, I, S. 314; *Pollock*, Recht des Grundbesitzes, S. 74; *Plucknett*, S. 523 f.; *Ganshof*, S. 146. Vgl. dazu *Douglas*, 42 Eng. Hist. Rev. 245—247; *Galbraith*, 44 Eng. Hist. Rev. 353—371; *Thorne*, 1959 Camb. L. J. 195—207.

[218] *Blackstone*, II, S. 65; *Simes* in A. L. P., Bd. I, § 1.5, S. 10. Zum relief näher oben S. 24 f.

[219] *Pollock and Maitland*, I, S. 314; *Plucknett*, S. 524; *Simes* in A. L. P., ebenda.

[220] William the Conqueror setzte das zuvor nur in das Ermessen und die Willkür der lords gestellte relief durch seine Gesetze (c. 22, 23, 24) nach dänischem Vorbild für seine „earls, barons and vavasours" auf eine bestimmte Anzahl von Waffen oder Kriegsmaterial oder — für vavasours — auf die Zahlung von 100 s. fest. *Blackstone*, II, S. 65; ähnlich, aber ungenau *Taswell-Langmead*, S. 37. Die Zahlung der earls and barons war nicht festgesetzt, *Glanvill*, IX, 4, S. 108: „de baroniis uero nichil certum statutum est, quia iuxta misericordiam et uoluntatem domini regis solent capitales baronie de relleuiis suis domino regi satisfacere: idem est de sergenteriis." Vgl. oben Fn. 134.

[221] Charter of Liberties of Henry I (1100), c. 2, in englischer Sprache abgedruckt bei *Adams-Stephens*, S. 5. Vgl. *Blackstone*, II, S. 65; *Holdsworth*, III, S. 53; *Taswell-Langmead*, S. 37.

[222] *Blackstone*, II, S. 65; *Pollock and Maitland*, I, S. 314; *Holdsworth*, III, S. 139—153; *Plucknett*, S. 523—524; *Taswell-Langmead*, S. 38; *Ganshof*, S. 146.

Das deutsche Lehenswesen hat eine ganz ähnliche Entwicklung genommen, *Conrad*, I, S. 255—256; *Ganshof*, S. 145 f.

In der *Erbfolge* herrschte der *Grundsatz der Primogenitur* (rule of primogeniture): Der *älteste Sohn* des Erblassers erhielt den *gesamten Nachlaß*[223]. Seine jüngeren Brüder gingen leer aus. Die männlichen Abkömmlinge hatten Vorrang. Die *weiblichen Abkömmlinge* waren nur subsidiär und dann gemeinschaftlich zu gleichen Teilen als *coparceners* erbberechtigt[224].

Die Primogenitur war für die knight tenures am geeignetsten: Der lord hatte ein Interesse an einem starken und mächtigen tenant. Das Lehen mußte daher beim Erbfall *ungeteilt* bleiben und an *einen* Erben fallen. Hierfür bot sich natürlicherweise der älteste Sohn an. Denn er konnte am ehesten Waffen tragen[225].

Im Innenverhältnis teilten sich allerdings die Brüder oft untereinander das Land zu gleichen Teilen (inparage) auf. Gleichwohl verschaffte dies den jüngeren Brüdern keine rechtlich anerkannte Stellung: Im Außenverhältnis zum lord blieb allein der älteste Sohn berechtigt und verpflichtet[226].

II. Vererblichkeit der free and common socage tenure

Anders als bei der knight tenure sollte der lord der socage tenure in erster Linie seine rent erhalten, gleichgültig, ob das Land von einem oder mehreren Erben bewirtschaftet wurde. Die Interessen des lord standen einer Vererblichkeit hier nicht entgegen, so daß die socage tenure trotz des relief von Anfang an *vererblich* war[227].

In der *Erbfolge* fiel das Land an die *männlichen* Abkömmlinge *zu gleichen Teilen*. Die *weiblichen* Abkömmlinge waren *subsidiär* zu gleichen Teilen erbberechtigt.[228]

Diese von den knight tenures abweichende Erbfolge konnte sich jedoch nicht halten. Den königlichen Gerichten lag die Primogenitur

---

[223] *Glanvill*, VII, 3, S. 75; *Blackstone*, II, S. 214—216; *Pollock and Maitland*, II, S. 259; *Vinogradoff*, English Society, S. 253; *Holdsworth*, III, S. 140; *Plucknett*, S. 527—528; *Thorne*, 1959 Camb. L. J. 194 f., 198.

[224] Henry I hatte bereits in seiner Krönungscharter, Charter of Liberties (1100), c. 3, abgedruckt in lateinischer Sprache bei *Stubbs*, S. C., S. 118, in englischer Sprache bei *Adams-Stephens*, S. 5, das Erbrecht der Töchter anerkannt.

[225] *Blackstone*, II, S. 214 f.; *Holdsworth*, III, S. 140; *Plucknett*, S. 530.

[226] *Pollock and Maitland*, II, S. 261 f.: "Their claims escape the notice of the law and become merely moral." Vgl. auch *Holdsworth*, III, S. 140; *Plucknett*, S. 528.

[227] *Plucknett*, S. 524—525.

[228] *Glanvill*, VII, 3, S. 75; *Blackstone*, II, S. 215, 216; *Pollock and Maitland*, II, S. 268; *Holdsworth*, II, S. 294; III, S. 141 f.; *Plucknett*, S. 530.

viel näher. Die Rechtsprechung wandte daher schon sehr bald die *Primogenitur* auch auf die free and common socage tenures an[229].

Daneben konnten sich gebietsweise *andersartige Erbfolgeregelungen* behaupten, und zwar vornehmlich gavelkind und borough english. Nach der sehr altertümlichen, aus vornormannischer Zeit stammenden *gavelkind,* die in Kent — allerdings nur als Erbfolgevermutung — gebräuchlich war, wurde der Nachlaß auf die *Söhne* zu *gleichen Teilen* vererbt[230]. Der *borough english* übertrug dagegen den gesamten Nachlaß auf den *jüngsten Sohn,* eine Erbfolgeart, die in einer alten Gesellschaftsordnung und Rechtsvorstellung wurzelte[231]. Sie galt als

---

[229] So schon zur Zeit Henry's III (1216—1272): *Bracton,* Buch 2, Kap. 30, 31.

Im Jahre 1309 wurde die Primogenitur für free and common socage tenures bereits als common law anerkannt: Hakebeche v. Hakebeche, Y. B. 3 Edw. II, pl. 8 (K. B. 1309), S. S., Vol. 19 (1904), S. 97, per *Herle:* "It is against common law that tenements should be partible among males."

Vgl. auch *Blackstone,* II, S. 215—216; *Holdsworth,* III, S. 141; *Pollock,* Recht des Grundbesitzes, S. 77, 79, 87; *Plucknett,* S. 530.

[230] Hakebeche v. Hakebeche, Y. B. 3 Edw. II, pl. 8 (K. B. 1309), S. S., Vol. 19 (1904), S. 97, 98; Browne v. Brokes, 2 Sid. 153, 82 Eng. Rep. 1307 (K. B. 1659): «fuit agrée per touts que si terre soit alledge d'estre en Kent, serra presume d'estre Gavelkind, si non que le contrary soit prove.»;

Wiseman v. Cotton, 1 Sid. 135, 138, 82 Eng. Rep. 1015, 1017 (K. B. 1661): «touts terres in Kent sont suppose destre Gavelkind.»; Sladen v. Sladen, 2 J. & H. 369, 371 f., 70 Eng. Rep. 1100, 1101 (Chan. 1862); Garland v. Beverley, 9 Ch. D. 213, 220 (1878); In re Chenoweth. Ward v. Dwelley, [1902] 2 Ch. 488, 490 f.; Re Higham, Higham v. Higham, [1937] 2 All E. R. 17, 18 f. (Chan.). Vgl. auch *Littleton,* Buch II, Kap. XI, S. 116; *Coke on Littleton,* S. 140—140 b; *Blackstone,* II, S. 84 f., 216; *Holdsworth,* III, S. 224—227; *Pollock,* Recht des Grundbesitzes, S. 65; *Robinson,* S. 3 f. Eingehend auch *Neilson,* 38 Harv. L. Rev. 487—498.

Die Herkunft des Wortes „gavelkind" ist dunkel. Wahrscheinlich steht das Wort in Beziehung mit dem alt-englischen „gafol" oder „gavel", das soviel wie „landwirtschaftliche Dienste" bedeutete; „the tenant from whom such services are due was called a gavelman; ...", *Robinson,* S. 6.

[231] Weeks v. Carvel, Noy 106, 74 Eng. Rep. 1071, 1072 (Chan. 1602); Lutwyche v. Lutwyche, Cases t. Talbot 276, 25 Eng. Rep. 775 (Chan. 1735); In re Smart. Smart v. Smart, 18 Ch. D. 165 (1881); *Littleton,* Buch II, Kap. X, S. 93; Kap. XI, S. 116; *Coke on Littleton,* S. 140; *Blackstone,* II, S. 83; *Bateson,* II, S. 130—132; *Pollock,* Recht des Grundbesitzes, S. 65. Diese Erbfolge erwähnt auch *Glanvill,* VII, 3, S. 75 unten. *Pollock and Maitland,* II, S. 279 nennen diese Erbfolge „Ultimogenitur".

Der Ausdruck „borough" bedeutet eigentlich „Handelszentrum", *Littleton,* Buch II, Kap. X, S. 92 f.; *Holdsworth,* III, S. 234.

Die Bezeichnung „borough english" ist darauf zurückzuführen, daß in *Nottingham* dieses englische System im besonderen Gegensatz zur „French town" stand: Die „French town" war 1086 in Nottingham von William als

Minorat auch im deutschen Recht[232]. Sie erklärt sich wahrscheinlich noch aus angelsächsischer Zeit: Die älteren Brüder erhielten, wenn sie großjährig wurden, ein eigenes Stück Land aus dem folkland. Sie brauchten den Nachlaß nicht. So blieb das väterliche Land für den jüngsten Sohn übrig[233]. In Nottinghamshire war der borough english häufig anzutreffen[234].

Gavelkind und borough english wurden 1925 durch Administration of Estates Act, sec. 45 (I) (a) abgeschafft[235].

III. Keine Testamentserbfolge

Eine Testamentserbfolge war unbekannt. Sie widersprach zu sehr den Interessen des lord, der dadurch die Kontrolle über den tenant vollends verloren hätte[236]. Erst 1540 gestattete das erste *Statute of Wills* die testamentarische Verfügung über das Lehensland[237].

IV. Veräußerbarkeit

1. Grundsatz

Die Möglichkeit der freien Veräußerung des Lehenslandes inter vivos widersprach grundsätzlich noch mehr dem Feudalsystem als die

Kastell aus Stein auf den Fundamenten des alten hölzernen angelsächsischen Kastelles errichtet und in königliche Verwaltung genommen worden. Das Gelände wurde „French borough" genannt und war durch eine Mauer, die mitten durch den Ort ging, vom „English borough" getrennt. Vgl. Y. B. 1 Edw. III, pl. 12 (K. B. 1327); *Holdsworth*, III, S. 236; *Megarry-Wade*. S. 22; *Megarry*, S. 16.

[232] *Conrad*, I, S. 419.

[233] *Pollock*, Recht des Grundbesitzes, S. 65 f. Ähnlich sehen andere den Grund darin, daß der jüngste Sohn des väterlichen Erbes am meisten bedürfe, da er sich nicht so wie seine älteren Brüder selbst helfen könne. Vgl. *Littleton*, Buch II, Kap. XI, S. 116; *Coke on Littleton*, S. 140; *Robinson*, S. 387.

Blackstone, II, S. 83 f. führt diese Erbfolge auf die Gewohnheiten der Tartaren zurück.

[234] In re Smith; Bull v. Smith, [1933] Ch. 847, 852.

[235] *Halsbury*'s Statutes of England, Bd. 9, S. 750 f. Vgl. auch sec. 130 (4) des Law of Property Act, 1925, *Halsbury*'s Statutes of England, Bd. 20, S. 708.

[236] *Blackstone*, II, S. 201; *Pollock*, Recht des Grundbesitzes, S. 88; *Potter (-Kiralfy)*, S. 562—563; *Taswell-Langmead*, S. 38; *Simes* in A. L. P., I, § 1.5, S. 12.

[237] 32 Hen. VIII, c. 1 (1540), unten Anhang X, S. 270—272. Danach konnten das socage land ganz und das in knight tenure gehaltene Land zu $^2/_3$ durch schriftliche letztwillige Verfügung vermacht werden.

Vererblichkeit. Denn es wurden nicht nur die Interessen des lord, sondern auch die der gesetzlichen Erben des tenant berührt. Demzufolge hing die Veräußerung anfangs von der *Zustimmung der Erben und des lord* ab[238]. Doch schon in einer Entscheidung von 1225 wurde die *Zustimmung der Erben* nicht mehr verlangt[239]. An der *Zustimmung des lord* hielt man zwar länger fest, doch wurde auch sie — abgesehen von den tenants in chief — bald fallengelassen. So bildete sich der *Grundsatz:* Das *Lehensland* der knight tenure und der socage tenure war *frei veräußerlich*[240].

Es waren zwei Arten der Veräußerung gebräuchlich: die Subinfeudation oder Afterbelehnung (subinfeudation) und die Substitution (substitution).

2. *Subinfeudation*

Die Subinfeudation verlief wie folgt: A hatte als tenant des Königs ein Stück Land in Besitz. Veräußerte er einen Teil dieses Landes an B, dann entstand zwischen A und B ein *neues tenure-Verhältnis:* B wurde tenant des A, nicht des Königs, und A wurde der lord des B. A war lord (gegenüber B) und tenant (gegenüber dem König) zu-

---

[238] King's Bench, pl. 56 (Hertford), Michs. 1200, abgedruckt bei *Baildon,* Civil Pleas, I, S. 26; *Glanvill,* VII, 1, S. 70; *Digby,* S. 100 f., 157—158; *Plucknett,* S. 528—529; *Simes* in A. L. P., I, § 1.5, S. 10.

[239] D'Arundel's Case, Bracton's Note Book, Nr. 1054 (K. B. 1225).

Vgl. *Plucknett,* S. 529; *Thorne,* 1959 Camb. L. J. 195, 208.

[240] *Bracton,* Buch 2, Kap. 19, § 2, f. 45 b; *Digby,* S. 234; *Pollock and Maitland,* I, S. 344; *Holdsworth,* III, S. 71; *Plucknett,* S. 529, 530; *Potter (-Kiralfy),* S. 519. Die tenants in chief brauchten indes auch weiterhin die Zustimmung des Königs. In einer Urkunde von 1256 verbot Henry III seinen tenants in chief eine Übertragung ohne seine Zustimmung („sine assensu et licencia nostra speciali"). Eine solche Übertragung war unwirksam. Vgl. hierzu *Turner,* 12 L. Q. Rev. 229—301 (mit lateinischem Text der Urkunde). Vgl. auch *Thorne,* 1959 Camb. L. J. 195—209.

Erst im Jahre 1327 erhielten die tenants in chief das Recht, das Land frei zu veräußern (1 Edw. III, stat. I, cap. 12, 13). Zwar mußten sie auch dann noch die Lizenz der Krone erwirken, doch war die Veräußerung ohne diese Lizenz jetzt wirksam. In diesem Fall mußte der tenant in chief eine angemessene Gebühr in Höhe des Jahrespachtwertes entrichten (fines for alienation). Die Lizenz kostete ein Drittel dieses Wertes. Die Krone behielt so ein weitgehendes Kontrollrecht; *Digby,* S. 158, 234; *Holdsworth,* III, S. 74 f., mit weiteren Nachweisen; *Pollock,* Recht des Grundbesitzes, S. 94, Fußn. 9. Fines for alienation konnten nur von den tenants in chief verlangt werden, allerdings auch nur bis 1327, oben S. 26: Merttens v. Hill, [1901] 1 Ch. 842, 857; dagegen offenbar Damerell v. Protheroe, 10 Q. B. 20, 25; 116 Eng. Rep. 8, 10 (Q. B. 1847) unter Berufung auf die Entscheidung Mayne v. Cros, Y. B. Michs., 4 Hen. IV, fol. 2, B, pl. 6 (K. B. 1402).

gleich. Es bestanden daher nunmehr zwei tenure-Verhältnisse, zwischen dem König und A und zwischen A und B, die rechtlich untereinander selbständig waren. A blieb dem König gegenüber für die von ihm zu leistenden services bezüglich des *ganzen* Landes verantwortlich, während B nur A, nicht dem König gegenüber haftete, und zwar nur für die von ihm selbst übernommenen services. Welche services in dem neuen tenure-Verhältnis (A—B) zu leisten waren, bestimmten A und B selbständig. Der König hatte hierauf keinen Einfluß. Denn zwischen ihm und dem Aftervasallen (sub-tenant) bestand *kein* rechtliches Verhältnis[241].

Dieses System konnte unbeschränkt fortgesetzt werden: B veräußerte einen Teil des ihm von A übertragenen Landes weiter an C, dieser wiederum an D. D wurde tenant des C, C des B; B wurde lord von C, C von D. A, B und C waren dann *mesne lords* und *mesne tenants,* d. h. sie waren zugleich *lords* und *tenants.*

Durch derartige fortwährende Subinfeudationen entstand die bereits oben S. 22 beschriebene *Besitzpyramide.*

Die Subinfeudation erfaßte bereits unter Henry II (1154—1189) fast ganz England[242].

3. *Substitution*

Die Substitution schuf dagegen keine neuen tenure-Verhältnisse: Veräußerte A, der das Land als tenant des Königs besaß, einen Teil des Landes an B, dann trat B bezüglich des ihm übertragenen Landes an die Stelle von A und wurde unmittelbar tenant des Königs. B trat damit auch in die services-Verpflichtungen des A ein und war damit — immer in bezug auf das ihm übertragene Land — dem König direkt verantwortlich. Zwischen A und B wurde hingegen kein tenure-Verhältnis geschaffen[243].

Diese Veräußerungsart war allerdings wenig beliebt: Der König lief Gefahr, daß sein tenant durch einen Mann ersetzt wurde, der ihm feindlich gesonnen oder zu arm war, die Kriegsdienste zu leisten. Er konnte daher *vor* dem Statute Quia Emptores (1290)[244] im Einzelfall die Veräußerung durch Substitution ablehnen. Doch waren auch seine tenants (hier also A) an der Substitution nicht interessiert: Da zwischen ihnen und dem Erwerber des Landes (hier also B) kein tenure-

---

[241] Vgl. *Digby,* S. 234 f.; *Pollock and Maitland,* I, S. 310 f.; *Holdsworth,* III, S. 71—72; *Pollock,* Recht des Grundbesitzes, S. 93; *Potter(-Kiralfy),* S. 518 f.; *Plucknett,* S. 539.

[242] *Taswell-Langmead,* S. 38.

[243] *Holdsworth,* III, S. 71; *Plucknett,* S. 538 f.

[244] 18 Edw. I, c. 1—3 (1290), unten Anhang VII, S. 263—264.

Verhältnis geschaffen wurde, konnten sie die Landveräußerung nicht durch hohe rent-Zahlungen u. ä. zu ihrem Vorteil ausnutzen[245].

C. ÄNDERUNGEN DER KNIGHT TENURE

I. Ausweitung der feudalen incidents

Die *aids* weiteten sich von zweckgebundenen und daher überschaubaren Hilfsgeldern zu allgemeinen Zahlungspflichten des tenant für alle Fälle aus, in denen der lord Geld brauchte, so wenn er Schulden begleichen oder selbst aids oder relief zahlen mußte[246].

Um diesen Mißbrauch zu beseitigen, bestimmte die Magna Carta (1215), daß außerhalb der drei ursprünglichen Gelegenheiten Hilfsgelder nur mit Zustimmung des Parlaments erhoben werden durften[247]. Zwar wurde diese Bestimmung in der Bestätigungscharter Henry's III von 1265 für die Magna Carta ausgeklammert, so daß die alten Mißstände zurückkehrten[248]. Doch setzte schon 1297 das Statute Confirmatio Cartarum Edward's I die Magna-Carta-Bestimmung wieder in Kraft[249], so daß die aids nur bei den drei ursprünglichen Gelegenheiten fällig wurden.

Die Höhe der aids wurde 1275 durch das Erste Statute of Westminster auf 20 s. festgesetzt[250], nachdem die Magna Carta lediglich von „rationabile auxilium" gesprochen hatte[251].

---

[245] *Pollock and Maitland*, I, S. 330 schreiben: "If a new is substituted for an old tenant, a poor may take the place of a rich, a dishonest that of an honest man, a foe that of a friend, and the solemn bond of homage will be feeble, if a vassal has a free power of putting another man in his room."

Vgl. auch *Holdsworth*, III, S. 71, mit weiteren Nachweisen.

A. M. zum Vetorecht des Königs *Bracton*, f. 81.

[246] *Blackstone*, II, S. 64.

[247] Magna Carta (1215), Art. 12, 15, unten Anhang III (1), S. 258,259. Vgl. im übrigen oben S. 24.

[248] Confirmation of the Charters (1265), abgedruckt in lateinischer Sprache bei *Stubbs*, S. C., S. 416, in englischer Sprache bei *Adams-Stephens*, S. 68.

Vgl. auch *Blackstone*, ebenda.

[249] 25 Edw. I, c. 6 (1297):

„E. ausi avoms grante pur nous e pur nos heirs as Ercevesques, Evesques, Abbes, e Priurs e as autres gentz de seinte eglise, e as Contes e Barons, e a tote la communaute de la terre, que mes pur nule busoigne tieu manere des aides, mises, ne prises, de nostre Roiaume ne prendroms, fors que par commun assent de tut le Roiaume, e a commun profit de meisme le Roiaume, sauve les auncienes aides e prises, dues e custumees."

Digby, S. 132.

[250] 3 Edw. I, c. 36 (1275), abgedruckt in französischer Sprache bei *Stubbs*, S. C., S. 450, in englischer Sprache bei *Adams-Stephens*, S. 69.

[251] Art. 15, unten Anhang III (1), S. 259.

Das *relief* blieb trotz der generellen Vererblichkeit des Lehenslandes weiterbestehen. Da die Höhe des relief in das Belieben des lord gestellt war, konnte dieser die Vererblichkeit durch ein besonders hohes relief praktisch ausschließen. William the Conqueror und Henry I setzten die relief-Zahlung deshalb auf eine bestimmte Menge Waffen und Kriegsgeräte fest, ersatzweise 100 s.[252].

Auch seine bei der *marriage* notwendige Zustimmung machte der lord von einer Geldzahlung abhängig. Zwar versprach Henry I in seiner Krönungscharter, seine Zustimmung ohne Geld zu erteilen, es sei denn, der weibliche Mündel wollte einen Feind des Königs heiraten[253]. Doch galt dies nur für den König. Für die übrigen lords blieb es ohne Bedeutung: Sie verlangten weiterhin Geldzahlungen für ihre marriage-Zustimmung[254].

Die tenants sahen sich in dieser Zeit immer neuen Forderungen ihrer lords gegenüber. Die incidents der tenure waren willkürlichen Zahlungsverlangen gewichen[255].

II. Scutage und quit-rent

Wichtiger als die Umsetzung der incidents in Geld war die *Ersetzung der Kriegsdienste* (knight services) *durch Geldzahlungen.* Diese Form der Auslösung des Kriegsdienstes war schon früher vereinzelt bekannt unter den Bezeichnungen *„scutagium"* und (im normannischen Frankreich) *„escuage"* oder *„écuage"*. Es handelte sich dabei um eine Geldzahlung mit dem Zweck, sich von den knight services loszukaufen (im Deutschen: *Schildgeld*)[256].

---

[252] *Blackstone*, II, S. 65. Vgl. oben S. 25, Fußn. 134.

[253] Charter of Liberties (1100), c. 3, abgedruckt in englischer Sprache bei *Adams-Stephens*, S. 5.

[254] *Blackstone*, II, S. 70 f.

[255] So klagt *Blackstone*, II, S. 76, teilweise unter Berufung auf *Thomas Smith:* "... when he came to his own, after he was out of wardship, his woods decayed, houses fallen down, stock wasted and gone, lands let forth and ploughed to be barren, to make amends he was yet to pay half a year's profits as a fine for suing out his livery; and also the price or value of his marriage, if he refused such wife as his lord and guardian had bartered for, and imposed upon him; or twice that value, if he married another woman. Add to this, the untimely and expensive honour of knighthood, to make his poverty more completely splendid. And when by these deductions his fortune was so shattered and ruined, that perhaps he was obliged to sell his patrimony, he had not even that poor privilege allowed him, without paying an exorbitant fine for a licence of alienation."

[256] *Littleton*, Buch II, Kap. III, S. 50; *Coke on Littleton*, S. 68 b; *Blackstone*, II, S. 74; *Holdsworth*, II, S. 133; III, 33, 37; *Ganshof*, S. 95, 181.

In *England* als scutage bekannt, entwickelte sich diese Form des Kriegslehens zunächst zögernd, da sie der persönlichen lord-tenant-Bindung des englischen Feudalsystems widersprach[257]. Aber schon zur Zeit Henry's II (1154—1189) war sie offenbar gebräuchlich[258]: Bei der Vorbereitung des Kriegszugs Henry's II nach Toulouse im Jahre 1159 wird erwähnt, daß der König mit diesen Schildgeldzahlungen Waffen kaufte und Soldaten anwarb[259].

In der Folgezeit breitete sich das scutage, begünstigt dadurch, daß damals fast alles Land in knight tenures gehalten wurde, rasch und vollkommen in England aus[260]. Es wurde als vollwertiger Ersatz des Kriegsdienstes angesehen. *Littleton* handelt den *tenant by escuage* dementsprechend als *tenant by knight service* ab[261].

Die Erhebung des Schildgeldes war unbestimmt und stand im Belieben des Königs. Dies führte zu Mißbräuchen, so daß König John 1215 in der Magna Carta zugestehen mußte, daß scutage nur mit Zustimmung des Parlaments erhoben werden durfte[262]. Zwar wurde diese Regelung in der Charter Henry's III von 1265, mit der er die Magna Carta bestätigte, weggelassen, so daß die Erhebung des Schildgeldes wieder im Belieben des Königs stand. Doch bestimmte das Statute Confirmatio Cartarum Edward's I von 1297, daß Hilfsgelder und Steuern nur mit Zustimmung des Parlaments erhoben werden durften. Man zählte das Schildgeld zu den Steuern und unterstellte es damit wieder der Zustimmung des Parlaments[263].

Die *Höhe* des Schildgeldes war verschieden: Die tenants in capite mußten eine der Höhe nach unbestimmte Geldzahlung erbringen, die sich nach den Bedürfnissen des Königs richtete und — wie es scheint — niemals gesetzlich festgelegt worden ist. Dagegen zahlten die tenants

---

[257] *Blackstone*, II, S. 74, 75.

[258] *Ganshof*, S. 181. In dem „Dialogus de Scaccario" Henry's II von 1179, *Winfield*, S. 116, ist *scutagium* wie folgt beschrieben: „Fit interdum, ut imminente vel insurgente in regnum hostium machinatione decernat rex de singulis feodis militum summam aliquam solvi, marcam scilicet vel libram unam, unde militibus stipendia vel donativa succedant. Mavult enim princeps stipendiarios quam domesticos bellicis opponere casibus. Haec itaque summa, quia nomine scutorum solvitur, scutagium nuncupatur."

[259] Näher *Blackstone*, II, S. 74.

Henry II zog ein bezahltes, ihm verpflichtetes Söldnerheer den Soldaten seiner Vasallen vor. Eingehend *Holdsworth*, III, S. 35.

[260] *Blackstone*, II, S. 74, sah sie bereits als „universal" an.

[261] *Littleton*, Buch II, Kap. III, S. 50. Ebenso *Coke on Littleton*, S. 69: "Every Tenure by Escuage is a tenure by Knights Service."

[262] Magna Carta (1215), Art. 15, unten Anhang III (1), S. 258, 259. Vgl. dazu *Blackstone*, II, 74; *Holdsworth*, II, S. 487; III, S. 37.

[263] *Blackstone*, II, S. 75; *Holdsworth*, III, S. 36, 37. Zu der Charter von 1265 vgl. oben Fußn. 248, zu dem Statute von 1297, oben Fußn. 249.

der tenants in capite und alle weiteren tenants (die mesne tenants) eine bestimmte, festgesetzte Summe[264]. Der Grund für diesen Unterschied: Zwischen dem König und seinen tenants in capite war die persönliche Bindung in der Regel stärker und dauerhafter als zwischen den tenants in capite und deren tenants. Der König war mehr auf die *persönlichen* Dienste seiner tenants angewiesen als die unter ihm stehenden lords. Daher sollte der tenant in capite ein *gleichwertiges Schildgeld* zahlen, d. h. ein Schildgeld, das — wie bisher die persönlichen Kriegsdienste — nicht genormt war, sondern den Erfordernissen der jeweiligen Lage angepaßt wurde. Die mesne tenants mußten dagegen feste und regelmäßige scutage-Zahlungen erbringen, weil sich ihre lords dabei besser standen: Diese Zahlungen überstiegen in der Regel bei weitem die unbestimmten und unregelmäßigen Schildgelder der tenants in capite[265].

Diese *feste Geldzahlung* zur Auslösung der Kriegsdienste war eine *quit-rent*. Sie war zunächst nur der Höhe nach, später auch hinsichtlich ihrer Fälligkeit festgelegt. Es handelte sich also um eine meist jährliche, fest bestimmte Schildgeldzahlung. Mitunter wurde sie schon in der Übertragungsurkunde festgesetzt, so daß dann von vornherein nur Schildgelder und keine Kriegsdienste geschuldet wurden. Der lord konnte diese quit-rent alljährlich bei Fälligkeit verlangen, gleichgültig, ob der Kriegsfall eingetreten war oder nicht. Andererseits war der tenant durch diese quit-rent von seiner Pflicht zum Kriegsdienst vollständig befreit, selbst dann, wenn seine Zahlungen nicht dazu ausreichten, daß sein lord seinerseits sein Schildgeld an den König erbringen konnte[266].

III. Zusammenfassung. Versachlichung der tenure

Die Belastungen (incidents) der knight tenure verloren ihren ursprünglichen Sinn und wurden zuungunsten des tenant ausgeweitet. Die lords nutzten sie aus, um hohe Einkünfte erzielen und ihre Schulden decken zu können.

---

[264] Eingehend *Madox*, I, S. 652—657; *Holdsworth*, III, S. 34 f., mit Nachweis aus Red Book of the Exchequer. So wohl auch *Blackstone*, II, S. 75.

[265] *Holdsworth*, III, S. 35, 36.

König Henry II verlangte daher 1166 von allen tenants Auskunft darüber,

1. an wieviele knights sie ihr Land vor dem Tod Henry's I übertragen hatten,
2. an wieviele knights sie es seitdem übertragen hatten und
3. wieviel Land bisher von diesen Übertragungen nicht betroffen war und damit den Anspruch des Königs auf Kriegsdienste sicherte. Vgl. *Round*, S. 236—246.

[266] *Digby*, S. 131.

Unabhängig davon verbreitete sich in England die Möglichkeit, den Kriegsdienst (knight service) der knight tenure durch eine wiederkehrende Geldzahlung abzulösen *(scutage, Schildgeld)*. Diese Geldzahlung war bei den tenants in chief wahrscheinlich der Höhe nach unbestimmt, bei den mesne tenants dagegen als *quit-rent* zunächst der Höhe nach, später auch dem Fälligkeitszeitpunkt nach bestimmt. Es handelte sich dann um eine *feste, meist jährliche Zahlung zur Auslösung der Kriegsdienste.*

Die Ausweitung der incidents und die Entwicklung des scutage haben die für das Feudalsystem typische persönliche lord-tenant-Bindung weitgehend beseitigt. Die *persönlichen Dienste* wurden *ungebräuchlich* und *von willkürlichen Gelderhebungen ersetzt*[267].

Das Feudalsystem, dessen Bedeutung im öffentlichen Recht lag, tat dadurch einen wichtigen Schritt in Richtung auf ein privatrechtliches real-property-System[268]. Die Ersetzung der persönlichen Dienste durch Geldleistungen bedeutete eine *Versachlichung der lord-tenant-Bindung:* Künftig standen sich nicht mehr persönliche Dienste und Landvergabe, sondern Geldzahlung und Landvergabe als gegenseitige Leistungen innerhalb der tenure gegenüber. Diese Versachlichung trat vornehmlich bei der *quit-rent* in Erscheinung: Während die tenants in capite scutage-Zahlungen nach den Bedürfnissen des Königs erbrachten und so noch eine wenn auch schwache persönliche Bindung dokumentierten, verlor diese persönliche Bindung vollends bei der quit-rent ihre Bedeutung. Denn bei dieser festgesetzten Zahlung stand nur noch die *sachliche Geldleistung* im Vordergrund.

Die *quit-rent* als scutage-Zahlung trug somit wesentlich zur Versachlichung des land-tenure-Systems, zur Überwindung des Feudalsystems und damit zur Entstehung eines privatrechtlichen real-property-Systems bei.

Allerdings begünstigte die Wandlung des Feudalsystems vornehmlich den König und anfangs auch die lords. Denn sie konnten künftig von ihren tenants fast unbeschränkte Geldzahlungen erheben. Dementsprechend förderte besonders Henry II in seinem eigenen Interesse durch eine betont antifeudale Politik das scutage. Mit den scutage-Zahlungen konnte er ein eigenes Heer aufstellen und unterhalten, das

---

[267] *Blackstone,* II, S. 74, 76; *Holdsworth,* III, S. 34; „... personal service really fell into disuse ...".

[268] *Holdsworth,* III, S. 38: "The history of tenure by knight service is ... a history of the gradual disappearance of the elements in it which once gave it importance in public law, and of its gradual conversion into a form of land-holding and nothing more." Vgl. auch *Holdsworth,* II, S. 487; III, S. 47, 50, 191.

allein ihm unterstand und mit dessen Hilfe er militärisch und also auch politisch von seinen Vasallen weitgehend unabhängig war[269].

Die Interessen der nicht zu den tenants in chief gehörenden tenants wurden jedoch später dadurch gewahrt, daß die quit-rent (als scutage-Zahlung) zunächst der Höhe, dann auch dem Fälligkeitszeitpunkt nach festgelegt wurde und nicht mehr der Willkür der lords überlassen blieb.

Daraus ergibt sich: Die für das Feudalsystem typische lord-tenant-Bindung wurde außer für die tenants in chief unter dem Einfluß der quit-rent durch ein unpersönliches Gelderhebungssystem ersetzt. Damit war der erste Schritt in Richtung auf ein privatrechtliches real-property-System getan.

D. ABSCHAFFUNG DER SUBINFEUDATION

I. Ausgangspunkte

Das land-tenure-System kannte, wie oben S. 27—29 gezeigt, im wesentlichen zwei Veräußerungsarten, die Subinfeudation (oder Afterbelehnung) und die Substitution. In einer Zeit, in der Landbesitz das einzige nutzbare Kapital darstellte, bot die *Subinfeudation* den größeren Vorteil: Der mesne lord konnte durch Aufteilung und Subinfeudation eine hohe rent aus dem Land erzielen, ohne selbst den Zugriff auf das Land zu verlieren. Denn die rent-service erlaubte es ihm, bei rent-Rückständen seines tenant das Land wieder in Besitz zu nehmen, gleichgültig, ob dieser das Land selbst noch in Besitz hatte oder ob er es seinerseits bereits weiterübertragen hatte[270]. Allerdings barg die Subinfeudation die große Gefahr, daß vor allem der König und die unter ihm stehenden lords praktisch ihrer incidents verlustig gingen. Sie hatten keinen persönlichen Anspruch unmittelbar gegen den tenant ihres tenant, da sie zu ihm keine vertraglichen Beziehungen hatten. Nur der reale wirtschaftliche Wert des Landes garantierte, daß der tenant überhaupt seinen Pflichten dem lord gegenüber nachkommen konnte. Veräußerte der tenant wesentliche Teile seines Landes an Dritte weiter, so konnte er mitunter aus dem Restland seine Zahlungsverpflichtungen nicht mehr erfüllen. Dem lord half in diesem Fall, vor allem wenn er selbst als tenant seines lord fällige Zahlungen leisten mußte, auch sein Pfandrecht nicht weiter; denn damit konnte er zwar den Besitz des Landes wiedererlangen, nicht aber die ihm zustehenden Zahlungen beitreiben. Die lords gerieten dadurch oft in

---

[269] *Holdsworth*, III, S. 35: "In consequence his policy was, in all departments of government, anti-feudal."

[270] Näher oben S. 35—36, 47.

eine äußerst kritische Situation, bestritten sie doch oft ihre gesamten Einkünfte aus den Zahlungen ihrer tenants[271].

Die *Substitution* war im Feudalsystem nicht sehr beliebt[272], bot aber für die Entwicklung eines modernen Sachenrechts wesentlich fruchtbarere Ansätze: Sie schaffte ein klares Rechtsverhältnis zwischen zwei Partnern — lord und tenant — ohne verbindende Rechtsbeziehungen zu Dritten. Sie kam damit dem natürlichen Streben des sachenrechtlichen Verkehrs nach Offenkundigkeit erheblich mehr entgegen als die Subinfeudation, die das damalige Sachenrecht mit einer oft kaum überschaubaren Kette von Afterbelehnungen erschwerte; eine besonders für die mesne lords sehr mißliche Situation, war doch deren Rechtsstellung in keiner Weise nach außen dokumentiert. So mußten im sachenrechtlichen Verkehr oft langwierige Ermittlungen angestellt werden, um eindeutig festzustellen, ob der Verkäufer des Landes auch tatsächlich der Berechtigte war. Der Käufer setzte sich sonst leicht der Gefahr unberechtigten Besitzes aus.

Die Subinfeudation krankte daher — anders als die Substitution — an ihrem umständlichen, verworrenen und schwerfälligen System[273].

II. Gesetzgebung vor 1290

Die lords unternahmen erhebliche Anstrengungen, um den durch die Subinfeudation drohenden Substanzverlust ihres Landbesitzes zu bremsen. So erreichten sie 1217 in der dritten Magna Carta, daß jeder Freie nur noch soviel von seinem Land übertragen durfte, daß der Rest zur Erfüllung seiner incidents ausreichte[274].

Gleichzeitig wurden die *Übertragungen des Landes an Kirchen und Klöster* (Tote-Hand-Übertragungen) verboten[275]. Durch diese Übertragungen waren die lords besonders benachteiligt. Denn sie verloren ihren Anspruch auf alle feudalen incidents und auch auf die services, weil sich die ursprünglichen tenures mit der Übertragung in frankalmoyn tenures verwandelten. Die Kirchen schuldeten nun nur noch Gebete und religiöse Handlungen, nicht aber Dienste von praktischem Wert. Unter Henry III (1220—1275), der eine sehr kirchenfreundliche Politik betrieb, lebten diese Übertragungen trotz des Verbots in für

---

[271] Van Rensselaer v. Hays, 19 N. Y. 68, 75 Am. Dec. 278, 281 (Ct. App. N. Y. 1859); *Holdsworth*, III, S. 72; *Plucknett*, S. 539; *Radin*, S. 373; *Simes* in A. L. P., I, § 1.23, S. 32.

[272] Näher oben S. 48.

[273] Vgl. etwa *Casner-Leach*, S. 259.

[274] Magna Carta III (1217), Art. 39, unten Anhang III (2), S. 260. Vgl. dazu *Coke on Littleton*, S. 43.

Plucknett, S. 540 nennt diese Bestimmung „the first express limitation of a feudal character upon alienation in English legal history".

[275] Magna Carta III (1217), Art. 43, unten Anhang III (2), S. 260.

die lords gefährlicher Weise auf[276]. Wenig später, 1279, erneuerte dann Edward I (1275—1311) im *Statute of Mortmain* das grundsätzliche Verbot dieser Mortmain-(Tote-Hand-)Übertragungen[277] und machte sie von einer königlichen Erlaubnis abhängig[278].

Neben diesen Beschränkungen in der Übertragung wurde unter dem Einfluß der lords durch das *zweite Statute of Westminster* oder *Statute De Donis* von *1285* ein eigener beschränkter Besitzstand — fee tail — zur Sicherung ihres Landes geschaffen[279]. Er gewährte dem tenant zu dessen Lebzeiten zwar das volle Besitzrecht, schränkte aber dessen Verfügungsmacht insofern ein, als er das Land nur an seine Nachkommen oder die in der Verleihungsurkunde genannten sonstigen Anwärter übertragen durfte.

Alle diese Bemühungen brachten jedoch nicht den erhofften Erfolg: Trotz der gesetzlichen Beschränkungen gelang es den tenants immer häufiger, sich durch kollusive Geschäfte mit den Kirchen oder durch spitzfindige Umgehungen der Gesetze von ihren services zu befreien. Dies führte *1290* zum *Dritten Statute of Westminster* oder — nach seinen Eingangsworten — *Statute Quia Emptores*[280].

III. Statute Quia Emptores

1. Inhalt

Die Vorgeschichte des statute zeigt, daß vor allem die großen Grundherren unter der Subinfeudation litten. Daneben waren zwar auch die unteren Glieder der mesne lords betroffen; denn je tiefer sie in der Besitzpyramide standen, desto größer waren ihre Verpflichtun-

---

[276] Mitunter steckten die tenants und die Kirchen dabei sogar unter einer Decke, die einen, um von ihren services befreit zu werden, die anderen, um ohne spürbare Gegenleistung Land zu erwerben. Vgl. *Plucknett*, S. 541.

Zur Politik Henry's III vgl. *Gneist*, S. 256—273.

[277] Statute of Mortmain, Statutum De Viris Religiosis, 7 Edw. I, stat. 2, c. 13 (1279), unten Anhang V, S. 261—262. Änderungen sind enthalten in 13 Edw. I, stat. 1, c. 32 (1285), 34 Edw. I, stat. 3 (1306) und 15 Rich. II, c. 5 (1391).

Über die Bedeutung des Ausdrucks „manus mortua", „Mortmain" (= Tote Hand) streitet man: *Digby*, S. 217 f. führt ihn auf die mangelnde Rechtsfähigkeit der Mönche, die zivilrechtlich dead persons waren, zurück, wohingegen *Coke on Littleton*, S. 2 b ihn auf den Verlust der services zurückführt: „. . . that a dead hand yeeldeth no service."

[278] Vgl. dazu die Fälle Y. B. 32 & 33 Edw. I, pl. 499 (K. B. 1305), R. S.; Barking (Abbess of) v. Webbele, Y. B. 1 Edw. II, pl. 2 (K. B. 1308), S. S., Vol. 17 (1903), S. 14. Vgl. auch *Holdsworth*, III, S. 76 f.

[279] Statute of Westminster II, Statute de Donis Conditionalibus, 13 Edw. I, c. 1 (1285), unten Anhang VI, S. 262—263.

[280] 18 Edw. I, c. 1—3 (1290), unten Anhang VII, S. 263—264.

gen im Verhältnis zu dem ihnen übertragenen Land. Doch verfolgte das Statute Quia Emptores keineswegs einen sozialen Zweck. Vielmehr wurde es ausschließlich im Interesse der mächtigen Grundherren erlassen[281]. Daß es aber auch die sozial unteren Schichten begünstigte, sicherte ihm seine damals durchaus nicht selbstverständliche umfassende Geltung.

Kapitel I des Gesetzes beginnt mit einer Klage über die Verluste, die den großen Grundherren durch die Subinfeudation bisher entstanden seien. Dann folgt nach einer formelhaften Orts- und Zeitbestimmung die Abhilfe: Künftig soll nur noch die Veräußerung durch Substitution gestattet sein. Jeder freie Mann kann sein Land nach seinem Belieben — „pro voluntate sua" —, d. h. ohne Erlaubnis seines lord, verkaufen[282]. Dabei tritt der Käufer in die Stellung des Verkäufers ein und übernimmt alle services, die dieser seinem lord schuldet.

Kapitel II enthält eine Bestimmung über die Verteilung der services auf denjenigen Käufer, der nur einen Teil des Landes gekauft hat: Er soll im Verhältnis des von ihm gekauften Landes zum ganzen Lehensland an den services beteiligt sein.

In *Kapitel III* wird die bisherige Gesetzgebung über die Mortmain-Übertragungen bestätigt: Es bleibt verboten, das Lehensland ganz oder teilweise an Kirchen und Klöster fortzugeben.

Am Ende ist im Stile moderner Gesetzgebungsakte der gegenständliche und zeitliche Geltungsbereich sowie der Zeitpunkt des Inkrafttretens (Fest des hl. Andreas, 30. November 1290) festgelegt: Das Gesetz gilt nur für den unbeschränkten Besitzstand des fee simple, nicht für die beschränkten Besitzstände. Es erstreckt sich nur auf künftige Landübertragungen; die bisher begründeten tenures bleiben unberührt.

2. *Wirkungen*

a) Unmittelbare Wirkungen

Die wichtigste Wirkung, derentwegen das Gesetz überhaupt erlassen wurde, war die *Abschaffung der Subinfeudation für die tenants*[283].

---

[281] Vgl. *Casner-Leach*, S. 260.

[282] Mitunter wird daraus gefolgert, daß vor Erlaß des Gesetzes immer eine Erlaubnis des lord erforderlich war, z. B. *Casner-Leach*, S. 260. Wohl zu Unrecht: das Gesetz bestätigte insofern lediglich den ohnehin bestehenden Rechtsbrauch.

[283] *Coke on Littleton*, S. 43 b; *Blackstone*, II, S. 91 f.; *Digby*, S. 235; *Holdsworth*, II, S. 293 f.; III, S. 72—74; *Pollock*, Recht des Grundbesitzes, S. 94 f.; *Plucknett*, S. 540, 716; *Farran*, S. 80 f.; *Forbes*, S. 13; *Windeyer*, S. 109; *Potter(-Kiralfy)*, S. 26; *Lovell*, S. 143; *Hargreaves*, S. 33; *Taswell-Langmead*, S. 38; *Simpson*, S. 51; *Megarry-Wade*, S. 32; *Cheshire*, S. 15.

Die Begründung neuer tenures durch Afterbelehnung sollte künftig ausgeschlossen sein. Es blieb die Übertragung durch Substitution: Künftig rückte jeder Käufer ipso iure in die Stellung seines Verkäufers.

Der *König*, als einziger nur lord, nicht auch tenant, war an dieses Subinfeudationsverbot *nicht gebunden*. Dies hatte einmal zur Folge, daß seine tenants in chief auch künftig ihr Land nicht frei, sondern nur mit Zustimmung des Königs (gegen Zahlung der fines for alienation) veräußern durften[284], zum anderen, daß der König selbst auch künftig neue tenures durch Subinfeudation schaffen und auch seinen *tenants in chief* das *Subinfeudationsrecht* verleihen konnte[285].

Die *rent* änderte sich wie folgt: Die *rent-service* mit gesetzlichem right of distress *fiel fort*[286]. Denn sie setzte sich aus Geldzahlung und services zusammen. Die services wurden aber bei der Subinfeudation vereinbart, die jetzt abgeschafft war. Somit waren nur noch *rent-charge* und *rent-seck* möglich: Wollte der lord ein right of distress haben, dann mußte er es künftig ausdrücklich vereinbaren (clause of distress).

b) Mittelbare Wirkungen

Das Statute Quia Emptores brachte in erster Linie eine wesentliche *Vereinfachung* und eine weitere *Versachlichung des Feudalsystems:* In Zukunft konnte nur noch der König (und kraft königlicher Gestattung die tenants in chief) Land durch Subinfeudation veräußern. Jeder Verkäufer von Land gab — außer bei den beschränkten Besitzständen — seine eigene Rechtsposition in vollem Umfang zugunsten des Käufers auf, was wesentlich klarere Rechtsverhältnisse schuf, als sie vordem herrschten. Dies und die Bestätigung der freien Veräußerbarkeit des Landes haben das Gesetz zu einem *„Markstein“*[287] auf dem Wege zu einem privatrechtlichen real-property-System und zu einer *„Säule“*[288] *des englischen Sachenrechts* werden lassen.

Mit der Subinfeudation wurde eine der wesentlichen Rechtsformen des Feudalsystems abgeschafft. In ihr hatte sich die persönliche lord-tenant-Bindung, der Kern der feudalen tenure, in allen Stufen der Besitzpyramide dokumentiert. Mit ihrer Abschaffung wurde diese

---

[284] Vgl. oben Fußn. 240.

[285] In re Holliday, [1922] 2 Ch. 698. Vgl. auch *Littleton*, Buch II, Kap. VI, S. 80; *Coke on Littleton*, S. 98 b, 99; *Holdsworth*, III, S. 73; *Megarry-Wade*, S. 32, Fußn. 69; *Cheshire*, S. 15; *Megarry*, S. 25.

[286] *Digby*, S. 238, Fußn. 2; *Holdsworth*, III, S. 126; *Hargreaves*, S. 143; *Megarry-Wade*, S. 32.

[287] *Cheshire*, S. 15; *Chesnut*, 91 U. Pa. L. Rev. 137.

[288] *Plucknett*, S. 30; *Megarry-Wade*, S. 33; *Megarry*, S. 25. Ähnlich *Holdsworth*, III, S. 73; *Forbes*, S. 14.

persönliche lord-tenant-Bindung weiter abgebaut. Gleichzeitig kündigte sich damit das *Ende des feudalen land-tenure-Systems* an, dessen Agonie allerdings noch bis 1660 — Abschaffung der knight tenures — dauerte[289].

Andererseits verhinderte wahrscheinlich gerade dieses Gesetz durch seine radikalen Vereinfachungen den frühzeitigen Zusammenbruch des verworrenen Feudalsystems[290]. Gleichwohl ist das *Statute Quia Emptores* ein weiterer wesentlicher, vielleicht überhaupt der *wichtigste Schritt* zu einem *privatrechtlichen real-property-System* in England.

E. ÄNDERUNGEN DER VILLEIN TENURE

I. Umwandlung der services in quit-rents

Im Laufe der Zeit wurden die beschwerlichen und zum Teil demütigenden services der villein tenants in feste, wiederkehrende Geldzahlungen umgewandelt, mit denen sich der tenant von seinen eigentlich geschuldeten Diensten befreite *(quit-rents)*[291]. Zwar hatte es schon früher vereinzelt villein tenants gegeben, die ihre Dienste mit quit-rents abgelöst hatten[292], doch setzten sich diese Ablösungszahlungen erst im 14. und 15. Jahrhundert allgemein durch[293].

---

[289] *Megarry-Wade,* S. 33: "After 1290 the feudal pyramid began to crumble."; ähnlich *Plucknett,* S. 30.

[290] *Plucknett,* S. 31: "Continued sub-infeudation would probably have introduced such chaos into the system of tenures that these incidents would have eventually been evaded almost universally, but Quia Emptores perpetuated them."

[291] *Blackstone,* II, S. 96 und dort Fußn. g; *Digby,* S. 292; *Holdsworth,* III, S. 169 f.; *Megarry-Wade,* S. 26.

[292] Im 13. Jahrhundert gab es die Klasse der *molmen, censuarii* oder *gavelmanni.* Sie waren berechtigt, ihre Arbeitsleistungen durch quit-rents auszulösen, *Vinogradoff,* Villainage, S. 183—188, 328—333; *Holdsworth,* III, S. 170.

[293] *Holdsworth,* ebenda.

Vorher hatte sich diese Zahlung nur zögernd verbreitet; *Page,* S. 45 f. mit einer Tafel: Danach wurden um die Mitte des 14. Jhdts. von 81 manors 44 ganz, 22 zur Hälfte, 9 zum kleineren Teil durch Arbeitsdienstleistungen bewirtschaftet, und nur bei 6 manors waren die Dienstleistungen vollständig durch quit-rents ersetzt.

Die dann sprunghaft steigende Verbreitung führte vielfach zu Verwirrungen bei lords und tenants über die ihnen zustehenden Rechte. Dies wirkte sich in erster Linie für die tenants nachteilig aus. Sie beriefen sich auf die Rechte der copyholders, dazu unten S. 61 f., und wurden abgewiesen: Foreacre and Person, Customary Tenants of Bradford (Somerset) v. Frauncys, Select Cases in the Court of Requests, S. S., Vol. 12 (1898), S. 101,

Das hatte mehrere Gründe: Politisch und wirtschaftlich begünstigten die zunehmende Bedeutung der Industrie, besonders der Wollindustrie, und der andauernde Frieden die Umwandlung in ein Geldzahlungssystem. Der Wert und praktische Nutzen des Geldes stiegen erheblich. Die lords waren daher eher an Geldzahlungen als an Naturaldiensten interessiert[294]. Auf sozialem Gebiet beschleunigten die schreckliche Pest von 1348/1349 (Black Death) und der Bauernaufstand von 1381 diese Entwicklung[295]: Aufgrund der ungeheuren Entvölkerung durch die Pest war es für die villein tenants sehr leicht geworden, außerhalb des manor Arbeit zu finden. Viele tenants verließen daher ihre Güter, ohne Rücksicht darauf, daß sie dann wegen forfeiture ihr Land verloren[296]. Gleichzeitig streiften sie damit ihren persönlich unfreien Status ab, was für viele ein zusätzlicher Anreiz war[297]. Die Folge war, daß der lord keine neuen Arbeitskräfte fand und das Land gegen eine quit-rent an einen tenant mit persönlich freiem Status übertragen mußte. Den letzten Anstoß brachte dann der Bauernaufstand von 1381. Der unfreie Status der villein tenants war nun nicht mehr zu halten.

Durch diese Entwicklung wurden die villein tenants mit persönlich unfreiem Status immer seltener, und 1618 wurde der letzte bekannte Fall eines unfreien villein tenant entschieden, und zwar *gegen* den lord[298].

Unter dem versachlichenden Einfluß der quit-rents wandelte sich die villein tenure in die sogenannte copyhold tenure, bei der der

---

169—172 (1544); Kent and Others, Inhabitants of Abbot's Ripton v. Seyntjohn, Select Cases in the Court of Requests, S. S., Vol. 12 (1898), S. 64, 99—101 (1543—1544).

[294] *Vinogradoff,* Villainage, S. 181; *Holdsworth,* III, S. 169 f.

[295] Eingehend *Plucknett,* S. 32—34, 311; *Oman,* S. 15—18, 55 f., 91—96, 105—108, 167—182; *Holdsworth,* III, S. 171—174. Vgl. auch *Page,* S. 78 bis 82; *Pollock,* Recht des Grundbesitzes, S. 184 f.; *Megarry-Wade,* S. 26; *Vinogradoff,* 15 Eng. Hist. Rev. 779 f.

[296] *Holdsworth,* III, S. 172: "Ejection from the tenement, the effectual sanction of the old régime, had now no terrors." Vgl. auch *Vinogradoff,* 15 Eng. Hist. Rev. 776. Vgl. im übrigen oben S. 33—34.

[297] *Holdsworth,* III, S. 171 f.

[298] Pigg v. Caley, Noy 27, 74 Eng. Rep. 997 (K. B. 1618): Pigg erhob eine trespass-Klage (Klage aus vorsätzlicher Beeinträchtigung des Besitzes und des Eigentums) gegen Caley, weil dieser P.'s Pferd weggenommen hatte. C. verteidigte sich, er sei free tenant des manor von D., und P. sei nur villein tenant. Er, C., sei daher berechtigt gewesen, auch ohne Grund P.'s Pferd wegzunehmen. P. hingegen trug vor, er sei free tenant, C. sei daher nicht berechtigt, das Pferd zu nehmen. P. gewann den Prozeß: Das Gericht billigte auch dem villein tenant *seisin* an dem Land und damit die Rechtsposition eines *free tenant* zu.

tenant wie bei der free tenure einen persönlich freien Status hatte[299], wiewohl die copyhold tenure eine unfree tenure blieb.

II. Copyhold tenure

Der copyhold tenant oder copyholder besaß das ihm übertragene Grundstück at the will of the lord according to the custom of the manor[300]. *Custom of the manor* (Rechtsbrauch des manor) bildete dabei das Kernstück der copyhold tenure. So schreibt *Coke* in seinem Report des *Brown's Case*[301]:

> "... the custom of the manor is the soul and life of copyhold estates, for without custom or if they break their custom, they are subject to the lord's will; ..."

Die copyhold tenure war eine *unfree tenure:* Der copyholder erlangte zwar Besitz, nicht aber seisin an dem Land[302].

Der Name *copyhold* erklärt sich so: Der Titel des copyholders konnte nicht durch Urkunden — sie waren im Besitz des lord —, sondern nur durch die Protokolle des manor-Gerichts (court rolls) nachgewiesen werden, in denen die einzelnen Übertragungen des lord festgehalten waren. Um seinen Titel beweisen zu können, erhielt der Erwerber eine Abschrift *(copy)* des Gerichtsprotokolls. Er besaß daher das Land by copy of the court roll und wurde also copyholder genannt[303].

Vor den common-law-Gerichten genoß der copyholder ebenso wie der villein tenant ursprünglich keinen *Rechtsschutz*, sondern nur vor

---

299 *Page*, S. 78—83; *Holdsworth*, III, S. 173, 386 f.; *Plucknett*, S. 311; *Megarry-Wade*, S. 27.

300 *Littleton*, Buch I, Kap. IX, S. 39; *Coke on Littleton*, S. 58 a; *Blackstone*, II, S. 101; *Digby*, S. 291 f. Näher oben S. 34. Vgl. im übrigen *Plucknett*, S. 311; *Megarry-Wade*, S. 27.

301 4 Co. Rep. 21, 76 Eng. Rep. 911, 912 f. (Q. B. 1581).

302 *Littleton*, Buch I, Kap. IX, S. 39—42; *Coke on Littleton*, S. 57 b—61; *Blackstone*, II, S. 95—101; *Digby*, S. 288—295; *Pollock*, Recht des Grundbesitzes, S. 58—69, 269—275; *Plucknett*, S. 33 f., 310—312; *Simpson*, S. 157 bis 158; *Farran*, S. 57—63; *Forbes*, S. 12—13; *Hargreaves*, S. 37—43; *Megarry-Wade*, S. 27—29, 37—38; *Cheshire*, S. 22—26.
Näher dazu oben S. 23, Fußn. 124 und S. 30—31.

303 Melwich v. Luter, 4 Co. Rep. 26, 26 b, 76 Eng. Rep. 935, 937 (Q. B. 1588); Doe d. Gutteridge v. Sowerby, 7 C. B. (N. S.) 599, 141 Eng. Rep. 950, 951 (Q. B. 1860).
Vgl. im übrigen *Littleton*, a. a. O., S. 40 f.; *Coke on Littleton*, S. 58; *Blackstone*, II, S. 95; *Digby*, S. 290; *Pollock*, Recht des Grundbesitzes, S. 58 f.; *Megarry-Wade*, S. 27 f.; *Cheshire*, S. 25.

den *manor-Gerichten*[304]. Doch griff 1439 erstmals das Kanzleigericht (Chancery-Court) in die Rechtsbeziehungen zwischen copyhold tenant und lord ein, und zwar zugunsten des tenant[305]. Hieraus entwickelte sich im Laufe der Zeit eine *allgemeine Zuständigkeit des Kanzleigerichts* für die copyhold-Rechtsstreite[306].

Wenig später gewährten auch die *common-law-Gerichte* Rechtsschutz: Im 15. Jahrhundert wurden die tenants häufig durch die Schaffung der leases insofern übervorteilt, als die lords zeitlich unbestimmte oder sehr lange leases festlegten[307]. Diese Praxis bedrohte die copyholds, so daß die common-law-Gerichte im öffentlichen Interesse eingreifen mußten[308]. Sie gewährten daher dem tenant seit der 2. Hälfte des 15. Jahrhunderts Rechtsschutz, indem sie ihm, gestützt auf Äußerungen *Danby*'s, C. J. von 1467 und *Brian*'s, C. J. von 1481, eine *trespass-Klage* zur Verfügung stellten[309]. In der Tudor-Zeit (1485—1603) wurde dann für die Streitigkeiten zwischen lord und

---

[304] Näher oben S. 32—34.

Vgl. auch *Digby*, S. 288; *Holdsworth*, II, S. 315—318; III, S. 175.

Zu den common-law-Gerichten oben Fußn. 182.

[305] Der erste bekannte Fall stammt vom 4. Febr. 1439 (17 Hen. VI), mitgeteilt bei *Savine*, 17 Eng. Hist. Rev. 298 f.: Zwei Klägerinnen, Töchter eines gewissen Tho. Stowell, forderten von dem lord, dem Abt von Bermondsey, ein copyhold innerhalb des manor of Dulwich mit der Begründung, Margery Loxle habe früher das Land innegehabt und es an Tho. Ingolf „to the use of Tho. Stowell and his heirs" übertragen. Nach Stowell's Tod forderten die Klägerinnen, als copyholders zugelassen zu werden, wurden aber vom Abt abgewiesen. Sie erhoben jetzt die writ of subpoena gegen den Abt vor dem Chancery-Gericht, wobei sie ihre Rechtsposition wie folgt darlegten: "howe your seid suppliauntz be withoute remedie at the common lawe because the seide mees and lande be helde by copie." Der Report, den *Savine* mitteilt, bringt zwar nicht die Entscheidung des Falles, doch zeigt sich schon so, daß die copyholders erstens noch keinen Rechtsschutz bei den common-law-Gerichten genossen und zweitens der Rechtsweg zum Chancery-Gericht — bei Klagen gegen den lord — bereits offenstand.

[306] Weitere Fälle bei *Savine*, 17 Eng. Hist. Rev. 299—303. Vgl. auch *Holdsworth*, III, S. 176—178; *Leadam*, R. Hist. Soc. Transactions, Bd. VI, S. 268 f.; *Leadam*, 8 Eng. Hist. Rev. 685—696; *Ashley*, 8 Eng. Hist. Rev. 295—297.

[307] Zu den leases unten S. 78—82.

[308] *Holdsworth*, III, S. 176, 177—179.

[309] Y. B. 7 Edw. IV, pl. 16 (K. B. 1467), per *Danby*, C. J.: "If the lord ousts his [copyhold] tenant he does him a wrong, for his tenant is a well inheritor to have the land to him and his heirs according to the custom of the manor as any man is to have his lands at common law."; Y. B. 21 Edw. IV, pl. 27 (K. B. 1481), per *Brian*, C. J.: "That was never my opinion, and I believe never will be, for then every copyholder in England would be ousted, wherefore I understand that always if he pays his customs and

copyholder der *Court of Requests* geschaffen, der auch die customs der einzelnen manors anerkannte[310]. Die common-law-Gerichte näherten so den Rechtsschutz des copyholders immer stärker dem des free tenant an[311].

III. Zusammenfassung. Wirkung der quit-rent

Die Arbeitsleistungen des villein tenant wurden immer mehr durch regelmäßige Geldzahlungen *(quit-rents)* ersetzt, die den tenant von seinen services befreiten. Diese Ablösungszahlungen verbreiteten sich, begünstigt durch die damalige politisch-wirtschaftliche und soziale Lage, sehr rasch über ganz England und bewirkten eine *Änderung der villein tenure zur copyhold tenure.*

Durch die quit-rent-Zahlung wurde — wie schon bei den knight tenures — die für das Feudalsystem typische und unentbehrliche persönliche *Bindung zwischen lord und tenant* aufgelöst. Sie wurde durch die Geldzahlungen *versachlicht* und *kapitalisiert.* Dies war durchaus im Interesse von lord und tenant: Der *lord* zog Geldzahlungen vor, weil sie ihm wegen ihrer Verkehrsfähigkeit viel mehr Möglichkeiten boten als die altmodischen services[312].

---

services, and the lord ousts him, he will have an action of trespass on the case against the lord."

Vgl. im übrigen *Littleton,* Buch I, Kap. IX, S. 41 f.; *Coke on Littleton,* S. 60 b, 61; *Digby,* S. 291; *Holdsworth,* III, S. 176—179; *Maitland,* 7 L. Q. Rev. 174 f., alle unter Berufung auf *Danby,* C. J. und *Brian,* C. J.

Zur trespass-Klage oben Fußn. 298.

[310] Kent and Others, Inhabitants of Abbot's Ripton v. Seyntjohn, Select Cases in the Court of Requests, S. S., Vol. 12 (1898), S. 64 (1543—1544); Foreacre and Person, Customary Tenants of Bradford (Somerset) v. Frauncys, Select Cases in the Court of Requests, S. S., Vol. 12 (1898), S. 101 (1544); Inhabitants of Whitby v. York, Select Cases in the Court of Requests, S. S., Vol. 12 (1898), S. 198 (1553). Vgl. auch *Leadam,* 8 Eng. Hist. Rev. 688 f.

Über Ursprung, Geschichte, Gestalt und Prozeßverfahren des Court of Requests vgl. *Leadam,* S. IV—LII.

[311] *Holdsworth,* III, 179. Vgl. oben Fußn. 298.

[312] *Vinogradoff,* Villainage, S. 181: "Hired troops took the place of feudal levies; kings easily renounced the military service of their tenants, and took scutages which gave them the means of keeping submissive and well drilled soldiers. The same process took place all through the country on the land of secular and ecclesiastical lords. They all preferred taking money, which is so readily spent and so easy to keep, which may transform itself equally well into gorgeous pageants and into capital for carrying on work, instead of exacting the oldfashioned unwieldy ploughings and reapings or equally clumsy rents in kind."

Vgl. oben S. 52—54.

Die *tenants* wurden von ihren oft mühseligen Arbeitsleistungen befreit. Sie verloren infolge der Verbreitung der quit-rent ihren unfreien Status und erlangten eine dem free tenant angenäherte Rechtsstellung. Die Rechtsprechung formte das auf der Willkür des lord gegründete Personalverhältnis in ein sachliches Rechtsverhältnis um mit fest umrissenen Rechten und Pflichten und gewährte den copyholders weitgehenden Rechtsschutz.

Schließlich wird hier auch die Umwandlung des öffentlich-rechtlichen tenure-Verhältnisses besonders deutlich: Unter dem Einfluß der quit-rent wandelte es sich in ein *privatrechtliches Landbesitzverhältnis,* in dem sich *Landvergabe und Geldzahlung* als *gleichrangige Leistungen* gegenüberstanden[313].

Die quit-rent stand somit auch hier am Ende des feudalen land-tenure-Systems. Gleichzeitig leitete sie — positiv — die Entstehung eines privatrechtlichen real-property-Systems ein.

F. ABSCHAFFUNG DER KNIGHT TENURE

I. Ausgangspunkte

Der bisherige Verlauf des Zerfalls des feudalen land-tenure-Systems mußte zur Abschaffung der knight tenure führen.

Die ursprünglichen Kriegsdienste hatten sich im Laufe der Zeit in *quit-rent-Zahlungen* umgewandelt, die als Entgelt für die Übertragung von Grundbesitz angesehen wurden. Die *Kriegsdienste* als *Lehenspflichten* waren *nicht mehr erforderlich.* Die Verteidigung des Landes verlangte — nach spanischem Vorbild — ein *stehendes Heer.* Die Aufstellung, Ausrüstung und Unterhaltung dieses Heeres wurde mehr und mehr eine *unmittelbare Aufgabe des Staates.* Es genügte nicht mehr, daß die lords im Kriegsfall Soldaten stellten, die weder eine einheitliche Führung noch überhaupt den Kriegsdienst gewöhnt waren. Überdies wurde die Schlagkraft des Heeres zunehmend durch die Qualität der Ausrüstung und — seit Erfindung und Anwendung des Schießpulvers — der Munition bestimmt. Das aber erforderte *Geld* und keine vasallischen Kriegsdienste[314].

II. Parlamentsvorlage von 1620

Unter der Regierung James' I (1603—1625) arbeitete im Jahre 1620 eine Gruppe alter Parlamentsmitglieder eine Gesetzesvorlage aus, die 13 Punkte enthielt und vorsah, daß die Feudalbelastungen

---

313 *Holdsworth,* III, S. 179: "Thus tenure of copyhold became merely a form of land-ownership. It had lost all servile taint."

314 *Pollock,* Recht des Grundbesitzes, S. 143 f.

der knight tenure generell in feste jährliche rent-Zahlungen, also quit-rents zur Auslösung dieser Belastungen, umgewandelt werden sollten[315].

Die wichtigsten Punkte lauteten:

"1. ... ...

2. That all Lands, Tenements, Rents, or Hereditaments, holden of the King, to be holden by fealty only, as of some honour, and such rent, as is now due.
3. That all Lands holden of Subjects, Bodies Politick or Corporate, by Knights service to be holden by fealty, and such rent, as is now due: for if Lands should be holden of them by Knights service, the same might come to the King.
4. All Subjects, Bodies Politick and Corporate to be disabled to take any Lands, Tenements, Rents, or Hereditaments of the King, his Heirs, or Successors by any other tenure, than by fealty oneley, and yearly rent, or without rent of some honour.
5. No Subject, Bodies Politick or Corporate, to create by any license, or any other way or means, any other tenure than by fealty and rent, or without rent upon any estate in fee-simple, fee-tayl, or otherwise.
6. In respect of the said discharge and freedom of the Subjects and their posterities, and that they shall be also discharged thereby of fines and licenses of alienations, respect of homage and reliefs; a Competent rent to be assured to the King, his Heirs, and Successors, of greater yearly value than he or any of his Predecessors had for them all, which rent is to be inseparably annexed to the Crown, payable at the Receipt only.
7. A convenient rent to be assured to the Lords for every Knights fee, and so ratably.

8.—12. ... ...

13. That the Act shall be favourably interpreted for discharge of all Wardships, etc."[316]

Diese Vorlage ist zwar nie Gesetz geworden. Doch ist sie ein neuerlicher *Beweis* für die hier vertretene Ansicht, daß die *quit-rent* ihrer Natur und ihrem Ursprung nach *kein feudales Institut* ist und erst mit dem Niedergang des Feudalsystems an Bedeutung gewann: Der Verlust der persönlichen lord-tenant-Bindung, die Umwandlung des feudalen land-tenure-Systems auf der einen Seite und das Anwachsen der quit-rent auf der anderen Seite gingen Hand in Hand. Die Vorlage zielte darauf ab, die mit den knight tenures verbundenen und auf der persönlichen lord-tenant-Bindung beruhenden Feudalbelastungen

---

[315] *Coke*, IV, S. 202 f.; *Blackstone*, II, S. 77; *Digby*, S. 394.
[316] *Coke*, IV, S. 202 f.

endgültig abzuschaffen, weil sie unzeitgemäß geworden waren und als Überbleibsel der Feudalzeit galten. Daß diese Belastungen indes gerade durch die *quit-rent* ersetzt werden sollten, beweist wiederum, daß die quit-rent als *Institut des* (damals) *modernen Sachenrechts* galt und den feudalen Instituten gerade als *antifeudal* entgegengestellt werden sollte. *Coke* selbst hat daher diese Parlamentsvorlage lebhaft begrüßt und gehofft, daß ihre Bestimmungen möglichst bald Gesetz werden würden[317].

Die Vorlage legt überdies den Schluß nahe, daß damit eine ohnehin bestehende Praxis sanktioniert werden sollte, daß also damals schon die Feudalbelastungen tatsächlich weitgehend durch quit-rents ersetzt waren. Auch dies belegt die These, daß die quit-rent als modernes Sachenrechtsinstitut, nicht aber als feudales Rechtsinstitut verstanden wurde.

III. Statute von 1660

Es dauerte indes nicht mehr lange, bis die knight tenures abgeschafft wurden: Nach einer Resolution des House of Commons von 1645 und einer Parlamentsakte von 1656 trat *1660* ein entsprechendes Gesetz in Kraft[318]. Es hob alle *tenures by knight service* und *tenures by scutage* (die trotz der abgelösten Kriegsdienste als knight tenures galten) sowie alle Feudalbelastungen aus aids, wardship, marriage, primer seisin oder fines for alienation[319] auf. Alle *knight tenures,* gleichgültig, ob sie unmittelbare tenures des Königs oder anderer lords waren, und alle socage tenures, die unmittelbare tenures des Königs

[317] *Coke,* IV, S. 203: "Which motion, though it proceeded not to effect, yet we thought good to remember it, together with these considerations; hoping that so good a motion tending to the honour and profit of the King and his Crown forever, and the freedom and the quiet of his Subjects and their posterities, will some time or other (by the grace of God) by authority of Parliament one way or other take effect and be established."

[318] Die Resolution von 1645, die Parlamentsakte von 1656 und das Gesetz von 1660, 12 Car. II, c. 24, sind abgedruckt unten Anhang XI (1) bis (3), S. 272—277.

Politisch wird man das Gesetz auf dem Hintergrund der Thronbesteigung Charles' II nach der Zeit der Republik (1649—1660) sehen müssen, die er sich durch Konzessionen erkaufen mußte. Für seine Einnahmenverluste wurde er durch Einkünfte aus der Besteuerung von Bier, Ale und Apfelmost entschädigt, 12 Car. II, c. 24 (1660), sec. 15—52, also aus dem Geldbeutel der kleinen Leute, ein Beispiel des „self-interest which so unhappily predominated even in representative assemblies", so *Hallam,* zitiert nach *Plucknett,* S. 533.

[319] Näher zu diesen incidents, oben S. 24—26, und zum scutage, oben S. 50—52.

waren und bei denen noch eine persönliche lord-tenant-Bindung bestand, wurden *in tenures of free and common socage umgewandelt.*
Das statute hatte *zwei* wichtige *Wirkungen*[320]:

1. Es beseitigte endgültig die Feudalbelastungen des tenant. Lediglich *escheat* und *forfeiture* blieben bestehen. Unberührt blieb ferner auch der Treueid (fealty).

2. Der von den knight tenures betroffene Grundbesitz unterlag künftig *ganz* dem *testamentarischen Verfügungsrecht.* Denn seit dem *Statute of Wills von 1540* konnte testamentarisch über den Grundbesitz der knight tenures nur zu zwei Drittel, über den Grundbesitz der socage tenures dagegen ganz verfügt werden[321]. Durch die Umwandlung in socage tenures fiel diese Beschränkung für die knight tenures fort.

Das Gesetz von 1660 brachte nun auch *rechtlich* das *Ende des feudalen land-tenure-Systems,* das sich *tatsächlich* allerdings schon längst durch Umwandlung in ein privatrechtliches real-property-System vollzogen hatte[322]. Künftig bestanden praktisch nur noch zwei tenure-Arten, die *socage tenure* und die *copyhold tenure* (die frankalmoign tenure blieb ebenfalls bestehen, war aber unbedeutend). Beide hatten sich unter dem *Einfluß der quit-rent* von der persönlichen lord-tenant-Bindung bzw. dem unfreien Status des villein tenant gelöst und *in ein privatrechtliches,* auf der gleichgeordneten Vergabe von Land gegen Geld beruhendes *Rechtsverhältnis* gewandelt[323].

G. ZUSAMMENFASSUNG
UMWANDLUNG DES FEUDALSYSTEMS UND DIE BEDEUTUNG DER QUIT-RENT

Das feudale Sachenrecht (seit William the Conqueror) fußte auf der persönlichen Bindung zwischen lord und tenant innerhalb der tenure. Der Grundbesitz in der tenure war, soweit dies der persönlichen lord-tenant-Bindung nicht widersprach, vererblich (allerdings bis zum Statute of Wills (1540)[324] nur gesetzlich und frei veräußer-

---

[320] Vgl. hierzu *Digby,* S. 235 f., 396; *Maitland,* Equity, S. 35; *Simes* in A. L. P., I, § 1.35, S. 48; *Megarry-Wade,* S. 35 f.; *Cheshire,* S. 20.

[321] 32 Hen. VIII, c. 1, Anhang X, S. 270—272. Vgl. oben 237.

[322] Näher oben S. 52, 62. Vgl. *Plucknett,* S. 533: "... for four hundred years (1266—1660) knight service remained as only a troublesome but lucrative anachronism."; *Megarry-Wade,* S. 33: "The system of landholding in return of services fell into decay long before the most onerous incidents of tenure were legally abolished."

[323] Näher oben S. 63—64. Vgl. auch *Cheshire,* S. 21; *Megarry-Wade,* S. 34.

[324] 32 Hen. VIII, c. 1, unten Anhang X, S. 270—272.

bar. Die Veräußerung war durch Subinfeudation und Substitution möglich, von denen die erste Art wesentlich verbreiteter war als die zweite. Die Subinfeudation oder Afterbelehnung schuf eine neue tenure zwischen dem Veräußerer und dem Erwerber des Landes, während bei der Substitution der Erwerber an die Stelle des Veräußerers und in dessen Rechtsstellung trat. Weil bei der Subinfeudation die persönliche Bindung zwischen lord und tenant erhalten blieb und überdies eine neue Bindung zu einem Dritten geschaffen wurde, entsprach die Subinfeudation eher den Bedürfnissen des Feudalsystems als die Substitution.

Der *Niedergang des Feudalsystems* zeichnete sich mit der *Auflösung der persönlichen lord-tenant-Bindung* und der *Versachlichung der Feudalbelastungen* ab. Er vollzog sich bis zum Jahre 1660 in vier Stufen:

Die *erste Stufe* war durch eine *Versachlichung der* ursprünglich *persönlichen Dienste* gekennzeichnet: Die Feudalbelastungen wurden zu willkürlich hohen *Geldzahlungen* ausgeweitet, und die persönlichen Kriegsdienste konnten durch *scutage-Zahlungen* ersetzt werden. Dabei gewann die *quit-rent* erhebliche Bedeutung, da sie feste Geldzahlungen einführte, die als Gegenleistung für die Landvergabe verstanden wurden.

Die *zweite Stufe* brachte eine erhebliche *Vereinfachung* und *Einschränkung des Feudalsystems:* Das Statute Quia Emptores (1290)[325] schaffte die Subinfeudation ab und ließ nur noch die Veräußerung durch Substitution zu. Überdies bestätigte das Gesetz die freie Veräußerbarkeit des Grundbesitzes. Dadurch wurde die tenure erheblich eingeschränkt: Künftig hatten nur der König und mitunter auch seine tenants in chief das Subinfeudationsrecht. Das brachte wiederum eine Einschränkung der persönlichen lord-tenant-Bindung, des Kerns des feudalen land-tenure-Systems mit sich. Das Gesetz stand daher dadurch und durch die Bestätigung der freien Veräußerbarkeit des Grundbesitzes am Ende des feudalen land-tenure-Systems und am Anfang eines privatrechtlichen Sachenrechts-Systems.

Die *dritte Stufe* war von der *quit-rent* als Auslösungszahlung für die Arbeitsleistungen bei den *villein tenures* und als regelmäßige Zahlung bei den *copyholds* gekennzeichnet: Die quit-rent beseitigte das bei den villein tenures besonders ausgeprägte persönliche Abhängigkeitsverhältnis zwischen lord und tenant und verschaffte dem tenant in der copyhold eine dem free tenant weitgehend angenäherte Rechtsstellung. Hierdurch wurde ein auf den gleichrangigen, gegenseitigen Leistungen von Landbesitz und Geld beruhendes privatrechtliches real-property-System weiter gefördert.

---

[325] 18 Edw. I, c. 1—3, unten Anhang VII, S. 263—264.

Die *vierte Stufe* war von der *quit-rent* als *Ablösung der Kriegsdienste und Feudalbelastungen in der knight tenure* geprägt: Nach einer Parlamentsvorlage von 1620 sollten alle Belastungen der Kriegslehen durch quit-rents ersetzt werden. Diese Entwicklung zeigt, daß die für das Feudalsystem typische persönliche lord-tenant-Bindung im Verlaufe der Abschaffung des Feudalsystems gerade durch die *quit-rent* ersetzt wurde. Dies wiederum beweist, daß die quit-rent als ein Rechtsinstitut verstanden wurde, daß einem privatrechtlichen real-property-System, nicht aber dem Feudalsystem angehörte.

1660 wurden die knight tenures gesetzlich in socage tenures umgewandelt[326]. Es galten künftig nur noch socage tenures und copyhold tenures, die sich bereits beide unter dem Einfluß der quit-rent in privatrechtliche Landbesitzverhältnisse verwandelt hatten.

4. ABSCHNITT

Entstehung des real-property-Systems in England

A. AUSGANGSPUNKTE

Die bisherigen Darlegungen hatten die Entwicklung vom öffentlich-rechtlichen land-tenure- und Feudalsystem zu einem privatrechtlichen real-property-System zum Gegenstand. Da die aus dem Feudalsystem stammenden *Besitzstände (estates)*[327] noch heute im englischen (und auch im amerikanischen) Recht gelten, bedarf es näherer Erwägung, ob sie diese Entwicklung mitgemacht, sich dabei *inhaltlich gewandelt* haben und heute nur noch die *Mäntel* des Feudalsystems tragen. Für die *quit-rent* bedeutet dies: Hat sie, die selbst derartige Besitzstände einräumte[328], sich von einem ursprünglich antifeudalen in ein feudales Rechtsinstitut gewandelt oder hat sie ihren ursprünglichen Charakter beibehalten?

Das englische Sachenrecht beruhte und beruht noch heute auf dem Grundsatz, daß *alles Land dem König* (terra regis) gehört. Jeder andere Grundbesitzer war tenant und hatte das Land mittelbar oder unmittelbar vom König inne[329]. Er war nicht Allodialeigentümer, sondern immer nur Besitzer des Landes und hatte einen *Besitzstand* (estate) an dem Land, mag dies auch wirtschaftlich keinen Unterschied vom Eigentum bedeutet haben.

---

[326] 12 Car. II, c. 24 (1660), unten Anhang XI (3), S. 273—277.

[327] Von lat. „status“; er sollte wohl die wirtschaftliche und sachenrechtliche *Stellung* des tenant zu seinem lord bedeuten. Vgl. *Blackstone*, II, S. 103; *Holdsworth*, II, S. 208, 296 f.

[328] Siehe oben S. 35—38.

[329] Näher oben S. 21—22.

Die estates hingen somit eng mit dem land-tenure-System zusammen: Während das tenure-System die Frage beantwortete, *ob* und *in welchem Verhältnis* zu seinem lord der tenant das Land besaß, sagte der *estate, wie* und *für wie lange* der tenant im Besitz des Landes war. *Estate* war mithin der Besitzstand, den die tenure dem tenant einräumte[330].

Diese Besitzstände wurden von den common-law-Gerichten geschützt und waren daher *common-law-Besitzstände.* Sie teilten sich in freehold estates und estates less than freehold. Daneben wurden später *equity-Besitzstände* geschaffen — die uses —, die nur von den equity-Gerichten geschützt wurden und nicht mehr auf dem Feudalsystem beruhten.

B. COMMON-LAW-BESITZSTÄNDE

I. Freehold estates

1. Fee simple

Das fee simple gewährte einen *unbeschränkten Besitzstand,* eine umfassende dingliche Rechtsträgerschaft[331], die wirtschaftlich dem Eigentum im deutschen Recht entsprach[332]. Dabei wurde durch das Beiwort „simple" ausgedrückt, daß sich dieses Recht im Stamm seines Trägers *vererbte.* Im übrigen war es — wie das Statute Quia Emptores[333] bestätigt hatte[334] — frei veräußerbar. Allerdings erforderte die

---

[330] *Coke on Littleton,* S. 1 b; *Blackstone,* II, S. 103; *Digby,* S. 60, 270; *Forbes,* S. 14 f.; *Megarry-Wade,* S. 13; *Cheshire,* S. 27.

[331] Der Ausdruck kommt von dem lat. „feodum simplex". Zur Bedeutung sagt *Littleton,* Buch I, Kap. I, S. 1: "And it is called in Latine Feodum simplex, for Feodum is called inheritance, and simplex is as much to say, as lawful or pure, and so Feodum simplex is as much to say as lawful or pure inheritance." Vgl. *Coke on Littleton,* S. 1 b, 2.

Der Ausdruck bezeichnete ursprünglich den Gegensatz zu allodium. Vgl. *Blackstone,* II, S. 105, 106; *Holdsworth,* III, S. 92—95.

Zum fee simple vgl. *Littleton,* Buch I, Kap. I, S. 1, 8; *Coke on Littleton,* S. 1 b, 18; *Blackstone,* II, S. 104—109, 107 f.; *Pollock,* Recht des Grundbesitzes, S. 88; *Simpson,* S. 83 f.; *Forbes,* S. 16; *Farran,* S. 94; *Plucknett,* S. 558 f.; *Megarry-Wade,* S. 41 f., 68, 75—83; *Cheshire,* S. 110—122; *Megarry,* S. 31 f., 48 f., 54—58; *Restatement,* Property, §§ 14 (a), 15 (a); *Tiffany-Zollman,* § 32, S. 34 f.; §§ 37 f., S. 40; *Rasch,* I, § 79, S. 59; eingehend *Rohan* in Powell, II, S. 9—58.26 mit Supplement 1966 von *King,* S. 5 f.; *Simes* in A. L. P., I, § 1.8, S. 14; *Niles-Walsh* in A. L. P., I, § 2.1, S. 75; *Burby,* S. 290 f.

[332] *Pollock,* Recht des Grundbesitzes, S. 112.

[333] 18 Edw. I, c. 1—3 (1290), unten Anhang VII, S. 263—264.

[334] Siehe oben S. 57.

wirksame Übertragung des fee simple sowohl inter vivos als auch von Todes wegen den ausdrücklichen *Zusatz,* daß das fee simple dem Erwerber und seinen Erben *(„and his heirs")* übertragen werde *(inheritance clause).* Andernfalls wurde nur ein life estate begründet. Das fee simple war demnach zeitlich unbeschränkt und gewährte einen dauernden Besitzstand[335]. Erst wenn der estate ohne Erben blieb, fiel das Land kraft escheat an den lord zurück.

---

[335] Dies war das *fee simple absolute.* Daneben gab es das *fee simple defeasible* oder qualified fee, das zeitlich beschränkt und vernichtbar (defeasible) war. Es unterteilte sich in *fee simple determinable* und *fee simple on condition subsequent.*

Beim *fee simple determinable* fiel das fee simple bei Eintritt einer Bedingung ipso iure auf den Veräußerer zurück. Übertrug z. B. A das fee simple to B and his heirs, solange ein bestimmter Eichbaum oder die St. Pauls-Kathedrale stand, dann fiel das fee simple automatisch an A zurück, wenn der Eichbaum, wenn die St. Pauls-Kathedrale fiel. Gardner v. Sheldon, Vaugh. 259, 273, 124 Eng. Rep. 1064, 1071 (C. P. 1552); Newis v. Lark & Hunt, 2 Plowd. 403, 413, 75 Eng. Rep. 609, 623 (Q. B. 1571); Walsingham's Case, 2 Plowd. 547, 557, 75 Eng. Rep. 805, 809 f. (Q. B. 1573); Mary Portington's Case, 10 Co. Rep. 35 b, 42, 77 Eng. Rep. 976, 986 (K. B. 1614); Stampe v. Clinton, 1 Rolle 95, 101, 81 Eng. Rep. 354, 358 (K. B. 1615), auch bekannt als Liford's Case, 11 Co. Rep. 46 b, 49, 77 Eng. Rep. 1206, 1211 (K. B. 1615); Ayres v. Falkland, 1 Ld. Raym. 325, 326, 91 Eng. Rep. 1112, 1113 (K. B. 1697); Idle v. Cook, 1 P. WMS. 70, 75, 24 Eng. Rep. 298, 299; 2 Ld. Raym. 1144, 1148, 92 Eng. Rep. 257, 259 (Q. B. 1705); Lethieullier v. Tracy, 3 Atk. 774, 776, 26 Eng. Rep. 1243, 1244 (Chan. 1753). Vgl. auch *Powell,* 23 Colum. L. Rev. 207—209, 216, 218.

A stand in diesem Fall allerdings *nicht* eine *reversion,* unten S. 75 f., zur Seite, er hatte lediglich die *possibility of reverter,* die keinen dinglichen Besitzstand, sondern nur ein interest gab (reversionary interest). Ayres v. Falkland, 1 Ld. Raym. 325, 326, 91 Eng. Rep. 1112, 1113 (K. B. 1697); First Universalist Society of North Adams v. Boland, 155 Mass. 171, 172, 29 N. E. 524, 525 (S. Jud. Ct. Mass. 1892); Puffer v. Clark, 202 Mich. 169, 168 N. W. 471, 480 (S. Ct. Mich. 1918); *Gray,* § 13, S. 8; § 31, S. 26 f.; § 34, S. 32 f.; §§ 776 f., S. 712—714; *Fearne,* S. 367—370; *Gulliver,* S. 149—192; *Leach,* Future Interests, S. 20—55; *Vance,* 36 Yale L. J. 599 f., 607; *Powell,* 23 Colum. L. Rev. 209.

Zum Streit, ob das fee simple determinable auch nach dem Statute Quia Emptores, 18, Edw. I, c. 1—3 (1290), unten Anhang VII, S. 263—264, besteht, vgl. (*bejahend,* wohl mit Recht): *Coke on Littleton,* S. 18, 27; *Blackstone,* II, S. 109; *Challis,* S. 224—233; *Megarry-Wade,* S. 76; *Restatement,* Property, § 44, comment a); *Simes* in A. L. P., I, § 1.10, S. 18 f.; *Burby,* S. 295; *Elphinstone,* 2 L. Q. Rev. 395; *Challis,* 3 L. Q. Rev. 403—405; *Farrer,* 50 L. Q. Rev. 34—39; *Vance,* 36 Yale L. J. 593—607; *Powell,* 23 Colum. L. Rev. 209—224; ebenso die Rechtsprechung, für GB: In re Leach, Leach v. Leach, [1912] 2 Ch. 422, 427; für USA: vgl. die Übersicht bei *Powell,* 23 Colum. L. Rev. 224—231; die entgegenstehende Entscheidung School Com-

Das fee simple war der weitestgehende und verbreitetste Besitzstand. Auf ihn bezog sich 1290 das Subinfeudationsverbot durch das Statute Quia Emptores[336].

2. *Fee tail*

Das fee tail gewährte einen *beschränkten,* anfangs *unveräußerlichen Besitzstand*[337]. Es ist in dieser Form erst 1285 durch das Statute De

---

mittee v. Kesler, 67 N. C. 443 (S. Ct. N. C. 1872) ist allein geblieben und wurde durch Hall v. Turner, 110 N. C. 292, 14 S. E. 791, 795 (S. Ct. N. C. 1892), per *Shepherd,* J. ausdrücklich abgelehnt; (und *verneinend*): Collier v. Walters, L. R. 17 Eq. 252, 261 (Chan. 1873), per *Jessel;* anders zuvor Collier v. M'Bean, 34 Beav. 426, 430, 55 Eng. Rep. 700, 701 (R. Ct. 1865), per *Romilly; Pollock,* Land Laws, S. 226—228; *Pollock,* Expansion, S. 1 f.; *Leake,* S. 36; *Marsden,* S. 71 f.; *Gray,* §§ 31—37, S. 26—36; §§ 774—788, S. 712—722; *Sanders,* I, S. 200—209, gestützt auf Christopher Corbet's Case, 2 And. 134, 138, 123 Eng. Rep. 585, 587; 1 Co. Rep. 83 b, 76 Eng. Rep. 187 (Q. B. 1579); vgl. dazu *Powell,* 23 Colum. L. Rev. 221 und *Vance,* 36 Yale L. J. 594 f.; *Zane,* 17 Harv. L. Rev. 299 f.; *Gray,* 3. L. Q. Rev. 399—402.

Beim *fee simple on condition subsequent* fiel das fee simple bei Eintritt der Bedingung erst nach einer entsprechenden Erklärung des Veräußerers zurück, die sich auf eine besondere Art der Anwartschaft (power of termination) stützte. Matthew Manning's Case, 8 Co. Rep. 94 b, 95 b, 77 Eng. Rep. 618, 620 (K. B. 1609); *Littleton,* Buch III, Kap. V, S. 200 f.; *Coke on Littleton,* S. 214 b; *Challis,* S. 208 f., 261; *Megarry-Wade,* S. 77 f.; *Restatement,* Property, § 45, comment a); *Burby,* S. 299, 525 f.

336 18 Edw. I, c. 1—3 (1290), unten Anhang VII, S. 263—264.

337 Der Ausdruck kommt von lat. „feodum talliatum" oder französ. „tailler" und heißt etwa „abgeschnittener, beschnittener Besitzstand", weil die Erben mit Ausnahme der ausdrücklich genannten von der Erbfolge abgeschnitten waren. Vgl. Willion v. Berkley, 1 Plowd. 223, 251, 75 Eng. Rep. 339, 385 (Q. B. 1561), per *Dyer,* C. J.: „an estate docked, cut off or abridged"; *Littleton,* Buch I, Kap. II, S. 11; *Blackstone,* II, S. 112, Fußn. m, mit weiteren Nachweisen; eingehend auch *Plucknett,* S. 556 f.

Zum fee tail vgl. Edward Seymor's Case, 10 Co. Rep. 95 b, 77 Eng. Rep. 1070, 1072 (K. B. 1613), bekannt auch unter Heywood v. Smith, 1 Bulstr. 162, 80 Eng. Rep. 853, 854 (K. B. 1613); *Littleton,* Buch I, Kap. II, S. 15 f.; *Coke on Littleton,* S. 19, 19 b, 28; *Blackstone,* II, S. 112 f.; *Digby,* S. 223 bis 226, 249—253; *Pollock,* Recht des Grundbesitzes, S. 90; *Plucknett,* S. 551 bis 557; *Simpson,* S. 78; *Holdsworth,* II, S. 294 f.; III, S. 100 f.; *Forbes,* S. 15; *Farran,* S. 97 f.; *Megarry-Wade,* S. 84—86; *Cheshire,* S. 154—157; *Megarry,* S. 60; *Restatement,* Property, § 17 (a); *Tiffany-Zollman,* §§ 43 f., S. 41—43, §§ 49—53, S. 48—53; *Rasch,* I, § 80, S. 60; eingehend *Rohan* in Powell, II, S. 59—84.7 mit Supplement 1966 von *King,* S. 7; *Simes* in A. L. P., I, § 1.9, S. 15—17; *Niles-Walsh* in A. L. P., I, § 2.2, S. 79 f.

Donis entstanden[338]: Zwar gab es schon vorher beschränkte und bedingte Besitzstände, die an den tenant und seine Leibeserben (to A and his heirs of his body) oder an eine andere bestimmte Erbfolge (z. B. to A and his heirs by his first wife) verliehen wurden *(fee simple conditional)*[339]. Doch wandelten sich diese bedingten Besitzstände endgültig in unbedingte fees simple, sobald die Bedingung eingetreten war, also z. B. ein Leibeserbe geboren wurde. Der tenant konnte dann das Land frei veräußern, und zwar auch dann, wenn der Leibeserbe vor dem tenant starb, dieser also letztlich ohne Leibeserben blieb[340].

Diese Praxis widersprach dem Zweck der beschränkten und bedingten Belehnungen, das Land an eine bestimmte Erbfolgeordnung zu knüpfen und es möglichst innerhalb der Familie des tenant zu halten[341]. So kam es 1285 zum Erlaß des *Statute De Donis*[342] und zur *Schaffung des fee tail:* Der Besitzstand *blieb* mit der Bedingung *belastet* und wandelte sich nicht in fee simple, wenn die Bedingung eingetreten war. Das Land verblieb zwar bei dem tenant; er durfte das Land aber nicht wie bisher nach Eintritt der Bedingung veräußern. Er blieb *tenant in tail*[343]. Dasselbe galt für seine Leibeserben: Auch sie blieben tenants in tail und durften das Land nicht veräußern. Sie vererbten es weiter an ihre Leibeserben.

---

338 Statute De Donis Conditionalibus, 13 Edw. I, c. 1 (1285), unten Anhang VI, S. 262—263.

Streitig war, ob das Gesetz mit dem fee tail einen neuen estate schuf, so Willion v. Berkley, 1 Plowd. 223, 248, 75 Eng. Rep. 339, 379 f. (Q. B. 1561), oder nur das alte fee simple conditional änderte, so Nevil's Case, 7 Co. Rep. 33, 35, 77 Eng. Rep. 460, 464 (K. B. 1605); Newcomen v. Barkham, 2 Vern. 729, 733, 23 Eng. Rep. 1078, 1079 (Chan, 1716). Der Streit kann hier auf sich beruhen.

339 Eine besonders beliebte Art des fee simple conditional war das liberum maritagium oder frankmarriage, eine Landübertragung an eine Frau, üblicherweise die Tochter des Übertragenden, bei deren Verheiratung, an deren Ehemann und an deren Leibeserben. Die Familie war so lange von services befreit (daher der Name!), bis mindestens drei Leibeserben geboren waren; *Littleton,* Buch I, Kap. II, S. 9—12; *Coke on Littleton,* S. 21 b, 22; *Plucknett,* S. 546—548 f.; *Updegraff,* 39 Harv. L. Rev. 206 f.

340 *Bracton,* Buch 2, Kap. 4, f. 17; *Pollock,* Recht des Grundbesitzes, S. 88 f; *Plucknett,* S. 550; *Simpson,* S. 62 f.

341 *Coke* in 4 Co. Rep., Vorrede „Ad Lectorem" (S. 2); ebenso Sir Anthony Mildmay's Case, 6 Co. Rep. 40, 77 Eng. Rep. 311, 312 f. (K. B. 1604).

342 13 Edw. I, c. 1 (1285), unten Anhang VI, S. 262—263.

343 Vgl. Belyng v. Anon., Y. B. 5 Edw. II, pl. 2 (K. B. 1312), S. S., Vol. 31 (1915), S. 176, 177, per *Bereford,* C. J.; Y. B. 5 Edw. II, pl. 25 (K. B. 1312), S. S., Vol. 33 (1916), S. 225, 226, per *Bereford,* C. J.; *Sayles,* Introduction, S. XXXV; *Simpson,* S. 79 f.; *Updegraff,* 39 Harv. L. Rev. 211—213.

Das Veräußerungsverbot wurde jedoch schon sehr bald durch eine besondere Übertragungsart, *common recovery*, umgangen mit der Folge, daß sich das fee tail in fee simple umwandelte und dadurch (praktisch) frei veräußerbar wurde[344].

3. Life estate

Der life estate gewährte einen gegenüber dem fee tail *noch wesentlich beschränkteren unvererblichen Besitzstand:* Er bestand nur, solange der tenant oder eine andere Person (estate pur autre vie) lebte, und wurde nicht wie beim fee simple „to A and his heirs", sondern nur an den tenant A übertragen[345]. Mit dem Tod des tenant fiel er an den lord zurück. Der tenant durfte daher nicht über das ihm zu life estate überlassene Land verfügen, wenn auch immer wieder, wiewohl unberechtigt, versucht wurde, das Land Dritten zu fee simple zu übertragen[346].

Der life estate konnte wie jeder freehold estate vertraglich vereinbart werden, bestand aber in zwei Fällen kraft Gesetzes (by operation of law): dower und curtesy.

Die *dower* gab der Witwe einen lebenslänglichen estate an einem Drittel allen Landes, an dem der Ehemann während der Ehe einen vererblichen estate besessen hatte. Sie entstand mit der Eheschließung und konnte vom Ehemann nicht ausgeschlossen werden[347].

Die *curtesy,* auch als estate by curtesy of England bekannt, gab dem Mann einen lebenslänglichen estate an allem Land, an dem die Ehefrau einen vererblichen estate besessen hatte, sofern in der Ehe ein lebendes[348] und erbfähiges[349] Kind geboren worden war, das aber nicht zu überleben brauchte[350].

---

[344] Näher unten S. 92—94.

[345] *Bracton,* Buch 2, Kap. 5, f. 13; *Coke on Littleton,* S. 42; *Blackstone,* II, S. 120—139; *Holdsworth,* III, S. 102—107; *Plucknett,* S. 569 f.; *Megarry-Wade,* S. 42, 100—107; *Cheshire,* S. 33; *Megarry,* S. 32, 70—74; *Tiffany-Zollman,* §§ 54—66, S. 53—61; *Simes* in A. L. P., I, § 1.8, S. 14 f.

[346] D. M. *Stenton,* Nr. 257, S. 113—115; Nr. 1159, S. 510; Nr. 1433, S. 600 f.; *Plucknett,* S. 567, 570; *Tiffany-Zollman,* § 56, S. 55.

[347] Der Ausdruck kommt vom lateinischen „dos" oder auch „doarium", *Blackstone,* II, S. 129.

Zur dower vgl. *Littleton,* Buch I, Kap. V, S. 19—28; *Coke on Littleton,* S. 30 b—31 b; *Blackstone,* II, S. 129—139; *Holdsworth,* III, S. 157—165; *Plucknett,* S. 566—568.

Zur Geschichte der dower vgl. *Scribner,* I, S. 1—22; *Joüon des Longrais,* S. 315—441; *Plucknett,* ebenda; *Radin,* S. 418—421; *Haskins,* 62 Harv. L. Rev. 43—55.

[348] Das Kind mußte sich vernehmbar gemacht haben: Der Court of King's Bench erkannte 1277 ein Kind nicht an, weil „he was never heard to cry out

Der gesetzliche life estate verfolgt in erster Linie einen Versorgungszweck, nämlich die wirtschaftliche Unabhängigkeit der Familie bei Tod eines Ehegatten zu sichern[351].

4. *Particular estates*

Daneben bestanden besondere, von dem fee simple abgeteilte Besitzstände, particular estates, und zwar reversion und remainder. Sie verblieben beim Veräußerer. Er konnte selbständig über sie verfügen. Mit den anderen abgespalteten estates (z. B. fee tail oder life estate) ließen sie sich wie bei einem Puzzle-Spiel wieder zu fee simple zusammensetzen[352]. Diese estates gewährten selbst *keinen* Besitz an dem Land (non-possessory estates), sondern lediglich eine *Anwartschaft* auf Rückfall oder Anfall des abgespaltenen estate (z. B. fee tail).

a) Reversion

Übertrug ein *unbeschränkter* Besitzer (tenant in fee simple) einen *beschränkten* Besitzstand — fee tail oder life estate — an einen Dritten, so behielt er kraft Gesetzes eine *Anwartschaft* auf Rückfall des übertragenen Landes, sobald der beschränkte Besitzstand erlosch. Diese Anwartschaft bildete einen eigenen Besitzstand und hieß *reversion*[353]. Übertrug beispielsweise A Land an B als life estate, dann

---

within four walls", Coram Rege Roll, no. 30 (Hilary 1277), m. 2, abgedruckt bei *Sayles*, Select Cases, Nr. 24, S. 32 f. Vgl. auch *Plucknett*, S. 568.

349 Erbfähig war z. B. ein Knabe nicht, wenn die Mutter nur ein fee tail für sich und the female heirs of her body hatte; *Littleton*, Buch I, Kap. V, S. 26; *Bromley*, S. 420, Fußn. b; *Haskins*, 29 B. U. L. Rev. 235; *Farrer*, 43 L. Q. Rev. 100—102.

350 Der Ausdruck kommt vom lateinischen „curialitas", wie dieses Institut im schottischen Recht hieß, *Blackstone*, II, S. 126, oder von „curia", *Digby*, S. 174.

Zur curtesy vgl. *Glanvill*, VII, 18, S. 92 f. (im Zusammenhang mit marriage); *Littleton*, Buch I, Kap. IV, S. 18; *Coke on Littleton*, S. 29 b; *Blackstone*, II, S. 126—128; *Digby*, S. 174—176; *Holdsworth*, III, S. 153 bis 157; *Plucknett*, S. 568 f.; *Farrer*, 43 L. Q. Rev. 88 f.

Zur Geschichte vgl. *Blackstone*, II, a. a. O.; *Pollock and Maitland*, II, S. 414—420; *Plucknett*, ebenda; *Radin*, S. 420—421; *Haskins*, 29 B. U. L. Rev. 228—236.

351 *Plucknett*, S. 569. Vgl. auch *Bondzio*, S. 25.

352 *Coke on Littleton*, S. 22 b; *Challis*, S. 77—79; a. A. *Tiffany*, 29 L. Q. Rev. 291; er meint, das fee-simple bleibe immer ganz erhalten.

353 Der Ausdruck kommt vom lateinischen „revertit" oder „redit" und bedeutet, daß das Land zu dem lord zurückkehrt.

Zur reversion vgl. *Coke on Littleton*, S. 22 b: "A reversion is where the residue of the estate alwayes doth continue in him that made the particular estate, or where the particular estate is derived out of his estate." Vgl. auch

blieb die reversion bei A, und das Land fiel bei B's Tod ipso iure an A zurück.

Die reversion galt im Mittelalter als *present estate* (wohingegen sie heute als future interest angesehen wird), das der fee simple-Besitzer schon während der Dauer des beschränkten Besitzstandes als eigene Vermögensposition innehatte[354].

b) Remainder

Da die reversion einen eigenen Besitzstand bildete, konnte der fee simple-Besitzer des Landes über sie wie über jeden anderen Besitzstand verfügen. Dies geschah entweder schon in der Urkunde über die Verleihung des beschränkten Besitzstandes oder später. In diesen Fällen erwarb ein Dritter die Anwartschaft; sie hieß dann *remainder*[355]. Sie entstand also *kraft Vereinbarung* und *nicht kraft Gesetzes.*

Man unterschied vested (= gefestigter) und contingent (= ungefestigter) remainder[356]. Der *vested remainder* wurde einer bestimmten

---

Blackstone, II, S. 175—178; *Digby,* S. 259 f.; *Pollock and Maitland,* III, S. 21—24; *Holdsworth,* III, S. 115; *Megarry-Wade,* S. 47, 185—187; *Cheshire,* S. 212; *Megarry,* S. 122—124; *Burby,* S. 507 f.; *Radin,* S. 386 f.; *Leach,* Future Interests, S. 2—19; *Simes* in A. L. P., I, § 1.13, S. 20 und *Niles-Walsh,* ebenda, § 2.1, S. 75; *Tiffany,* 29 L. Q. Rev. 290.

Hinsichtlich des fee simple conditional nahm man früher an, daß bei ihm keine reversion entstand, *Challis,* S. 83; doch zu Unrecht: schon das Statute De Donis, 13 Edw. I, c. 1 (1285), unten Anhang VI, S. 262—263, sprach von reversions beim fee simple conditional. Vgl. auch *Plucknett,* S. 559.

Vgl. zur Geschichte der reversion *Plucknett,* S. 559 f.; *Holdsworth,* III, S. 114 f.; *Burby,* S. 508—511.

[354] Vgl. die in Fußn. 351 Zitierten.

[355] Der Ausdruck kommt vom lateinischen „remanet" und bedeutet, daß das Land nach Beendigung des beschränkten Besitzstands einem Dritten verbleibt, *Coke on Littleton,* S. 143; *Pollock and Maitland,* II, S. 21 f.

Zum remainder vgl. *Littleton,* Buch III, Kap. XIII, S. 415 f. (gezeigt an einem Beispiel); *Coke on Littleton,* ebenda; *Blackstone,* II, S. 164—167; *Digby,* S. 262—264; *Holdsworth,* III, S. 116 f.; *Plucknett,* S. 560—562; *Brooke*'s Abridgement, § 2, zitiert nach *Digby,* S. 271—273; *Megarry-Wade,* S. 188—190; *Cheshire,* S. 212 f.; *Megarry,* S. 124—126; *Gray,* § 100, S. 88 f.; *Burby,* S. 512 f.; *Radin,* S. 388 f.; *Simes* in A. L. P., I, § 1.13, S. 20 f.; *Bordwell,* 34 Iowa L. Rev. 403—422.

Auch hier nahm *Challis,* S. 83 an, daß beim fee simple conditional kein remainder entstand. Das hat *Maitland,* 6 L. Q. Rev. 22—26 überzeugend widerlegt.

Vgl. zur Geschichte des remainder *Holdsworth,* ebenda; *Plucknett,* ebenda; *Maitland,* 6 L. Q. Rev. 22—26; *Bordwell,* 34 Iowa L. Rev. 422—426.

[356] Vgl. zur Unterscheidung vested-contingent remainder *Blackstone,* II, S. 167—175; *Digby,* S. 265—271; *Radin,* S. 389; *Burby,* S. 513—516; *Fearne,* S. 3, 5—9, 241—247; *Leach,* Future Interests, S. 56; *Mechem,* S. 90—111; *Simes and Smith,* I, §§ 131—165, S. 110—207; *Kales,* §§ 27—29, 307—368

Person zu einem bestimmten Zeitpunkt gegeben; z. B. wurde das Land to A for life and to B in fee simple übertragen: A erhielt den life estate, B den remainder. Dagegen sprach man von einem *contingent remainder,* wenn die Entstehung des remainder an eine Bedingung geknüpft war. Wurde z. B. das Land to A for life and to B in fee simple at 21 übertragen, so erhielt A wieder den life estate, B hingegen den remainder erst mit 21 Jahren, wobei *ungewiß* war, ob dieses Alter erreicht wurde. Der remainder konnte erst *vested* werden, wenn B 21 Jahre alt wurde. Solange behielt der Veräußerer die reversion[357].

---

und in seinen Abhandlungen 22 L. Q. Rev. 251, 383—400; 24 L. Q. Rev. 301—315; 20 Harv. L. Rev. 192—198; 8 Colum. L. Rev. 245—264; 3 Ill. L. Rev. 373—375, 379—387; 5 Ill. L. Rev. 381—384; 386—388; 8 Ill. L. Rev. 225—238; 28 Yale L. J. 656. Vgl. dazu *Bingham,* 5 Mich. L. Rev. 497—508; *Foulke,* 15 Colum. L. Rev. 680—691 und *Comment,* 20 Harv. L. Rev. 243—245. Vgl. im übrigen *Tiffany,* 29 L. Q. Rev. 292—303, mit weiteren Nachweisen; *Lawler,* 29 Cal. L. Rev. 291—301.

Zur Geschichte: *Plucknett,* S. 562—564.

357 Plunket v. Holmes, 1 Lev. 11, 83 Eng. Rep. 271 (K. B. 1660); Loddington v. Kime, 1 Salk. 224, 91 Eng. Rep. 198 (K. B. 1695); Carter v. Barnadiston, 1 P. WMS. 505, 512 f., 24 Eng. Rep. 492, 494 f. (Chan. 1718); Egerton v. Massey, 3 C. B. (N. S.) 338, 352, 140 Eng. Rep. 771, 776 (C. P. 1857). Vgl. auch *Tiffany,* 29 L. Q. Rev. 296 f.

Hier bedarf die *rule in Shelley's Case, Wolfe v. Shelley,* 1 Co. Rep. 88 b, 93 b, 76 Eng. Rep. 199, 206 (K. B. 1579—1581) kurzer Erwähnung. Sie besagte: War bei ein und derselben Übertragung (unter Lebenden oder von Todes wegen) ein life estate an A übertragen worden und gleichzeitig der remainder to the heirs of A (remainder to the heirs of A), dann entstand für A das unbeschränkte fee simple an dem Land; dagegen entstand bei Übertragung des remainder an bestimmte Erben des A (z. B. remainder to the heirs of the body of A) für A ein fee tail. Mithin erhielt A kraft Gesetzes (aufgrund der rule of Shelley's Case) den Besitzstand, den nach der Übertragungsurkunde und dem Willen des Veräußerers die *Erben,* nicht aber A erhalten sollten. A konnte danach ohne die Beschränkungen des life estate über das Land verfügen und damit das Erbrecht seiner Nachkommen praktisch vereiteln. Denn diese erhielten bei A's Tod nur den nicht verfügten Rest, der noch im Besitz des Erblassers war. Die Wirkung der rule bestand mithin darin, daß sie den remainder zugunsten der Erben abschnitt und ihn dem life estate des A zuschlug, so daß es zur Übertragung des unbeschränkten fee simple oder aber des fee tail an A kam. Eingehend *Megarry-Wade,* S. 60—67; *Cheshire,* S. 169—174; *Simes* in A. L. P., I, § 4.40—4.42, S. 476 bis 485.

Dieser Grundsatz ist allerdings wesentlich älter als Shelley's Case. Er findet sich bereits in Provost of Beverley's Case, Y. B. 40 Edw. III, Hil., pl. 18 (K. B. 1366) und noch früher in Abel's Case, Y. B. 18 Edw. II, fol. 577 (K. B. 1324), abgedruckt in 7 Man. & G. 941, 135 Eng. Rep. 383, Fußn. (c). Vgl. Jesson v. Wright, 2 Bli. 1, 13 f., 4 Eng. Rep. 230, 234 (H. L. 1820);

II. Estates less than freehold

1. *Abgrenzung zu freehold estates*

Die estates less than freehold unterschieden sich darin von den freehold estates: Sie gewährten *keine seisin,* sondern nur *possession*[358]. Beide, seisin und possession, entsprachen dem deutschen *Besitz,* wenn sie auch etwas ganz anderes meinten:

Seisin bezeichnete den „berechtigten Besitz" des freeholders an Immobilien im Sinne eines „vom Besitzrecht eingefärbten Besitzes"[359], wohingegen *possession* den Besitz bezeichnete, der bei dem lease etwa dem unmittelbaren Besitz des Pächters im deutschen Recht (§§ 581, 854 BGB) entsprach[360].

Der wichtigste estate less than freehold war der *lease.*

2. *Lease*

Die Pest von 1348 hatte England nahezu entvölkert. Arbeitskräfte waren rar, die Selbstbewirtschaftung kostspielig[361]. Viele Grundbesitzer, vor allem diejenigen mit großem Grundbesitz, waren aber auf die Dienste anderer (villein tenants, copyholders) angewiesen. Ihnen blieb, wenn sie keine Arbeitskräfte fanden, nur übrig, das Land an Dritte zu übertragen. Dabei war vielen die Übertragung eines freehold estate zu gefährlich: Sie verloren die seisin an ihrem Land und damit praktisch das Land selbst. Verlust an Grundbesitz bedeutete aber in jenen Zeiten Verlust an Macht. Hier bot sich als Abhilfe der *lease* an (der etwa unserer Pacht entsprach, aber *dinglich* wirkte):

Harrison v. Harrison, 7 Man. & G. 938, 941—944, 135 Eng. Rep. 381, 382—384 (C. P. 1844); Van Grutten v. Foxwell, Foxwell v. Van Grutten, [1897] A. C. 658, 668—683.

Die rule of Shelley's Case ist durch Law of Property Act, 1925, S. 131, *Halsbury*'s Statutes of England, Bd. 20, S. 710, seit dem 1. 1. 1926 in England abgeschafft. Vgl. Re McElligott, Grant v. McElligott, [1944] Ch. 216; [1944] All E. R. 441.

[358] *Holdsworth,* III, S. 180; *Megarry-Wade,* S. 48; *Cheshire,* S. 28—30; *Megarry,* S. 34; *Lesar* in A. L. P., I, § 3.1, S. 176.

[359] Näher oben S. 30 f. und Fußn. 168, 169.

[360] Vgl. *Digby,* S. 49; Fußn. 1; *Pollock and Maitland,* II, S. 113—115; *Holdsworth,* II, S. 163, 227 f., 298 f.; III, S. 180, 214; VII, S. 23—31; *Megarry-Wade,* S. 48; *Cheshire,* S. 28—30; *Megarry,* S. 34 f.; *Maitland,* 2 L. Q. Rev. 481—486; *Maitland,* 4 L. Q. Rev. 24—39, 286 f.

In England wird der Unterschied zwischen seisin und possession mitunter vom Ergebnis erklärt: seisin sei der Besitz des freeholder, possession der des leaseholder. Vgl. z. B. *Digby,* S. 49, Fußn. 1; *Holdsworth,* II, S. 299.

[361] *Pollock,* Recht des Grundbesitzes, S. 96, 184 f.; *Plucknett,* S. 574. Vgl. auch oben S. 60 f.

Schon vor dem 13. Jahrhundert kannte das common law den *lease for term of years.* Er war jedoch ungebräuchlich und diente fast ausschließlich dazu, das kanonische Wucherverbot zu umgehen. Daneben bedienten sich seiner oft die Klöster, damit ihre Ländereien bewirtschaftet wurden und sie so die Substitution umgehen konnten, durch die sie ihre Ländereien verloren hätten[362].

Bei dem lease erhielt der Erwerber *(lessee)* einen Besitzstand auf *bestimmte Zeit,* der durch *Vertrag* begründet wurde und dem lessee keine seisin, sondern nur *possession* einräumte. Die *Dauer* des lease konnte verschieden festgesetzt werden; sie reichte von mindestens 3 Jahren über 99 Jahre bis zu 999 Jahren und länger[363]. Der lessee verpflichtete sich seinerseits, dem Veräußerer *(lessor)* eine *bestimmte rent,* meist in Geld, zu leisten[364].

Der *leasehold estate,* den der lessee erwarb, galt als *personal property* — bewegliches Vermögen[365] — im Gegensatz zu den freehold

---

362 Vgl. *Pollock and Maitland,* II, S. 111—113; *Pollock,* Recht des Grundbesitzes, S. 185 f.; *Plucknett,* S. 573 f.; *Lesar* in A. L. P., I, § 3.1, S. 175; *Richardson,* 57 L. Q. Rev. 327 und die in Fußn. 35 angeführten Beispiele.

Zur *Geschichte des lease* vgl. *Bowes,* 20 Geo. L. J. 521—529 und *Sullivan,* 22 Geo L. J. 41—57.

363 Die 3-Jahres-leases waren am gebräuchlichsten. Durch sie konnte der lessee die Fruchtfolge der damaligen Landwirtschaft voll ausnutzen; *Pollock,* Recht des Grundbesitzes, S. 186.

Der 99-Jahres-lease war in Irland gebräuchlich (Irish lease) und gilt heute noch in Maryland, eingehend unten S. 187. Er entsprach drei Menschenaltern.

Ein Überblick über diese langandauernden leases findet sich in einem *Comment,* 48 Yale L. J. 1400—1414, ein Überblick über amerikanische cases in 32 *Am. Jur.,* Landlord and Tenant, § 16, S. 39, Fußn. 7.

364 *Littleton,* Buch I, Kap. VII, S. 34 f.; *Coke on Littleton,* S. 45 b—46 b; *Blackstone,* II, S. 140, 141—145; *Holdsworth,* III, S. 214; *Pollock,* Recht des Grundbesitzes, S. 188; *Megarry-Wade,* S. 43—47, 623—626; *Cheshire,* S. 335 f.; *Megarry,* S. 33 f.; 374—381; *Simpson,* S. 233; *Hill and Redman,* S. 3—6; *Burby,* S. 154—156; *Jacobs,* S. 1—41 und die dort behandelten cases; *Lesar* in A. L. P., I, § 3.2, S. 177; 32 *Am. Jur.,* Landlord and Tenant, §§ 16—19, S. 39—44.

365 *Holdsworth,* II, S. 299 f., 493; III, S. 182, 214; VII, S. 248; *Pollock,* Recht des Grundbesitzes, S. 189; *Simpson,* ebenda; *Lesar* in A. L. P., I, § 3.12, S. 205—207. Der lease wird dabei vielfach als *chattel real* bezeichnet, der unter personal property fällt. Vgl. *Williams,* 4 L. Q. Rev. 408; anders heute seit 1925: A. E. A. 1925, s. 3, *Halsbury's* Statutes of England, Bd. 9, S. 723.

In mancher Beziehung gilt er aber, vor allem in Amerika, als real property, näher unten S. 196—197. Im US-Staat Colorado ist er sogar allgemein real property; McKee v. Howe, 17 Colo. 538, 31 Pac. 115, 116 (S. Ct. Colo. 1892); Bonfils v. McDonald, 84 Colo. 325, 270 Pac. 650, 651, 655 (S. Ct. Colo. 1928); Routt County Mining Co. v. Stutheit, 72 P. 2d 692, 693 (S. Ct. Colo. 1937).

estates an Grundbesitz, die real property — unbewegliches Vermögen — waren und daher beim Erbfall unmittelbar auf die Erben (heirs) übergingen. Er fiel daher beim Erbfall auf den personal representative (bei Intestaterbfolge den administrator, bei Testaterbfolge den executor[366]), der über das bewegliche Vermögen allein verfügungsberechtigt war. Im übrigen bestand an dem leasehold estate auch kein curtesy- oder dower-Recht. Das hatte vielmehr der Ehegatte des lessor; denn dieser hatte das fee simple an dem Land und damit das real property behalten[367].

Der *Rechtsschutz* des leasehold estate entwickelte sich wie folgt: Ursprünglich standen dem lessee bei Eingriffen in sein Recht nur die persönlichen Rechte aus dem Vertrag zu, also nur eine *Vertragsklage*, keine dingliche Abwehrklage. Er konnte sich damit *nur gegen Eingriffe des lessor* wehren, nicht aber gegen Rechtsverletzungen Dritter, denen er also schutzlos ausgesetzt war[368]. Hiergegen half ihm seit 1235 die Klage *quare ejecit infra terminum*, eine Erfindung des Richters *Raleigh:* Mit ihrer Hilfe konnte sich der lessee aller Störungen und Eingriffe Dritter erwehren und die Wiedereinräumung seines Besitzes selbst gegen denjenigen betreiben, der vom lessor das fee simple an dem Land erworben hatte[369]. Zusätzlich erhielt er während der Regierungszeit Edward's II (1307—1327) eine trespass-Klage *ejectio firmae*[370], die zunächst auf Schadensersatz[371], später ebenfalls auf Wiedereinräumung des Besitzes gerichtet war[372].

---

[366] *Digby,* S. 177; *Holdsworth,* II, S. 493; *Pollock,* Recht des Grundbesitzes, S. 189; *Simpson,* S. 231; *Lesar* in A. L. P., I, § 3.12, S. 205. Vgl. allgemein *Williams,* I, S. 259 f., 271; *Bowe-Parker,* VI, § 59.2, S. 383 f.

[367] Vgl. *Holdsworth,* VII, S. 248 f.; *Simpson,* S. 232. Zu dower und curtesy näher oben S. 74.

[368] *Bracton,* Buch 4, Kap. 36, f. 220; *Digby,* S. 176; *Pollock and Maitland,* II, S. 106 f.; *Holdsworth,* III, S. 180 f., 214; *Simpson,* S. 87; *Plucknett,* S. 570 f.; *Lesar* in A. L. P., I, § 3.1, S. 175.

[369] *Bracton,* Buch 4, Kap. 36, f. 220; *Digby,* S .177, 243; *Pollock and Maitland,* II, S. 107 f.; *Holdsworth,* II, S. 493; III, S. 181; *Plucknett,* S. 372, 373, Fußn. 3, 571; *Simpson,* ebenda.

Über *Raleigh* vgl. *Holdsworth,* II, S. 183—185. Ein Beispiel für eine derartige Klage findet sich unten Anhang XII (1), S. 277.

[370] *Blackstone,* III, S. 200; *Digby,* S. 177, Fußn. 1, 243; *Pollock and Maitland,* II, S. 109; *Holdsworth,* II, S. 493; III, S. 181, 183; VII, S. 4—23, 57—58; *Plucknett,* S. 373 f., 574; *Simpson,* S. 87 f.; *Megarry-Wade,* S. 1133 bis 1135. Zur trespass-Klage näher oben Fußn. 298. Ein Beispiel für eine derartige Klage findet sich unten Anhang XII (2), S. 277. Vgl. auch *Blackstone,* III, Appendix II, S. VIII—XII.

[371] Y. B. 33 Hen. VI, Michs., pl. 19 (K. B. 1454).

[372] Y. B. 7 Edw. IV, pl. 16 (K. B. 1467); Y. B. 21 Edw. IV, Michs., pl. 2 (K. B. 1481), per *Hussey,* J.: „En Quare ejecit infra terminum, Ejectione

Durch diese dinglichen Klagen war der leasehold-Besitzer daher ebenso gut geschützt wie der freehold-Besitzer[373]. Sie änderten gleichwohl nicht die Rechtsnatur des lease als personal property[374].

Der lease entsprach in idealer Weise den Bedürfnissen des freehold-Besitzers (lessor) und des leasehold-Besitzers (lessee): Der *lessor* konnte den freehold estate an dem Lande behalten, gleichzeitig aber Gewinn aus dem Lande ziehen, da er die rent-Zahlungen erhielt. Überdies war der lease beweglicher als die Übertragung des freehold estate: Er konnte für jede beliebige Zeitdauer vereinbart werden und war nicht von den schwerfälligen, auf die persönliche lord-tenant-Bindung zugeschnittenen Übertragungsarten des Feudalismus abhängig[375]. Der *lessee* hatte seinerseits eine sehr günstige Rechtsstellung: Er hatte einen dinglich geschützten Besitzstand. Seine Abwehrklage ging der dinglichen Eigentumsklage vor. Er konnte ferner über den estate (weil er personal property war) unbeschränkt testamentarisch verfügen; ein Vorteil, der große wirtschaftliche Bedeutung hatte, konnte der lessee doch durch geeignete letztwillige Verfügungen den lease noch über seinen Tod hinaus beeinflussen[376].

Der lease gewann daher in kurzer Zeit große praktische Bedeutung[377]. Das Land verlor dadurch immer mehr seinen Charakter als politisches Machtmittel. Künftig wurde es mehr aus finanziellen als aus politischen Erwägungen übertragen, mehr als *Finanzkapital* denn als Machtkapital angesehen.

So trugen der *lease und* die dafür geschuldete *rent* (neben der Abschaffung der Kriegslehen im Jahre 1660[378]) entscheidend zur *Kapitalisierung des Grundbesitzes* und zur Durchsetzung einer *Geld- statt Naturalzahlung als rent* bei.

---

firmae et ejectment de gard home est a recoverer possession et ses damages auxi." (obiter).

Die erste Entscheidung, die darauf gestützt wurde, stammte von 1498 oder 1499: *Fitzherbert*, 220 H., zitiert nach *Plucknett*, S. 574, Fußn. 5; ein Fall aus den Year Books ist nicht bekannt.

373 *Digby*, S. 244; *Holdsworth*, III, S. 185 f.; *Simpson*, S. 229; *Lesar* in A. L. P., I, § 3.1, S. 176.

374 *Digby*, S. 177; *Holdsworth*, ebenda.

375 *Lesar* in A. L. P., I, § 3.1, S. 177.

Zu den Übertragungsarten näher unten S. 90—91.

376 Vgl. *Simpson*, S. 88; *Plucknett*, S. 574; *Lesar* in A. L. P., I, § 3.1, S. 176 f.

Zu den heutigen wirtschaftlichen Vorteilen vgl. *Cary*, 62 Harv. L. Rev. 1—41; *Chesnut*, 91 U. Pa. L. Rev. 137.

377 *Simpson*, S. 233; *Challis*, 6 L. Q. Rev. 70. Als *Littleton*'s Tenures erschienen (1481—1482), war sie schon allgemein gebräuchlich.

378 12 Car. II, c. 24 (1660), unten Anhang XI (3), S. 273—277. Vgl. näher oben S. 66—67.

Damit war ein weiterer Schritt in Richtung auf ein privatrechtliches real-property-System getan. Denn der lease als das der *privatrechtlichen* Pacht vergleichbare Rechtsverhältnis stand damit den freehold estates gegenüber, die auf dem *öffentlich-rechtlichen* Feudalsystem beruhten. Mit der Bedeutung und Verbreitung des lease wurde das Feudalsystem daher zugunsten eines privatrechtlichen real-property-Systems in den Hintergrund gedrängt. Die auf dem Feudalsystem beruhenden Besitzstände blieben zwar bestehen, verloren aber durch diese Entwicklung ihren öffentlich-rechtlichen Inhalt: Sie blieben der *Form* nach *feudal*, wurden aber ihrem *Inhalt* nach *privatrechtliche Besitzstände.*

C. EQUITY-BESITZSTÄNDE — USES

I. Gestalt des use

Die Entwicklung des use ging wiederum von den Kirchen und Klöstern aus. Sie waren beim Erwerb von Grundbesitz großen Schwierigkeiten ausgesetzt und suchten nach Möglichkeiten, das Erwerbsverbot des Statute of Mortmain[379] zu umgehen. Aus dieser Not entstanden neben dem lease die *uses,* die das englische Immobiliarsachenrecht von Grund auf verändert haben[380]. Sie verbreiteten sich rasch auch im außerkirchlichen Rechtsverkehr, während ihr Gebrauch für die Kirchen und Klöster 1391 als Umgehung des Erwerbsverbots der Toten Hand gesetzlich verboten wurde[381].

---

[379] 7 Edw. I, stat. 2, c. 13 (1279), unten Anhang V, S. 261—262.

[380] Vgl. *Digby,* S. 319; *Pollock,* Recht des Grundbesitzes, S. 123 f.; *Simes* in A. L. P., I, § 1.18, S. 26. Ursprünglich wurde der use für Übertragungen zugunsten des Franziskaner-Ordens gebraucht, da dieser nach seinen Ordensregeln kein Eigentum haben durfte. Vgl. *Maitland,* Equity, S. 25; *Maitland,* Papers, II, S. 407.

Holdsworth, IV, S. 416 f., unter Hinweis auf *Monumenta Franciscana,* S. 16, 17, 494, 498—507.

Früher nahm man an, der use habe seinen Ursprung in den römischrechtlichen Instituten fideicommissum und usufructus; *Bacon,* S. 19; *Blackstone,* II, S. 327 f.; *Digby,* S. 314—316; *Sanders,* I, S. 1—8. Doch hat *Holmes,* 1 L. Q. Rev. 163—170, nachgewiesen, daß sich der use aus der deutschrechtlichen Treuhand und der Verwaltung durch Salmannen entwickelt hat. Ebenso *Maitland,* Papers, II, S. 403; *Holdsworth,* IV, S. 410—412; *Ames,* S. 235; *Plucknett,* S. 575 f.; *Ames,* 21 Harv. L. Rev. 263—265; *Holdsworth,* 26 Yale L. J. 21. Dem Salmann war Grundbesitz mit der Auflage übertragen, den Anweisungen des Übertragenden zu folgen; hierzu näher *Heusler,* Institutionen, I, S. 215—223; II, S. 622 f.; *Heusler,* Gewere, S. 478; *Beseler,* I, S. 271, 277 f.; 283; *Schultze,* S. 145.

[381] 15 Rich. II, c. 5 (1391), abgedruckt in französischer und englischer Sprache bei *Digby,* S. 333—335.

Der *use*[382] wurde bei der Übertragung eines Grundstücks zu fee simple vereinbart und gewährte dem Veräußerer (so ursprünglich) oder einem Dritten eine Nutznießung an dem übertragenen Land. Beispielsweise übertrug A ein Stück Land zu fee simple to B to the use of A. In diesem Falle wurde B wie üblich freehold-Besitzer des Landes, räumte jedoch A eine Nutznießung ein. Ebenso konnten A und B eine Nutznießung zugunsten von C vereinbaren. Innerhalb dieser Nutznießung war B der *Treuhänder (feoffee to the use)*, A oder C waren die *Nutznießer (cestui que use*, d. h. diejenigen, zu deren Gunsten der use geschaffen wurde — celui qui en use). Der use gewährte dem cestui que use keinen legal estate, d. h. keinen von den common-law-Gerichten geschützten Besitzstand, sondern nur einen *Besitzstand nach Billigkeit (equitable estate — equity-estate)*, d. h. einen von den equity-Gerichten geschützten Besitzstand[383]: Die common-law-Gerichte[384] erkannten ihn nicht an, weil er kein common-law-estate war. Sie schützten nur den freehold-Besitzer, hier also den Treuhänder, den feoffee to the use, nicht den Nutznießer, den cestui que use. Dieser stand einer Klage des feoffee to the use gegen ihn vor den common-law-Gerichten schutzlos gegenüber. Er suchte daher Hilfe bei den equity-Gerichten. Die *equity*, die Rechtsprechung nach Billigkeit, wurde von dem Lordkanzler ausgeübt *(chancery-Gerichtsbarkeit)* und war ursprünglich, da sie auf Billigkeit beruhte und ohne festes Verfahren ablief, ein Ausgleich zu dem strengen, an den römisch-rechtlichen actiones ausgerichteten writs-System[385]. Der Lordkanzler leitete seine Rechtsprechungsgewalt unmittelbar vom König her, der als Inhaber, Hüter und Quelle der Gerechtigkeit galt und daher kraft seines Amtes einen selbständigen Rechtsweg eröffnen

---

[382] Der Ausdruck stammt nicht vom lateinischen „usus", sondern von „opus" in der Form „ad opus", das sich über das alt-französische „al oes" oder „al ues" zu „use" entwickelt hat. Vgl. *Maitland*, Equity, S. 24; *Holdsworth*, IV, S. 411, Fußn. 8.

[383] Y. B. 4 Edw. IV, pl. 8 (K. B. 1465), abgedruckt bei *Digby*, S. 338—340, 339; *Blackstone*, II, S. 330; *Digby*, S. 320; *Maitland*, Equity, S. 116; *Holdsworth*, IV, S. 413 f., 430; *Pollock*, Recht des Grundbesitzes, S. 129 f.; *Plucknett*, S. 576; *Ames*, 21 Harv. L. Rev. 263.

[384] Vgl. dazu oben Fußn. 182.

[385] *Maitland*, Equity, S. 1; *Story*, S. 2—20; *Keeton*, S. 3; *Radbruch*, S. 31 f. Vgl. auch *Peter*, S. 51—54 und *David-Grasmann*, S. 327—333, 339—344.

Vgl. allgemein zu equity *Digby*, S. 321—333, 368—374; *Holdsworth*, I, S. 446—452, 453—459; *Maitland*, Equity, S. 1—11; *Plucknett*, S. 673—684; *Hanbury*, S. 3—10; *Story*, S. 1—31; *Snell*, S. 2—10; *Pomeroy*, I, §§ 10—39, S. 14—44; *Holmes*, 1 L. Q. Rev. 162—174; *Holdsworth*, 13 Mich. L. Rev. 293—301; *Holdsworth*, 26 Yale L. J. 1—23; *Ames*, 21 Harv. L. Rev. 261—269; *Adams*, 16 Colum. L. Rev. 87—98; *Adams*, 26 Yale L. J. 550 bis 563; *Barbour*, 31 Harv. L. Rev. 834—859.

konnte, sofern die common-law-Gerichte den Rechtsschutz verweigerten[386]. Vor dem Lordkanzler, dem Kanzleigericht, konnte der feoffee to the use zur Einhaltung der Nutznießungsvereinbarungen, die er mit dem cestui que use getroffen hatte, notfalls mit Gefängnisstrafen (subpoena) gezwungen werden[387]; allerdings dann nicht, wenn der feoffee to the use das Grundstück auf einen gutgläubigen Dritten übertragen hatte: Gegen den Dritten konnte der cestui que use nicht vorgehen[388]. Die Kanzleigerichte gewährten dem cestui que use demgemäß einen dinglichen Rechtstitel und damit einen fast ebenso weitgehenden Rechtsschutz wie die common-law-Gerichte dem freehold- und leasehold-Besitzer.

Der *use* war demnach ein Recht weder in rem noch ad rem, das von den common-law-courts geschützt wurde, sondern, wie *Coke* in seinem Report des *Chudleigh's Case* schrieb, „only a confidence and trust for which he hath no remedy by the common law, but his remedy was only by subpoena in Chancery. If the feoffees would not perform the order of the Chancery, then their persons, for breach of the confidence, were to be imprisoned, till they did perform it, ..."[389] Dieser equity-Besitzstand des use war teilbar und konnte frei veräußert und vererbt werden[390].

---

[386] *Maitland*, Equity, S. 2—8; *Pollock*, Recht des Grundbesitzes, S. 129 f.; *Scott*, I, § 1.1, S. 10 f.

[387] *Bacon*, S. 10; *Baildon*, Introduction, S. XIV; *Maitland*, Equity, S. 29 bis 32; *Digby*, S. 322 f.; *Holdsworth*, IV, S. 418—420; *Pollock*, Recht des Grundbesitzes, S. 130.

Der erste bekannte Fall, in dem der use vor das Kanzleigericht gebracht wurde, stammte von kurz nach 1393: Godwyne v. Profyt, Select Cases in Chancery, S. S., Vol. 10 (1896), pl. 45, S. 48 (Chan. nach 1393). Weitere Fälle in Select Cases in Chancery, S. S., Vol. 10 (1896): Wace v. Brass et al., pl. 40, S. 43 (Chan. nach 1398); Holt v. Debenham, pl. 71, S. 69 (Chan. s. d.); Chelmewyke v. Hay, pl. 72, S. 69 (Chan. s. d.); Byngeley and Swynflete v. Sturmy, pl. 99, S. 93 (Chan. s. d.); White v. White and Bery, pl. 100, S. 95 (Chan. s. d.); Bond v. Bond, pl. 104, S. 100 (Chan. 1410—12); Messynden v. Pierson et al., pl. 117, S. 114 (Chan. 1417—24); Williamson v. de Radford, pl. 118, S. 115 (Chan. 1417—24); Prioress of Thetford v. Wychyngham, pl. 122, S. 119 (Chan. 1422—26); Horsmonger v. Pympe and Judde, pl. 123, S. 120 (Chan. s. d.); Monye v. Hendrys and Trey, pl. 128, S. 123 (Chan. s. d.).

[388] Y. B. 14 Hen. VIII, Michs. pl. 5 (K. B. 1523), per *Brook*, J.; *Bacon*, S. 8, 16; *Holdsworth*, IV, S. 432.

[389] Chudleigh's Case, Dillon v. Freine, 1 Co. Rep. 113 b, 120, 121 b, 76 Eng. Rep. 261, 270, 274 f. (K. B. 1589—1595).

Vgl. ebenso Abbot of Bury v. Bokenham, 1 Dyer 7 b, 12 b, 73 Eng. Rep. 19, 27 (K. B. 1535); Dalamere v. Barnard, 1 Plowd. 346, 348, 351 f., 75 Eng. Rep. 525, 528, 532—534 (K. B. 1568) und *Maitland*, Equity, S. 23 f.;

Mit Betracht auf das deutsche Recht hatte der use einige Züge mit dem obligatorischen Recht gemein. Er wirkte jedoch — darin lag sein Unterschied zum obligatorischen Recht — allgemein gegenüber jedermann und genoß dinglichen Rechtsschutz.[391]

Der use bot dem cestui que use außergewöhnliche *Vorteile:* Einmal wurde er von seinen *Feudalbelastungen* wie wardship, marriage und primer seisin frei. Denn aufgrund der Übertragung zu fee simple wurde der feoffee to the use als neuer freehold-Besitzer angesehen. Er, nicht der cestui que use, war daher nunmehr mit diesen incidents belastet[392]. Lasten wie relief und primer seisin wurden überdies mitunter überhaupt nicht mehr fällig; denn bei einer gleichzeitigen Übertragung an mehrere feoffees vollzog sich, solange noch einer von ihnen lebte, keine neue Übertragung, die zur Fälligkeit dieser Leistungen hätte führen können[393]. Ferner konnte der cestui que use im Gegensatz zu den freehold-Grundbesitzern *letztwillige Verfügungen* über den Nießbrauch an dem Lande treffen[394]. Weiterhin konnte der cestui que use den *Vollstreckungsmaßnahmen* seiner Gläubiger entgehen; der wohl praktisch wichtigste Vorzug: Er übertrug das fee simple einem Freund, ließ sich aber die Nutznießung einräumen. Sodann begab er sich in eine der vielen Freistätten, um auch vor persönlicher Zwangsvollstreckung sicher zu sein[395]. Schließlich hatte der use noch einen für die damalige politische Lage wichtigen Vorteil: Der cestui que use war, weil ihm das fee simple nicht mehr zustand, vor der *Konfiszierung* seines Grundbesitzes geschützt, wenn er in den Rose-Kriegen zwischen den Häusern York und Lancaster auf der falschen Seite gestanden hatte[396].

Treffend bemerkte daher *Coke* in seinem Report des *Chudleigh's Case:*

Digby, S. 327 f.; *Holdsworth,* IV, S. 432—437; *Pollock,* Recht des Grundbesitzes, S. 126 f.; *Plucknett,* S. 582.

[390] *Blackstone,* II, S. 330; *Digby,* S. 327—331; *Simes* in A. L. P., I, § 1.19, S. 27.

[391] Vgl. *Holdsworth,* IV, S. 440 und zum deutschen Recht *David,* S. 2—4, insbes. S. 3, Fußnote 10.

[392] *Blackstone,* II, S. 331; *Maitland,* Equity, S. 27; *Pollock,* Recht des Grundbesitzes, S. 124; *Plucknett,* S. 576, 583.

Zu den incidents näher oben S. 24—27.

[393] *Pollock,* Recht des Grundbesitzes, S. 127.

[394] *Blackstone,* II, S. 330; *Maitland,* Equity, S. 27; *Digby,* S. 381; *Pollock,* Recht des Grundbesitzes, S. 127 f.; *Plucknett,* S. 582.

[395] *Maitland,* Equity, ebenda; *Pollock,* Recht des Grundbesitzes, S. 128; *Plucknett,* ebenda.

[396] *Maitland,* Equity, ebenda; *Digby,* S. 329; *Pollock,* Recht des Grundbesitzes, S. 124, 127; *Simes* in A. L. P., I, § 1.18, S. 26.

Zu den Rose-Kriegen näher *Gneist,* S. 419—423.

"There were two inventors of uses, fear and fraud; fear, in times of troubles and civil wars, to save their inheritances from being; and fraud, to defeat due debts, lawful actions, wards, escheats, mortmains, etc."[397]

II. Statute of Uses

Die uses verbreiteten sich sehr rasch über ganz England[398] und brachten große Verwirrung in das damalige Sachenrechtssystem. Denn sie beließen dem cestui que use, wiewohl sie ihm keinen legal estate gewährten, doch nach der chancery-Praxis die wirtschaftliche Stellung des freehold-Besitzers. Die strengen, der Offenkundigkeit dienenden Übertragungsformen des common law wurden dadurch umgangen: Das Land war nicht mehr im Besitz dessen, der rechtlich haftete, sondern im Besitz gerade desjenigen, der nicht zu haften brauchte. Die Rechte der Gläubiger und die Einkünfte der lords wurden dadurch erheblich verkürzt. Denn durch die uses und die Einsetzung mehrerer feoffees to the use kam es immer öfter vor, daß diese ihren Verpflichtungen praktisch nicht mehr nachkommen konnten[399]. Der König war davon allerdings weit mehr betroffen als die lords: Da sie immer auch tenants waren, glichen sich bei ihnen die Einbußen an Einkünften und die Befreiung von Verpflichtungen gegenseitig aus[400].

---

[397] Chudleigh's Case, Dillon v. Freine, 1 Co. Rep. 113 b, 120, 121 b, 76 Eng. Rep. 261, 270, 275 (K. B. 1589—1595).

Ähnlich Attorney General v. Sands, Hardres 488, 491, 145 Eng. Rep. 561, 563 (Ex. 1669), per *Atkyns:* "First, a trust is altogether the same that an use was before 27 Hen. 8, and they have the same parents fraud and fear; and the same nurse, a court of conscience.", und *Bacon,* S. 24: "... the special intent unlawful and covinous was the original of uses, though after it induced to the lawful intent general and permanent."

[398] *Coke on Littleton,* S. 272: "... at the time of the making of this Statute (gemeint ist 2 Hen. V, stat. 2, c. 3), the greater part of the Lands in England in those troublesome and dangerous times (when that unhappie controversie betweene the Houses of Yorke and Lancaster was begun) were in use, ..."; *Blackstone,* II, S. 329; *Pollock,* Recht des Grundbesitzes, S. 126; *Scott,* I, § 1.3, S. 13.

[399] Vgl. Planche v. Fletcher, 1 Dougl. 251, 253, 99 Eng. Rep. 164, 165 (K. B. 1779), per *Lord Mansfield;* Brent's Case, 2 Leo. 14, 16 f., 74 Eng. Rep. 319, 321 (C. P. 1583), per *Harper,* J.; *Blackstone,* II, S. 331 f.; *Digby,* S. 332 f., 345—347; *Pollock,* Recht des Grundbesitzes, S. 124; *Holdsworth,* IV, S. 446—448, 449, 450; *Plucknett,* S. 583 f.; *Simes* in A. L. P., I, § 1.23, S. 31 f.

Siehe auch die Präambel des Statute of Uses, 27 Hen. VIII, c. 10, unten Anhang IX, S. 265.

[400] *Plucknett,* S. 583.

Nach einem mißglückten Versuch, *gesetzlich* Abhilfe zu schaffen[401], schloß der König 1529 mit einigen seiner tenants in chief einen *Vertrag*[402], wonach alles Land in fee simple gehalten werden sollte mit Ausnahme der Ländereien, für die das fee tail gestattet war. Die Feudalbelastungen sollten auf den cestui que use übergehen. Der Vertrag blieb aber ohne Wirkung: Er scheiterte am Widerstand der tenants in chief, die der König beim Vertragsschluß übergangen hatte, und der Juristen, die von der Vereinfachung der Sachenrechtsinstitute eine Gefährdung ihrer Existenz befürchteten — sie erhielten ihr Honorar nach dem Umfang und den Schwierigkeiten der von ihnen aufgesetzten Urkunden — und im House of Commons damals stark vertreten waren[403]. Als Henry VIII jedoch den Juristen mit der Überprüfung ihrer Gebührenberechnungen und den tenants in chief mit einer strengen Untersuchung aller ihrer für den König nachteiligen Verfügungen drohte, kam es 1535 im Parlament zum Erlaß des *Statute of Uses*[404].

Der wesentliche Inhalt und Zweck des Gesetzes bestanden darin, die uses bei unbeweglichem Vermögen abzuschaffen und Nießbrauch und freehold-Besitz wieder zu vereinigen. Die uses sollten in legal estates verwandelt werden, und der cestui que use sollte als „in lawful seisin, estate and possession“[405] stehend angesehen werden, also die Stellung eines legalen Eigentümers erhalten[406]. Übertrug beispielsweise A Land

---

[401] Von 1529 stammte ein Gesetzentwurf: Er begann mit einer Klage über „grate trobull, vexacion, and unquietness amonges the kynges suggettes ... for tytyll of londes, tenements, and other hereditamentes ... as well by intayle as by uses and forgyng of false evidence“. Dann folgten drastische Änderungen.

Vgl. *Holdsworth*, IV, S. 450—453; der Gesetzentwurf ist abgedruckt bei *Holdsworth*, IV, App. III (1), S. 572—574.

[402] "The Agreement Between the King and the Nobility, 1529", abgedruckt bei *Holdsworth*, IV, App. III (2), S. 574—577.

[403] *Holdsworth*, IV, S. 453; *Simes* in A. L. P., I, § 1.23, S. 32. Über den Einfluß der Juristen im House of Commons vgl. *Holdsworth*, IV, S. 174, 189.

[404] 27 Hen. VIII, c. 10 (1535—1536), unter Anhang IX, S. 265—270.

Maitland, Equity, S. 35 schreibt dazu: "The Statute of Uses was forced upon an extremely unwilling parliament by an extremely strong-willed king." Denn „the king was the one person who had all to gain and nothing to lose by the abolition of uses“. Kritisch hierzu *Holdsworth*, IV, S. 461.

Nach *Digby*, S. 347; *Holdsworth*, IV, S. 461; *Pollock*, Recht des Grundbesitzes, S. 125, 145 ist es das bedeutendste Gesetz in der Geschichte des englischen Sachenrechts.

[405] Sec. 1 des Gesetzes, unten Anhang IX, S. 265—266.

[406] Vgl. allgemein zum Inhalt und den Wirkungen des Statute of Uses *Coke on Littleton*, S. 271 b, 272; *Blackstone*, II, S. 332—335; *Digby*, S. 346 f.,

an B, C und D to the use of A, dann wären *vor* Erlaß des Gesetzes B, C und D freehold-Besitzer geworden. *Nach* Erlaß des Gesetzes sollte diese Übertragung dagegen ohne Wirkung bleiben: B, C und D sollten keine Rechtsstellung erwerben. Vielmehr sollte A freehold-Besitzer bleiben.

Diesen Zweck hat das Gesetz verfehlt. Denn tatsächlich hat es sich in sein genaues *Gegenteil* verkehrt. Die uses hatten sich bereits derart in das englische Sachenrecht eingefügt, daß die Gerichte den tatsächlichen Gebrauch dieses Rechtsinstituts anerkannten und mit einem Kunstgriff die Bestimmungen des Gesetzes umgingen: A, der Land to the use of A an B übertragen hatte, behielt zwar aufgrund des Gesetzes seinen freehold estate, doch hatte das Gesetz nicht den Fall geregelt, daß A Land an B to the use of A to the use of C übertrug: C erhielt einen Nießbrauch auf dem Nießbrauch des A (als freehold-Besitzer), einen *use upon an use*, der von dem Gesetz nicht erfaßt wurde[407].

Der erste bekannte Fall, der den use upon an use für gültig erklärte, war der *Tyrrel's Case*[408] von 1557, allerdings mit der schwer verständlichen Begründung „because an use cannot be ingendered of an use"[409]. In einem anderen Report dieses case lautet die Begründung dagegen, der zweite use sei unvereinbar mit dem ersten: „cest use issint limit est ousterment voyd; car . . . le limitation de l'auter use est

354—358; *Maitland*, Equity, S. 35—38; *Holdsworth*, IV, S. 461—467; *Pollock*, Recht des Grundbesitzes, S. 132—135; *Plucknett*, S. 585—587.

Mitunter wurde gesagt, das Gesetz habe die uses nicht abschaffen, sondern lediglich den Unterschied zwischen dem equitable title des use und dem legal title des fee simple beseitigen wollen. So *Blackstone*, II, S. 333; *Plucknett*, S. 586. Sachlich macht dies keinen Unterschied.

[407] Näher *Holdsworth*, IV, S. 469—471; *Pollock*, Das Recht des Grundbesitzes, S. 136 f.; *Plucknett*, S. 599 f.; *Simes* in A. L. P., I, § 1.30, S. 40—42.

[408] Tyrrel's Case, 2 Dyer 155, 73 Eng. Rep. 336 (Q. B. 1557): Das Gericht hatte zu entscheiden über die Gültigkeit einer Übereignung eines „use to G. Tyrrel and his heirs, to the use of Jane Tyrrel" für deren Lebzeiten und nach deren Tod „to the use of G. Tyrrel and the heirs of his body . . .". Das Gericht hielt den use, der auf den use an G. Tyrrel und seine Erben folgte, für gültig.

Zwei Jahre zuvor hatte dasselbe Gericht die Gültigkeit eines solchen use noch bezweifelt: Milborn v. Ferrers, 2 Dyer 114 b, 73 Eng. Rep. 251 (Q. B. 1555): A hatte an B, seinen ältesten Sohn übertragen „to the use of A to the use of his youngest son for life".

Ebenso wie Tyrrel's Case: Girland v. Sharp, Cro. Eliz. 382, 78 Eng. Rep. 628 (Q. B. 1595); Holloway v. Pollard, Moore (K. B.) 761, 72 Eng. Rep. 889, Nr. 1054 (K. B. 1606); Sambach v. Dalston, Tothill 188, 21 Eng. Rep. 164, Nr. 168 (Chan. 1634); Hopkins v. Hopkins, 1 Atk. 581, 26 Eng. Rep. 365 (Chan. 1738).

[409] 2 Dyer 155, 155 b, 73 Eng. Rep. 336, 337.

merement contrary“[410]. Dieser Begründung wird man eher folgen können. Denn der use gab dem cestui que use die Früchte und Nutzungen des Landes; sie konnten aber nur *dem* cestui gewährt werden, der als letzter den use erhielt (hier also C). A behielt als erster cestui (nach dem Gesetz) den legal estate und konnte keinen use erwerben.

Als Folge dieser Konstruktion setzte sich der use in dieser neuen Form als use upon an use (oder use in trust) eher noch stärker durch, als daß er von dem Statute of Uses beschränkt wurde[411]. Zutreffend, wiewohl überspitzt, sagte hierzu *Lord Hardwicke* in *Hopkins v. Hopkins*[412]:

> "... a statute made upon great consideration, introduced in a solemn and pompous manner, by this strict construction, has had no other effect than to add at most, three words to a conveyance."

Die uses und der Umstand, daß sich das Statute of Uses nicht durchsetzen konnte, beweisen, daß die Entwicklung eines privatrechtlichen real-property-Systems damals bereits weitgehend abgeschlossen war: Es waren neben den aus dem Feudalsystem stammenden freehold estates neue Besitzstände entstanden, die mit dem Feudalsystem nichts mehr zu tun hatten. Sie entsprachen den aktuellen Bedürfnissen eines Rechtsverkehrs, der das Land nicht mehr als Machtkapital, sondern als Finanzkapital ansah und dem es mehr bedeutete, aus dem Land Einkünfte und Gewinne zu erzielen als eine persönliche Bindung zwischen lord und tenant aufrechtzuerhalten. Das Statute of Uses kann dabei als ein Versuch gelten, diese Entwicklung zu bremsen und das Sachenrechtssystem wieder auf den vordem herrschenden feudalen Stand zurückzuführen. Daß dieser Versuch mißlungen ist, wird man vordergründig dem pragmatischen Denken der englischen Richter und Juristen zu verdanken haben, läßt sich aber letztlich darauf zurückführen, daß der Rechtsbrauch allgemein in England stärker war als das gesetzte Recht. Dieser Rechtsbrauch hatte damals ein Sachenrechtssystem aufgebaut, das sich inhaltlich längst vom Feudalsystem und den feudalen Besitzständen gelöst hatte, wiewohl es an ihren Formen festhielt, und das den Kern des Sachenrechts nicht — wie der Feudalismus — in der persönlichen Bindung zwischen lord und tenant sah, sondern in der *sachlichen Beziehung* des einzelnen (immer noch tenant genannt) zu „seinem“ Lande. Das Statute of Uses wurde daher mit Recht von *Pollock* als „ein Grenzstein und ein neuer Ausgangspunkt

---

[410] 1 And. 37, 123 Eng. Rep. 341, Nr. XCVI.

[411] *Pollock*, Recht des Grundbesitzes, S. 137.

[412] Hopkins v. Hopkins, 1 Atk. 581, 591, 26 Eng. Rep. 365, 372 (Chan. 1738).

Vgl. dazu *Maitland*, Equity, S. 41 f.

für die Entwicklung des Systems" bezeichnet, „dessen Zerstörung es beabsichtigt hatte"[413]. Noch einen Schritt weitergehend wird man sagen können, daß das Statute of Uses den letzten Wiederbelebungsversuch, sein Scheitern aber die Todeserklärung des feudalen landtenure-Systems bedeutete.

D. ÜBERTRAGUNGSARTEN

Nach der Darstellung der wichtigsten common-law- und der equity-Besitzstände empfiehlt es sich, die Übertragungsarten dieser Besitzstände zu erörtern.

I. Feoffment

Die Veräußerung von Grundbesitz war an *strenge Formvorschriften* gebunden. Formfragen wurde mehr Bedeutung beigemessen als materiellen Fragen. Dies war durch das Bedürfnis nach *Offenkundigkeit* sachenrechtlicher Verfügungen vollauf gerechtfertigt.

Die Übertragung des Grundbesitzes vollzog sich anfangs in *symbolischen Formen,* durch Übergabe eines Zweiges oder eines Strohhalms, eines Klumpens Erde o. ä.[414] Hieraus entstand das *feoffment,* das sich aus der Übertragung des Besitzes *(livery of seisin)* und einer schriftlichen, mit dem Siegel des Veräußerers versehenen Urkunde (früher *charter,* später *deed*) zusammensetzte[415]. Die deed war allerdings kein

---

[413] *Pollock,* Recht des Grundbesitzes, S. 125.

[414] Dies stand symbolisch für den Grund und Boden und seine Erträgnisse; *Pollock,* Recht des Grundbesitzes, S. 97 f.; *Holdsworth,* III, S. 188.

Ramsey, I, S. 257 berichtet sogar von einem Fall, in dem das Land dadurch übertragen wurde, daß der Veräußerer auf dem Sterbebett einige seiner Haupthaare abschnitt und sie auf den Altar niederlegen ließ: „Missis ad Rameseiam per Walterum filium suum propriis crinibus reddidit [terram] ecclesiae... Qui Walterus... praefatos crines deferens et super altere ponens... in ipso loco et tempore eandem terram quietam ex sua parte clamavit.", zitiert nach *Holdsworth,* ebenda, Fußn. 7.

[415] Dies entsprach der *giwerida* oder *investitura* des germanischen Rechts. Vgl. *Conrad,* I, S. 165 f.; *Heusler,* Gewere, S. 1—49.

Vgl. zum Verfahren der *livery of seisin* Sharp's Case, 6 Co. Rep. 26, 26 b, 77 Eng. Rep. 292, 293 (Q. B. 1600); Vaughan v. Holdes, Cro. Jac. 80, 79 Eng. Rep. 68 (K. B. 1605); Maunds Case, Ley 2, 3, 80 Eng. Rep. 586 (K. B. 1608); Thoroughgood's Case, 9 Co. Rep. 136 b, 137 b, 138, 77 Eng. Rep. 925, 927 f. (K. B. 1612); *Coke on Littleton,* S. 48, 48 b; *Challis,* S. 365 f.; *Sweet,* 12 L. Q. Rev. 241.

Bei der *deed* sollte das Siegel die Echtheit beglaubigen. Früher war es in der Regel das Siegel des Veräußerers, später ein allgemeines Siegel.

Ein Beispiel für die deed findet sich unten Anhang XIII, S. 277.

notwendiger, konstitutiver Akt der Übertragung[416] im Gegensatz zu livery of seisin, die nur wegfallen konnte, wenn der Erwerber bereits (z. B. aufgrund eines lease) im Besitz des Grundstücks war[417].

Das feoffment war während des Feudalsystems die allgemein übliche Übertragungsart der common-law-Besitzstände (mit seisin), soweit sie überhaupt veräußerlich waren, vor allem also des fee simple[418]. Es trug mit seinen schwerfälligen Formvorschriften ausgeprägte öffentlich-rechtliche Züge, traf es doch zwischen lord und tenant ohnehin Regelungen innerhalb eines Subordinationsverhältnisses. Das starke Streben nach Offenkundigkeit entsprach dabei vornehmlich den Interessen des Königs und der lords, die dadurch die Kontrolle über ihr Land und ihre tenants behielten. Hieraus erklärt sich schon die Niederschrift des Grundeigentums im *Domesday-Book* durch William the Conqueror. Sie diente in erster Linie seinen machtpolitischen (und damit öffentlichen) Interessen: Er wollte dadurch eine umfassende Übersicht und Kontrolle über sein erobertes Land und seine tenants gewinnen[419].

II. Agreement and entry

Der *lease* wurde, da er keinen freehold-estate verschaffte, nicht durch livery of seisin, sondern durch schriftlichen Vertrag *(agreement)* zwischen lessor und lessee begründet, der durch Siegel beglaubigt wurde (writing under seal). Die Besitzergreifung vollzog sich formlos durch *entry* — Besitzantritt[420].

Vgl. allgemein zum feoffment *Blackstone*, II, S. 310—316; *Pollock and Maitland*, II, S. 82—85; *Holdsworth*, III, S. 187—190; *Pollock*, Recht des Grundbesitzes, S. 99—101, 110.

[416] Boys v. Charles, Y. B. 2 & 3 Edw. II, Hil., pl. 8 (K. B. 1310), S. S., Vol. 19 (1904), S. 168; Y. B. 3 Edw. II, pl. 6 (K. B. 1310), S. S., Vol. 20 (1905), S. 157. Vgl. auch *Coke on Littleton*, S. 48, 48 b; *Littleton*, Buch I, Kap. VII, S. 31; Buch II, Kap. XII, S. 118—120; *Pollock*, Recht des Grundbesitzes, S. 100; *Holdsworth*, III, S. 188.

Eine Urkunde war erst seit dem Statute of Frauds, 29 Car. II, c. 3, § 2 (1677) notwendig. Vgl. *Blackstone*, II, S. 297.

[417] Barker v. Keat, 2 Mod. 249, 251, 86 Eng. Rep. 1054, 1055 (K. B. 1677), per *North*, C. J.

Es genügt dann ein release zur Übertragung der reversion, näher unten S. 96.

[418] *Digby*, S. 49; *Pollock and Maitland*, II, S. 84 f.; *Holdsworth*, III, S. 188.

[419] Ausführlich hierzu *Ballard*, S. 10 f.; *Holdsworth*, II, S. 119—121; *Plucknett*, S. 13.

[420] Vgl. *Blackstone*, II, S. 317—318, der diese Übertragungsart selbst lease nennt; *Simes* in A. L. P., I, § 1.15, S. 23.

III. Common recovery und fine

Die folgenden Übertragungsarten sind nach dem Statute De Donis (1285)[421] und in der Folge des von ihm geschaffenen fee tail entstanden und dienten dazu, das fee tail abzuschneiden *(to bar the entail)*, also zu umgehen und dem tenant einen unbeschränkten Besitzstand, fee simple, zu verschaffen. Dies geschah in dessen Einvernehmen durch *Einleitung eines* verwickelten, zwischen den Parteien abgesprochenen *Prozesses*, der sich in seiner einfachsten Form wie folgt abspielte[422]:

B erhob gegen A, den fee tail-Besitzer, in dessen Einvernehmen (Eigentums-)Klage (writ of entry) auf Wiedereinsetzung (recovery) in das ihm — B — zustehende fee simple. A verteidigte seinen Rechtstitel nicht selbst, sondern benannte einen Rechtsurheber (vouched to warranty), C, den vouchee, von dem er seinen Titel erworben zu haben vorgab. C als angeblicher Veräußerer mußte A gegen alle Ansprüche Dritter, hier von B, verteidigen. Daher wurde er als Partei zugezogen und gab im Prozeß seine Gewährleistung (warranty) zu. Nun vollzog sich ein bühnenreifer Akt: B, der Kläger, erbat vom Gericht die Erlaubnis, sich mit C allein zu besprechen (to imparl), und erhielt diese. Wenig später kam B allein zurück. Als das Gericht hören wollte, was das Gespräch ergeben habe, erfuhr es, daß C verschwunden war oder — wie es im Protokoll hieß — sich unter Mißachtung des Gerichtshofs (in contempt of court) entfernt hatte. Dann beantragte und erhielt B ein Versäumnisurteil gegen C, durch das ihm das Grundstück „as an estate in fee simple"[423] zugesprochen wurde. C wurde verurteilt, aufgrund seiner Gewährleistungspflicht A und dessen Nachkommen durch gleichwertigen Grundbesitz zu entschädigen[424].

---

[421] 13 Edw. I, c. 1 (1285), unten Anhang VI, S. 262—263.

[422] *Blackstone,* II, S. 358 f., 361; *Pollock,* Recht des Grundbesitzes, S. 111 bis 119; *Holdsworth,* III, S. 100—102, 212; *Plucknett,* S. 615, 620—622; *Maitland,* 9 L. Q. Rev. 1; *Elphinstone,* 6 L. Q. Rev. 280; *Christensen,* 18 Stan. L. Rev. 668.

Ein Protokoll eines derartigen Prozesses ist abgedruckt unten Anhang XIV, S. 278—279.

[423] *Pollock,* Recht des Grundbesitzes, S. 112.

[424] C's Lage als vouchee war daher durchaus unangenehm, war er doch der ständigen Gefahr der Zwangsvollstreckung ausgesetzt. Man benannte daher einen vouchee, der keine Grundstücke besaß, bei dem also nichts zu holen war. Später übte dieses seltsame Amt der jeweilige Gerichtsdiener aus, seitdem „common vouchee" genannt, der (nach *Pollock,* a. a. O., S. 115 f.) „so sein Leben oder den Teil desselben, der mit den Gerichtssitzungen zusammenfiel, fröhlich und wahrscheinlich nicht ohne Gewinn in ständiger Mißachtung des Court of Common Pleas und unter fortwährender Haftbarkeit für Geldbußen verbrachte, deren Höhe nach dem Ermessen des Königs bestimmt wer-

Für A und B blieb nun nur noch, entsprechend ihrer Vereinbarung über das Grundstück zu verfügen: Wollte A es an B verkaufen, dann konnte dieser es gleich behalten, da es ihm bereits durch das Urteil zugesprochen worden war. Wollte A es aber selbst bekommen, dann übertrug ihm B nunmehr wie vereinbart (durch feoffment) das fee simple[425]. Damit war das Statute De Donis umgangen: Der beschränkte (fee tail-)Besitzstand, den A ursprünglich besaß, hatte sich nunmehr in einen unbeschränkten (fee simple-)Besitzstand gewandelt.

Später wickelte man keinen eigentlichen Prozeß mehr ab, sondern hielt das ganze Verfahren in einem Protokoll fest, das alle wichtigen Teile des Prozesses formularmäßig aufführte[426].

Der erste bekannte Fall, der die common recovery anerkannte, *Taltarum's Case*[427], wurde 1472 entschieden. Gleichwohl wird man annehmen können, daß sie schon früher unmittelbar nach Erlaß des Statute De Donis angewandt wurde, um das fee tail abzuschneiden[428]. Jedenfalls entwickelte sie sich seit 1472 zu einer sehr beliebten Übertragungsform, die auch bei den englischen Richtern in hohem Ansehen stand[429].

---

den konnte". Vgl. auch *Plucknett,* S. 620 f. Zu *Blackstone*'s Zeit hat offenbar ein gewisser Jacob *Morland* dieses Amt verwaltet, unten Anhang XIV, S. 278 f.; *Blackstone,* II, S. 359.

Der common vouchee erhielt etwa 40 Pfennig pro recovery, *Pollock,* Recht des Grundbesitzes, S. 116, Fußn. 8.

[425] Hieran war das Gericht nicht mehr beteiligt. A war daher anfangs allein auf die Ehrenhaftigkeit des B angewiesen. Später sicherten schriftliche Klauseln den Vollzug der Vereinbarung. Näher *Blackstone,* II, S. 360; *Pollock,* Recht des Grundbesitzes, S. 116.

[426] *Pollock,* Recht des Grundbesitzes, S. 113 f. Siehe das Beispiel unten Anhang XIV, S. 278—279.

[427] Auch Talcarum's oder Talkarum's Case, Y. B. 12 Edw. IV, pl. 25, fol. 19 (K. B. 1472). Eine Beschreibung des case und eine Richtigstellung der Bezeichnung des Falls — der Kläger hieß Hunt, der Beklagte Smyth — bringt *Maitland,* 9 L. Q. Rev. 1—2; dazu *Turner,* 12 L. Q. Rev. 301. Vgl. *Holdsworth,* III, S. 118 (Note upon Taltarum's Case). Eine Übersetzung des case findet sich bei *Digby,* S. 255—258.

[428] Vgl. Octavian Lombard's Case, Y. B. 44 Edw. III, fol. 21 f. (K. B. 1371), ohne common recovery anzuerkennen, und die Hinweise in Fulmerston v. Steward, 1 Plowd. 102, 110, 75 Eng. Rep. 160, 172 (K. B. 1561); Capel's Case, Hunt v. Gateley, 1 Co. Rep. 61 b, 76 Eng. Rep. 134 (Q. B. 1581—1593); Syms's Case, 8 Co. Rep. 51, 77 Eng. Rep. 549, 550 (K. B. 1612); Mary Portington's Case, 10 Co. Rep. 35 b, 38, 77 Eng. Rep. 976, 980 (K. B. 1614); *Holdsworth,* III, S. 102; *Elphinstone,* 6 L. Q. Rev. 280—288.

[429] *Coke* berichtet in Mary Portington's Case, 10 Co. Rep. 35 b, 40, 77 Eng. Rep. 976, 984 (K. B. 1614), daß ein gewisser Hoord in einer Verhandlung vor dem House of Lords die common recoveries „... rashly, and with great ill will" angriff und daß ihm Sir James *Dyer,* damals Chief Justice of

Die *fine* unterschied sich von der common recovery dadurch, daß der abgekartete Prozeß schon vor Erlaß eines Versäumnisurteils durch eine Vereinbarung unter den Parteien (finalis concordia) beendet wurde[430].

Man mag streiten, ob common recovery und fine[431] echte Prozeßhandlungen oder — was näher liegt — privatrechtliche Willenserklärungen mit besonderer gerichtlicher Beurkundung waren. Auf jeden Fall zeigt sich in beiden Fällen eine einheitliche Tendenz: Die Übertragungsarten lösten sich von der beim feoffment betonten Offenkundigkeit der Verfügung und unterwarfen die Grundbesitzübertragung nunmehr vergleichsweise lockeren Formvorschriften.

Die Übertragung war allein den Willenserklärungen der Parteien überlassen, ohne daß es einer symbolischen Dokumentation des Grundbesitzwechsels bedurfte. Dies ging soweit, daß bei common recovery und fine selbst die staatliche Gerichtsgewalt sich den Partei*erklärungen* und damit den Partei*interessen* unterwarf. Das öffentliche Interesse an Offenkundigkeit des Grundbesitzwechsels wurde damit mehr und mehr von den privaten Interessen der Parteien in den Hintergrund gedrängt. Die Entwicklung führte also auch hier vom öffentlichen (Lehensrecht) zum privaten Recht und zur Schaffung eines privatrechtlichen real-property-Systems.

IV. Bargain and sale

Während bei common recovery und fine der Schein der Offenkundigkeit noch durch das Gerichtsprotokoll gewahrt war, entbehrten bargain and sale vollkommen der Publizität: Sie bestanden lediglich aus einem Vertrag zwischen Veräußerer und Erwerber, in dem jener sich verpflichtete, diesem das Grundstück zu übertragen[432]. Mit ihnen wurde in erster Linie fee simple insoweit übertragen, als gleichzeitig

---

the Common Pleas, „with great gravity and some sharpness" antwortete, „he was not worthy to be of the profession of the law who durst speak against common recoveries, which were the sinews of assurances of inheritances, and founded upon great reason and authority; sed non omnis capit hoc verbum".

430 *Glanvill,* VIII, 3, S. 96; *Blackstone,* II, S. 352—357; *Pollock and Maitland,* II, S. 96—105; *Holdsworth,* III, S. 202—211; *Pollock,* Recht des Grundbesitzes, S. 117; *Pluckenett,* S. 613—615; *Simes* in A. L. P., I, § 1.15, S. 23.

431 Common recovery und fine wurden 1833 in England abgeschafft; Fines and Recoveries Act, 3 & 4 Will. IV, c. 74, sec. 14 (1833). Vgl. *Halsbury's* Statutes of England, Bd. 20, S. 382—408.

432 Sir Rowland Heyward's Case, 2 Co. Rep. 35, 36, 76 Eng. Rep. 489, 496 (K. B. 1595); Lutwich v. Mitton, Cro. Jac. 604, 79 Eng. Rep. 516 (K. B. 1621); Iseham v. Morrice, Cro. Car. 109, 110, 79 Eng. Rep. 696, 697 (K. B. 1629); Barker v. Keat, 2 Mod. 249, 252, 86 Eng. Rep. 1054, 1055 f. (K. B. 1677), per *North,* C. J.; *Blackstone,* II, S. 338 f.; *Digby,* S. 330; *Holdsworth,*

für den Veräußerer oder einen Dritten ein use-Besitzstand begründet wurde. Nach der Praxis des Kanzleigerichts wurden in diesen Fällen dem feoffee to the use schon aufgrund des Vertrages alle Rechte eines fee simple-Besitzers eingeräumt[433]. Mithin konnte allein durch einen Vertrag zweier Privatpersonen das Eigentum an Grundstücken übertragen werden, ohne daß eine Beurkundung oder auch nur die Schriftform nötig war[434].

Hier brachte 1536 das *Statute of Enrolments* insoweit eine einschneidende Änderung, als ein vererblicher Besitzstand durch bargain and sale nur übertragen werden konnte, wenn der Vertrag beurkundet (sealed writing) und bei einem der königlichen Gerichtshöfe in Westminster oder in der Grafschaft, in der das Grundstück lag, innerhalb von sechs Monaten nach Aufsetzen der Urkunde in Abschrift hinterlegt (enrolled) wurde (bargain and sale enrolled)[435]. Der Zweck dieses Gesetzes war, die sich immer mehr durchsetzenden formlosen, privatrechtlichen Übertragungen zu beseitigen, die dem König und den lords die Übersicht und Kontrolle über ihren Grundbesitz entzogen. Die Hinterlegung einer Abschrift bei den königlichen Gerichten ermöglichte es dem König und den lords, sich jederzeit über alle Grundbesitzverfügungen ihrer tenants zu unterrichten.

Allerdings hat das Gesetz seinen Zweck verfehlt: Da es sich, wie man bald herausfand, nur auf freehold-Übertragungen bezog[436], waren die leaseholds ohnehin nicht betroffen und konnten wie bisher durch bargain and sale übertragen werden. Für die *freeholds* erfanden die damaligen Juristen eine neue Übertragungsart, mit der sie die Formvorschriften des Statute of Enrolments vollkommen umgingen: lease and release[437].

IV, S. 424 f.; *Pollock*, Recht des Grundbesitzes, S. 139; *Plucknett*, S. 615 f.; *Simes* in A. L. P., I, § 1.20, S. 28 f.

[433] Näher oben S. 82—86.

[434] *Pollock*, Recht des Grundbesitzes, S. 139; *Simes* in A. L. P., I, § 1.20, S. 29.

[435] Statute of Enrolments, 27 Hen. VIII, c. 16 (1536), unten Anhang VIII, S. 264—265.

Vgl. hierzu *Digby*, S. 366 f.; *Blackstone*, II, S. 338; *Simes* in A. L. P., I, § 1.26, S. 37.

Enrolment ist eine amtliche Abschrift auf einer Pergamentrolle.

[436] Sir Rowland Heyward's Case, 2 Co. Rep. 35, 76 Eng. Rep. 489 (K. B. 1595); Lutwich v. Mitton, Cro. Jac. 604, 79 Eng. Rep. 516 (K. B. 1621); Barker v. Keat, 2 Mod. 249, 86 Eng. Rep. 1054 (K. B. 1677); *Blackstone*, II, S. 338; *Holdsworth*, IV, S. 460, Fußnote 1, 468; VII, S. 360 f.; *Plucknett*, S. 586, 616; *Simes* in A. L. P., I, § 1.31, S. 43.

[437] Als erster, der diese Übertragungsform anwandte, wird Sir Francis *Moore*, Sergeant at Law, genannt, Barker v. Keat, 2 Mod. 249, 86 Eng. Rep. 1054 (K. B. 1677); *Blackstone*, II, S. 339; *Plucknett*, S. 616.

V. Lease and release

Der Veräußerer eines Grundstücks begründete zugunsten des Erwerbers einen lease, wodurch dieser den Besitz an dem Grundstück erwarb. Dem Veräußerer verblieb die reversion. Diese nun wurde dem Erwerber am folgenden Tag durch einen zweiten Vertrag übertragen, so daß er nunmehr unbeschränkter fee simple-Besitzer wurde, und zwar ohne Rücksicht auf die Bestimmungen des Statute of Enrolments[438]. Diese Form setzte sich immer stärker durch und hatte schon im 16. Jahrhundert feoffment und bargain and sale enrolled fast vollkommen verdrängt[439].

Neben den behandelten Übertragungsarten bestanden noch verschiedene andere, auf besondere Geschäfte zugeschnittene, z. B. surrender, exchange und andere Formen[440], die hier aber nicht näher interessieren.

E. ZUSAMMENFASSUNG UND DEUTUNG DER ERGEBNISSE

Das englische Recht kannte *Besitzstände* verschiedener Art. Sie können grundsätzlich in zwei Gruppen eingeteilt werden, in Besitzstände aus der Feudalzeit und solche, die während des Niedergangs oder nach Ende der Feudalzeit entstanden sind.

Die *Besitzstände des Feudalsystems* beruhten auf der Vorstellung, daß alles Land dem König gehörte. Sie waren daher mehr oder min-

---

[438] Lutwich v. Mitton, Cro. Jac. 604, 79 Eng. Rep. 516 (K. B. 1621); Barker v. Keat, 2 Mod. 249, 252, 86 Eng. Rep. 1054, 1056 (K. B. 1677), per *North*, C. J.; *Littleton*, Buch III, Kap. VIII, S. 266 f.; *Coke on Littleton*, S. 270; *Blackstone*, II, S. 339; *Digby*, S. 261 f., 367; *Pollock*, Recht des Grundbesitzes, S. 142; *Plucknett*, S. 616; *Simes* in A. L. P., I, § 1.15, S. 22; § 1.31, S. 43.

Statute of Enrolments, 27 Hen. VIII, c. 16 (1536), unten Anhang VIII, S. 264—265.

[439] *Digby*, S. 262, 367; *Plucknett*, ebenda; *Simes* in A. L. P., I, § 1.31, S. 43.

Ein Nachteil bestand darin, daß zwei getrennte Urkunden erforderlich waren, die im Laufe der Zeit immer umfangreicher wurden, teils um die Rechtstitel gegen alle Eventualitäten abzusichern, teils weil die damaligen Anwälte ihre Gebühren nach dem Umfang der Urkunden berechneten. Vgl. *Pollock*, Recht des Grundbesitzes, S. 217.

[440] Vgl. allgemein *Blackstone*, II, S. 310—327; *Holdsworth*, III, S. 184 bis 212; *Plucknett*, S. 613; *Simes* in A. L. P., I, § 1.15, S. 22 f.

Zu surrender vgl. im übrigen *Blackstone*, II, S. 365—372; *Holdsworth*, III, S. 198; zu exchange *Littleton*, Buch I, Kap. VII, S. 32 f.; *Coke on Littleton*, S. 50; *Holdsworth*, III, S. 198 f.

der zeitlich beschränkte Besitzrechte. Die wichtigsten waren fee simple, der unbeschränkte Besitzstand, fee tail, der Besitzstand mit beschränkter Verfügungsmacht, life estate, der Besitzstand auf Lebenszeit, und particular estates, reversion und remainder, die Restbesitzstände. Sie waren anfangs wegen ihres feudalen Ursprungs auf die für das Feudalsystem typische persönliche lord-tenant-Bindung ausgerichtet, waren daher nur beschränkt durch das Interesse des lord veräußerlich und vererblich. Mit der Auflösung dieser persönlichen Bindung und der Versachlichung des Grundbesitzes wuchsen diese Besitzstände in ein privatrechtliches Sachenrechtssystem, das grundsätzlich gleichgeordnete Beteiligte kannte und von dem feudalen Subordinationsverhältnis (lord — tenant) frei war. Diese Besitzstände wurden dadurch allgemein frei veräußerlich und — zunächst nur gesetzlich, später auch testamentarisch — *vererblich*. In Fällen, in denen dies wie beim fee tail infolge des noch bestehenden feudalen Einflusses durch Gesetz ausgeschlossen war, wurde das Gesetz, gedeckt durch die Rechtsprechung, umgangen. Die Entwicklung zu einem privatrechtlich organisierten Sachenrechtssystem, das von dem Rechtsbrauch getragen wurde, erwies sich als stärker als die restaurative Gesetzgebung. Die feudalen Besitzstände wandelten sich also von öffentlich-rechtlichen Instituten des Feudalsystems in *Rechtsinstitute mit ausgeprägt privatrechtlichem Inhalt und privatrechtlicher Funktion*, wiewohl sie der *Form* nach *feudal* blieben.

Parallel mit dieser Umwandlung der feudalen Besitzstände entstanden *neue, zusätzliche Besitzstände*, die von dem *Feudalsystem unabhängig* waren: lease und use. Sie waren aus dem Bedürfnis des Grundbesitzverkehrs nach Besitzformen geboren, die der damaligen politischen und soziologischen Lage entsprachen und die das Feudalsystem naturgemäß nicht bieten konnte. Sie verbreiteten sich demzufolge in kurzer Zeit über ganz England. Zwar versuchten der König und die Großgrundbesitzer, diese Formen gesetzlich abzuschaffen oder in das Feudalrecht einzugliedern, z. B. durch das Statute of Uses von 1535—1536[441]. Doch vergebens. Die Rechtsentwicklung, begünstigt vor allem durch die unorthodoxe Rechtsprechung der Gerichte, war stärker.

Es zeigten sich also bei den Besitzständen zwei wesentliche Tendenzen: Die feudalen Besitzstände wurden in privatrechtliche Rechtsinstitute umgewandelt, und daneben bildeten sich neue Besitzstände, die vom Feudalsystem unabhängig waren, die von Anfang an privatrechtlichen Charakter hatten und so gewissermaßen originär die Entwicklung eines privatrechtlichen real-property-Systems vorantrieben.

---

[441] 27 Hen. VIII, c. 10 (1535—1536), unten Anhang IX, S. 265—270.

Bei den *Übertragungsarten* kannte das englische Recht ebenfalls zwei verschiedene Gruppen: die Übertragungsarten des Feudalsystems und die von der Feudalzeit unabhängigen Übertragungsarten. Gleichwohl war hier die Rechtsentwicklung durch originäre privatrechtliche Übertragungsarten stärker und ausgeprägter.

Das aus der Feudalzeit stammende *feoffment* mit seinen strengen Formvorschriften war von vornherein ungeeignet, in ein privatrechtliches Sachenrechtssystem eingegliedert zu werden. Denn während die feudalen Besitzstände ihren Inhalt ohne die Form ändern und sich so der Rechtsentwicklung anpassen konnten, war beim feoffment die strenge Form Ausdruck eines feudalen, öffentlich-rechtlichen Inhalts. Der Inhalt konnte sich nicht ohne die Form ändern. Die Form mit ihrem betonten Offenkundigkeitsstreben widersprach aber den Interessen der Beteiligten und stand damit der Rechtsentwicklung im Wege. Das feoffment verlor daher immer mehr von seiner ursprünglichen Bedeutung. Dem Grundbesitzverkehr standen damit keine geeigneten Übertragungsarten zur Verfügung. Es entwickelten sich daher neue Arten, die keine Verbindung mehr mit dem Feudalsystem aufwiesen, und zwar in erster Linie *common recovery* und *fine, bargain and sale* und *lease and release.* Alle diese Arten entstanden aus der Entwicklung zu einem privatrechtlichen Sachenrechtssystem. Das Statute of Enrolments von 1536[442] versuchte vergeblich diese Entwicklung aufzuhalten und das Offenkundigkeitsprinzip bei sachenrechtlichen Verfügungen wiederherzustellen. Die Interessen der Beteiligten forderten formlose, möglichst geheime Grundbesitzübertragungen[443].

Für die *quit-rent* ergab sich aus dieser Rechtsentwicklung: Da die quit-rent ihrer Entstehung und Natur nach *antifeudal* war, stand sie am Beginn der Entwicklung zu einem privatrechtlichen real-property-System. Diese Entwicklung dokumentierte sich nicht nur in der Abschaffung der knight tenure, die oben S. 64—67 dargestellt wurde, sondern ebenso in der Gestaltung der Besitzstände und der Übertragungsarten. Sie erfaßte also nicht nur einen Teilbereich, sondern das *gesamte Immobiliarsachenrecht.* Daraus folgt, daß die *quit-rent* ihren *antifeudalen Inhalt* nicht geändert hatte, sondern im Gegenteil

---

[442] 27 Hen. VIII, c. 16 (1536), unten Anhang VIII, S. 264—265.

[443] Seit 1845 konnten in England alle Rechtshandlungen, für die früher feoffment, bargain and sale enrolled oder lease and release erforderlich waren, durch eine einfache Übergabe einer besiegelten Urkunde (by a simple deed of grant) vorgenommen werden, Act to amend the law of Real Property, 7 & 8 Vict., c. 76 (1845). Diese Übertragungsform ist dann später durch Conveyancing Acts, 44 & 45 Vict., c. 41 (1881 und 1882), 45 & 46 Vict., c. 39 (1882) noch weiter verkürzt und vereinfacht worden. Vgl. *Halsbury's* Statutes of England, Bd. 20, S. 411—417; *Digby,* S. 367; *Pollock,* Recht des Grundbesitzes, S. 218 f.

durch die Rechtsentwicklung in diesem Inhalt *begünstigt* und *bestärkt* wurde. Mithin finden sich auch bei der Untersuchung der Besitzstände und Übertragungsarten keine Anhaltspunkte dafür, daß die quit-rent ein feudales Institut war oder ein feudales Institut geworden ist[444].

ZWISCHENERGEBNIS

Nach allem ist als Zwischenergebnis festzuhalten:

1. Vorläufer der quit-rents bestanden bereits in dem nicht-feudalen angelsächsischen Gewohnheitsrecht, und zwar in den Geld-rents bei Übertragung von laen-land[445].
2. Das Feudalsystem in England bestand in erster Linie aus einem land-tenure-System.

Dieses Feudalsystem hat sich, allerdings begünstigt und beschleunigt durch die normannische Eroberung, kontinuierlich aus dem angelsächsischen Recht entwickelt. Die angelsächsischen Vorläufer sind daher für das Feudalsystem wichtig[446].

3. Das feudale land-tenure-System beruhte auf der Verleihung von Land aus der terra regis an Gefolgsleute des Königs; hierdurch entstand das tenure-Verhältnis, dessen Charakter in der persönlichen lord-tenant-Bindung bestand. Man unterschied im wesentlichen zwischen grand sergeanty, knight tenure (military tenure), tenure of free and common socage, frankalmoyn tenure und villein tenure. Diese tenures waren mit bestimmten incidents verbunden und verpflichteten den tenant zu einer rent-Leistung, und zwar zu bestimmten ehrenvollen Diensten bei der grand sergeanty, zu Kriegsdiensten bei der knight tenure, zu Diensten und zu Geldleistungen bei der socage tenure, zu Gebeten bei der frankalmoyn tenure und zu niederen Diensten bei der villein tenure.

Das common law kannte drei rent-Arten, die rent-service, die rent-charge und die rent-seck; seit dem Statute Quia Emptores von 1290[447] fiel die rent-service fort (mit Ausnahme der rent-services, die zugunsten des Königs bestanden).

In der Blüte des Feudalsystems waren keine anderen als die genannten rents möglich. Doch wurden sie später zunehmend durch quit-rents, Ersatzgeld-Zahlungen mit befreiender Wirkung, ersetzt. Damit begann der Zerfall des Feudalsystems. Die quit-rents müssen daher als feudalfeindliche Institute verstanden werden[448].

---

[444] Zu ähnlichen Instituten im deutschen Recht vgl. *v. Stempell*, S. 8—20; *Beyerle*, VSWG 9, 401.

[445] Oben S. 5—15.

[446] Oben S. 15—21.

[447] 18 Edw. I, c. 1—3 (1290), unten Anhang VII, S. 263—264.

[448] Oben S. 21—42.

4. Die incidents der knight tenure wurden mehr und mehr durch scutage-Zahlungen (Schildgeld) ersetzt, d. s. feste, meist jährliche Zahlungen zur Auslösung der Kriegsdienste, also quit-rents. Die knight tenure verlor unter dem Einfluß dieser quit-rents ihren personenrechtlichen Gehalt, und die persönliche lord-tenant-Bindung wurde durch ein unpersönliches Gelderhebungssystem ersetzt. Dies war der erste Schritt vom feudalen (öffentlich-rechtlichen) land-tenure-System zu einem privatrechtlichen real-property-System[449].
5. Der nächste Schritt war eine wesentliche Vereinfachung und eine weitere Versachlichung des Feudalsystems durch das Statute Quia Emptores[450]: Es schaffte die Subinfeudation ab (sie blieb allerdings für den König bestehen) und ließ nur noch die Substitution als Übertragungsart gelten[451].
6. Die Arbeitsleistungen der villein tenants wurden — ebenso wie die Kriegsdienste der knight tenants — mehr und mehr durch regelmäßige Ersatzgeld-Zahlungen, also quit-rents, ersetzt. Diese bewirkten eine Änderung der villein tenure zur copyhold tenure und damit eine noch stärkere Auflösung der persönlichen lord-tenant-Bindung. Dadurch wandelte sich die villein tenure unter dem Einfluß der quit-rents in ein privatrechtliches Landbesitzverhältnis, bei dem sich Landvergabe und Geldzahlung als gleichrangige Leistungen gegenüberstanden; ein weiterer Schritt in Richtung auf ein privatrechtliches real-property-System[452].
7. Hatte die scutage-Zahlung bereits die Kriegsdienste in der knight tenure ersetzt, so sollten, wie es in einer Parlamentsvorlage von 1620, die allerdings nicht Gesetz geworden ist, vorgesehen war, die quit-rents nunmehr auch die meisten feudalen incidents der knight tenure ablösen. 1660 wurden alle knight tenures in socage tenures umgewandelt. Es galten künftig nur noch socage und copyhold tenures, die beide bereits in privatrechtliche Landbesitzverhältnisse umgewandelt waren. Damit war unter dem Einfluß der quit-rents das feudale land-tenure-System abgeschafft[453].
8. Die quit-rents, nach den bisherigen Punkten feudal-feindliche Institute, haben sich auch nicht später unter dem Einfluß der englischen Besitzstände und Übertragungsarten in feudale Rechtsinstitute gewandelt. Denn wenn auch diese Besitzstände und Übertragungsarten ursprünglich feudalen Inhalts waren, so hatten sie doch mit der Versachlichung des feudalen land-tenure-Systems diesen Inhalt verloren und trugen seitdem nur noch die Mäntel des Feudalsystems:

---

[449] Oben S. 42—54.
[450] 18 Edw. I, c. 1—3 (1290), unten Anhang VII, S. 263—264.
[451] Oben S. 54—59.
[452] Oben S. 59—64.
[453] Oben S. 64—69.

Die feudalen Besitzstände fügten sich in das privatrechtliche Sachenrechtssystem ein, das grundsätzlich gleichgeordnete Beteiligte kannte und von dem feudalen Subordinationsverhältnis (lord-tenant) frei war. Daneben entstanden neue Besitzstände (lease und use), die mit dem Feudalsystem nichts mehr gemein hatten.

Die feudalen Übertragungsarten konnten sich kaum dem privatrechtlichen Sachenrechtssystem anpassen. Sie wurden entscheidend von der Form bestimmt, und diese Form widersprach jetzt den Interessen der Beteiligten und wurde mißbilligt. Es entwickelten sich daher neue Übertragungsarten (common recovery und fine, bargain and sale sowie lease and release), die keine Verbindung mehr mit dem Feudalsystem aufwiesen[454].

Somit ergibt sich: Zur Zeit der Besiedlung Amerikas zu Anfang des 17. Jahrhunderts war die quit-rent in England kein feudales, sondern im Gegenteil ein feudal-feindliches Rechtsinstitut, das die Umwandlung des feudalen land-tenure-Systems in ein privatrechtliches real-property-System selbst entscheidend gefördert und vorangetrieben hatte.

---

[454] Oben S. 69—99.

2. TEIL

Rezeption und Umwandlung der rent und des englischen Sachenrechtssystems in Amerika

1. ABSCHNITT

Historische Übersicht über die Besiedlung

A. GRÜNDUNGEN DURCH GESELLSCHAFTEN ODER EINZELNE SIEDLER

Vor einem Überblick über die Rezeption des englischen Rechts in Nordamerika ist es angezeigt, kurz auf die Geschichte und Entwicklung der Besiedlung der Ostküste Nordamerikas einzugehen.

Die Engländer waren keineswegs die ersten Siedler in Nordamerika. Vor ihnen hatten die Spanier in Kalifornien und Neu-Mexiko, die Holländer in New York, die Schweden in Delaware das Land besiedelt. Doch haben die Engländer im 17. Jahrhundert die Ostküste auf ihrer ganzen Länge in Besitz genommen und haben sich dort endgültig behaupten können.

I. Virginia

1585 landete Sir Walter *Raleigh* (1552—1618) an der Küste Nordamerikas in Höhe des heutigen North Carolina[1]. Er nannte das Land zu Ehren der jungfräulichen Königin Elisabeth *Virginia*. Auf der Insel *Roanoke* gründete er eine kleine Gesellschaft von Ansiedlern. Zwei Jahre später fand ein Versorgungsschiff aus England keine Spur mehr von ihnen[2].

Gleichwohl konnte das Schicksal dieser Ansiedler den Drang nach neuem Land und die Abenteuerlust, die im Mutterland genährt

---

[1] Die königliche Charter an Sir Walter *Raleigh* von 1584 ist abgedruckt bei *Thorpe*, I, S. 53—57.

[2] *White*, ein Siedler, der 1590 nach einer England-Reise in die Kolonie zurückkehrte, fand nur das Wort „Croatoan", den Namen eines befreundeten Indianerstammes, in die Rinde eines Baumes geschnitzt. Vgl. *Newsome* in Encyclopaedia Britannica, Bd. 16, S. 521.

wurden[3], nicht eindämmen: 1606 wurde in London eine Kolonisationsgesellschaft zur Besiedlung Virginias gegründet — die *London Company* —, die die Handels- und Besiedlungsrechte zwischen dem 34. und 41. Breitengrad Nord erhielt[4]. Sie brachte um die Jahreswende 1606/1607 mit drei Schiffen („Goodspeed", „Susan Constant" und „Discovery") die ersten Ansiedler nach Virginia. Dort gründeten sie eine Siedlung, die sie zu Ehren des Königs *Jamestown* nannten. Die Gründung entwickelte sich jedoch schlecht. Die Kolonisationsgesellschaft, die von der Entdeckung eines neuen Mexiko oder Peru geträumt hatte, machte bankrott, und seit 1624 gehörte Virginia der englischen Krone[5].

1863 entstand durch Abspaltung *West Virginia*, das im Sezessionskrieg der Union treu geblieben war[6].

II. Massachusetts

1620 gingen weiter nördlich englische Siedler an Land, die *Independenten*, eine in England verfolgte religiöse Sekte[7]. Sie hatten von der neugegründeten South Virginia Company zu bestimmten Bedingungen Geld erhalten, um in Virginia siedeln zu können[8]. 102 *Pil-*

---

[3] Im englischen Mutterland erschienen 1600 von Richard *Hakluyt* (1552 bis 1616), einem englischen Geographen, die „Divers Voyages touching the Discouerie of America". Zur Unterstützung der Gründung Sir Walter *Raleigh*'s verfaßte er einen Bericht „The Discourse of the Western Planting", in dem er mit großer Begeisterung die politischen und wirtschaftlichen Vorteile dieser Kolonie pries. Vgl. *Powell*, I, § 42, S. 92 f.

1605 wurde in London ein Theaterstück „Eastward Ho" aufgeführt, das die neue Kolonie als ein Dorado schilderte, und 1614 wurde in England eine Lotterie ausgespielt, deren Erlös den Kolonien zugute kommen sollte.

[4] Die königliche Charter, die diese Rechte übertrug, ist abgedruckt bei *Thorpe*, VII, S. 3783—3789.

[5] Einen Überblick über die Besiedlungsgeschichte Virginias geben *Byrd* u. *Church* in Encyclopaedia Britannica, Bd. 23, S. 184—185; *Osgood*, 17. Jhdt., I, S. 16—97. Näher auch unten S. 130—134.

[6] Das Gesetz zur Aufnahme West Virginias in die Union ist abgedruckt bei *Thorpe*, VII, S. 4011—4012, die Proklamation des Präsidenten Abraham *Lincoln* bei *Thorpe*, VII, S. 4012 f.

[7] Die Independenten forderten die völlige Selbständigkeit der Einzelgemeinden. Sie erkannten keine Mittler zwischen sich und Gott an und befolgten das Paulus-Wort: „Gehet aus ihrer Mitte und sondert euch von ihnen ab, sagt der Herr, und rühret nichts Unreines an." Als das „Unreine" sahen sie die anglikanische Hochkirche und die Presbyterianer an, weswegen sie von beiden verfolgt wurden. Vgl. ausführlich *Weingarten*, S. 13—37.

[8] Die Siedler mußten in den ersten sieben Jahren alle Erzeugnisse der Kolonie in ein Lager einliefern, damit diese von der South Virginia Company verkauft werden konnten.

grimfathers (nicht alle Independente) schifften sich daraufhin im September 1620 auf der „Mayflower" ein und landeten nach schlimmer Überfahrt am 21. Dezember 1620 am Kap Cod[9] im Norden Virginias. Sie schlossen noch auf dem Schiff einen Vertrag (covenant)[10], wonach sie „for our better Ordering and Preservation"[11] zusammenbleiben und den Gesetzen gehorchen wollten, die „shall be thought most meet and convenient for the general Good of the Colony"[12]. Sie gründeten das Dorf *Plymouth*[13], und 1691 vereinigten sie sich mit der Kolonie der Massachusetts-Bay[14].

Die Kolonie *Massachusetts-Bay* war 1629 von *Puritanern* gegründet worden. Im Gegensatz zu den Independenten waren sie sehr wohlhabende Edelleute und Kaufleute aus England. Ihrem Bekenntnis nach gehörten sie zur *Low Church*[15]. Sie glaubten an eine ständige Einwirkung Gottes auf die menschlichen Handlungen und erkannten die Geistlichen als irdische Herrscher an. In Amerika wollten sie eine heilige Gemeinschaft gründen, in der sie frei nach ihrer Art Gott anbeten konnten. So schufen sie in der Kolonie eine puritanisch-theokratische Herrschafts- und Gesellschaftsordnung, die allerdings für freiere Geister keinen Raum bot. Viele Siedler flohen daher in andere Gegenden[16].

III. Rhode Island

Roger *Williams* (1604—1684) gründete nach geglückter Flucht aus Massachusetts 1636 auf *Rhode Island* eine neue Kolonie. Er war im Oktober 1635 vom General Court verbannt worden: Er hatte sich die

---

[9] So genannt von Bartholomew *Gosnold*, der dort 1602 landete.

Der „Plymouth Rock", wo die Pilgrimfathers landeten, ist heute noch zu sehen.

[10] „Convenant" vom 11. November 1620, unten Anhang XV, S. 279—280.

[11] Unten Anhang XV, S. 279.

[12] Unten Anhang XV, S. 279.

[13] Sie erhielten die königliche „Charter of the Colony of New Plymouth Granted to William Bradford and His Associates" von 1629, abgedruckt bei *Thorpe*, III, S. 1841—1846.

[14] Einen Überblick über die Besiedlungsgeschichte von Plymouth geben *Adams* u. *Saltonstall* in Encyclopaedia Britannica, Bd. 15, S. 25—26; *Osgood*, 17. Jhdt., I, S. 98—118, 290—300. Näher auch unten S. 135—136.

[15] Vgl. dazu *Weingarten*, S. 13—37.

[16] Einen Überblick über die Besiedlungsgeschichte von Massachusetts geben *Adams* u. *Saltonstall* in Encyclopaedia Britannica, Bd. 15, S. 25—28; *Osgood*, 17. Jhdt., I, S. 131—289. Näher auch unten S. 136—137.

Einen eindrucksvollen Einblick in diese puritanische Gesellschaftsordnung gibt Lion *Feuchtwanger* in seinem Schauspiel „Der Wahn oder der Teufel in Boston".

Feindschaft der herrschenden Geistlichkeit zugezogen, weil er lehrte, daß die weltliche Gewalt kein Entscheidungsrecht über das religiöse Bekenntnis habe, daß eine königliche Charter keine Rechte über Ländereien begründen könne, die den Indianern gehörten, daß Staat und Kirche getrennt sein müßten, und schließlich, daß das politische Stimmrecht nicht auf Mitglieder der Kirche beschränkt bleiben dürfe[17].

Zum Dank für „God's merciful providence to him in his distress"[18] während seiner Flucht nannte er die neue Kolonie *Providence*. Er kaufte das Land von den Indianern[19], lernte ihre Sprache und übte einen überaus glücklichen Einfluß auf die Beziehungen zwischen den Indianern und den Siedlern aus.

1637 wurde Ann *Hutchinson* (1591—1643) aus Massachusetts verbannt[20]. Sie ging nach Rhode Island und gründete dort die Kolonie *Portsmouth*[21].

IV. Connecticut

Thomas *Hooker* (1586—1647), ebenfalls ein Siedler aus Massachusetts, gründete mit anderen Gruppen von Siedlern, die der theokratische Geist aus Massachusetts ebenso vertrieben hatte wie zuvor aus England, die Kolonie *Connecticut*. Am 14. Januar 1639 beschloß er in *Hartford* mit seinen Freunden das Grundgesetz von Connecticut, die erste niedergeschriebene Verfassung der modernen Demokratie[22].

Andere Siedler unter John *Davenport* (1597—1670) gründeten an der Küste Connecticuts die Niederlassung *New Haven*[23].

---

17 *Winthrop*'s Journal, I, S. 154; *Maurois*, S. 48 f.; *Encyclopaedia Britannica*, Bd. 23, S. 631.

18 Zitiert nach *Encyclopaedia Britannica*, Bd. 23, ebenda.

19 Vgl. „Testimony of Roger Williams relative to the deed of Rhode Island, dated Providence, 25. 6. [25. 8.] 1658" in *Letters of Roger Williams*, S. 305 f.

20 Das Protokoll ihres Prozesses findet sich bei *Howe*, S. 164—179.

21 Einen kurzen Überblick über die Besiedlungsgeschichte von Rhode Island geben *Mitchell* in Encyclopaedia Britannica, Bd. 19, S. 254—255; *Osgood*, 17. Jhdt., I, S. 332—370. Näher auch unten S. 138—140.

22 Sie sah eine von freien Männern gewählte Regierung vor, gab das Wahlrecht allerdings nur Grundbesitzern mit mindestens 30 acres Land. Der Text der Verfassung ist abgedruckt bei *Thorpe*, I, S. 519—523.

Einen kurzen Überblick über die Besiedlungsgeschichte Connecticuts geben *Brewster* in Encyclopaedia Britannica, Bd. 6, S. 266—268 und *Osgood*, 17. Jhdt., I, S. 301—331. Näher auch unten S. 140—141.

23 *Brewster* in Encyclopaedia Britannica, Bd. 6, S. 266; *Encyclopaedia Britannica*, Bd. 16, S. 306.

Die Verfassung der Colony of New Haven vom 4. Juni 1639 ist abgedruckt bei *Thorpe*, I, S. 523—526.

1662 vereinigten sich die verschiedenen Gründungen unter der Kolonie Connecticut.

B. GRÜNDUNGEN AUFGRUND VON LANDVERLEIHUNGEN AN ENGLISCHE EDELLEUTE

Während die bisher genannten Kolonien durch Besiedlungsgesellschaften oder durch die Initiative einzelner Gründer (Rhode Island, Connecticut) entstanden waren, gingen andere Kolonien auf Landverleihungen des Königs an Edelleute zurück, die sich um die Krone besonders verdient gemacht hatten.

I. Maryland

1632 übertrug König Charles I (1625—1649) an den Katholiken Sir George *Calvert* (1580—1632), der der Regierung zur Zeit Elizabeth's I (1558—1603) gute Dienste geleistet hatte, alles Land zwischen dem Potomac und dem 40. Breitengrad, verlieh ihm den Titel eines *Lord Baltimore* und gab ihm nahezu die vollen Regierungs- und Eigentumsrechte über das Land[24]. Zum Dank nannte Calvert sein Gebiet zu Ehren der Königin Henrietta Maria, der Gemahlin Charles' I, *Maryland.*

Da *Calvert* mit den protestantischen und andersgläubigen Untertanen sehr milde und gerecht verfuhr, lebten in Maryland Protestanten und Katholiken friedlich nebeneinander, ein für die damalige Zeit ganz außergewöhnlicher Zustand.

Bis zur englischen Revolution 1688 konnte *Calvert* seine absolute Stellung behaupten. Dann verlor er 1692 die Regierungsgewalt über die Kolonie an die englische Krone, behielt aber für den Preis seines Übertritts zum Protestantismus seine Eigentumsrechte[25].

II. Carolina

Bevor die Engländer kamen, hatten bereits die Spanier (unter Lucas *Vásquez de Ayllón*) und die Franzosen (unter Jean *Ribaut*) ver-

---

[24] Maryland-Charter vom 20. Juni 1632, unten Anhang XVI, S. 280—290. Sir George Calvert hatte 1609 die oberen Teile der Chesapeake Bay erforscht und bat nach seiner Heimkehr den König um eine Landverleihung, damit er dort eine Kolonie gründen könne. Er starb jedoch, bevor die ihm ausgestellte Charter ausgeführt wurde. Sie ging aber mit dem Titel eines Lord Baltimore auf seinen Sohn Cecil (Caecilius) Calvert über.

[25] Einen Überblick über die Besiedlungsgeschichte Marylands geben *Ritchie* u. *Everstine* in Encyclopaedia Britannica, Bd. 15, S. 2—3; *Osgood,* 17 Jhdt., II, S. 58—94. Näher auch unten S. 164—165.

geblich versucht, das Gebiet von *Carolina* zu besiedeln. 1585 gründete, wie bereits oben S. 102 erwähnt, Sir Walter *Raleigh* auf der Insel Roanoke eine kleine Kolonie, doch ebenfalls ohne Erfolg.

1663 verlieh Charles II (1660—1685) das Land zwischen dem 31. und 36. Breitengrad in der Ausdehnung von Meer zu Meer an den *Earl of Clarendon* (1609—1674), den *Duke of Albemarle* (1608 bis 1670), Sir George *Carteret* (1610—1680), an *Lord Craven, Lord John Berkeley, Lord Antony Ashley,* Sir William *Berkeley* und Sir John *Colleton,* die es zu Ehren des Königs *Carolina* nannten[26]. Sie ließen sich von John *Locke* einen Verfassungsentwurf ausarbeiten, der aber von der Kolonialversammlung abgelehnt wurde, weil er zu starke feudale Züge trug[27].

1712 teilte sich das Territorium in *North Carolina* und *South Carolina.* 1729 verzichteten sieben der Eigentümer gegen eine Entschädigung von insgesamt £ 22 500 auf ihre Rechte: Das Gebiet fiel an die englische Krone zurück. Nur Sir George *Carteret,* der spätere *Earl of Granville,* verkaufte seine Rechte nicht und blieb Eigentümer seines Anteils.

III. New York

1609 entdeckte Henry *Hudson,* der im Auftrag der Dutch *East* India Company die Nord-West-Passage suchte, die New York-Bucht, in die ein Fluß mündete, dem *Hudson* seinen Namen gab[28]. Nach Holland zurückgekehrt, erregte er mit seinen Erzählungen reges Interesse, und nach einigen weiteren Entdeckungsfahrten erhielt 1621 die Dutch *West* India Company für 24 Jahre das Handelsmonopol und das Recht, Kolonien zu gründen[29].

Die Gesellschaft kaufte von den Indianern die Manhattaninsel für 260 Taler und gründete dort die Siedlung *Neu-Amsterdam.* Um die

---

[26] Carolina-Charter vom 24. März 1663, abgedruckt bei *Thorpe,* V, S. 2743—2753.

Einen Überblick über die Besiedlungsgeschichte Carolinas geben *Newsome* in Encyclopaedia Britannica, Bd. 16, S. 521—523; *Wallace* u. *Cauthen* in Encyclopaedia Britannica, Bd. 21, S. 85—87; *Osgood,* 17. Jhdt., II, S. 200 bis 251. Näher auch unten S. 153—156.

[27] Näher unten S. 154—156.

Der Entwurf ist abgedruckt bei *Thorpe,* V, S. 2772—2786 und auszugsweise unten Anhang XVII, S. 290—295.

[28] Er landete auf einer langgestreckten Granitinsel, die die Indianer „Manhattanik" nannten, d. h. "die Insel, auf der wir einen Rausch hatten". Vgl. *Maurois,* S. 55.

[29] Charter des Staten-Generals der Vereinigten Niederlande vom 3. Juni 1621, abgedruckt in englischer Sprache bei *Thorpe,* I, S. 59—67.

Einwanderung zu beschleunigen und um reiche holländische Grundbesitzer anzulocken, versprach die Gesellschaft jedem, der 50 Arbeiter mitbrachte, große Ländereien[30]. So entstanden einzelne kleine Kolonien in der Kolonie und eine neue Herrschaftsschicht großer Grundbesitzer, von denen die Familien *Van Cortlandt, Van Rensselaer, Beekman, Hardenbergh, Verplanck* oder *Schuyler* jeweils über mehrere tausend Morgen Land verfügten[31].

Die Kolonie entwickelte sich rasch, vor allem unter dem Gouverneur Peter *Stuyvesant,* der 1647 die Verwaltung übernahm und unter dessen Herrschaft die Einwohnerzahl von 2000 auf 10 000 Siedler stieg[32].

Die Engländer erhoben nunmehr, gestützt auf die Entdeckungsfahrten John *Cabot*'s von 1498 sowie auf die Freibriefe an die London Company von 1606 und an den Council of New England von 1620[33], Anspruch auf die Kolonie. Im März 1664 übertrug Charles II das ganze Gebiet westlich des Connecticut River und östlich der Delaware Bay an seinen Bruder *James, Duke of York and Albany*[34]. Dieser schickte ein Heer von 500 Mann unter Colonel Richard *Nicolls* nach Amerika: Die Holländer ergaben sich kampflos, und die Ansiedlung wurde eine englische Kolonie[35].

---

[30] Er erhielt nach seiner Wahl unbesiedeltes Land in der Länge von 16 Meilen an der Küste oder an einem Ufer eines schiffbaren Flusses oder 8 Meilen auf beiden Seiten eines derartigen Flusses. Ins Hinterland dehnten sich diese Ländereien aus „so far into the country as the situation of the occupyers will permit". Das Land wurde den Indianern abgekauft und mußte von den Siedlern bewirtschaftet werden; *Smith* u. *Tyler* in Encyclopaedia Britannica, Bd. 16, S. 367 f.

[31] Näher dazu unten S. 171.

[32] *Smith* u. *Tyler* in Encyclopaedia Britannica, a. a. O., S. 368.

[33] Die charter an die London Company von 1606 ist abgedruckt bei *Thorpe,* VII, S. 3783—3789, diejenige an den Council of New England von 1620 bei *Thorpe,* III, S. 1827—1840.

[34] "The Grant of King Charles the Second, to James, Duke of York", abgedruckt bei *Thorpe,* III, S. 1637—1640 sowie in N. J. Rev. Stat. 1937, Bd. IV, S. 115—116.

[35] Neu-Amsterdam wurde in New York, Fort Orange in Fort Albany umbenannt.

Im August 1673 nahm, während sich Holland und England im Kriegszustand befanden, eine holländische Flotte New York ein und unterstellte das ganze Gebiet wieder der holländischen Souveränität. Aber nicht lange: Im Februar 1674 mußten die Holländer das Gebiet im Vertrag von Westminster an England zurückgeben.

Einen kurzen Überblick über die Besiedlungsgeschichte geben *Smith* u. *Tyler* in Encyclopaedia Britannica, Bd. 16, S. 367—371; *Osgood,* 17. Jhdt., II, S. 95—168. Näher auch unten S. 170—172.

IV. New Jersey

Noch als Colonel *Nicolls* auf dem Weg nach Neu-Amsterdam war, übertrug der neue Eigentümer, der Duke of York and Albany, am 24. Juni 1664 das Gebiet des heutigen *New Jersey* durch lease and release an *Lord John Berkeley* und Sir George *Carteret*[36], die das Gebiet in Erinnerung an Jersey, wo Carteret früher Gouverneur gewesen war, New Jersey nannten. Nach erheblichen Schwierigkeiten mit ihrer neuen Besitzung übertrugen sie die Kolonie 1702 an die englische Krone[37].

V. Delaware

1638 hatten schwedische Siedler am Westufer des Delaware[38] das Fort Christina, das heutige Wilmington, gegründet. 1655 brachte Peter *Stuyvesant* diese schwedische Kolonie unter holländische Kontrolle. Dieses Gebiet (des heutigen Delaware) gehörte dann 1664 zu dem Land, das Charles II an den Duke of York and Albany übertragen hatte. Dieser gab es 1682 für 10 000 Jahre an William *Penn* weiter[39].

1702 wurde Delaware englische Kronkolonie[40].

VI. New Hampshire and Maine

1620 war der *Council of New England* gegründet worden und hatte von König James I (1603—1625) einen Freibrief über alles Land zwischen dem 40. und 48. Breitengrad in der Ausdehnung von Meer zu Meer erhalten[41]. Er übertrug 1622 einen Teil des Landes, das

---

[36] Lease and release sind abgedruckt bei *Thorpe*, V, S. 2533—2535. Vgl. zu lease and release oben S. 96.

[37] "Surrender from the Proprietors of East and West New Jersey, of Their Pretended Right of Government to Her Majesty", abgedruckt bei *Thorpe*, V, S. 2585—2590 und "The Queen's Acceptance of the Surrender of Government", abgedruckt bei *Thorpe*, a. a. O., S. 2584 f.

Einen Überblick über die Besiedlungsgeschichte New Jerseys geben *Beck* in Encyclopaedia Britannica, Bd. 16, S. 308—310; *Osgood*, 17. Jhdt., II, S. 169—199. Näher auch unten S. 146—148.

[38] Er ist übrigens benannt nach Lord De La Warr, dem ersten Gouverneur der Kolonie, und nicht nach den Delawaren-Indianern. Sie gehörten zum Stamm der Algonkins und wurden erst später so genannt.

[39] Vgl. *Thorpe*, V, S. 3035, Fußn. b.

[40] Einen kurzen Überblick über die Besiedlungsgeschichte Delawares geben *Ryden* u. *Eckman* in Encyclopaedia Britannica, Bd. 7, S. 152—153. Näher auch unten S. 152.

[41] New England-Charter vom 3. November 1620, abgedruckt bei *Thorpe*, III, S. 1827—1840.

heutige *New Hampshire* und *Maine*, an John *Mason* und Sir Ferdinando *Gorges*[42].

1629 teilten Mason und Gorges ihr Gebiet: *Mason* erhielt *New Hampshire*, *Gorges Maine*.

Mason erhielt 1629 für *New Hampshire* eine neue königliche charter[43]. Er und seine Nachkommen ließen den Siedlern zunächst freie Hand. Doch als es 1675 zu politischen Unruhen kam, übernahm ein Enkel Mason's selbst die Regierung der Kolonie. Er scheiterte jedoch bald, und 1679 wurde New Hampshire königliche Provinz[44].

Das Gebiet des heutigen *Maine*, das bei der Teilung Robert Gorges, der Sohn Sir Ferdinando Gorges', erhalten hatte, wurde 1652 nach vielen Streitigkeiten Massachusetts angegliedert. Sir Gorges wehrte sich dagegen mit Erfolg: Masschusetts kaufte ihm 1691 für 1250 £ das Gebiet ab[45]. 1820 wurde Maine als eigener Staat in die Union aufgenommen[46].

VII. Pennsylvania

William *Penn*, ein Mitglied der Quäker[47], bemühte sich schon 1666 bei der Krone darum, für seine Glaubensbrüder in Amerika Siedlungsland zu erhalten. 1681 übertrug Charles II, der der Familie *Penn* 16 000 £ schuldete, das Land zwischen Massachusetts und Maryland

---

[42] "A Grant of the Province of Maine to Sir Ferdinando Gorges and John Mason, Esq., 10th of August, 1622", abgedruckt bei *Thorpe*, III, S. 1621 bis 1625.

[43] "Grant of New Hampshire to Capt. John Mason, 7th of November, 1629", abgedruckt bei *Thorpe*, IV, S. 2433—2436.

[44] Einen kurzen Überblick über die Besiedlungsgeschichte von New Hampshire geben *Keyes*, *Stevens* u. *Marston* in Encyclopaedia Britannica, Bd. 16, S. 301—302; *Osgood*, 17. Jhdt., III, S. 336—357. Näher auch unten S. 142—144.

[45] Einen kurzen Überblick über die Besiedlungsgeschichte von Maine geben *Sills* u. *Dow* in Encyclopaedia Britannica, Bd. 14, S. 687—688. Vgl. auch Conant v. Jordan, 107 Me. 227, 77 Atl. 938, 939—943, 31 L. R. A. (n. s.) 434, 436—440 (S. Jud. Ct. Me. 1910), per *Savage*, J. Näher auch unten S. 142—143, 144—146.

[46] Die Abtretung durch Massachusetts und der Unionsakt zur Aufnahme Maines sind abgedruckt bei *Thorpe*, III, S. 1644 f.

[47] „Zitterer", Spottname der religiösen Gemeinschaft „Society of Friends". Sie kennen keine geistliche Hierarchie und glauben daran, daß über jeden Menschen die Erleuchtung als Quelle der Gotteserkenntnis komme. Vgl. näher *Weingarten*, S. 185—217. Sie wurden in England unter dem *Clarenden Code* verfolgt. Vgl. dazu *Gneist*, S. 235.

an William Penn und gewährte ihm — ähnlich Calvert in Maryland — weitgehende Regierungs- und Eigentumsrechte[48]. Zu Ehren seines Vaters nannte Penn das Land *Pennsylvania* und gründete die Stadt *Philadelphia*, Stadt der Bruderliebe[49].

In Pennsylvania herrschten vollkommene Religionsfreiheit und vollkommener Friede. Von den Indianern wurden die Quäker geliebt, weil sie sie als ihre Brüder behandelten. 1682 schloß Penn mit den Indianern den „Great Treaty", nach *Voltaire* der einzige Vertrag, der nicht beschworen und nie gebrochen worden ist[50].

Unter Penn's Nachkommen kam es zu Streitigkeiten mit der Volksversammlung, zumal seine Söhne der anglikanischen Hochkirche beigetreten waren. 1779 verlor die Familie Penn ihre Regierungsrechte und teilweise ihre Eigentumsrechte, diese allerdings gegen eine Entschädigung von £ 130 000[51].

VIII. Georgia

Im Süden der Ostküste gründete Edward *Oglethorpe* für die verfolgten Protestanten und entlassenen Sträflinge eine Kolonie, die er zu Ehren König George's II (1727—1760) *Georgia* nannte. Die englische Krone unterstützte ihn bei diesem Vorhaben, weil sie eine Pufferzone für South Carolina gegen die Spanier und Indianer im Süden schaffen wollte, und übertrug ihm 1732 ein weites Gebiet am Ufer des Savannah[52].

Oglethorpe wollte eine *moralische Kolonie* gründen; Rumverkauf war verboten, ebenso die Einführung von Negersklaven. Dieser Versuch scheiterte jedoch: Die Siedler flüchteten nach und nach in gastlichere Gegenden[53].

1752 wurde Georgia eine königliche Kolonie[54].

---

[48] Pennsylvania-Charter vom 28. Februar 1681, unten Anhang XVIII, S. 295—305.

[49] Einen Überblick über die Besiedlungsgeschichte Pennsylvanias geben *Douglas* u. *Duff* in Encyclopaedia Britannica, Bd. 17, S. 479—480; *Osgood*, 17. Jhdt., II, S. 252—276. Näher auch unten S. 166—168.

[50] Zitiert nach *Douglas* u. *Duff* in Encyclopaedia Britannica, a. a. O., S. 479.

[51] Näher unten S. 201.

[52] Georgia-Charter vom 9. Juni 1732, abgedruckt bei *Thorpe*, II, S. 765 bis 777.

[53] *Maurois*, S. 57.

[54] Einen kurzen Überblick über die Besiedlungsgeschichte Georgias gibt *Brooks* in Encyclopaedia Britannica, Bd. 10, S. 198—200. Näher auch unten S. 159—161.

2. ABSCHNITT

Die Rezeption des common law — Grundzüge

A. AUSGANGSPUNKTE

In den Vereinigten Staaten ist mit Ausnahme Louisianas, wo (französisches) civil law gilt[55], das englische *common law* rezipiert worden. Indessen ist diese Rezeption nicht einheitlich in der Form vor sich gegangen, daß die Ansiedler wie selbstverständlich das ihnen gewohnte und geläufige englische Recht gewissermaßen als ihr Erbgut in Amerika anwandten[56]. Auch ist das englische Recht in den verschiedenen Staaten nicht gleichzeitig und in gleichem Umfang übernommen worden. Das ergibt sich schon aus der unterschiedlichen Besiedlungsgeschichte der Neu-England-Staaten. Vielmehr ist die *Rezeption* in den einzelnen Staaten *verschiedene Wege* gegangen. Eine einheitliche Darstellung der Rezeption des common law in den amerikanischen Staaten ist daher nicht möglich[57].

Immerhin zeigen sich aber (grob gesehen) *gemeinsame Ausgangspunkte* für eine Rezeption des common law: Die einzelnen soziologisch verschiedenen Siedlergruppen standen dem common law in der Regel gleichgültig, wenn nicht gar abweisend gegenüber[58]. Denn die Siedler besaßen keine eben starke Bindung an ihr Mutterland, hatten

---

[55] Parsons v. Bedford et al., 3 Pet. 433, 439, 446, 7 L. Ed. 732, 734, 736, 28 U. S. 732, 734, 736 (S. Ct. 1830); Arnold v. Aermotor, Inc., 244 F. Supp. 589, 591 (D. Pa. 1965); *Yiannopoulos*, §§ 2—6, S. 3—13; *Gray*, § 766, S. 706 f.; *Simes* in A. L. P., I, § 1.40, S. 54; *Rich*, 22 L. R. A. 502; *Howe*, 16 Harv. L. Rev. 346—349; *Munro*, 22 Harv. L. Rev. 582—585.

[56] So etwa State v. Campbell, T. U. P. Charlt. 166, 167 (S. Ct. Ga. 1808), per *Charlton*, J.: "When the American colonies were first settled by our ancestors, it was held as well by the settlers, as by the judges and lawyers of England, that they brought hither as a birthright and inheritance, so much of the common law as was applicable to their local situation and change of circumstances."

[57] So auch *Reinsch* in Select Essays in Anglo-American Legal History, I, S. 410; *Simes* in A. L. P., I, § 1.40, S. 55; *Haskins* in Billias, S. 17; *Pope*, 24 Harv. L. Rev. 6, 17—19; *Haskins*, 97 U. Pa. L. Rev. 842; *Cantor*, 10 Am. J. Legal Hist. 85, 86.

[58] Eingehend Conant v. Jordan, 107 Me. 227, 77 Atl. 938, 941, 31 L. R. A. (n. s.) 434, 438 (S. Jud. Ct. Me. 1910), per *Savage*, J. Vgl. auch *Reinsch* in Select Essays in Anglo-American Legal History, I, S. 369 und 414: "We cannot understand the history of our law, nor justly value the characteristic development of our jurisprudence, unless we note the actual attitude of the earliest colonists towards the common law, an attitude sometimes of apathy, of lack of understanding, sometimes of resistance or ignorement, . . .";

Howe in Billias, S. 15; *Simes* in A. L. P., I, a. a. O., S. 55; *Goebel*, 31 Colum. L. Rev. 421; *Powell*, I, § 44, S. 95—98.

sie es doch für den Preis einer höchst ungewissen und gefahrvollen Zukunft verlassen. Sie befanden sich zumeist in einer Situation, in der es ihnen, gleich aus welchen Gründen, in den Kolonien nur besser gehen konnte. Wer aus derartigen Motiven sein Mutterland verläßt, bedient sich in seiner neuen Umwelt nicht gerne der alten Rechtsformen. Zudem hatten oft gerade diese alten Rechtsformen — die engherzigen religiösen Gesetze, das feudale Landrecht — die Siedler zum Verlassen Englands gezwungen.

In den meisten Fällen war die *religiöse Verfolgung* der unmittelbare Anlaß zur Auswanderung nach Amerika gewesen[59]. Sie schuf unter den Siedlern ein starkes geistiges Band und eine gemeinsame Wurzel für *neue, am Glauben ausgerichtete Rechtsformen.* Als Beispiel läßt sich der „Covenant" der Plymouth-Siedler anführen, der eigentlich ein religiöser Vertrag war[60]. Diese Ausgangslage schuf eine durchaus ungünstige Bedingung für die Rezeption des common law.

Viele Siedler hatten in England zur ärmeren Landbevölkerung, den *abhängigen Bauern* (villein tenants und copyholders)[61], gehört, hatten dort nicht gedeihen können und suchten in den Kolonien eine neue, freie Existenz[62]. Ihnen, die in England nur mit dem customary law zu tun gehabt hatten, war das common law weitgehend unbekannt[63].

Andere hatten aus *Abenteuerlust* England verlassen: Sie stellten sich ihrer Neigung nach ohnehin nicht gerne unter den Schutz einer Rechtsordnung. Von ihnen war daher am wenigsten zu erwarten, daß sie sich am Aufbau des alten englischen Rechts in Amerika beteiligten.

Ebenso ungünstig waren die *Bedingungen in den Kolonien* selbst: Die Ansiedlungen waren anfangs jede auf sich gestellt, durch dichten Wald und feindliche Indianerstämme von den Nachbarsiedlungen, durch den Ozean vom Mutterland getrennt. Jede Ansiedlung war eine autonome Einheit. "Localism was the dominating reality."[64] Hierfür war ein *lokales Recht* am besten geeignet[65].

---

[59] Zur religiösen Situation in England vgl. *Powell,* I, § 41, S. 88—92.

[60] Der „Covenant" ist abgedruckt unten Anhang XV, S. 279—280.

[61] Näher oben S. 30—34, 59—63.

[62] *Powell,* I, § 38, S. 85; *Goebel,* 31 Colum. L. Rev. 419 f.; *Haskins,* 51 Yale L. J. 1305, Fußn. 207; *Haskins,* 97 U. Pa. L. Rev. 843.

[63] *Powell,* I, § 38, S. 85: "Neither knowledge of nor interest in the common law could be expected in such a group." Vgl. auch *David-Grasmann,* S. 414. Zum customary law näher oben S. 61—63.

[64] *Cantor,* 10 Am. J. Legal Hist. 85.

[65] *Haskins,* 97 U. Pa. L. Rev. 843 f.; *Cantor,* 10 Am. J. Legal Hist. 85; *Goebel,* 31 Colum. L. Rev. 417—420; ähnlich *David-Grasmann,* S. 414: „Die Probleme, die sich den Siedlern stellten, waren neu, und das common law bot für sie keine Antworten."

B. FRONTIER THEORY

Ausgehend von dieser geistigen, soziologischen und wirtschaftlichen Lage der Siedler sagt eine von Poscoe *Pound* entwickelte und als *frontier theory* bekannte Meinung[66]: Die ersten Kolonisten hätten sich keinem bestimmten Recht verpflichtet gefühlt, am wenigsten dem common law. Vielmehr hätten sie die Ansiedlungen nach ihrem *Gutdünken* und den jeweiligen Erfordernissen ihres täglichen Lebens verwaltet. Erst seit dem Studium des englischen Rechts, insbesondere von *Blackstone*'s Commentaries, um die Mitte des 18. Jahrhunderts hätten sich die *englischen* Rechts- und Verwaltungsformen durchgesetzt.

Dieser Theorie[67] ist zunächst entgegenzuhalten, daß in manchen Kolonien schon in der 2. Hälfte des 17. Jahrhunderts Gesetze ausgearbeitet waren, die sich am englischen Recht orientierten[68]. Vor allem aber überschätzt diese Theorie in nicht gerechtfertigter Weise die wirtschaftlichen Bedürfnisse gegenüber der geistigen Situation der Siedler. Die ersten Ansiedler begriffen ihr Recht nicht nur wirtschaftlich als möglichst zweckmäßige Organisationsform ihrer Gründungen, sondern vornehmlich geistig als beste *Ordnung inter personas.* Der „Covenant" der Plymouth-Siedler[69] beweist dies eindrucksvoll: Erst aufgrund des religiösen und geistigen Bandes kam es zu einer zweckmäßigen Ordnung des Zusammenlebens unter den Siedlern. Die Siedler waren nicht einem bestimmten Rechtssystem, sondern *einem gemeinsamen Rechtsempfinden verpflichtet,* teils aufgrund ihres Glaubens, teils aufgrund ihrer Herkunft.

Doch genügte dies allein sicherlich nicht. Kein Volk konnte, zumal wenn es aus so verschiedenartigen Gruppen bestand wie die amerikanischen Siedler, ein eigenes Rechtssystem allein aus seinem Gewissen und Rechtsempfinden schaffen[70]. Das Recht wuchs vielmehr aus gemeinsamen Wurzeln, die sowohl dem geistigen Leitbild der Siedler entsprachen als auch den praktischen Bedürfnissen gerecht wurden.

---

[66] *Pound,* S. 112 f., 115 f.; *Pound,* 5 Tulane L. Rev. 1, 3, 7; *Pound,* 67 L. Q. Rev. 56: "The common law as the colonists knew it was heavily burdened with the formalism of the strict law. Its ideals were those of the relationally organised society of the Middle Ages and so quite out of line with the needs and ideas of men who were opening up the wilderness." So offenbar auch *Powell,* I, § 44, S. 96 f.

[67] *Goebel,* 31 Colum. L. Rev. 420, nennt sie „pons asinorum of American historiography".

[68] So gab es im Staat New York schon 1665 ein ausgearbeitetes Gesetzbuch in Anlehnung an englisches (und an holländisches) Recht. Vgl. *Goebel,* 31 Colum. L. Rev. 420, Fußn. 9. Eingehend hierzu auch *Reinsch* in Select Essays in Anglo-American Legal History, I, S. 390—395.

[69] Anhang XV, unten S. 279—280.

[70] *Simes* in A. L. P., I, § 1.40, S. 55; a. A. offenbar *Powell,* I, § 44, S. 96 f.

C. WURZELN DES RECHTS IN DEN ANSIEDLUNGEN

I. Local customs

Die Siedler brachten in erster Linie die local customs der manors, die *örtlichen Rechtsgewohnheiten,* die von den local customary courts entwickelt worden waren, mit nach Amerika[71]. Diese hatten schon im 17. Jahrhundert in England größere Bedeutung für das tägliche Rechtsleben als das King's law, das common law. Sie waren zumeist das einzige Recht, das die Siedler näher kannten und auch anwenden konnten, da sie mit ihm aufgewachsen waren[72]. Die Siedler standen ihm nicht ablehnend gegenüber wie dem common law, da es die Rechtsfälle des Alltags, das tägliche Zusammenleben regelte und für sie nicht mit dem Odium des Feudalismus belastet war.

Diese local customs wurden jedoch nicht als geschlossener Teil des englischen Rechts rezipiert, sondern nur, soweit sie den Siedlern bekannt waren und der Einzelfall es erforderte[73].

II. Bibel, insbesondere mosaisches Gesetz

Die zweite wichtige Wurzel waren die Bibel, insbesondere das mosaische Gesetz, wie es in den 10 Geboten (Dekalog) enthalten ist[74].

Viele Ansiedler waren aus ihrem Heimatland geflohen, wo sie verachtet und verfolgt worden waren[75]. Die gemeinsame *geistige Grundlage* ihres Glaubens war der *Calvinismus,* der die Bibel mit dem alten mosaischen Recht in den Mittelpunkt des irdischen Lebens stellte (Biblizismus)[76]. *Calvin* lehrte, daß das Gottesreich auf Erden verwirk-

---

[71] *Reinsch* in Select Essays on Anglo-American Legal History, I, S. 372; *Simes* in A. L. P., I, § 1.40, S. 55; *Billias,* S. XI; *Goebel,* 31 Colum. L. Rev. 417; *Haskins,* 51 Yale L. J. 1305—1308; *Haskins,* 97 U. Pa. L. Rev. 843 f.; *Cantor,* 10 Am. J. Legal Hist. 85 f.

Zu den local customs näher oben S. 61—63.

[72] *Howe* in Billias, S. 3, 15; *Goebel,* 31 Colum. L. Rev. 420; *Haskins,* 97 U. Pa. L. Rev. 843.

[73] *Goebel,* 31 Colum. L. Rev. 420.

[74] *Simes* in A. L. P., I, ebenda; *Haskins* in Billias, S. 19; *Haskins,* 51 Yale L. J. 1309—1311; *Goebel,* 31 Colum. L. Rev. 423—426, 431 f.; *Cantor,* 10 Am. J. Legal Hist. 85 f.

[75] *Goebel,* 31 Colum. L. Rev. 419 f.

[76] Der Biblizismus war eine auch in England sehr verbreitete reformatorische Philosophie. Im Rechtsleben fand sie ihren Ausdruck in den zahlreichen Bibelzitaten in den Entscheidungen z. B. Reniger v. Fogossa, 1 Plowd. 1, 8, 75 Eng. Rep. 1, 12 (K. B. 1551); Ratcliff's Case, 3 Co. Rep. 37, 40, 76 Eng. Rep. 713, 726 (Q. B. 1592); Benton v. Trot, Moore (K. B.) 528, 530, 72 Eng.

licht werden müsse. Das geltende Recht könne daher nur das *Recht Gottes* sein, wie es in der Bibel, vor allem im mosaischen Gesetz aufgeschrieben sei[77]. Das Gesetz und das Recht mußten daher im Einklang mit dem Wort Gottes stehen. Das Recht wurde als Befehl Gottes angesehen. Nur das war Recht, was dem göttlichen Recht, wie es in den 10 Geboten zum Ausdruck kommt, entsprach[78].

Die *Bibel* mit dem *mosaischen Recht* wurde daher für die Siedler das *Ideal und Leitbild einer eigenen neuen Rechtsordnung*[79].

So legte beispielsweise in *Massachusetts* John *Cotton* 1636 einen Gesetzentwurf vor, der den Titel trug „Moses his Judicialls" und am mosaischen Recht orientiert war[80]. Bezeichnend ist, daß *Cotton* die Bestimmungen des Entwurfs nicht „laws" nennen wollte, „because God alone has the power to make law, but conventions between men"[81]. Ebenso am Wort Gottes orientiert war der von Nathaniel *Ward* entworfene und 1641 in Massachusetts in Kraft getretene *„Body of Liberties"*[82].

Rep. 737, 738 (Q. B. 1598); Sherborn v. Lewis, Gouldsborough 120, 123, 75 Eng. Rep. 1037, 1038 (Q. B. 1601); Bradley v. Banks, 1 Bulstr. 141, 142, 80 Eng. Rep. 834, 835 (K. B. 1611); Urrey v. Bowyer, 2 Brownl. & Golds. 20, 123 Eng. Rep. 791 (C. P. 1611); The Earl of Oxford's Case, 1 Ch. R. 1, 4, 21 Eng. Rep. 485, 486 (Chan. 1615). Vgl. *Winfield*, S. 146. Zahlreiche Bibel- insb. Alt-Testaments-Zitate finden sich auch bei *Coke on Littleton* und *Coke*, IV. Vgl. im übrigen *Goebel*, 31 Colum. L. Rev. 423, Fußn. 14, mit zahlreichen weiteren Nachweisen.

[77] Eingehend dazu *Baur*, S. 25—91.

[78] Vgl. *Reinsch* in Select Essays in Anglo-American Legal History, I, S. 372, 373 f., 381, 385, 386, 413: "The law of God, the law of nature, was looked upon as the true law, and all temporal legislation was considered to be binding only in so far as it was an expression of this natural law."

[79] *Reinsch* in Select Essays in Anglo-American Legal History, I, S. 372 bis 386; *Haskins*, 51 Yale L. J. 1307—1312.

[80] *Haskins*, 51 Yale L. J. 1309 f. Der Entwurf enthielt z. B. folgende Erbrechtsbestimmungen:

"V. Inheritances are to descend naturally to the next of kinne, according to the law of nature delivered by God. Numb. 27, 7, 10, 11.

VI. If a man have more sonnes than one, then a double portion to be assigned and bequeathed to the eldest sonne, according to the law of God, unlesse his owne demerit doe deprive him of his birthright. The like for personall estates. Deut. 21, 17; Chro. 5, 1."

Zitiert nach *Haskins*, 51 Yale L. J. 1309.

Eingehend dazu *Morris*, 31 Am. Hist. Rev. 446—453. Vgl. auch *Reinsch* in Select Essays in Anglo-American Legal History, I, S. 374 f.

[81] Zitiert nach *Reinsch* in Select Essays in Anglo-American Legal History, I, S. 375.

[82] Eingehend hierzu *Reinsch* in Select Essays in Anglo-American Legal History, I, S. 373 f.

In *Connecticut* galten z. B. nach einer Entscheidung des *General Court* von 1644 die „judicial laws of God as they were declared by Moses“[83]. Dort wurden auch in Anlehnung an alttestamentarische Rechtsgrundsätze die berüchtigten „Blue laws“ in Kraft gesetzt[84]: Sie drohten z. B. für Ehebruch (adultery) die Todesstrafe an und beachteten aufs strengste die Einhaltung des Sabbats[85].

D. COMMON LAW

I. Durchbruch des common law in den Kolonien

In den königlichen Freibriefen, die die Kolonien früher oder später erhalten hatten, war eine Klausel enthalten, nach der kein gültiges Recht geschaffen werden konnte, das mit dem englischen Recht unverträglich war[86]. Das neue Recht mußte sich daher in seinen Grundzügen nach dem englischen common law richten. Doch dürfte dieser Klausel kaum große praktische Bedeutung zugekommen sein: England war weit, und die Rechtsanwendung blieb lokal auf die einzelnen Siedlungen beschränkt. Über den Umweg dieser Klausel hat das common law daher wohl nicht seinen Einzug in das amerikanische Recht gehalten. Vielmehr verdankte das common law seinen Durchbruch in erster Linie den *Schwächen des mosaischen Rechts und der local customs*: Die archaische Strenge des mosaischen Rechts egnete sich auf die Dauer nicht, das Zusammenleben der Menschen zu ordnen und zu fördern. Die religiöse Begeisterung der ersten Siedler wich in der freiheitlichen Atmosphäre der Kolonien bald einem nüchternen, realistischen Rechtsdenken, das mehr auf *Zweckmäßigkeit* als auf die Verwirklichung religiöser Ideale bedacht war. Die Zweckmäßigkeit gebot

---

[83] Zitiert nach *Brewster* in Encyclopaedia Britannica, Bd. 6, S. 266.

[84] *Brewster* in Encyclopaedia Britannica, ebenda.

[85] Weitere Nachweise für die direkte Rechtsanwendung der Bibel und des mosaischen Gesetzes finden sich bei *Reinsch* in Select Essays in Anglo-American Legal History, I, S. 375—377.

[86] Diese Klausel enthielten z. B. die charter an Sir Walter *Raleigh* von 1585, *Thorpe*, I, S. 55; die Massachusetts-Charter von 1629, *Thorpe*, III, S. 1853; die charter of Rhode Island and Providence Plantations von 1663, *Thorpe*, VI, S. 3215; die Maryland-Charter von 1632, unten Anhang XVI, S. 289, die Carolina-Charter. *Thorpe*, V, S. 2746; die charter of New England, *Thorpe*, III, S. 1833; die Übertragungsurkunde bzgl. Maine von 1632, *Thorpe*, III, S. 1628; die Pennsylvania-Charter von 1681, unten Anhang XVIII, S. 303. Dagegen enthielt die Georgia-Charter von 1732, *Thorpe*, II, S. 765—777, diese Klausel nicht; der Grund: das englische Parlament und die Krone wollten im Falle Georgias nur genau auf den Einzelfall begrenzte Befugnisse geben. Vgl. hierzu *Hall*, 4 Vand. L. Rev. 792.

aber, Rechtsformen zu suchen, die die wirtschaftliche Entwicklung der Kolonien förderten, zumindest ihr nicht im Wege standen. Zudem forderten die wachsenden *Handelsverbindungen* der Kolonien ein Recht, das von den Handelspartnern anerkannt wurde. Das mosaische Gesetz und die lokalen Rechtsgewohnheiten konnten diese Forderung nicht erfüllen. Da die Handelsbeziehungen fast ausschließlich mit England bestanden, lag nichts näher, als das common law anzuwenden[87]. Mithin waren es in erster Linie *wirtschaftliche Gründe,* die den Aufstieg des englischen common law in Amerika begünstigten.

Der Widerstand, den die ersten Siedler dem englischen Recht entgegengesetzt hatten, löste sich mit der *Konsolidierung der Kolonien* immer mehr auf: Die Gründe für die stark emotionelle Ablehnung des englischen Rechts waren weggefallen oder doch in Vergessenheit geraten. Die Verbannung des common law wich einer unvoreingenommenen Betrachtung der englischen Rechtsformen. Man besann sich des gemeinsamen Rechtserbes, das man aus England mitgebracht, zunächst zwar verleugnet, nicht aber abgelegt hatte[88].

Überdies war das common law insofern gegenüber anderen Rechten im Vorteil, als es bereits damals in *Blackstone*'s Commentaries eine vollständige Darstellung seiner gesamten Rechtsgebiete besaß. In kaum einer anderen Rechtsordnung gab es zu dieser Zeit etwas auch nur annähernd Vergleichbares[89].

Der Einfluß des common law wuchs zusätzlich dadurch, daß das *familiäre und gesellschaftliche Leben* von englischen Sitten und Gebräuchen bestimmt wurde: Man las die neuesten englischen Bücher, richtete sich nach englischer Wohnkultur ein und baute im Georgianischen Stil. Die reichen Siedler schickten ihre Söhne nach Oxford und Cambridge[90], wo sie das common law studierten. In Amerika wurden ebenso viele Exemplare von *Blackstone*'s Commentaries verkauft wie in England[91]. 1771 erschien eine eigene amerikanische Ausgabe des Werkes in Philadelphia. Dadurch wurde ein Mangel beseitigt, der von Anfang an einer umfassenden Rezeption des common law entgegenstand: Die Kolonien besaßen keine studierten Juristen. Recht wurde von Laienrichtern gesprochen, die meist nur nebenamtlich tätig waren und das common law gar nicht kannten[92].

---

[87] Vgl. *Powell,* I, § 38, S. 82—85; *Pound,* 67 L. Q. Rev. 56.

[88] Van Ness v. Pacard, 2 Pet. 137, 144, 7 L. Ed. 374, 27 U. S. 136, 138 (S. Ct. 1829), per *Story,* J.

[89] Vgl. *David-Grasmann,* S. 345.

[90] Bezeichnenderweise gaben die Amerikaner ihrer ersten eigenen Universität den Namen „Cambridge".

[91] *Maurois,* S. 77—90, 100.

[92] *Reinsch* in Select Essays in Anglo-American Legal History, I, S. 369 f., 412.

So wurde das englische common law in den einzelnen Neu-England-Staaten — mit Abweichungen von Staat zu Staat — im Laufe der Zeit *das allgemein anerkannte Recht*[93].

II. Doktrin des Calvin's Case

Die englische Krone bediente sich ihrerseits im Verkehr mit den Kolonien von Anfang an des common law und stützte sich dabei auf die *Doktrin des Calvin's Case*[94], die die Gesetzgebungsgewalt des Königs über ein erobertes Land behandelt: In einem eroberten *christlichen* Land blieben danach die bisherigen Gesetze in Kraft, bis sie von dem Eroberer geändert wurden; dagegen verloren in einem Land der *Ungläubigen* — wie in Amerika — alle bisherigen Gesetze ipso facto ihre Wirkung, und der Eroberer — hier der englische König — bestimmte allein das neue Recht. Jedes neue Recht mußte sich daher auf eine ausdrückliche königliche Ermächtigung stützen[95].

---

[93] *Powell,* I, § 45, S. 98—102; *Pope,* 24 Harv. L. Rev. 6 f.; *Goebel,* 31 Colum. L. Rev. 416; *Stone,* 50 Harv. L. Rev. 4 f.; *Haskins,* 97 U. Pa. L. Rev. 842 f.; *Hall,* 4 Vand. L. Rev. 822 f.

[94] Calvin's Case, 7 Co. Rep. 2, 77 Eng. Rep. 379 (K. B. 1608). Es ging um die Klage eines Schotten, geboren nach Anfall der englischen Krone an den Schotten James I, bezüglich eines Landbesitzes in England. In der Regel wurde ein Schotte als alien born angesehen mit der Folge, daß er in England keine Klage bezüglich in England belegenen Landes erheben konnte. Doch sah das Gericht den Schotten hier erstmals nicht als alien born an.

[95] Calvin's Case, 7 Co. Rep. 2, 17 b, 77 Eng. Rep. 379 f., 397 (K. B. 1608): "And upon this ground there is a diversity between a conquest of a kingdom of a Christian King, and the conquest of a kingdom of an infidel; for if a king come to a Christian kingdom by conquest, seeing that he hath vitae et necis potestatem, he may at his pleasure alter and change the laws of that kingdom: but until the doth make an alteration of those laws the ancient laws of that kingdom remain. But if a Christian King should conquer a kingdom of an infidel, and bring them under his subjection, there ipso facto the laws of the infidel are abrogated, for that they be not only against Christianity, but against the law of God and of nature, contained in the decalogue; and in that case, until certain laws be established amongst them, the King by himself, and such Judges as he shall appoint, shall judge them and their causes according to natural equity, in such sort as Kings in ancient time did with their kingdoms, before any certain municipal laws were given, as before hath been said. But if a King hath a kingdom by title of descent, there seeing by the laws of that kingdom he doth inherit the kingdom, he cannot change those laws of himself, without consent of Parliament. Also if a King hath a Christian kingdom by conquest, as King Henry the Second had Ireland, after King John had given unto them, being under his obedience and subjection, the laws of England for the government of that country, no succeeding King could alter the same without Parliament."

Diese Ermächtigung war — unwiderruflich — in den meisten Kolonien in den bereits oben S. 117 erwähnten *Klauseln der königlichen Freibriefe* enthalten, wonach das neue Recht dem englischen common law nicht widersprechen durfte[96]. Doch konnte der König in allen *Kronkolonien*[97] das Recht jederzeit nach seinem Belieben ändern. Das tat er auch: Es kam vor allem auf den Gebieten des Handels und der Steuererhebung zu immer empfindlicheren Reglementierungen und Beschränkungen der Freiheitsrechte der Siedler[98].

Die Siedler waren ihrerseits bald bestrebt, aus dieser Anwendung des common law durch das Mutterland *politische und wirtschaftliche Vorteile* zu ziehen: Sie besannen sich ihrer ererbten Bürgerrechte, die ihnen nach dem common law als Engländern zustanden und beriefen sich zur Erlangung ihrer — vorerst wirtschaftlichen, dann auch politischen — Unabhängigkeit immer öfter auf das common law. So wehrten sie sich beispielsweise dagegen, Steuern zu zahlen, ohne — wie jeder englische Bürger — durch einen von ihnen gewählten Abgeordneten im britischen Parlament vertreten zu sein[99].

III. Definition und Abgrenzung des common law

Das englische *common law* läßt sich materiell kaum erschöpfend bestimmen[100]. Man definiert es am besten als das Recht, das nicht gesetzlich, also in statutes, festgelegt ist und das von den King's Courts of Common Law, den königlichen Gerichten, angewandt wird. Ausgeschlossen sind damit einerseits das gesetzliche statute-Recht, andererseits das equity-Recht. Positiv umschreibt es *das in England umfassend geltende ungeschriebene und von den königlichen Gerichtshöfen angewandte Recht*[101].

---

[96] Näher oben S. 117, Fußn. 86.

Ausnahmen: die Georgia-Charter von 1732 und die Massachusetts-Charter von 1691; *Hall*, 4 Vand. L. Rev. 792.

[97] So z. B. in Virginia ab 1624, oben S. 103; in Carolina 1729, oben S. 107; in New Jersey ab 1702, oben S. 109; in Delaware ab 1702, oben S. 109; in New Hampshire ab 1679, oben S. 110; in Georgia ab 1752; oben S. 111.

[98] Näher *Powell*, I, § 45, S. 100; eingehend *Maurois*, S. 109—182.

[99] *Powell*, I, § 45, S. 101; *Howe*, 76 L. Q. Rev. 49.

[100] Zum common law im Unterschied zum civil law bzw. Roman law vgl. *Stone*, 50 Harv. L. Rev. 6—12; *Pollock*, 11 L. Q. Rev. 323—329.

[101] Der Ausdruck „common law" geht auf *Blackstone*, I, S. 67 zurück: "Whence it is that in our law the goodness of a custom depends upon it's having been used time out of mind; or, in the solemnity of our legal phrase, time whereof the memory of man runneth not to the contrary. This it is that gives it it's weight and authority; and of this nature are the maxims

Das englische *statute-Recht* ist in den einzelnen US-Staaten entweder (so in den meisten Staaten)[102] als Teil des common law rezipiert worden[103] oder durch ein Übernahmegesetz oder durch Gesetze, die in Wortlaut und Wirkungen den englischen statutes entsprachen, in Kraft gesetzt worden[104].

Das *equity-Recht* ist der Inbegriff der Rechtsgrundsätze, die von den *courts of equity* (nicht von den königlichen Gerichten) angewandt wurden[105]. Es ist, wie bereits oben S. 83 ausgeführt, das auf dem *Billigkeitsgrundsatz* beruhende und (im Gegensatz zum common law) ohne festes Verfahren angewandte Recht, das der Lordkanzler aufgrund seines königlichen Rechtsprechungsmandats sprach.

IV. Umfang des rezipierten common law

Es ist streitig, in welchem *Umfang* das *common law* in Amerika rezipiert worden ist, ob es als einheitliches Rechtssystem übernommen wurde oder ob ihm nur Rechtsgrundsätze entlehnt wurden, ob es nach seinem jeweiligen Stand in England oder nach dem Stand bei Gründung der betreffenden Kolonie angewandt wurde, schließlich, ob auch die laufende Gesetzgebung in England für die Kolonien galt.

---

and customs which compose the *common law*, or *lex non scripta*, of this kingdom.

This unwritten, or common, law is properly distinguishable into three kinds: 1. General customs; which are the universal rule of the whole kingdom, and form the common law, in it's stricter and more usual signification. 2. Particular customs; which for the most part affect only the inhabitants of particular districts. 3. Certain particular laws; which by custom are adopted and used by some particular courts, of pretty general and extensive jurisdiction."

Vgl. auch *Howe* in Billias, S. 1; *Radbruch*, S. 31 f.; Lord Chancellor *Viscount Kilmuir*, 76 L. Q. Rev. 39 f.; *Goodhart*, 76 L. Q. Rev. 45—48; *Pope*, 24 Harv. L. Rev. 11, 13; *Stone*, 50 Harv. L. Rev. 5—8.

[102] Einzelheiten bei *Simes* in A. L. P., I, § 1.43, S. 62.

[103] Es muß dann bei jedem statute einzeln geprüft werden, ob es rezipiert worden ist, Beers v. Hotchkiss, 256 N. Y. 41, 175 N. E. 506, 508, 514 f. (Ct. App. N. Y. 1931), per *Cardozo*, C. J.

Zum Verhältnis der statutes zum common law vgl. *Pound*, 21 Harv. L. Rev. 385—403; *McKean*, 78 U. Pa.L.Rev.196—230.

[104] Näher *Simes* in A. L. P., I, § 1.43, S. 62.

[105] Vgl. *Maitland*, Equity, S. 1: "Equity ... is that body of rules administered by our English courts of justice which, were it not for the operation of the Judicature Acts, would be administered only by those courts which would be known as Courts of Equity." Ebenso *Howe* in Billias, S. 1; *Keeton*, S. 3.

Das common law wurde nicht als einheitliches Rechtssystem übernommen[106]. Das scheiterte schon daran, daß die englischen Entscheidungen für die Siedler kaum zugänglich waren und fast keine studierten Juristen nach Amerika ausgewandert waren[107]. Vielmehr wandten die Gerichte in den Kolonien das common law, nach *Kent*'s Definition die „principles, usages, and rules of action applicable to the government and security of persons and property, which do not rest for their authority upon any express and positive declaration of the will of the legislature"[108], zwar allgemein an[109], doch nicht uneinge-

---

[106] *Howe* in Billias, S. 1 f.; *Pope*, 24 Harv. L. Rev. 6 f., 14—19; *Stone*, 50 Harv. L. Rev. 5; *Cantor*, 10 Am. J. Legal Hist. 87 f.

[107] Näher oben S. 118.

Vgl. z. B. Chicago, W. & V. Coal Co. v. People, 214 Ill. 421, 73 N. E. 770, 775 f. (S. Ct. Ill. 1905); Aetna Ins. Co. v. Commonwealth, 106 Ky. 864, 51 S. W. 624, 627 f. (Ct. App. Ky. 1899), zwei Entscheidungen, die bei der Anwendung des common law lediglich allgemeine Grundsätze, nicht aber deren Anwendung durch die englischen Gerichte anführen. Vgl. dazu *Pope*, 24 Harv. L. Rev. 17; *Howe*, 76 L. Q. Rev. 51.

[108] *Kent*, I, S. 471.

[109] Vgl. ebenso Wheaton and Donaldson v. Peters and Grigg (Wheaton v. Peters), 8 Pet. 591, 592, 627, 8 L. Ed. 1055, 1068, 33 U. S. 589, 625 (S. Ct. 1834); Smith v. State of Alabama, 124 U. S. 465, 478, 8 Sup. Ct. 564, 569 (S. Ct. 1888); Western Union Teleg. Co. v. Call Publishing Co., 181 U. S. 92, 101, 21 Sup. Ct. 561, 564 (S. Ct. 1900); Kansas v. Colorado, 206 U. S. 46, 96, 27 Sup. Ct. 655, 667 (S. Ct. 1906); Southern Pacific Co. v. Jensen, 244 U. S. 205, 222, 37 Sup. Ct. 524, 531 (S. Ct. 1917); O'Connor v. United States, 281 Fed. 396, 397 (D. N. J. 1922); The West Jester, Wagstaff v. United States, 281 Fed. 877, 879 f. (D. Wash. 1922); United States v. Central Stockholders' Corporation, 52 F. 2d 322, 329 (9th Cir. 1931); United States v. Klein, 153 F. 2d 55, 60 (8th Cir. 1946); Montgomery Ward & Co. v. Northern Pacific Term. Co., 128 F. Supp. 475, 494 (D. Ore. 1953); Haeger Potteries v. Gilner Potteries, 123 F. Supp. 261, 264 (D. Cal. 1954); Arnold v. Aermotor, Inc., 244 F. Supp. 589, 591 (D. Pa. 1965).

In vielen Staaten besteht eine ausdrückliche Bestimmung über die Rezeption. Kein statute dieser Art gibt es z. B. in folgenden Staaten, doch gilt das common law auch dort:

in *California:* Lux v. Haggin, 69 Cal. 255, 4 Pac. 919, 921, 930 f. (S. Ct. Cal. 1884); Lux v. Haggin, 10 Pac. 674, 703 f., 720—722, 746—750 (S. Ct. Cal. 1886); Katz v. Walkinshaw, 141 Cal. 116, 74 Pac. 766, 767, 99 Am. St. Rep. 35, 37—39, 64 L. R. A. 247, 248 f. (S. Ct. Cal. 1903), reversing 141 Cal. 138, 70 Pac. 663, 99 Am. St. Rep. 52, 64 L. R. A. 236 (S. Ct. Cal. 1902); In re Elizalde's Estate, 188 Pac. 560 (S. Ct. Cal. 1920);

in *Maine:* Conant v. Jordan, 107 Me. 227, 77 Atl. 938, 939—942, 31 L. R. A. (n. s.) 434, 436—440 (S .Jud. Ct. Me. 1910);

in *Michigan:* Stout v. Keyes, 2 Doug. 184, 43 Am. Dec. 465, 468 f. (S. Ct. Mich. 1845); Lorman v. Benson, 8 Mich. 18, 77 Am. Dec. 435, 436 (S. Ct.

schränkt[110]: Die Kolonien hatten das common law *sachlich und zeitlich beschränkt* übernommen. Einige amerikanische Staaten haben ausdrückliche Rezeptionsbestimmungen erlassen; in anderen Staaten sind die Grundsätze der Rezeption von der Rechtsprechung entwickelt worden.

Sachlich wurde das common law nur insoweit übernommen, als es *allgemeiner Natur* und nicht auf die lokalen Verhältnisse in England zugeschnitten war. Besonders häufig finden sich dabei in Rezeptionsbestimmungen Formulierungen wie „which are of a general and not local nature“[111] oder — ähnlich — „which are of the general nature, not local to that kingdom“[112] oder „so far as the same is applicable and of a general nature“[113]. Andere Staaten faßten es enger und über-

---

Mich. 1860); Lamphere's Case, 61 Mich. 105, 27 N. W. 882, 883 (S. Ct. Mich. 1886);

in *Mississippi:* Hemingway v. Scales, 42 Miss. 1, 2 Am. Rep. 586, 587, 97 Am. Dec. 425, 426 (Ct. Err. & App. Miss. 1868);

in *North Dakota:* Reeves & Co. v. Russell, 28 N. D. 265, 148 N. W. 654, 658 (S. Ct. N. D. 1914); Brignall v. Hannah, 157 N. W. 1042, 1045 (S. Ct. N. D. 1916); Bank of Conway v. Stary, 200 N. W. 505, 508 f.; 37 A. L. R. 1186, 1192 f. (S. Ct. N. D. 1924);

in *Oregon:* Rugh v. Ottenheimer, 6 Ore. 231, 25 Am. Rep. 513, 516 f. (S. Ct. Ore. 1877); Velten v. Carmack, 23 Ore. 282, 31 Pac. 658, 660, 20 L. R. A. 101, 111—113 (S. Ct. Ore. 1892); Runyan v. Winstock, 55 Ore. 202, 104 Pac. 417, 105 Pac. 895 (S. Ct. Ore. 1909);

in *Ohio:* Kerwhacker v. Cleveland etc. R. R. Co., 3 Ohio St. 172, 22 Am. Dec. 246, 250—252 (S. Ct. Ohio 1854);

in *South-Carolina:* Edwards v. Charlotte, C. & A. R. Co., 39 S. C. 472, 474 f., 18 S. E. 58, 59, 39 Am. St. Rep. 746, 748, 22 L. R. A. 246, 247 f. (S. Ct. S. C. 1893);

in *Tennessee:* Smith v. North Memphis Savings Bank, 115 Tenn. 12, 89 S. W. 392, 393 (S. Ct. Tenn. 1905);

in *New Hampshire:* State v. Moore, 26 N. H. 448, 59 Am. Dec. 354, 358 (Super. Ct. N. H. 1853); Concord Manufacturing Co. v. Robertson, 66 N. H. 1, 25 Atl. 718, 720 f., 18 L. R. A. 679, 682 (S. Ct. N. H. 1890).

Vgl. im übrigen die ausführliche *Note,* Ann. Cas. 1913 E, 1232, 1241 bis 1246, mit zahlreichen Nachweisen aus der Rechtsprechung der einzelnen Staaten; *Rich,* 22 L. R. A. 501, 502—504, 508—512.

[110] Zum folgenden eingehend *Pope,* 24 Harv. L. Rev. 19—29; *Wengler* in Festschrift für Rabel, I, S. 41—47.

[111] Z. B. *Florida:* § 2.01 Fla. Stat. 1965, unten Anhang XX (1).

[112] Z. B. *Indiana:* § 1—101 Ind. Ann. Stat. 1933, Repl. 1946, unten Anhang XX (6);
Missouri: § 1.010 Mo. Rev. Stat. 1959, unten Anhang XX (8);
ähnlich *Virginia:* § 1.11 Va. Code 1950, unten Anhang XX (9).

[113] Z. B. *Arkansas:* § 1-101 Ark. Stat. 1947, unten Anhang XX (4);
Colorado: § 135-1-1 Colo. Rev. Stat. 1963, unten Anhang XX (5);

nahmen nur das common law, das „applicable of their local and other circumstances“ war[114]. Darüber hinaus durfte es nicht der Verfassung und den Gesetzen des einzelnen Staates widersprechen. Man trifft Formulierungen wie „not inconsistent with such constitutions“[115] oder „except in so far as the same are inconsistent with, or are replaced by, subsequent legislation of Congress“[116] oder „so far as it is not repugnant to the principles of the Constitution of this State“[117] oder — anders— „and not repugnant to or inconsistent with the Constitution of the United States“[118]. In den Staaten, die keine derartige Rezeptionsbestimmung erlassen haben, hat die Rechtsprechung ähnliche Formulierungen gefunden[119].

In *sachlicher* Hinsicht ist mithin in den amerikanischen Staaten nur das *common law of general nature* rezipiert worden und auch dieses nur, soweit es nicht der Verfassung oder den Gesetzen des Bundes oder des jeweiligen Staates widersprach.

In *zeitlicher* Hinsicht haben viele amerikanische Staaten einen Stichtag oder ein Stichjahr *(cut-off-date)* festgesetzt: Nur das zu diesem Zeitpunkt in England geltende common law of general nature sollte übernommen werden. Die meisten Staaten wählten „the fourth year of the reign of James the First“ — 1607 —, das ist das Jahr der ersten Ansiedlung in Amerika (in Jamestown/Virginia)[120], oder den

---

Illinois: Ch. 28 § 1 Ill. Rev. Stat. 1963, unten Anhang XX (7);
ähnlich *Wyoming:* § 8-17 Wyo. Stat. 1957, unten Anhang XX (10).

[114] Z. B. *Maryland:* Constitution of Maryland, Art. 5, Md. Ann. Code 1957, unten Anhang XX (2).

[115] So z. B. *Indiana:* § 1-101 Ind. Ann. Stat. 1933, Repl. 1946, unten Anhang XX (6).

[116] Z. B. *District of Columbia:* § 49—301 D. C. Code 1961, unten Anhang XX (14).

[117] Z. B. *West Virginia:* § 2-1-1 W. Va. Code, unten Anhang XX (13).

[118] Z. B. *Missouri:* § 1.010 Mo. Rev. Stat. 1959, unten Anhang XX (8).

[119] Übersicht bei *Wengler* in Festschrift für Rabel, I, S. 44.

[120] *Arkansas:* § 1-101 Ark. Stat. 1947, unten Anhang XX (4);
Colorado: § 135-1-1 Colo. Rev. Stat. 1963, unten Anhang XX (5); vgl. dazu Chilcott v. Hart, 23 Colo. 40, 45 Pac. 391, 397 (S. Ct. Colo. 1896);
Indiana: § 1-101 Ind. Ann. Stat. 1933, Repl. 1946, unten Anhang XX (6);
Illinois: Ch. 28 § 1 Ill. Rev. Stat. 1963, unten Anhang XX (7); vgl. dazu People v. Williams, 145 Ill. 573, 33 N. E. 849, 851 (S. Ct. Ill. 1893);
Missouri: § 1.010 Mo. Rev. Stat. 1959, unten Anhang XX (8);
Virginia: §§ 1-10, 1-11 Va. Code 1950, unten Anhang XX (9) und *Wyoming:* § 8-17 Wyo. Stat. 1957, unten Anhang XX (10).

Kentucky hat das am 1. Juni 1792 in Virginia geltende Recht übernommen — Constitution of Kentucky, § 233, Ky. Rev. Stat., I, S. 37 und daher als Stichzeitabschnitt auch „the fourth year of the reign of James I“, Ray v. Sweeney, 14 Bush 1, 29 Am. Rep. 388, 393 (Ct. App. Ky. 1878). Ebenso Coleman v. O'Leary's Ex'r, 114 Ky. 388, 70 S. W. 1068, 1071 f. (Ct. App.

„fourth day of July, 1776", den Tag, an dem die Vereinigten Staaten ihre Unabhängigkeitserklärung abgaben[121]. Andere Staaten haben andere Stichtage oder -zeitabschnitte[122], z. B. ihren Gründungstag[123], festgelegt. In den Staaten, die nicht gesetzlich ein cut-off-date bestimmt haben, hat die Rechtsprechung dies meist nachgeholt[124].

Ky. 1902); Nider v. Commonwealth, 140 Ky. 684, 131 S. W. 1024, 1025 f. (Ct. App. Ky. 1910).

Das „fourth year of James the First" erstreckte sich vom 24. März 1606 bis 23. März 1607.

[121] *Florida:* § 2.01 Fla. Stat. 1965, unten Anhang XX (1);

Maryland: Constitution of Maryland, Art. 5, Md. Ann. Code 1957, unten Anhang XX (2); vgl. dazu In re Continental Midway Corporation, 185 F. Supp. 867, 870 (D. Md. 1960);

Rhode Island: § 43-3-1 R. I. Gen. Laws 1956, unten Anhang XX (3). Diese Vorschrift bezieht sich allerdings nur auf die englischen statutes.

[122] *New York:* Constitution of the State of New York Art. I § 14, unten Anhang XX (11): 19. April 1775 — 20. April 1777;

Georgia: Act vom 25. Febr. 1784, Note nach § 2-8003 Ga. Code Ann., Buch 1, S. 667: 14. Mai 1776; vgl. dazu Harris v. Powers, 129 Ga. 74, 58 S. E. 1038, 1040 (S. Ct. Ga. 1907).

Pennsylvania: Tit. 46, § 152 Purdon's Penna. Stat. Ann., unten Anhang XX (12): 14. Mai 1776 — 10. Febr. 1777.

[123] So *West-Virginia:* § 2-1-1 W. Va. Code, unten Anhang XX (13): 20. Juni 1863 und

District of Columbia: § 49-301 D. C. Code 1961, unten Anhang XX (14): 27. Februar 1801.

[124] Keinen Stichtag oder -zeitabschnitt enthalten die statutes über die Rezeption des common law in

Alabama: Tit. 1 § 3 Ala. Code, Bd. 2, S. 6;

Alaska: § 01.10.010 Alas. Stat., S. 4;

Arizona: § 1-201 Ariz. Rev. Stat., Bd. 2, S. 53;

Delaware: Constitution of 1776, Art. 25, Del. Code Ann., Bd. 1, S. 91;

Hawaii: § 1-1 Haw. Rev. Laws 1955, Bd. I, S. 69;

Idaho: § 73-116 Ida. Code, Bd. 11, S. 512 f.;

Kansas: § 77-109 Kan. Gen. Stat. 1949, S. 2523;

Massachusetts: Constitution of Massachusetts, [§ 97] Art. VI, Mass. Ann. Laws, Bd. 10, S. 88 und hierzu Going v. Emery, 16 Pick. 107, 26 Am. Dec. 645, 650 (S. Jud. Ct. Mass. 1834); Warner v. Selectmen of Amherst, 326 Mass. 435, 95 N. E. 2d 180, 182 f. (S. Jud. Ct. Mass. 1950);

Montana: § 12-103 Mont. Rev. Cod. 1947, Bd. 2, S. 1 f.;

Nebraska: § 49-101 Neb. Rev. Stat. 1943, Bd. 3 A, S. 778;

Nevada: N. R. S. 1.030;

New Jersey: First Constitution of New Jersey — 1776, Art. 22; Constitution of New Jersey — 1844, Art. X § 1, N. J. Rev. Stat. 1937, Bd. IV, S. 122, 134;

New Mexiko: § 21-3-3 N. M. Stat. 1953, Bd. 4, S. 509;

North Carolina: § 4-1 N. C. Gen. Stat., Bd. 1 B, S. 36;

Oklahoma: Tit. 12, § 3 Okla. Stat. 1951, Bd. 1, S. 613;

V. Stare decisis — Doktrin

Im Rahmen des common law kommt den *Gerichtsentscheidungen* (cases) große Bedeutung zu als Präjudizien (prejudices, Vorentscheidungen), ist doch das common law als ungeschriebenes Recht im wesentlichen gerade durch Gerichtsentscheidungen entwickelt worden. Es bedarf daher näherer Erwägung, inwieweit die amerikanischen Gerichte an amerikanische und an englische Präjudizien gebunden waren.

Innerhalb des common law sind *Präjudizien* für die Gerichte in allen künftigen *gleichgelagerten* Fällen bindend, *stare-decisis-Doktrin*[125]. Diese Doktrin besteht im englischen common law allerdings nur hinsichtlich englischer Präjudizien. Das in den Kolonien *übernommene* common law war indessen amerikanisches Recht geworden, das über die stare-decisis-Doktrin nicht an englische, sondern nur an *amerikanische* Präjudizien gebunden war. Die englischen Vorentscheidungen dienten lediglich zum *Nachweis* (evidence) des common law[126]. Allerdings bestand das übernommene common law im wesentlichen aus *Rechtsgrundsätzen*, die *in englischen Gerichtsentscheidungen ent-*

Texas: Art. 1 Vernon's Tex. Stat. 1948, Bd. 1, S. 1;
Vermont: Tit. 1 § 271 Vt. Stat. Ann., Bd. 1, S. 181;
Virgin Islands: Tit. 1 § 4 V. I. Code, Bd. 1, S. 187;
Washington: § 4.04.030 Wash. Rev. Code, Bd. 0, S. 4.04-3 und
Wisconsin: Wisconsin Constitution Art. XIV s. 13, Wisc. Stat. 1959, Bd. 1, S. 46.

Die *Rechtsprechung* hat z. B. in *Arizona* den Stichtag auf der „separation of colonies from the mother country" festgesetzt, also auf die Annahme der Unabhängigkeitserklärung am 4. Juli 1776: John W. Masury & Son v. Bisbee Lumber Co., 49 Ariz. 443, 68 P. 2d 679, 680 (S. Ct. Ariz. 1937); Patterson v. Connolly, 51 Ariz. 443, 77 P. 2d 813, 814 (S. Ct. Ariz. 1938).

In *Nebraska* entscheidet die Zeit der Revolution: Williams v. Miles, 68 Neb. 463, 94 N. W. 705, 708 (S. Ct. Neb. 1903) und in *Vermont* die Zeit der Einwanderung (migration):

In re Heaton's Estate, 89 Vt. 550, 96 Atl. 21, 29 (S. Ct. Vt. 1915); State v. O'Brien, 106 Vt. 97, 170 Atl. 98, 99, 102 (S. Ct. Vt. 1934); E. B. & A. C. Whiting Co. v. City of Burlington, 106 Vt. 446, 175 Atl. 35, 41 (S. Ct. Vt. 1934).

[125] Dazu eingehend *Goodhart*, 50 L. Q. Rev. 43—60; *Holdsworth*, 50 L. Q. Rev. 180—195. Vgl. auch *Radbruch*, S. 33. Kritisch neuestens *Leach*, Property Law, S. 25—27.

[126] Kansas v. Colorado, 206 U. S. 46, 96, 27 Sup. Ct. 655, 667 (S. Ct. 1906); *Pope*, 24 Harv. L. Rev. 10—14, 14:

"The theory is, as it is often expressed, that the 'whole body' of the English common law was adopted, without thereby making any English decisions at any period of time controlling authorities in the States."

Stone, 50 Harv. L. Rev. 8.

Vgl. auch *Wengler* in Festschrift für Rabel, I, S. 62 f.

wickelt waren. Diese Entscheidungen hatten zwar nicht über die stare-decisis-Doktrin, wohl aber deshalb *Bindungswirkung*, weil sie materiell zum *Inhalt des common law* gehörten[127]. Zu welchem dieser beiden Typen eine einzelne Entscheidung zählte, wird dabei von Staat zu Staat verschieden beurteilt.

Für die amerikanischen Gerichte war es selbst oft schwer zu entscheiden, ob sie an eine englische Vorentscheidung wegen deren materiellen common law-Inhalts gebunden waren. Sie machten daher ihre Entscheidung — jedenfalls für die *alten* englischen Entscheidungen — im Einzelfall zumeist davon abhängig, ob die Bindungswirkung *erwünscht* war[128]. Überdies wurde die stare-decisis-Doktrin in Amerika nicht so streng durchgeführt wie der Grundsatz der Bindung an Präjudizien in England. Man wandte sie vielmehr nur soweit an, als sie nicht zu einer Erstarrung des Rechts führte. Arthur T. *Vanderbilt*, C. J. hat dies in einem Diktum in *Fox v. Snow* so formuliert:

> "The doctrine of stare decisis neither renders the courts impotent to correct their past errors nor requires them to adhere blindly to rules that have lost their reason for being. The common law would be sapped of its life blood if stare decisis were to become a god instead of a guide. The doctrine when properly applied operates only to control change, not to prevent it."[129]

An die *neuen*, zeitgenössischen englischen Entscheidungen waren die amerikanischen Gerichte zwar wegen fremder jurisdiction grundsätzlich ebenfalls nicht gebunden[130] — sie galten allenfalls als evidence des „richtigen“ common law[131]. Doch konnten diese im Einzelfall wiederum materiell zum Inhalt des übernommenen englischen common law gehören. Dann waren sie bindend. Denn das englische common law wurde durch englische Gerichtsentscheidungen weiterentwickelt, so daß bei Anwendung des *gegenwärtigen* common law auch die *gegenwärtigen englischen Entscheidungen* zu beachten waren[132]. Allerdings hielten sich auch in diesem Fall einzelne Staaten streng an das cut-off-date der Rezeption[133].

---

[127] Despeaux v. Pennsylvania R. Co., 133 Fed. 1009, 1011 (D. Pa. 1904); *Simes* in A. L. P., I, § 1.40, S. 55 f.; *Pope*, 24 Harv. L. Rev. 13; *Stone*, 50 Harv. L. Rev. 5.

[128] *Pope*, 24 Harv. .L Rev. 18.

[129] Fox v. Snow, 6 N. J. 12, 76 A. 2d 877, 883 (S. Ct. N. J. 1950).

[130] *Pope*, 24 Harv. L. Rev. 11 f.

[131] Chilcott v. Hart, 23 Colo. 40, 45 Pac. 391 (S. Ct. Colo. 1896). Vgl. auch *Wengler* in Festschrift für Rabel, I, S. 63.

[132] *Pope*, 24 Harv. L. Rev. 14.

[133] Vgl. Ray v. Sweeney, 14 Bush 1, 29 Am. Rep. 388 (Ct. App. Ky. 1878); Revell v. People, 177 Ill. 468, 52 N. E. 1052, 1057 f. (S. Ct. Ill. 1899).

3. ABSCHNITT

Rezeption und Umwandlung des land-tenure-Systems

A. GRUNDLAGEN

Die Grundlage der Rezeption des land-tenure-Systems in Amerika waren die *königlichen charters*, die nach dem Muster der land tenure abgefaßt waren[134]: Das Land, das der König an die Kolonisationsgesellschaften oder die Privateigentümer übertragen hatte — also alle Kolonien mit Ausnahme von Massachusetts, Rhode Island und Connecticut —, hatten diese als tenants des Königs inne, und zwar „*in free and common socage* as of our Manor at East Greenwich, in the County of Kent"[135] oder „to be holden of Us Our heires and Successors, Kings of England, as of Our Castle of Windsor in Our County of Berks, *in free and common Socage*, by fealty only for all Services, and not in Capite or by Knights Service"[136].

Als *quit-rent* setzten die charters z. B. „*Two Beaver Skins*, to bee delivered at Our said Castle of Windsor on the First Day of January in every Year; . . ."[137] fest oder „yearly and every year, *forty beaver skins* when they shall be demanded, or within ninety days after"[138] oder „*Two Indian Arrows* of these Parts, to be delivered at the said Castle of Windsor, every Year, on Tuesday in Easter Week"[139].

Die in den neuen Kolonien begründeten tenures hatten also bereits die Wirkungen, die in England selbst erst einige Jahre später durch

[134] *Vance*, 33 Yale L. J. 256.

[135] So z. B. die erste Virginia-Charter von 1606, abgedruckt bei *Thorpe*, VII, S. 3783—3789 [3789]; ebenso die New York-Charter von 1664, abgedruckt bei *Thorpe*, III, S. 1637—1640 [1638] und N. J. Rev. Stat. 1937, Bd. IV, S. 115—116 [115]. Zu „Our manor of East Greenwich" vgl. *Carr*, 29 L. Q. Rev. 350—352; *Harris*, S. 152—154.

Insgesamt enthielten die charters für neun der dreizehn Gründerstaaten diese Klausel: Virginia, Massachusetts, New Hampshire, Rhode Island, Connecticut, New York, New Jersey, North Carolina und South Carolina.

[136] So z. B. die Maryland-Charter von 1632, unten Anhang XVI, S. 282 und die Pennsylvania-Charter von 1681, unten Anhang XVIII, S. 297.

Weitere Nachweise von Übertragungen dieser Art und über andere Formen bei *Carr*, 29 L. Q. Rew. 352; *Harris*, S. 153 sowie unten S. 130, 135, 137, 141.

[137] So z. B. die Pennsylvania-Charter von 1681, unten Anhang XVIII, S. 297.

[138] So z. B. die New York-Charter von 1664, abgedruckt bei *Thorpe*, III, S. 1637—1640 [1638] und N. J. Rev. Stat. 1937, Bd. IV, S. 115—116 [115].

[139] So z. B. die Maryland-Charter von 1632, unten Anhang XVI, S. 282.

Näher hierzu *Tiffany-Zollman*, § 24, S. 22; *Vance*, 33 Yale L. J. 248, 256; *Rutter*, 14 N. Y. U. Intra. L. Rev. 221.

die Umwandlung der knight service-Lehen (1660)[140] geschaffen wurden: Der tenant war von der homage und den incidents wie aids, relief, marriage usw. mit Ausnahme des escheat befreit[141]. Die services, die der tenant bei der free and common socage tenure erbringen mußte[142], waren von vornherein in Geld oder Naturalien als quitrents zu leisten[143].

Die tenures entstanden in den Kolonien ausschließlich durch *Subinfeudation.* Zwar war 1290 mit dem Statute Quia Emptores[144] die Subinfeudation abgeschafft worden. Doch galt dies nicht für den König. Er schuf selbst neue tenure-Verhältnisse und konnte seinen unmittelbaren tenants das Subinfeudationsrecht verleihen[145]. So gewährten — wie mit Recht vermutet wird[146] — bereits die *frühesten charters* für die Kolonien dem begünstigten tenant das Subinfeudationsrecht, wenn sie dies auch nicht ausdrücklich bestimmten. Die *jüngeren charters* enthielten dagegen zumeist eine Klausel, die die Subinfeudation ausdrücklich gestattete, die sogenannte *non obstante-Klausel*[147].

Aufgrund dieses Subinfeudationsrechts entstanden in allen Gründerkolonien mit Ausnahme von Massachusetts, Rhode Island und Connecticut *free and common socage tenures* mit den Kolonisationsgesellschaften oder den Privateigentümern (z. B. Lord Baltimore in Maryland, William Penn in Pennsylvania) als mesne lords[148]. Sie waren

---

[140] 12 Car. II, c. 24 (1660), unten Anhang XI (3), S. 273—277. Näher dazu oben S. 66—67.

[141] Zum Vorstehenden eingehend *Tiffany-Zollman,* § 24, S. 22; *Vance,* 33 Yale L. J. 248 f.; *Rutter,* 14 N. Y. U. Intra. L. Rev. 222; *Chesnut,* 91 U. Pa. L. Rev. 138, 142, 148 f. Näher auch unten S. 149—151.

Zu homage und den incidents näher oben S. 16, 24—27.

[142] Im einzelnen oben S. 27—29.

[143] *Vance,* 33 Yale L. J. 256 f.

[144] 18 Edw. I, c. 1—3 (1290), unten Anhang VII, S. 263—264. Näher im einzelnen oben S. 56—59.

[145] Näher oben S. 58.

Vgl. auch Jackson v. Schutz, 18 Johns. R. 174, 185; 9 Am. Dec. 195, 198 f. (S. Ct. N. Y. 1820); ebenso People v. Van Rensselaer, 9 N. Y. 291 (Ct. App. N. Y. 1853); *Challis,* S. 20; *Gray,* § 21, S. 17; *Harris,* S. 47; *Rutter,* 14 N. Y. U. Intra. L. Rev. 222; *Chesnut,* 91 U. Pa. L. Rev. 140—143.

[146] Es ergeben sich keine Anhaltspunkte, warum das Subinfeudationsrecht nicht auch in den alten charters trotz Fehlens einer ausdrücklichen Klausel gewährt sein soll. Die praktische Anwendung und Duldung sprechen für die Gewährung des Subinfeudationsrechts; *Bond,* S. 31; *Harris,* S. 149 f.; *Vance,* 33 Yale L. J. 256.

[147] Näher unten S. 186—187, 200—201.

Die Bezeichnung non obstante-Klausel beruht auf der lateinischen Fassung des Wortes „notwithstanding" (bezogen auf das Statute Quia Emptores), mit dem diese Klauseln üblicherweise endeten; vgl. z. B. unten S. 186.

[148] *Vance,* 33 Yale L. J. 257. Zum Begriff „mesne lord" näher oben S. 48.

regelmäßig genauso ausgestaltet wie das Grund-tenure-Verhältnis (zwischen dem König und der Kolonisationsgesellschaft oder dem Privateigentümer), also mit fealty and escheat als einzigen incidents sowie mit den jeweiligen quit-rents, wobei der lord aufgrund eines üblichen ausdrücklichen Vorbehalts ein right of distress bei rent-Rückständen hatte[149]. Gleichwohl wiesen sie häufig Unterschiede in den quit-rents auf. Außer beaver skins o. ä. schuldeten die tenants jährlich z. B. „an ear of corn" oder „one white perch" (bei Fischereien)[150] oder „one Red Rose" — aufgrund einer Übertragung von Thomas und Richard *Penn* im Jahre 1764 als Eigentümer von Pennsylvania an einige „trustees to the use of the twon of Easton"[151].

B. VIRGINIA

I. Entwicklung bis zum Unabhängigkeitskrieg

Die königliche charter von *1606*, die *erste Virginia-Charter*[152], verlieh das Gebiet entlang der Küste zwischen 34. und 41. Breitengrad an die London Company und zwischen 38. und 45. Breitengrad an die Plymouth Company. Das sich überschneidende Gebiet (zwischen 38. und 41. Breitengrad) konnte von beiden Gesellschaften gleichberechtigt besiedelt werden[153]. Die Gesellschaften erhielten das Gebiet vom König „in free and common socage" nach dem Muster des „manor of East Greenwich in the County of Kent"[154]. Als quit-rent behielt sich der König (James I) $^{1}/_{5}$-Anteil aller Gold-, Silber- und Kupferfunde

[149] Vgl. z. B. Van Rensselaer v. Jewett, 5 Denio. 121, 122 (S. Ct. N. Y. 1847); De Peyster v. Michael, 6 N. Y. 467, 57 Am. Dec. 470, 472 (Ct. App. N. Y. 1852); Van Rensselaer v. Hays, 19 N. Y. 68, 75 Am. Dec. 278 (Ct. App. N. Y. 1859); *Vance*, 33 Yale L. J. 257.

Näher zum right of distress oben S. 36.

[150] Nachweise bei *Cadwalader*, S. 20 f.

[151] Stuart v. City of Easton, 170 U. S. 383, 386, 18 Sup. Ct. 650, 652 (S. Ct. 1898).

Andere quit-rents finden sich z. B. bei Van Rensselaer v. Jewett, 5 Denio. 121, 122 (S. Ct. N. Y. 1847): "eighteen bushels and three fourths of a bushel of good, clean, merchantable winter wheat, four fat hens, to be delivered at the now mansion house of the said Stephen Van Rensselaer, in the Town of Watervliet, ..." oder — ähnlich — bei Jackson v. Schutz, 18 Johns. R. 174, 175 (S. Ct. N. Y. 1820): "eighteen bushels of good, merchantable winter wheat, on the first day of May, yearly; ..." oder bei De Peyster v. Michael, 6 N. Y. 467, 57 Am. Dec. 470, 471 (Ct. App. N. Y. 1852): "forty-eight bushels of wheat".

[152] Abgedruckt bei *Thorpe*, VII, S. 3783—3789.

[153] Vgl. hierzu und zur Geographie *Harris*, S. 83 und die Karte, S. 84.

[154] *Thorpe*, a. a. O., S. 3789. Vgl. dazu auch oben S. 128.

vor[155]. Zwischen dem König und der Gesellschaft entstand damit ein tenure-Verhältnis in free and common socage. Die vorbehaltene *quit-rent* war eine *rent-service* und wurde somit als *real property* angesehen[156]. Das Statute Quia Emptores[157] war, da der König das Land verlieh, nicht einschlägig.

Die Gesellschaft als tenant erhielt *nicht* das Subinfeudationsrecht, also das Recht, selbst manors und neue tenure-Verhältnisse zu begründen[158].

Nach den „Instructions for the Government of the Colonies" James' I vom 20. November 1606 richteten sich die Rechtsbeziehungen zu dem Land sowie die Vererbung des Landes allgemein nach englischem common law[159].

Es zeigte sich freilich bald, daß diese erste charter den neuen Erfordernissen nicht gerecht wurde und besonders die Interessen der Gesellschaft als Monopolhandelsunternehmen zu wenig berücksichtigt hatte. Der König erließ daher im März *1609* eine neue, die *zweite Virginia-Charter*[160]: durch die die Kolonisationsgesellschaft „The Treasurer and Company of Adventurers and Planters of the City of London for the first Colony of Virginia"[161] ins Leben gerufen wurde. Das bisherige tenure-Verhältnis in free and common socage blieb zwischen dem König und der Nachfolgegesellschaft bestehen. Doch erhielt diese *nunmehr* das Recht, selbst unmittelbar Land durch *Subinfeudation* auf die Ansiedler zu übertragen. Dadurch wurden neue tenure-Verhältnisse — wiederum in free and common socage — zwischen der Gesellschaft und den Ansiedlern geschaffen. Dies widersprach nicht dem Statute Quia Emptores[162], da die Gesellschaft ihr Recht als unmittelbarer tenant des Königs erhalten hatte[163]. Innerhalb dieser tenure-Verhältnisse behielt sich die Gesellschaft bei ihren Übertragungen regelmäßig eine *quit-rent* in Geld oder Naturalien vor. Diese quit-rent war, da im Verhältnis Gesellschaft-Ansiedler das

---

[155] *Thorpe*, a. a. O., S. 3786.

[156] Näher oben S. 35—36.

[157] 18 Edw. I, c. 1—3 (1290), unten Anhang VII, S. 263—264. Näher dazu oben S. 56—59.

[158] Vgl. *Harris*, S. 84.

[159] *Harris*, S. 85.

[160] Abgedruckt bei *Thorpe*, VII, S. 3790—3802.

[161] *Adventurers* waren die Mitglieder der Gesellschaft, die zwar Rechte in Virginia erwarben, aber selbst in England blieben und nur Vertreter nach Virginia schickten.

Planters waren dagegen die Mitglieder der Gesellschaft, die Rechte in Virginia erwarben und auch selbst nach dort auswanderten. Vgl. *Harris*, S. 85.

[162] 18 Edw. I, c. 1—3 (1290), unten Anhang VII, S. 263—264. Näher dazu oben S. 56—59.

[163] *Harris*, S. 86; *Vance*, 33 Yale L. J. 256. Näher oben S. 58.

Statute Quia Emptores[164] nicht galt, eine *rent-service* und wurde daher als *real property* angesehen.

Für die tenure-Struktur in Virginia war die *zweite Virginia-Charter* von 1609 *entscheidend:* Mit der Übertragung der vollen Rechte des Königs auf die Gesellschaft war die Grundlage der free tenure-Verhältnisse in Virginia geschaffen[165].

1612 brachte eine weitere, die *dritte Virginia-Charter*[166] durch Einbeziehung der Bermuda- und Somers-Inseln vornehmlich eine territoriale Erweiterung. An den tenure- und quit-rent-Verhältnissen änderte sich nichts Nennenswertes[167].

1624 wurden diese charters von der Krone widerrufen: Der König wollte an den wachsenden Einkünften aus dem Tabakanbau beteiligt werden, der in den bisherigen charters überhaupt nicht erwähnt war[168]. Alle Rechte der Gesellschaft gingen infolge des Widerrufs unmittelbar auf den König über, so daß von nun an allein er das Recht hatte, Landübertragungen vorzunehmen[169].

Eine besondere Entwicklung hat der Teil Virginias genommen, der zwischen den Flüssen Rappahannock und Potomac liegt, der sogenannte *Northern Neck:* 1649/50 übertrug der Sohn Charles' I, der spätere Charles II (1660—1685), dieses Gebiet durch eine charter an einige seiner Getreuen, unter ihnen *Lord Thomas Fairfax,* gegen eine quit-rent von jährlich £ 6 13 s. 4 d. und $^1/_5$-Anteil an den Goldfunden und $^1/_{10}$-Anteil an den Silberfunden[170]. Die tenants erhielten für 21 Jahre das Recht, das Land nach ihrem Belieben aufzuteilen und durch Subinfeudation zu übertragen und damit neue *free and common socage tenures* zu gründen. 1660 erneuerte Charles II nach seiner Thronbesteigung diese Übertragung. Gleichwohl gelang es den begünstigten tenants nicht, ihre Rechte gegen den Widerstand der Sied-

---

[164] Siehe oben Fußn. 162.

[165] Ähnlich *Harris,* S. 91: "Withdrawal by the Crown from control over who would receive grants in the land of America was a marked step forward in expediting settlement and in the development of free tenures in America."

[166] Abgedruckt bei *Thorpe,* VII, S. 3802—3810.

[167] Vgl. näher *Harris,* S. 86.

[168] Die Einkünfte Virginias aus dem Tabakanbau betrugen 1617 bereits £ 4.450. Bedenkt man, daß die Kolonien in erster Linie wirtschaftliche Bedeutung für den König hatten, dann ist das Interesse des Königs an Beteiligung an den Einkünften durchaus verständlich.

[169] Vgl. *Harris,* S. 88 f.

[170] Der Text dieser charter ist verlorengegangen. Doch findet sich ein Bericht mit Inhaltsangabe in einem Beschluß der Virginia-Versammlung von 1736, der die Rechte der durch die charter Begünstigten bestätigte; *Hening,* IV, S. 514—523.

ler durchzusetzen[171]. Auch eine neue charter von *1669* über den Northern Neck blieb praktisch ohne Bedeutung[172].

1673 übertrug Charles II ganz Virginia unter Mißachtung aller bisherigen Übertragungen an die *Lords Arlington* und *Culpeper*[173]. Sie erhielten für 31 Jahre das Recht, alles Land, das noch nicht übertragen war oder das durch escheat oder forfeiture an den lord zurückgefallen war oder zurückfiel, durch Subinfeudation zu fee simple, also ohne zeitliche Beschränkung, zu übertragen, die bisherigen Übertragungen zu bestätigen und *manors* mit eigenen Gerichten zu gründen[174]. *Lord Arlington* und *Culpeper* mußten ihrerseits eine *quit-rent* von jährlich 40 s. gesetzlicher englischer Währung[175] und $^1/_5$-Anteil an allen Gold- und Silberfunden erbringen. Ebenso konnten sie sich selbst bei ihren Übertragungen eine quit-rent von jährlich 2 s./100 acres Land vorbehalten. Beide quit-rents wurden vom Statute Quia Emptores[176] nicht erfaßt. Sie waren daher *rent-services* und als *real property* anzusehen.

Die charter verursachte große Unruhe unter den Ansiedlern Virginias; fürchteten sie doch um ihre Rechte an dem von ihnen besiedelten Land[177]. Sie war eine der Ursachen der sogenannten „Bacon's Rebellion" zur Abschaffung des kolonialen Rechtssystems[178].

---

171 *Harris,* S. 89, mit weiteren Nachweisen.

172 Die charter ist abgedruckt bei *Hening,* IV, S. 516—519.

173 Die charter ist abgedruckt bei *Hening,* II, S. 569—578.

174 Vgl. *Harris,* S. 90.

175 Diese Formulierung erklärt sich so: Die Kolonien hatten nicht das Münzrecht. Um sich Geld zu beschaffen, was für die koloniale Wirtschaft lebenswichtig war, verfielen sie auf den Ausweg, Lagerscheinen für Tabak, der einen beständigen Wert hatte, gesetzlichen Zahlungskurs zu geben. Vgl. *Maurois,* S. 98. Die Formulierung sollte diese Zahlungsweise ausschließen.

176 18 Edw. I, c. 1—3 (1290), unten Anhang VII, S. 263—264. Näher dazu oben S. 56—59.

177 *Bond,* S. 62; *Harris,* S. 90; *Vance,* 33 Yale L. J. 259.

178 Die „Bacon's Rebellion" wurde angeführt von Nathaniel *Bacon* (1647 bis 1676), einem angesehenen Mitglied des Gouverneurs-Rates von Virginia. *Bacon* führte ohne Einwilligung des Gouverneurs Sir William Berkeley eine erfolgreiche Unternehmung zum Schutz der Grenzbevölkerung gegen die indianischen Raubzüge. Als Berkeley die Aktion Bacon's verurteilte, weitete dieser seine Ziele auf eine allgemeine Reform des kolonialen Rechtssystems aus. In einem kurzen Bürgerkrieg setzten Bacon's Truppen Jamestown in Brand und schlugen den Gouverneur. Bevor Bacon jedoch seine unter den Ansiedlern sehr populären Reformpläne durchsetzen konnte, starb er am 18. Oktober 1676.

Von seinen Anhängern wegen seiner überragenden Intelligenz und seiner trotz aristokratischer Herkunft liberalen und demokratischen Überzeugungen bewundert, fand Bacon in dem offiziellen Bericht der nach Virginia entsandten königlichen Kommission eine wenig freundliche, aber für die Autoren

Im September 1674 baten die Ansiedler den König, die charter zu widerrufen[179]. Vergebens. Sie erreichten in Verhandlungen mit *Lord Arlington* und *Culpeper* lediglich, daß sie ihre quit-rents in Tabak zahlen durften[180].

1681 übertrug *Arlington* seine gesamten Rechte in *Virginia* auf *Culpeper*[181], der seinerseits 1684 ganz Virginia mit Ausnahme des Northern Neck auf den König gegen eine 20jährige Pension von jährlich £ 600 zurückübertrug[182].

Den *Northern Neck* hatte *Culpeper* von *Lord St. Albans* gekauft, was durch königliche charter von 1688 bestätigt wurde[183]. Nach Culpeper's Tod 1688 wurde das Land zunächst von Bevollmächtigten verwaltet und später von Dennis *Martin*, dem Erben, für £ 20 000 an ein Finanzsyndikat (unter Robert *Morris*) in Philadelphia verkauft[184].

An der *Struktur der tenure-Verhältnisse änderte sich* durch diese Entwicklung jedoch *nichts*[185].

II. Abschaffung der tenure

Mit dem Ausbruch des Unabhängigkeitskrieges trat eine entscheidende Wende ein: Im Mai *1776* beschloß die Generalversammlung der Siedler Virginias, daß alle bisher der Krone zustehenden quit-rents künftig in die Staatskasse zu zahlen seien[186]. Durch *statute von 1779* — im Northern Neck von *1785* — wurden die *quit-rents* dann endgültig zusammen mit „all other reservations and conditions in the patents or grants of land" *abgeschafft*[187]. Gleichzeitig erklärte das

---

und den Zeitgeist typische Charakterisierung: "an ominous, pensive, melancholy Aspect, of a pestilent and prevalent Logical discourse tending to atheisme, in most companyes not given to much talke, or to make suddain replyes; of a most imperious and dangerous hidden Pride of heart, despising the wisest of his neighbors for their Ignorance, and very ambitious and arrogant.", zitiert nach *Osgood*, 17 Jhdt., III, S. 264. Vgl. näher zu Bacon's Rebellion *Osgood*, 17. Jhdt., a. a. O., S. 263—277. Vgl. auch *Vance*, 33 Yale L. J. 259.

179 *Hening*, II, S. 311—314.

180 Sie vereinbarten zunächst einen Gegenwert von 12 s. und später 22 shilling für 100 Pfund Tabak; *Harris*, S. 90, mit Nachweisen.

181 *Hening*, II, S. 578—583.

182 *Hening*, II, S. 521—522.

183 *Hening*, IV, S. 519—523.

184 Näher *Harris*, S. 91.

Zum Vorstehenden vgl. auch *Osgood*, 17. Jhdt., III, S. 242—258, 280—308.

185 *Harris*, S. 91; *Vance*, 33 Yale L. J. 259.

186 Vgl. *Vance*, 33 Yale L. J. 260.

187 *Gray*, § 23, S. 19; *Harris*, S. 91; *Vance*, 33 Yale L. J. 249, 260.

Das statute von 1779 ist abgedruckt bei *Hening*, X, S. 50, 64, 65, dasjenige des Northern Neck von 1785 bei *Hening*, XIII, S. 113.

statute, „that *all lands* thereby respectively granted, shall be held in *absolute and unconditional property* to all intents and purposes whatsoever, in the same manner with lands hereafter to be granted by the commonwealth“[188].

Mithin bestehen seit dieser Zeit in Virginia *keine tenure-Verhältnisse* mehr. Die durch sie geschaffenen Besitzstände sind in *Allodialeigentum*[189] umgewandelt.

C. MASSACHUSETTS

I. Entwicklung in den Kolonien Plymouth und Massachusetts-Bay

1606 hatte die erste Virginia-Charter den nördlichen Teil Virginias, das spätere Massachusetts, an die Plymouth-Company übertragen. Die charter hatte ein tenure-Verhältnis zwischen dem König und der Gesellschaft geschaffen, dieser aber nicht das Recht gegeben, selbst neue tenure-Verhältnisse zu begründen[190]. 1620 erhielt der *Council of New England*[191], der Nachfolger der Plymouth-Company, durch königliche charter das Gebiet zwischen dem 40. und 48. Breitengrad in der Ausdehnung von Meer zu Meer „as of our Manor of East-Greenwich, in our County of Kent, in free and common Soccage“[192]. Als quit-rent wurde $^1/_5$-Anteil an den Gold- und Silberfunden festgesetzt, nicht

[188] *Hening*, X, S. 64.

[189] Unter Allodialeigentum versteht man im Gegensatz zum Feudaleigentum oder tenure das Land, an dem der Besitzer ein volles, uneingeschränktes Eigentum hat und das er nicht von einem lord als tenant innehat; *Blackstone*, II, S. 45, Fußn. f., S. 47 erklärt: "that is, wholly independent, and held of no superior at all", und S. 104 f.: "The true meaning of the word fee (feodum) is the same with that of feud or fief, and in it's original sense it is taken in contradistinction to allodium; which latter the writers on this subject define to be every man's own land, which he possesseth merely in his own right, without owing any rent or service to any superior. This is property in it's highest degree; and the owner thereof hath absolutum et directum dominium, and therefore is said to be seised thereof absolutely in dominico suo, in his own demesne. But feodum, or fee, is that which is held of some superior, on condition of rendering him service; in which superior the ultimate property of the land resides." Vgl. auch *Gray*, § 23, S. 18, Fußn. 4 [S. 19]; *Vance*, 33 Yale L. J. 249, Fußn. 9 und oben S. 8, Fußn. 27.

[190] Näher oben S. 131.

[191] In der charter heißt er „Councill established at Plymouth, in the County of Devon for the planting, ruling, ordering, and governing of New England, in America“, z. B. *Thorpe*, III, S. 1829.

[192] Abgedruckt bei *Thorpe*, III, S. 1827—1840, 1834. Zur Geographie vgl. *Harris*, S. 99.

aber eine feste jährliche Zahlung. Der Council erhielt das Recht, unter seinem Siegel das Land aufzuteilen und durch Subinfeudation, also durch Schaffung neuer tenure-Verhältnisse, zu übertragen, wobei er sich ebenfalls eine quit-rent vorbehalten konnte[193]. Da beide quit-rents, die des Königs und die des Council, vom Statute Quia Emptores[194] nicht erfaßt wurden, waren sie *rent-services* und daher als *real property* anzusehen.

Zu derselben Zeit gründeten die *Pilgrim-fathers,* die eine Landübertragung von der South Virginia Company erhalten hatten, eine Kolonie in *Plymouth* auf dem Gebiet des Council of New England und nicht — wie eigentlich vorgesehen — auf dem Gebiet der South Virginia Company[195]. Sie schlossen, da sie ohne gültige Landübertragung waren, untereinander einen „Covenant", nach dem sie sich selbst regieren und sich eigene Gesetze geben wollten[196]. 1621 erhielten sie schließlich von dem Council of New England Siedlungsland in Plymouth. Es ist dabei allerdings nicht angegeben, in welchem Rechtsverhältnis und unter welchen Bedingungen die Ansiedler dieses Land innehatten[197].

1629 übertrug der Council of New England sein gesamtes Gebiet mit allen Rechten an William *Bradford* und Genossen[198]. Sie erhielten damit das Recht, selbst neue free tenure-Verhältnisse zu begründen. Außer $^1/_5$-Anteil an den Gold- und Silberfunden brauchten sie hierfür keine quit-rent zu erbringen[199]. Im März 1641 gab *Bradford* seine Rechte an die „Freemen of New Plymouth", die Ansiedler, weiter[200], in deren Besitz die Kolonie bis 1691 blieb.

Die Kolonie *Massachusetts-Bay,* mit der sich Plymouth 1691 vereinigte, nahm eine andere Entwicklung: 1628 übertrug der Council of New England das Gebiet von Massachusetts an die New England Company. Das wurde 1629 durch königliche charter, die erste Massachusetts-Bay-Charter, die zugleich die charter von 1620 ersetzte, be-

---

193 *Thorpe,* III, S. 1834, 1835 f.

194 18 Edw. I, c. 1—3 (1290), unten Anhang VII, S. 263—264. Näher dazu oben S. 56—59.

195 Näher oben S. 103 f.
Vgl. auch *Osgood,* 17 Jhdt., I, S. 109 f.; *Harris,* S. 103 f.

196 Unten Anhang XV, S. 279—280. Vgl. oben S. 104.

197 *Harris,* S. 104.

198 "Charter of the Colony of New Plymouth Granted to William Bradford and His Associates" vom 13. Januar 1629, abgedruckt bei *Thorpe,* III, S. 1841—1846. Vgl. zu dem Gebiet, das die Charter umfaßte, die Karte bei *Harris,* S. 105.

199 *Thorpe,* III, S. 1844.

200 "William Bradford, & c. Surrender of the Patent of Plymouth Colony to the Freemen" vom 2. März 1640, abgedruckt bei *Thorpe,* III, S. 1861—1862.

stätigt[201]. Die charter übergab das Land „as of our Mannor of East Greenwich, in the County of Kent, in free and common Soccage"[202]. Als quit-rent wurde $^1/_5$-Anteil an den Gold- und Silberfunden, nicht aber eine jährlich wiederkehrende Zahlung festgesetzt. Sie war wiederum, da das Statute Quia Emptores[203] für sie nicht galt, *rent-service* und damit *real property*.

II. Umwandlung in Allodialeigentum

1641 erklärte der General Court von Massachusetts das Land für von allen feudalen incidents befreit[204]. Wenn es auch rechtlich noch der Krone zustand, war damit das Land doch wirtschaftlich in *Allodialeigentum* übergegangen: Die Siedler hatten das volle Dispositionsrecht über „ihr" Land und damit die Stellung von unbeschränkten Eigentümern.

William und *Mary* (1689—1695) machten noch 1691 einen Versuch, die feudalen Rechte in Massachusetts zu retten und erließen zugunsten von Increase *Mather* und Genossen eine neue, die *zweite Massachusetts-Bay-Charter*, die das Gebiet der Massachusetts-Bay, Plymouth und Maine umfaßte[205]. Danach wurde das Land in derselben Weise übertragen wie nach der charter von 1629: "as of Our Mannor of East Greenwich in the County of Kent by Fealty only in free and Common Soccage"[206] gegen eine quit-rent von $^1/_5$-Anteil an allen Gold- und Silberfunden und den Funden von wertvollen Steinen („pretious Stones)[207], jedoch ohne eine feste jährliche quit-rent. Alle früheren Landübertragungen des Gouverneurs oder der Generalversammlung der Massachusetts-Bay wurden bestätigt[208].

---

[201] Abgedruckt bei *Thorpe*, III, S. 1846—1860. Vgl. *Harris*, S. 106 und zur Geographie ebendort S. 107.

[202] *Thorpe*, a. a. O., S. 1849.

[203] 18 Edw. I, c. 1—3 (1290), unten Anhang VII, S. 263—264. Näher dazu oben S. 56—59.

[204] "It is also Ordered, and by this Court Declared, That all our Lands and Heritages shall be free from all Fines and Licenses, upon Alienations, and from all Hariots, Wardships, Liveries, Primerseizins, year, day and waste, Escheats and forfeitures upon the Death of Parents or Ancestors, natural, unnatural, casual or judicial and that for ever.", zitiert nach *Vance*, 33 Yale L. J. 258, Fußn. 54. Vgl. auch *Harris*, S. 116.

[205] Abgedruckt bei *Thorpe*, III, S. 1870—1886, 1870 f. Vgl. auch *Harris*, S. 107 f.

[206] *Thorpe*, a. a. O., S. 1877.

[207] *Thorpe*, ebenda. Diese Ausweitung auf „pretious stones" ist ganz ungewöhnlich und findet sich in keiner früheren charter für die amerikanischen Kolonien.

[208] *Harris*, S. 108.

An der Stellung der Siedler änderte sich somit nichts: Sie hatten wirtschaftlich die vollen Rechte von Allodialeigentümern, wiewohl sie rechtlich free tenants des Königs blieben. Doch wurden sie schon vor und erst recht nach der Revolution auch rechtlich als *Allodialeigentümer* angesehen[209]. Die free tenure-Verhältnisse sind in Massachusetts nicht wie in Virginia formell außer Kraft gesetzt worden. Das war auch nicht nötig: Man vergaß sie[210].

D. RHODE ISLAND

I. Entwicklung bis 1663

Das Gebiet von Rhode Island war bereits 1606 mit der ersten Virginia-Charter an die London Company und 1620 an den Council of New England übertragen worden. Bevor jedoch die ersten Ansiedler unter Roger *Williams* dort 1636 die Kolonie Providence gründeten, waren beide Gesellschaften aufgelöst worden, so daß Rhode Island bei der Besiedlung keiner königlichen charter unterlag[211]. Die Ansiedler kauften das Land von den Indianern und leiteten aus diesem Kauf, nicht aus einer königlichen charter, ihre Eigentums- und Besitzrechte an diesem Land her.

Die Ansiedler in Providence, die keiner Regierungsgewalt unterstanden, schlossen 1640 untereinander einen Vertrag zur Regelung ihrer Rechtsbeziehungen[212], nach dessen Ziffer 2 die Verteilung des Landes fünf von den Ansiedlern zu wählenden Männern oblag[213].

---

[209] *Harris*, S. 108 f., 116; *Vance*, 33 Yale L. J. 258. Zum Allodialeigentum näher oben S. 135, Fußn. 189.

[210] *Osgood*, 17. Jhdt., II, S. 16; *Vance*, 33 Yale L. J. 250.

[211] *Harris*, S. 109.

[212] "Plantation Agreement at Providence", 27. August—6. September 1640, abgedruckt bei *Thorpe*, VI, S. 3205—3207.

[213] "2. Agreed. We have with one consent agreed that for the disposeing, of those lands that shall be disposed belonging to this towne of Providence to be in the whole Inhabitants by the choise of five men for generall disposeall, to betrusted with disposeall of lands and also of the towne Stocke, and all Generall things and not to receive of him as you can apprehend, and to receive none but such as subscribe to this our determination. Also, we agree that if any of our neighbours doe apprehend himselfe wronged by these or any of these 5 disposers, that at the Generall towne meeting he may have a tryall.

Also we agree for the towne to choose beside the other five men one or more to keepe Record of all things belonging to the towne and lying in Common, Wee agree, as formerly hath bin the liberties of the town, so still, to hould forth liberty of Conscience." *Thorpe*, VI, S. 3206.

Das Dispositionsrecht über das Land lag damit allein in den Händen der Ansiedler.

1643 begab sich Roger *Williams* nach England und erhielt dort — vornehmlich zum Schutz gegen Massachusetts, das Ansprüche auf Teile von Rhode Island stellte[214] — von der Parlamentskommission für Kolonialangelegenheiten in London eine charter, die der Kolonie Rhode Island die vollen Gesetzgebungs- und Regierungsrechte über ihr Gebiet übertrug[215]. Merkwürdigerweise enthielt sie jedoch im Gegensatz zu allen bisherigen charters keine Bestimmung darüber, in welchem Rechtsverhältnis die Siedler zu ihrem Grund und Boden standen, ob sie tenants oder Allodialeigentümer waren. Der Grund: *Williams* sah die Indianer, von denen er das Land gekauft hatte, und die Siedler als die rechtmäßigen Eigentümer des Landes an. Die Engländer waren daher seiner Ansicht nach gar nicht berechtigt, über das Land zu bestimmen[216]. *Williams* wollte daher bewußt keine Bestimmung über das Land in die charter aufgenommen wissen. Im Gegenteil: Die charter berichtete sogar ausdrücklich, daß die Ansiedler das Land von den Eingeborenen gekauft hätten[217].

II. Charter von 1663

Nach der Zeit der Republik (1649—1660) erhielt Rhode Island auf eigenen Wunsch *1663* eine neue, außerordentlich freie charter Charles' II über ein großzügig bemessenes Gebiet an der Narragansett-Bay, das teilweise allerdings von Massachusetts — so die Narragansett-Bay selbst — beansprucht wurde[218]. Dabei kamen Rhode Island drei Umstände zugute[219]: Erstens hatte Rhode Island den König schon sehr bald nach dessen Thronbesteigung (1660) als englischen König anerkannt. Zweitens war Charles II daran interessiert, die Macht der benachbarten Ansiedler in Massachusetts zu beschneiden,

---

[214] Näher *Harris*, S. 110.

[215] "Patent for Providence Plantations" vom 14. März 1643, abgedruckt bei *Thorpe*, VI, S. 3209—3211.
Zur Geographie vgl. *Harris*, S. 110.

[216] Vgl. *Harris*, S. 110.

[217] "And whereas divers well affected and industrious English Inhabitants, of the Towns of Providence, Portsmouth, and Newport in the tract aforesaid, have adventured to make a nearer neighborhood and Society with the great Body of the Narragansets, which may in time by the blessing of God, upon their Endeavours, lay a sure foundation of Happiness to all America. And have also purchased, and are purchasing of and amongst the said Natives, . . ." *Thorpe*, VI, S. 3210.

[218] Abgedruckt bei *Thorpe*, VI, S. 3211—3222.
Zur Geographie vgl. *Harris*, S. 112 und die Karte S. 111.

[219] Vgl. zum Folgenden *Harris*, S. 111, 113.

und drittens waren die knight tenures gerade (1660) in England unter weitgehendem Verlust der feudalen incidents des Königs in free and common socage umgewandelt worden[220].

Die charter schuf ein tenure-Verhältnis zwischen dem König und den Kolonisten „as of the Mannor of East-Greenwich, in Our County of Kent, in free and common soccage"[221]. Als *quit-rent* behielt sich der König $^1/_5$-Anteil an den Gold- und Silberfunden, nicht aber eine feste jährliche Zahlung vor[222]. Dadurch waren alle weiteren Ansprüche des Königs auf services, duties, fines, forfeitures und andere Verpflichtungen der Ansiedler ausdrücklich ausgeschlossen[223]. Die quit-rent war, da wiederum das Statute Quia Emptores[224] für sie nicht galt, eine *rent-service* und damit *real property*.

Demnach hatten die Ansiedler zwar formell die Stellung von tenants des Königs. Doch waren sie, da sie nicht den typischen Verpflichtungen der tenants unterworfen waren, *tatsächlich und rechtlich Allodialeigentümer*[225].

E. CONNECTICUT

I. Entwicklung bis 1662

Das Gebiet Connecticuts war wie Rhode Island bereits 1606 mit der ersten Virginia-Charter an die London Company und 1620 an den Council of New England übertragen worden. Zwar gab der Council das Land an die *Lords Saye, Sele, Brook* und andere weiter, doch nutzten diese die Landübertragung nicht aus. So waren beide Gesellschaften schon aufgelöst und das Gebiet ohne charter, als 1635 Thomas *Hooker* die erste englische Ansiedlung in Hartford gründete. Ihr folgten kurz darauf die Gründungen Windsor und Wethersfield, wo die Siedler das Land allerdings aufgrund einer Gestattung von

---

220 12 Car. II, c. 24 (1660), unten Anhang XI (3), S. 273—277. Näher oben S. 66—67.

221 *Thorpe*, VI, S. 3221.

222 *Thorpe*, ebenda; *Harris*, S. 112 f.

223 „... in lieu and satisfaction of all services, duties, ffynes, forfeitures, made or to be made, claimes and demands, whatsoever, to bee to vs, our heires or successours, therefor or thereout rendered, made or paid; any graunt, or clause in a late graunt, to the Governour and Company of Connecticutt Colony, in America, to the contrary thereof in any wise notwithstanding; ...", *Thorpe*, ebenda.

224 18 Edw. I, c. 1—3 (1290), unten Anhang VII, S. 263—264. Näher dazu oben S. 56—59.

225 *Harris*, S. 116.

Zum Allodialeigentum näher oben S. 135, Fußn. 189.

Massachusetts in Besitz hatten[226]. 1639 vereinigten sich diese Gründungen und gaben sich mit den „Fundamental Orders of Connecticut" eine eigene Verfassung[227], die jedoch keine Bestimmung über den Grund und Boden enthielt.

Etwa zur selben Zeit gründeten John *Davenport* und Theophilus *Eaton* ohne königliche charter und ohne Gestattung von Massachusetts die Siedlungen New Haven und Springfield. Sie kauften das Land von den Indianern und leiteten aus diesem Kauf ihre Eigentums- und Besitzrechte an dem Land her[228]. 1643 schloß sich New Haven mit den Küstensiedlungen Guilford, Milford, Stamford und Southhold zusammen und erließ ebenso wie Hartford ein Grundgesetz — „Fundament Agreement, or Original Constitution of the Colony of New-Haven"[229] —, das jedoch ebenfalls keine Bestimmung über den Grund und Boden enthielt.

II. Charter von 1662

1662 erhielten New Haven und Hartford, jetzt vereinigt als *Connecticut*, eine charter Charles' II über ein weites Gebiet im Westen Rhode Islands[230]. Die charter schuf wie üblich ein tenure-Verhältnis zwischen dem König und den Siedlern „as of Our Manor of East-Greenwich in free and common Soccage"[231]. Als *quit-rent* behielt sich der König wiederum nur $^1/_5$-Anteil an allen Gold- und Silberfunden, nicht aber eine feste jährliche Zahlung vor[232]. Wie in Rhode Island waren damit alle übrigen feudalen incidents der tenure ausdrücklich ausgeschlossen[233]. Auch hier war die quit-rent, da das Statute Quia Emptores[234] für sie nicht galt, eine *rent-service* und damit *real property*.

Die Ansiedler waren demnach ganz wie in Rhode Island zwar formell tenants, materiell jedoch, da ihnen nicht die typischen tenure-

---

226 *Harris*, S. 113.

227 Abgedruckt bei *Thorpe*, I, S. 519—522. Näher dazu oben S. 105.

228 Vgl. dazu *Harris*, S. 113 f.
Allerdings wurde Saybrook in unmittelbarer Nähe von New Haven noch aufgrund einer Landübertragung des Council of New England gegründet.

229 Abgedruckt bei *Thorpe*, I, S. 523—526.

230 Abgedruckt bei *Thorpe*, I, S. 529—536.
Zur Geographie vgl. *Harris*, S. 115 mit Karte.

231 *Thorpe*, I, S. 536.

232 *Thorpe*, ebenda; *Harris*, S. 114 f.

233 "... in Lieu of all Services, Duties, and Demands whatsoever, to be to Us, our Heirs, or Successors therefore, or thereout rendered, made, or paid.", *Thorpe*, ebenda.

234 18 Edw. I, c. 1—3 (1290), unten Anhang VII, S. 263—264. Näher dazu oben S. 56—59.

Verpflichtungen oblagen, *tatsächlich und rechtlich Allodialeigentümer*[235].

Schon vorher hatte 1650 die Generalversammlung von Connecticut eine Erklärung ähnlich der des General Court von Massachusetts (1641)[236] abgegeben, wonach der Grund und Boden von allen feudalen incidents befreit sein sollte, so daß schon 1650 die Landbesitzer als *Allodialeigentümer* anzusehen waren[237]. Schließlich bestimmte der vorsichtige Gesetzgeber von Connecticut zusätzlich durch *statute von 1793:*

> "Whereas by the establishment of the independence of the United States, the citizens of this state became vested with an allodial title to their lands; ... every proprietor, in fee simple, of lands, has an absolute and direct dominion and property in the same[238]."

F. NEW HAMPSHIRE UND MAINE

I. Entwicklung bis zum Unabhängigkeitskrieg

1. Ausgangspunkte

Das Gebiet von New Hampshire und Maine war bereits 1606 durch die erste Virginia-Charter an die Plymouth Company übertragen worden, bevor es 1620 an den Council of New England verliehen wurde. 1622 übertrug der Council das Gebiet von New Hampshire und Maine durch Subinfeudation an John *Mason* und Sir Ferdinando *Gorges* weiter[239]. Dadurch wurde ein neues tenure-Verhältnis zwischen dem Council einerseits und Mason und Gorges andererseits „as of his Highness Manor of East-Greenwich, in the county of Kent, in free and common socage"[240] geschaffen. Der Council behielt sich eine *quit-rent* von $^2/_5$-Anteilen von allen Gold- und Silberfunden ($^1/_5$ für

---

[235] *Gray,* § 23, S. 18; *Harris,* S. 116; *Vance,* 33 Yale L. J. 249, 258.
Zum Allodialeigentum näher oben S. 135, Fußn. 189.

[236] Näher oben S. 137 und dazu Fußn. 204.

[237] *Harris,* S. 116; *Vance,* 33 Yale L. J. 258, Fußn. 54.

[238] Conn. Gen. Stat. Rev. 1966, VIII, § 47-1. Vgl. auch *Gray,* § 23, S. 18; *Vance,* 33 Yale L. J. 249, Fußn. 7, 260.
Die Formulierung „absolute und direct dominion" entspricht wörtlich der Definition des Allodialeigentums bei *Blackstone,* II, S. 105, oben S. 135, Fußn. 189.

[239] Die Übertragungsurkunde vom 10. August 1622 ist abgedruckt bei *Thorpe,* III, S. 1621—1625.
Zur Geographie vgl. *Harris,* S. 100.

[240] *Thorpe,* III, S. 1623.

die Krone, 1/5 für den Council) sowie jährlich 10 s. englischer Währung auf Abruf vor, durch die alle "services, duties and demands" abgegolten sein sollten [241]. Da der Council selbst das Subinfeudationsrecht hatte[242], galt das Statute Quia Emptores[243] nicht für diese quitrent, so daß sie eine *rent-service* und damit *real property* war.

1629 teilten *Mason* und *Gorges* das ihnen übertragene Gebiet: Mason erhielt das heutige New Hampshire, Gorges das heutige Maine[244].

2. *New Hampshire*

Bezüglich New Hampshire bestätigte der Council 1629 und später noch einmal 1635 *Mason*'s Rechte aus der Übertragung von 1622[245]. Nach der Urkunde von 1629 wurde zwischen *Mason* und dem Council entsprechend der Übertragung von 1622 ein tenure-Verhältnis „as of his Highness Man'or of East Greenwich in ye County of Kent in free & Com'on soccage"[246] geschaffen gegen eine quit-rent von 2/5-Anteilen an allen Gold- und Silberfunden und — auf Abruf — jährlich 5 s. englischer Währung, durch die alle „services dutyes & demands" abgegolten waren[247]. Die Übertragungsurkunde von 1635 gab Mason das Gebiet unter derselben tenure, unter der der Council es selbst aufgrund der charter von 1620 innehatte[248].

---

[241] *Thorpe*, III, S. 1623. Vgl. auch *Harris*, S. 100 f.

In einer Art Vertragsstrafenklausel verpflichteten sich *Mason* und *Gorges* überdies, £ 100 zu zahlen, falls es ihnen nicht gelänge, binnen drei Jahren 10 Familien anzusiedeln, *Thorpe*, III, S. 1624 f.: "And ye sd Sr. Ferdinando Gorges and Capt. John Mason doe covenant and grant, to and with ye said President and councill, their successors and assigns, by these presents, that they, the said Sr. Ferdinando Gorges and Capt. John Mason, shall and will, before the expiracon of three years, to be accompted from the day of the date hereof, have in or upon the said porcons of lands, or some part thereof; one parte with a competent guard, and ten families at least of his Majestie's subjects resident and being in and upon ye same premises; or in default thereof shall and will forfeit and loose to the said President and councill the sum of one hundred pounds sterling money; ..."

Zur englischen Währung näher oben S. 133, Fußn. 175.

[242] Siehe oben S. 136.

[243] 18 Edw. I, c. 1—3 (1290), unten Anhang VII, S. 263—264. Näher dazu oben S. 56—59.

[244] *Harris*, S. 101, 127.

[245] Übertragungsurkunden vom 7. November 1629 und 22. April 1635, abgedruckt bei *Thorpe*, IV, S. 2433—2436, 2443—2444.

[246] *Thorpe*, IV, S. 2435.

[247] *Thorpe*, ebenda. Vgl. auch *Harris*, S. 127 f.

Zur englischen Währung näher oben S. 133, Fußn. 175.

[248] *Thorpe*, IV, S. 2444: "And to bee Enjoyed as fully freely & in as Large ample and beneficiall Manner & forme to all Intents & purposes

Ohne Rücksicht auf die Übertragungen an Mason wurden allerdings Teile New Hampshires auch an andere Personen übertragen, oder wurden Siedlungen ohne Landverleihungen Mason's gegründet: 1635 übertrug der Council die „Province of New Hampshire“ — tatsächlich handelte es sich aber um ein Stück von Maine — an John *Wollaston*, und zwar — ganz unüblich — für 3000 Jahre[249]. (Aus der Kollision dieser Übertragung mit der an Mason von 1629 erklärt sich die Bestätigung der Mason-Übertragung von 1635[250].) 1637 gründete *Wheelwright*, der seines Glaubens wegen Massachusetts verlassen hatte, eine Siedlung nördlich von *Exeter*[251], und 1641 entstanden ähnliche Siedlungen am Piscataqua River[252], in Dover, Portsmouth und Hampton[253].

Nach vielen Schwierigkeiten mit dem benachbarten Massachusetts, vor allem wegen der Eingliederung dieser Siedlungen, wurde New Hampshire 1679 königliche Provinz und blieb es bis zur Revolution.

Für die land tenure brachte diese uneinheitliche Entwicklung indessen zunächst keine Änderung: Das Land wurde in allen Entwicklungsphasen in free and common socage gehalten.

3. Maine

Maine entwickelte sich nach der Teilung von 1629 in den Einzelheiten zwar unterschiedlich, aber für die land tenure im Ergebnis ganz ähnlich: 1639 erhielt Sir Ferdinando *Gorges*, nachdem der Council of New England 1635 aufgelöst worden war, eine charter Charles' I, die seine Rechte an dem Gebiet von Maine sicherte[254]. Sie schuf ein tenure-Verhältnis zwischen *Gorges* und dem König „as of the Mannor of East Greenwich in the Countie of Kent by Fealty onely in free and

---

whatsoever as they the Said Councill & their Successors by vertue of ye Said recited Letters Pattents may might or ought to have hold & enjoy the same or any part or parcell thereof."

Zur tenure des Council näher oben S. 135.

[249] "Grant of the Province of New Hampshire to John Wollaston, Esq.", vom 18. April 1635, abgedruckt bei *Thorpe*, IV, S. 2437—2438.

[250] *Harris*, S. 128.

Diese Bestätigung liegt nur vier Tage später (22. April 1635) als die Wollaston-Übertragung (18. April 1635).

[251] Vgl. „Agreement of the Settlers at Exeter in New Hampshire“, abgedruckt bei *Thorpe*, IV, S. 2445.

[252] Der Vertrag der dortigen Siedler „The Combination of the Inhabitants upon the Piscataqua River for Government“ ist abgedruckt bei *Thorpe*, IV, S. 2445.

[253] *Harris*, S. 128.

[254] Abgedruckt bei *Thorpe*, III, S. 1625—1637.

Zur Geographie vgl. *Harris*, S. 101 f.

common Soccage"[255]. Als quit-rent wurden „one Quarter of Wheat", 1/5-Anteil des jährlichen Reingewinns der Gold- und Silberminen sowie 1/5-Anteil an den Gold- und Silberfunden an der Küste und in den Flüssen festgesetzt[256]. Gorges hatte seinerseits das Recht, manors zu gründen und durch Subinfeudation gegen Vorbehalt einer quit-rent neue tenure-Verhältnisse zu schaffen[257]. Da weder für die vom König noch die von Gorges vorbehaltenen *quit-rents* das Statute Quia Emptores[258] galt, waren sie *rent-services* und wurden daher als *real property* angesehen.

Aufgrund dieser charter setzte Gorges eine Regierung ein, die aber nur bis zu seinem Tod (1647) im Amt blieb. Nach einer Übergangszeit wurde das Gebiet 1652, einige Siedlungen erst 1658 an Massachusetts angeschlosssen, ohne daß freilich hierfür eine Berechtigung bestand. Der Enkel Georges' erhob daher 1660 nach der Thronbesteigung Charles' II Ansprüche auf Maine. Nach langen Verhandlungen erhielt er 1676 das Gebiet endgültig zurück. Ein Jahr später (1677) verkaufte er es für £ 1250 an John *Usher,* einen Kaufmann aus Boston, der es noch im selben Jahr der Kolonie Massachusetts-Bay übertrug[259].

Auch in Maine hatte sich trotz der wechselvollen Geschichte nichts Wesentliches an dem tenure-Verhältnis geändert: In den einzelnen Entwicklungsstufen wurde das Land jeweils in free and common socage gehalten.

Für einen Teil von Maine bestand allerdings für eine kurze Übergangszeit eine *merkwürdige Besonderheit:* 1622 hatte der Council of New England ein Stück Land entlang der Küste an Robert *Gorges,* einen Sohn Sir Fernando Gorges', übertragen, und zwar als *knight tenure* (oder *military tenure*)[260], eine in den Kolonien ganz ungewöhnliche tenure-Art. Als *knight service* mußte Gorges auf Abruf vier kampffähige Männer für den Generalgouverneur zur Verfügung halten[261]. 1639 wurde dieses Gebiet dann von der königlichen charter

---

[255] *Thorpe,* III, S. 1627.

[256] *Thorpe,* ebenda. Ein „Quarter" (als englisches Maß) ist ein Handelsgewicht und beträgt 12,7 kg.

[257] *Thorpe,* ebenda; *Harris,* S. 102.

[258] 18 Edw. I, c. 1—3 (1290), unten Anhang VII, S. 263—264. Näher dazu oben S. 56—59.

[259] Zum Vorstehenden *Thorpe,* III, S. 1625, Fußn. a; *Harris,* S. 102.

[260] Zur knight tenure näher oben S. 23—27.

[261] Vgl. eingehend *Harris,* S. 101.
Der Council of New England verteilte bei seiner Auflösung 1635 das noch nicht übertragene Land an seine acht Teilhaber, und zwar ebenfalls als knight tenures. Doch hat die knight tenure nie Bedeutung erlangt; vor allem haben diese knight tenants selbst keine neuen knight tenures geschaffen. Diese Übertragungen von 1635 sind auch von der Krone nie bestätigt worden.

mitumfaßt, so daß es seitdem in free and common socage gehalten wurde.

II. Umwandlung in Allodialeigentum

Sowohl in *New Hampshire* wie in *Maine* zeigte sich bereits vor der Revolution eine wachsende Abneigung gegen die tenure: Die quitrents wurden, obwohl sie ausdrücklich vorbehalten waren, immer unpünktlicher und schließlich immer seltener erbracht. Schon vor der Revolution wurden sie tatsächlich nicht mehr erhoben[262]. Dies führte dazu, daß die tenure in New Hampshire und Maine immer mehr in den Hintergrund trat und bald ganz verschwand, wiewohl sie nie ausdrücklich durch statute abgeschafft wurde. Sie hatte sich faktisch in Allodialeigentum umgewandelt.

Mithin bestand in New Hampshire und Maine bereits vor und erst recht nach der Revolution ausschließlich *Allodialeigentum*[263].

G. NEW JERSEY

I. Entwicklung bis 1795

Das Gebiet New Jerseys ist mehrfach durch charters des Königs von England übertragen worden: zunächst 1606 durch die erste Virginia-Charter, dann 1620 durch die charter an den Council of New England, 1629 durch die Massachusetts-Bay-Charter und schließlich 1662 durch die Connecticut-Charter. Die holländische Krone übertrug das Gebiet 1621 an die Dutch West India Company, und 1623 erhielt es den Status einer holländischen Provinz. Schließlich war das Gebiet in den Jahren 1628, 1629 und 1640 noch Gegenstand von drei weiteren holländischen charters[264]. Daneben hatten auch die schwedischen Siedler in Delaware Rechte auf Teile dieses Gebietes, die sie den Indianern abgekauft hatten[265]. Doch sind unter all diesen charters keine organisierten Siedlungen entstanden. Sie wurden erst nach 1664 in großer Zahl gegründet.

Am 12. März 1664 verlieh Charles II mit der New York-Charakter das Gebiet New Jerseys an den Duke of York and Albany „as of our mannor of East Greenwich in our county of Kent in ffree and

[262] So *Harris*, S. 102, 129; *Vance*, 33 Yale L. J. 258, 263.

[263] *Bond*, S. 60; *Vance*, 33 Yale L. J. 258, 263.
Zum Allodialeigentum näher oben S. 135, Fußn. 189.

[264] Näher *Harris*, S. 129.

[265] *Harris*, ebenda.

common soccage [sic!]"[266]. Als quit-rent wurden jährlich 40 Biberfelle festgesetzt, zu liefern auf Abruf oder innerhalb von 90 Tagen nach Abruf[267]. Da das durch die charter geschaffene tenure-Verhältnis zwischen dem König und dem Duke of York and Albany von dem Statute Quia Emptores[268] nicht erfaßt wurde, war die *quit-rent* eine *rent-service* und wurde als *real property* angesehen.

Der Duke of York and Albany übertrug das Gebiet am 23./24. Juni 1664 durch lease and release an *Lord John Berkeley* und Sir George *Carteret* „in as full and ample manner as the same is granted to the said Duke of York by the before-recited letters Patents"[269]. Mithin hatten Berkeley und Carteret das Land ebenfalls als free and common socage inne.

Um neue Siedler ins Land zu holen, erließen Berkeley und Carteret 1665 „Concessions and Agreements"[270], die auch einige, allerdings hier unwichtige Bestimmungen über die Landverteilung, die tenure-Verhältnisse, die Einziehung der quit-rents und die Übertragungsmöglichkeiten des Landes enthielten[271].

1676 wurde das Land in *East Jersey* und *West Jersey* aufgeteilt[272]. Die Eigentümer West Jerseys erließen im selben Jahr einige „Fundamental Laws"[273], die den „Concessions and Agreements" von 1665 ähnelten und ebenfalls einige, hier wiederum unwichtige Bestimmungen über die land tenure enthielten[274].

---

[266] Abgedruckt bei *Thorpe*, III, S. 1637—1640, 1638 sowie in N. J. Rev. Stat. 1937, Bd. IV, S. 115—116, 115.

[267] *Thorpe*, III, S. 1638; N. J. Rev. Stat. 1937, Bd. IV, S. 115: "... yearly and every yeare forty Beaver skins when they shall be demanded or within ninety days after ..."

[268] 18 Edw. I, c. 1—3 (1290), unten Anhang VII, S. 263—264. Näher dazu oben S. 56—59.

[269] Abgedruckt bei *Thorpe*, V, S. 2533—2535, 2534.

Zur Geographie näher *Harris*, S. 130, 132 und die Karte S. 131.

[270] Der genaue Titel lautet: "The Concession and Agreement of the Lords Proprietors of the Province of New Caesarea, or New Jersey, to and with All and Every the Adventurers and All Such as shall settle or plant there", vom 10. Februar 1665, abgedruckt bei *Thorpe*, V, S. 2535—2544.

[271] Einzelheiten bei *Thorpe*, V, S. 2540—2544; *Harris*, S. 130 f.

[272] Zur Geographie und zur Grenzziehung näher *Harris*, S. 132 und die Karte S. 131.

Die Wiederbesetzung des Gebietes durch die Holländer im Sommer 1673 — näher oben S. 108, Fn. 35 — brachte keinerlei Änderung der land tenure. Zwar erließen die Holländer ein Gesetz zur Konfiszierung des englischen Besitzes; doch hat dies keine Wirkungen mehr erzeugen können, da die Holländer das Gebiet schon im Februar 1674 wieder räumen mußten. Vgl. *Harris*, S. 131.

[273] Abgedruckt bei *Thorpe*, V, S. 2548—2551.

[274] Näher *Harris*, S. 132.

1702 wurden die beiden Teile Jerseys als königliche Provinz *New Jersey* wiedervereinigt: Die Eigentümer behielten ihre Rechte an dem Land, und zwar auch nach der Revolution. Doch gingen die Rechte der englischen Krone bei der Revolution auf den Staat New Jersey über[275]. Die *tenure-Verhältnisse* blieben damit auch nach der Revolution in New Jersey bestehen.

II. Statute von 1795

Die tenure-Verhältnisse erfuhren durch ein *statute vom 18. Februar 1795* einschneidende *Änderungen und Beschränkungen*[276]:

1. Alle tenures wurden, soweit sie es nicht ohnehin schon waren, *in solche „of free and common socage" umgewandelt,* wobei allerdings „any rents certain, or other services incident or belonging to tenure in common socage, due or to grow due to this State, or any mean lord, or other private person" bestehen blieben.
2. Alle tenures aufgrund einer Übertragung des Staates sollten *„allodial and not feudal"* und *„in free and pure allodium only"* sein.

Das statute gilt in der heutigen Fassung wie folgt:

> *§ 46 : 3-1:*
> "*Feudal tenures abolished.* The feudal tenure estates, and the incidents thereof, taken away, discharged and abolished from and after March twelfth, one thousand six hundred and sixty-four, by section two of an act entitled 'An act concerning tenures', passed February eighteenth, one thousand seven hundred and ninety-five, shall so continue to be taken away, discharged and abolished; and no such estate, or any incident thereof, shall, at any time, be created in any manner whatsoever."
>
> *§ 46 : 3-2:*
> "*Certain tenures and holdings turned into free and common socage.* The tenures of honors, manors, lands, tenements, or hereditaments, or of estates of inheritance at the common law, held either of the king of England, or of any other person or body politic or corporate, at any time before July fourth, one thousand seven hundred and seventy-six, and declared, by section three of an act entitled 'An act concerning tenures', passed February eighteenth, one thousand seven hundred and ninety-five, to be turned into holdings by free and common socage from the time of their creation and forever thereafter, shall continue to be held in free and common socage, discharg-

---

[275] Vgl. *Harris,* S. 132; *Osgood,* 18. Jhdt., I, S. 382—398.
[276] N. J. Gen. Stat. 1895, Bd. I, S. 879—880.
Vgl. *Gray,* § 23, S. 18; *Vance,* 33 Yale L. J. 249 f., 261.

ed of all the tenures, charges and incidents enumerated in said section three."

§ 46 : 3-4:

"*Rents certain or rights and incidents to common socage not discharged.* Nothing contained in this title shall take away or be construed to take away or discharge any rents certain, or other rights incident or belonging to tenure in common socage created prior to July fourth, one thousand seven hundred and seventy-six, and due or to grow due to this state or any person, or the distresses incident thereunto."

§ 46 : 3-5:

"*Alienation of freeholds (statute quia emptores terrarum).* From and after March eighteenth, one thousand seven hundred and ninety-five, any freeholder may give, sell or alien the real estate whereof he is, or at any time shall be, seized in fee simple, or any part thereof, at his pleasure; and such donee, purchaser or alienee shall hold the same free of any tenure or service to the donor, seller or alienor."

§ 46 : 3-6:

"*Gifts, grants and conveyances by state allodial.* All gifts, grants, or conveyances, made prior to and after July fourth, one thousand seven hundred and seventy-six, of any estate of inheritance, by letters patent, under the great seal of this state, or in any other manner by this state, by the legislature thereof, or by the commissioners or agents of forfeited estates, or by other lawful and competent authority under this state, shall be and remain allodial, and not feudal, and shall forever be and continue in free and pure allodium only, forever discharged of all feudal tenures and the incidents thereof, and all other services whatsoever[277]."

III. Allodial tenure

Nach dem statute von 1795 besteht *in New Jersey* die *tenure noch heute* als free and common socage[278]. Sie ist als feudal tenure ausdrücklich abgeschafft und unterscheidet sich daher wesentlich von seiner feudalen Form im englischen Mittelalter: Die feudalen incidents sind aufgrund des statute bis auf das escheat-Recht abgeschafft. Erhalten blieben auch die quit-rents.

Seit der Revolution ist bei allen tenure-Verhältnissen der Staat an die Stelle des Königs getreten[279]. Die ursprünglich persönlichkeits-

---

[277] N. J. Rev. Stat. 1937, Bd. II, Title 46, S. 2 f.

[278] *Gray*, § 23, S. 18; *Vance*, 33 Yale L. J. 250, 261 f.

[279] *Vance*, 33 Yale L. J. 263, 264, 265.

bezogenen incidents der feudalen tenure sind daher, soweit sie noch bestehen, vollständig versachlicht:

Kraft des *escheat*-Rechts fallen alle erbenlosen Nachlässe an den Staat, und zwar nicht nur tenures, sondern *alle* erbenlosen Nachlässe. Es ist daher zweifelhaft, ob das escheat-Recht bei den tenures tatsächlich noch auf dem Gedanken der sachenrechtlichen Überordnung des Staates (als Nachfolger des Königs) beruht oder ob der Staat diese Nachlässe ebenso wie die anderen, nicht auf einer tenure beruhenden Nachlässe lediglich kraft seiner *Souveränität* an sich zieht, weil kein Nachlaß ohne Erben bleiben soll[280]. Es genügt hier festzustellen, daß hinsichtlich des escheat der Nachlaß aus einer tenure nicht strengeren Regeln unterworfen ist als jeder andere Nachlaß.

Die *quit-rents* blieben in bestimmtem Umfang gemäß § 46 : 3-4 des statute (Wortlaut oben S. 149) bestehen. Das erklärt sich daraus, daß der Gesetzgeber von 1795 nicht die Einkünfte der Landeigentümer schmälern wollte[281]. Heute *bestehen* diese quit-rents jedoch *faktisch nicht mehr*[282].

Man kann allenfalls die Steuern *(taxes)*, hier besonders die Grundsteuern, als moderne Nachfolger der quit-rents ansehen. Doch müssen sie von allen Bürgern mit Grundbesitz und nicht nur von tenants gezahlt werden. Sie können daher wohl nicht als incidents der tenure angesehen werden[283].

Dem Staat steht allerdings bei Nichtzahlung der Steuern das Recht zu, das Grundstück zu beschlagnahmen, seine Verwaltung selbst zu übernehmen und über die weitere Verwendung des Grundstücks zu bestimmen[284]. Dieses Recht ähnelt auffallend dem feudalen *right of distress* bei rent-Rückständen[285]. Doch handelt es sich in Wahrheit um eine öffentlich-rechtliche Zugriffsmöglichkeit, die ihren Ursprung nicht in der tenure, sondern in der Steuererhebung selbst hat. Sie trifft gleichermaßen den tenant und den Allodialeigentümer.

Dasselbe gilt von dem *right of eminent domain* (in England *expropriation* genannt), die Befugnis des Staates, privates Eigentum zu beschlagnahmen und zu enteignen, wenn dies zum Wohle der Allgemeinheit erforderlich ist. Dieses Recht, mag es auch früher vornehm-

---

280 *Vance*, 33 Yale L. J. 263, 264.
Zum escheat in New Jersey näher § 2: 53 N. J. Rev. Stat. 1937, Bd. I, Title 2, S. 277—279; State v. Standard Oil Co., 5 N. J. 281, 74 A. 2d 565, 572 (S. Ct. N. J. 1950).

281 *Vance*, 33 Yale L. J. 261.

282 *Vance*, 33 Yale L. J. 261 f.

283 *Vance*, 33 Yale L. J. 259 f., 265.

284 *Vance*, 33 Yale L. J. 263.

285 Zum right of distress näher oben S. 36.

lich dem lord der tenure zugestanden haben[286], ergibt sich nicht aus der lord-tenant-Bindung der tenure, sondern unmittelbar aus der Souveränität und Hoheitsgewalt des Staates. Ihm unterliegt daher nicht nur der tenant, sondern auch jeder andere private Eigentümer[287].

Nach allem ergibt sich: Die tenure besteht noch heute in New Jersey. Sie ist nicht in Allodialeigentum umgewandelt. Die tenure hat jedoch nicht mehr den persönlichkeitsbezogenen Gehalt der feudalen tenure in England. Sie ist fast aller ihrer incidents entkleidet, und soweit sie noch bestehen, geben sie dem lord (dem Staat) nicht mehr Rechte, als ihm gegenüber einem Allodialeigentümer zustehen. Der tenant hat zwar kein (absolutes) Allodialeigentum[288], doch kommt seine rechtliche Stellung dem Allodialeigentum immerhin sehr nahe.

Die übliche, wiewohl im Grunde paradoxe[289] Bezeichnung dieses Rechtsverhältnisses ist *allodial tenure*[290], nach der Charakterisierung von *Vance:* „the robust feudal tenure grown sadly emaciated with all its teeth fallen out“[291]. Gemeint ist ein Rechtsverhältnis, bei dem der tenant das Land zwar von seinem lord innehat, er aber nicht die üblichen incidents schuldet.

IV. Statute Quia Emptores

Aus § 46 : 3-5 des statute (Wortlaut oben S. 149) ergibt sich, daß das *Statute Quia Emptores*[292] in New Jersey *in Kraft* ist[293]. Es bestehen daher nur tenures im Verhältnis zum Staat (als Nachfolger der englischen Krone) oder zu bestimmten Privatpersonen (als Nachfolger der alten Landeigentümer). Die Schaffung neuer tenures durch Subinfeudation zwischen Privatpersonen war und ist demnach nicht möglich.

---

[286] *Vance*, 33 Yale L. J. 274.

[287] Vgl. 26 *Am. Jur. 2d*, Eminent Domain, §§ 1, 2, 10, 11, S. 638—641, 649—653; *Vance*, 33 Yale L. J. 264, mit Nachweisen in Fußn. 101, und 265, mit Fußn. 102.

[288] *Vance*, 33 Yale L. J. 265: "... the 'owner-ship' of a tenant in fee is far from being absolute."

Zum Allodialeigentum näher oben S. 135, Fußn. 189.

[289] So mit Recht *Gray*, § 23, S. 18, Fußn. 4: "Used with this meaning the expression 'allodial tenure' is nonsense." (S. 19).

[290] Vgl. auch *Gray*, § 23.2, S. 21 (allerdings für Georgia); § 23, S. 18, Fußn. 4 [S. 19].

So *Vance*, 33 Yale L. J. 249, Fußn. 9 [bis 250], 271.

[291] 33 Yale L. J. 271.

[292] 18 Edw. I, c. 1—3 (1290), unten Anhang VII, S. 263—264. Näher dazu oben S. 56—59.

[293] Ebenso *Gray*, § 25, S. 23, mit Nachweisen; *Chesnut*, 91 U. Pa. L. Rev. 152.

H. DELAWARE

I. Entwicklung bis zum Unabhängigkeitskrieg

Bevor Delaware von den Schweden besiedelt wurde, war es bereits von verschiedenen charters erfaßt worden, und zwar 1606, 1609 und 1612 von den drei Virginia-Charters, 1620 von der charter an den Council of New England und 1621 von der holländischen charter an die Dutch West India Company. Wenig später gründete die schwedische Krone eine Handelsgesellschaft für Delaware, Swedish South Company. Sie erhielt 1626 eine charter von der schwedischen Krone, die jedoch keine Bestimmung über den Landbesitz enthielt. Der Grund: Die schwedischen Siedler stützten ihre Besitzrechte nicht auf die königliche charter, sondern darauf, daß sie das Land den Indianern abgekauft hatten[294]. 1655 wurde Delaware von den Holländern erobert und New Netherland angegliedert[295].

1664 gehörte Delaware zu dem in der New-York-Charter Charles' II[296] an den Duke of York and Albany verliehenen Gebiet. *1682* übertrug dieser den Teil, der das heutige Delaware bildet, die sogenannten „The Three Lower Counties" oder „The Territories"[297], auf William *Penn*, der es verwaltungsmäßig seiner Kolonie Pennsylvania anschloß. 1701 erließ Penn jedoch für Delaware eine eigene charter, die dem Gebiet weitgehende Regierungsrechte einräumte[298]: Delaware konnte sich dadurch von Pennsylvania lösen und wurde eine selbständige Kolonie. Über den Landbesitz enthält die charter keine Bestimmung.

II. Umwandlung in Allodialeigentum

Da sowohl in dem 1664 durch die New-York-Charter an den Duke of York and Albany übertragenen Gebiet als auch in Pennsylvania, zu dem Delaware später gehörte, das englische land-tenure-System galt[299], war in Delaware die *tenure* vorherrschend[300]. Hieran hatte sich durch die charter von 1701 und die folgende Loslösung von Pennsylvania zunächst nichts geändert.

---

[294] *Harris*, S. 125.

[295] Näher *Harris*, ebenda.

[296] Abgedruckt bei *Thorpe*, III, S. 1637—1640, sowie in N. J. Rev. Stat. 1937, Bd. IV, S. 115—116.

[297] Hierzu und zur Geographie näher *Harris*, S. 125 und die Karte S. 123.

[298] Abgedruckt bei *Thorpe*, I, S. 557—562.

[299] Näher unten S. 166—168, 172—173.

[300] *Vance*, 33 Yale L. J. 249 f.

Nach 1776 wurde die tenure jedoch in Delaware nicht mehr angewandt; sie war in Vergessenheit geraten[301]. Daher gilt in Delaware seit der Revolution nur noch das *Allodialeigentum,* wiewohl die tenure dort nie ausdrücklich durch Gesetz abgeschafft worden ist[302].

J. CAROLINA

I. Charters von 1663 und 1665

Das Gebiet Carolinas war bereits 1606, 1609 und 1612 unter den drei Virginia-Charters und 1629 in einer charter an Sir Robert *Heath*[303] übertragen worden, ohne daß dort aber feste Ansiedlungen gegründet wurden. Als 1663 die charter an Heath aufgehoben wurde, weil ihr Zweck, Ansiedlungen zu gründen und das Land zu kultivieren, nicht erreicht worden war, wurde das Gebiet im selben Jahr durch eine charter Charles' II an acht königliche Getreue („big eight")[304] übertragen[305]. Die charter schuf zwischen ihnen und dem König ein tenure-Verhältnis „as of our manner of East Greenwich in our county of Kent, in free and common soccage"[306]. Als quit-rent behielt sich der König jährlich 20 s. gesetzlicher englischer Währung[307], zahlbar am Feste Allerheiligen, beginnend mit dem Jahr 1665, und 1/4-Anteil an allen Gold- und Silberfunden vor[308]. Den „big eight" räumte die charter neben sehr weitgehenden Regierungsbefugnissen das *Recht* ein, unbeschränkt über das Land zu verfügen, durch Subinfeudation neue tenure-Verhältnisse zu schaffen und sich dabei jeweils die Zahlung von quit-rents vorzubehalten[309]. Die *quit-rents*

---

301 *Vance,* 33 Yale L. J. 250 m. Fußn. 10.

302 Ebenso *Bond,* S. 171; *Vance,* 33 Yale L. J. 249 f., 263; a. M. offenbar *Gray,* § 26.1, S. 25 i. V. m. § 24, S. 22 f.
Zum Allodialeigentum näher oben S. 135, Fußn. 189.

303 Abgedruckt bei *Thorpe,* I, S. 69—76.

304 Näher oben S. 107.

305 *Thorpe,* V, S. 2743—2753.
Zur Geographie vgl. *Harris,* S. 133.

306 *Thorpe,* V, S. 2745.

307 Näher dazu oben S. 133, Fußn. 175.

308 *Thorpe,* ebenda. Vgl. *Harris,* S. 133; *Bassett,* 11 L. Q. Rev. 154.

309 *Thorpe,* V, S. 2750: " ... and to the same person and persons [Edward Earl of Clarendon, George Duke of Albemarle, William Lord Craven, John Lord Berkley, Anthony Lord Ashley, Sir George Carteret, Sir William Berkley, and Sir John Colleton, their heirs and assigns], and to all and every of them, we do give and grant by these presents, for us, our heirs and successors, licence, authority and power, that such person or persons may have or take the premises, or any parcel thereof, of the said Edward Earl of Clarendon, George Duke of Albemarle, William Lord Craven, John Lord

sowohl des Königs wie der „big eight" waren, da für sie das Statute Quia Emptores[310] nicht galt, *rent-services* und wurden als *real property* behandelt.

1665 erhielten die „big eight" eine zweite königliche charter[311]: Neben einigen Grenzänderungen[312] und der Bestätigung und Sicherung früherer Landübertragungen behielt sich der König noch einen weiteren 1/4-Anteil an den Gold- und Silberfunden als quit-rent vor[313]. Im übrigen wiederholte die charter im wesentlichen den Inhalt der charter von 1663[314].

In demselben Jahr (1665) erließen die „big eight" allgemeine Bestimmungen — „Concessions and Agreements of the Lords Proprietors of the Province of Carolina"[315] — darüber, wie das Gebiet regiert und das Land übertragen werden sollte. Diese trafen jedoch nur formelle, hier unwesentliche Regelungen der Landübertragungen[316].

II. John Locke's Verfassungsentwurf und die weitere Entwicklung

1669 legte John *Locke* seinen im Auftrag der „big eight" ausgearbeiteten berühmten Verfassungsentwurf für Carolina, *„The Funda-*

Berkley, Anthony Lord Ashley, Sir George Carteret, Sir William Berkley, and Sir John Colleton, their heirs and assigns, and the same to hold, to themselves, their heirs or assigns, in what estate of inheritance whatsoever, in fee simple or fee tayle, or otherwise, as to them and the said Edward Earl of Clarendon, George Duke of Albemarle, William Lord Craven, John Lord Berkley, Anthony Lord Ashley, Sir George Carteret, Sir William Berkley, and Sir John Colleton, their heirs or assigns, shall seem expedient; the statute made in the parliament of Edward, son of King Henry, heretofore king of England, our predecessor, commonly called the statute of 'quia emptores terrarum;' or any other statute, act, ordinance, use, law, custom, or any other matter, cause or thing heretofore published, or provided to the contrary, in any wise notwithstanding."

Vgl. auch allgemein *Harris,* S. 133; *Osgood,* 17. Jhdt., II, S. 19; *Bassett,* 11 L. Q. Rev. 155.

310 18 Edw. I, c. 1—3 (1290), unten Anhang VII, S. 263—264. Näher dazu oben S. 56—59.

Das statute war dementsprechend in den charters von 1663, oben Fußn. 309 und von 1665, unten Fußn. 314 ausdrücklich ausgeschlossen.

311 Abgedruckt bei *Thorpe,* V, S. 2761—2771.

312 Vgl. dazu *Harris,* S. 133 f. und die Karte S. 134.

313 *Thorpe,* V, S. 2763; *Harris,* S. 133.

314 Zur Bestimmung über das Subinfeudationsrecht der „big eight": *Thorpe,* V, S. 2768.

315 Abgedruckt bei *Thorpe,* V, S. 2756—2761.

316 Näher *Harris,* S. 134.

mental Constitution of Carolina", vor[317]. Danach sollten in Carolina ein feudales land-tenure-System nach englischem Vorbild und eine aristokratische Regierungsform aufgebaut werden. *Im einzelnen* sah der Entwurf vor:

Das ganze Gebiet sollte in zwei „counties" aufgeteilt werden, diese wiederum in acht „seignories" — eine für jeden der „big eight" —, in acht „baronies" und in vier „precincts", von denen jede sechs „colonies" enthielt[318].

Die Rechtsverhältnisse bezüglich des Landes sollten nach dem Vorbild des mittelalterlichen englischen Feudalsystems gestaltet werden:

Es sollte sechs Klassen von Landbesitzern geben, „proprietors" („big eight"), „landgraves", „caziques", „lords of manors", „freemen" und „leetmen".

Die drei ersten Klassen bildeten die „nobility". Ihnen waren *2/5-Anteile* an dem gesamten Lande zugewiesen. Ihr Land war grundsätzlich unteilbar, unveräußerlich und nach dem Grundsatz der Primogenitur vererblich. Eine Übertragung des Landes sollte lediglich für drei Lebzeiten oder aber 21 Jahre und dann auch nur bezüglich 2/3 ihres Landes möglich sein. Die oberste Klasse, die *„proprietors"*, die „big eight", sollten, abgesehen von ihrer aufgrund der charter vom König abgeleiteten Rechtsmacht, eine absolute Rechtsstellung wie unbeschränkte Eigentümer haben und allen anderen Landbesitzern übergeordnet sein[319].

Die restlichen *3/5-Anteile* an dem Gebiet sollten an die drei übrigen Klassen der Landbesitzer fallen. Die manors sollten unteilbar und nur beschränkt auf drei Lebzeiten oder 21 Jahre übertragbar sein. Die „freemen", von denen gefordert wurde, daß sie an einen Gott glaubten und ihn „publicly and solemnly" verehrten[320], sollten ihr Land unmittelbar von den „proprietors" innehaben ebenso wie die „leetmen", die für jede Änderung ihres Besitzes die schriftliche Erlaubnis ihres lord einholen mußten[321].

Es zeigte sich freilich bald, daß dieses feudale Besitzsystem für die neue und noch wenig bevölkerte Kolonie ungeeignet war. Viele Siedler waren gerade deshalb nach Amerika gekommen, um den Beschrän-

---

[317] Abgedruckt bei *Thorpe*, V, S. 2772—2786, auszugsweise auch unten Anhang XVII, S. 290—295.

[318] Vgl. die Bestimmungen 3 und 4 des Entwurfs, unten Anhang XVII, S. 291.

[319] Vgl. besonders die Bestimmungen 5, 11 und 18 des Entwurfs, unten Anhang XVII, S. 291 f., 293, 294.

[320] Vgl. die Bestimmung 95 des Entwurfs, unten Anhang XVII, S. 295.

[321] Vgl. besonders die Bestimmungen 19 und 22 des Entwurfs, unten Anhang XVII, S. 294.

kungen im englischen Mutterland zu entgehen und als freie Eigentümer in den Kolonien zu leben. Die Siedler waren daher von Anfang an gegen diesen Entwurf, und in der Generalversammlung der Siedler wurde er abgelehnt. Die acht Landeigentümer hielten ihrerseits jedoch an dem Entwurf fest und versuchten bis 1719, allerdings vergeblich, den Entwurf in Carolina durchzusetzen: In South Carolina scheiterte er am Widerstand der großen, erfolgreichen Siedler und wohlhabenden Kaufleute, in North Carolina am Widerstand der älteren Siedler, die sich bereits vor der charter von 1663 dort niedergelassen hatten und jetzt um ihre Besitzstände fürchteten[322].

Bis 1719 kam es daher zu ständigen Streitigkeiten zwischen den „big eight" und der Generalversammlung[323]. 1719 revoltierten die Siedler gegen die Feudalherrschaft der Eigentümer. *South Carolina* wurde daraufhin der englischen Krone unterstellt und königliche Provinz[324]. In *North Carolina* gaben 1729 sieben der „big eight" ihre Eigentumsrechte an die englische Krone zurück, so daß auch North Carolina insoweit königliche Provinz wurde[325]. Nur George *Carteret, Earl of Granville,* behielt seinen Anteil, der nach einigen Vergrößerungen bei Ausbruch der Revolution fast die Hälfte des heutigen North Carolina umfaßte[326]. 1774 wurde das Gebiet ein Teil North Carolinas[327].

III. North Carolina: Allodialeigentum

Die tenure-Verhältnisse gingen in Carolina verschiedene Wege: North Carolina erließ im Gegensatz zu South Carolina[328] kein statute über die tenure, aus dem Folgerungen über deren Bestehen oder Nichtbestehen gezogen werden könnten. Doch war dies auch nicht nötig: Die *„Constitution of North Carolina" vom 18. Dezember 1776*[329] bestimmte in

Art. XXV:

"The property of the soil, in a free government, being one of

---

322 Eingehend *Harris,* S. 135 f.

323 Eingehend dazu *Osgood,* 17 Jhdt., II, S. 237—240, 244—250 und *Osgood,* 18. Jhdt., II, S. 292—346.

324 *Harris,* S. 136.

Die Krone trat damit als Rechtsnachfolger an die Stelle der Eigentümer, *Bassett,* 11 L. Q. Rev. 154.

325 Vgl. *Harris,* ebenda; *Osgood,* 17. Jhdt., II, S. 19.

326 *Harris,* S. 137.

327 *Harris,* ebenda; *Bassett,* 11 L. Q. Rev. 161 (allerdings mit falscher Jahreszahl 1744).

328 Näher unten S. 107.

329 Abgedruckt bei *Thorpe,* V, S. 2787—2794.

> the essential rights of the collective body of the people, ...
> ..."[330]

Damit wurde festgestellt, daß die tenure in North Carolina nicht mehr bestand und alle Landbesitzer in North Carolina *Allodialeigentümer* waren[331].

IV. South Carolina

1. Allodial tenure

1712 erklärte ein *statute* alle tenures zu free and common socage, soweit sie es nicht schon ohnehin waren:

> "The only tenure of lands in this State is that of free and common socage[332]."

Diese Bestimmung gilt unverändert in South Carolina, so daß dort die *tenure* auch heute noch als free and common socage *besteht*[333].

Sie weicht allerdings wesentlich von der feudalen tenure des englischen Mittelalters ab: Die feudalen incidents sind zum Teil weggefallen, andere haben sich gewandelt. An die Stelle der Krone ist der Staat als lord getreten. Die persönlichkeitsbezogenen incidents haben sich vollständig versachlicht[334]:

Die *fealty*, der Treueid, hat sich in eine allgemeine Untertanenpflicht *(allegiance)* des Staatsbürgers gewandelt. Sie obliegt dem tenant ebenso wie jedem anderen Bürger und ist daher heute kein Charakteristikum gerade der tenure[335]. Die *homage* besteht nicht mehr. Sie ist, soweit sie überhaupt in Amerika übernommen wurde, in Vergessenheit geraten[336].

---

[330] *Thorpe*, V, S. 2788.

[331] *Vance*, 33 Yale L. J. 250, 263.

Die Verfassung änderte nicht die bestehende Lage, sondern stellte das wohl ohnehin schon bestehende Allodialeigentum lediglich fest; *Vance*, 33 Yale L. J. 263.

Zum Allodialeigentum näher oben S. 135, Fußn. 189.

[332] S. C. Code of Laws 1962, Vol. 11, § 57-1, S. 431 f.

[333] Ebenso *Gray*, § 23.2, S. 21; *Simes* in A. L. P., I, § 1.41, S. 59; *Vance*, 33 Yale L. J. 250, Fußn. 10, 262 f., 268, 271; *Chesnut*, 91 U. Pa. L. Rev. 152.

[334] Eingehend oben S. 150—151.

[335] *Vance*, 33 Yale L. J. 264. Zum Verhältnis zwischen allegiance und fealty näher *Coke on Littleton*, S. 68 b; *Kent*, III, S. 511 f.; *Pollock and Maitland*, I, S. 299.

Zur fealty näher oben S. 16.

[336] *Vance*, 33 Yale L. J. 264.

Zur homage näher oben S. 16.

Die *relief*-Zahlungen sind ebenfalls in Vergessenheit geraten[337], und die *primer seisin* war ohnehin gegenstandslos, da sie nur für tenants in chief galt[338].

Die *aids, wardship, marriage* und *fines for alienation* waren bereits 1660 durch statute abgeschafft worden[339]. Sie waren daher von vornherein ohne Bedeutung[340].

Von *escheat* und *forfeiture* besteht nur noch das erste, allerdings auch in veränderter Form: Zwar fällt der Nachlaß, der keinen Erben hat, kraft escheat an den Staat; doch bestehen Zweifel, ob dies auf dem tenure-Verhältnis zum Staat beruht oder ob der Staat hier kraft seiner Souveränität einen Nachlaß an sich zieht, der nicht ohne Erben bleiben soll[341]. Es genügt jedoch auch hier, wie im Falle New Jersey[342], festzustellen, daß der Nachlaß eines tenant nicht strengeren Bestimmungen unterliegt als der jedes anderen Bürgers.

Die üblicherweise geschuldeten services, in den Kolonien von vornherein in der abgewandelten Form der *quit-rents,* werden nicht mehr gezahlt. Wenn sie auch nie durch statute abgeschafft worden sind, so sind sie doch in Vergessenheit geraten und bestehen faktisch nicht mehr[343].

Daß die Steuern, insbesondere die Grundsteuern, keine typischen incidents der tenure sind, wurde bereits oben S. 150 ausgeführt; ebenso, daß das right of eminent domain[344] und das Recht des Staates, bei Nichtzahlung der Steuern das Grundstück zu beschlagnahmen und in eigene Verwaltung zu nehmen, keine nur auf der tenure ruhenden Belastungen sind (oben S. 150—151).

Mithin ergibt sich: In South Carolina besteht die tenure noch heute. Sie ist nicht in Allodialeigentum umgewandelt. Allerdings hat sie nicht mehr den materiellen persönlichkeitsbezogenen Gehalt der feudalen tenure in England: Sie ist aller ihrer feudalen incidents entkleidet. Sie gewährt zwar kein absolutes Eigentum (Allodialeigen-

---

[337] *Vance,* 33 Yale L. J. 264.

Zum relief näher oben S. 24—25.

[338] Näher oben S. 25.

[339] 12 Car. II, c. 24 (1660), unten Anhang XII (3), S. 273—277. Näher dazu oben S. 66—67.

[340] *Vance,* 33 Yale L. J. 257, 264.

Zu diesen incidents näher oben S. 24—26.

[341] *Vance,* 33 Yale L. J. 263, 264. Vgl. oben S. 26—27.

Zum escheat in South Carolina näher §§ 57—201 — 57—211, 57—231 — 57—240 S. C. Code of Laws 1962, Vol. 11, S. 444—447, 448—450.

[342] Siehe oben S. 150.

[343] *Bond,* S. 348; *Vance,* 33 Yale L. J. 263, 265.

[344] Zum right of eminent domain in South Carolina näher Title 25 S. C. Code of Laws 1962, Vol. 6, S. 213—245.

tum)[345], kommt diesem aber sehr nahe. Man bezeichnet sie daher wie in New Jersey am besten als *allodial tenure*[346].

2. *Statute Quia Emptores*

Das *Statute Quia Emptores*[347], das die Schaffung neuer tenures durch Subinfeudation verbot, ist in South Carolina *nicht in Kraft*[348]: Es war bereits in den beiden königlichen charters von 1663 und 1665 ausdrücklich ausgeschlossen[349]. Überdies sind gemäß sec. 10 eines statute vom 12. Dezember 1712 nur die dort enumerierten englischen Gesetze in South Carolina in Kraft. Das Statute Quia Emptores ist nicht aufgeführt[350].

Demzufolge können in South Carolina auch heute noch neue tenures durch Subinfeudation geschaffen werden.

K. GEORGIA

I. Entwicklung bis 1752

Das Gebiet Georgias war bereits von den drei Virginia-Charters von 1606, 1609 und 1612 und von den Carolina-Charters von 1663 und 1665 erfaßt worden, was einer erneuten Übertragung des Gebietes zunächst entgegenstand. Da jedoch die Plymouth Company, an die die Virginia-Charters gerichtet waren, bereits 1620 aufgelöst worden und South Carolina 1719, North Carolina 1729 königliche Provinz geworden waren, konnte George II (1727—1760) das Gebiet 1732 durch eine charter an „The Trustees for establishing the colony of Georgia in America“ unter James *Oglethorpe* übertragen[351]. Die charter schuf ein tenure-Verhältnis zwischen dem König und der Gesellschaft „as of our honour[352] of Hamptoncourt, in our county of Middlesex in free and common soccage“[353]. Der Vergleich mit dem

---

[345] *Vance*, 33 Yale L. J. 265.
Zum Allodialeigentum näher oben S. 135, Fußn. 189.

[346] Näher dazu oben S. 151.

[347] 18 Edw. I. c. 1—3 (1290), unten Anhang VII, S. 263—264. Näher dazu oben S. 56—59.

[348] *Gray*, § 25, S. 24, §§ 27, 28, S. 25; *Simes* in A. L. P., I, § 1.41, S. 59, 60; *Vance*, 33 Yale L. J. 263, 265; *Chesnut*, 91 U. Pa. L. Rev. 152.

[349] Näher oben S. 153, Fußn. 309, S. 154, Fußn. 314.

[350] *Gray*, § 27, S. 25; *Simes* in A. L. P., I, S. 60, Fußn. 21 [S. 61].

[351] Charter of Georgia vom 9. Juni 1732, abgedruckt bei *Thorpe*, II, S. 765—777.
Zur Geographie vgl. *Harris*, S. 138 f. und die Karte S. 139.

[352] Wahrscheinlich ist „manor“ gemeint, so auch *Harris*, S. 139; „honour“ gibt keinen Sinn.

[353] *Thorpe*, II, S. 771.

manor of Hamptoncourt anstelle des sonst üblichen manor of East Greenwich wurde hier zum ersten und einzigen Mal in einer charter für die Kolonien gebraucht. Eine sachliche Änderung gegenüber den früheren charters war damit nicht verbunden[354].

Als quit-rent behielt sich der König jährlich 4 s. pro 100 acres Land vor, die die Gesellschaft weiterübertrug oder besiedelte[355]. Die Gesellschaft erhielt das Recht, manors zu gründen und durch Subinfeudation und unter Vorbehalt einer quit-rent neue tenure-Verhältnisse zu schaffen[356]. Die *quit-rents* sowohl des Königs wie der Gesellschaft waren, da das Statute Quia Emptores[357] für sie nicht galt, *rent-services* und wurden als *real property* angesehen.

George *Carteret*, der *Earl of Granville*, der seinen $^1/_8$-Anteil an Carolina auch nach 1729 behalten hatte[358], übertrug den Teil seines Gebietes, der in Georgia lag, ebenfalls auf die Gesellschaft, so daß diese nunmehr das gesamte ihr durch die charter von 1732 übertragene Territorium in Besitz hatte[359].

Die Gründung Georgias genoß in England wegen der Ziele, die sie sich gesteckt hatte, eine sehr weitgehende Unterstützung[360]. Georgia sollte in erster Linie die wegen ihrer Religion in England Verfolgten sowie entlassene Strafgefangene aufnehmen. Ihnen sollte eine Chance gegeben werden, sich in neuer Umgebung und durch eigene Tüchtigkeit ein neues Leben aufzubauen[361]. Dem Mutterland war die Ausreise dieser Personen nicht ungelegen.

---

[354] Vgl. *Harris*, S. 139.

[355] *Thorpe*, II, S. 771: "..., yielding, and paying therefor to us, our heirs and successors yearly forever, the sum of four shillings for every hundred acres of the said lands, which the said corporation shall grant, demise, plant or settle; ..."

[356] *Thorpe*, II, S. 766.

[357] 18 Edw. I, c. 1—3 (1290), unten Anhang VII, S. 263—264. Näher dazu oben S. 56—59.

[358] Näher oben S. 156.

[359] *Harris*, S. 139.

[360] Das Parlament spendete für das Unternehmen £ 10 000, und die „Bank of England" übernahm selbst die Verwaltung und Verteilung der Spenden.

[361] In der charter heißt es dazu; *Thorpe*, II, S. 765: "Whereas we are credibly informed, that many of our poor subjects are, through misfortunes and want of employment, reduced to great necessity, insomuch as by their labor they are not able to provide a maintenance for themselves and families; and if they had means to defray their charges of passage, and other expences, incident to new settlements, they would be glad to settle in any of our provinces in America where by cultivating the lands, at present waste and desolate, they might not only gain a comfortable subsistence for themselves and families, but also strengthen our colonies and increase the trade, navigation and wealth of these our realms." Vgl. auch oben S. 111.

Andererseits wollte der König für South Carolina, das seit 1719 königliche Provinz war, eine Pufferzone nach Süden gegenüber den spanischen Ansiedlungen, vor allem aber gegen die Verwüstungen der Indianer schaffen[362].

Indessen, das Unternehmen scheiterte. Vor allem ihr erstes Ziel erreichte die Gesellschaft nicht[363]. Sie gab daher 1752 die charter zurück. Georgia wurde königliche Provinz[364].

II. Allodial tenure

Mit der Übernahme der Kolonie durch die englische Krone änderte sich an den tenure-Verhältnissen nichts: Die Siedler hatten das Land wie bisher in free and common socage inne[365].

Demgegenüber bestimmte die *„Constitution of Georgia" vom 30. Mai 1798*[366] — fast wörtlich wie die „Constitution of North Carolina" (oben S. 156 f.) — in

> *Art. I sec. 23:*
> "...; but the property of the soil, in a free government, being one of the essential rights of a free people, ..."[367]

Später, 1861, erließ Georgia dagegen für die tenure folgende Bestimmung, die noch heute unverändert gilt:

> "*Allodial tenure.* — The tenure by which all realty is held is under the State as original owner, it is without service of any kind, and limited only by the right of eminent domain remaining in the State[368]."

---

[362] In der charter heißt es dazu; vgl. *Thorpe*, ebenda: "And whereas our provinces in North America, have been frequently ravaged by Indian enemies; more especially that of South Carolina, which in the late war, by the neighboring savages, was laid waste with fire and sword, and great numbers of English inhabitants, miserably massacred, and our loving subjects who now inhabit them, by reason of the smallness of their numbers, will in case of a new war, be exposed to the late calamities; inasmuch as their whole southern frontier continueth unsettled, and lieth open to the said savages." Vgl. auch oben S. 111.

[363] Zu den Gründen näher oben S. 111.

Vgl. auch *Harris*, S. 139.

[364] *Thorpe*, II, S. 765, Fußn. a; *Harris*, S. 139. Vgl. zur Entwicklung Georgias *Osgood*, 18. Jhdt., III, S. 34—75.

[365] *Harris*, S. 140.

[366] Abgedruckt bei *Thorpe*, II, S. 791—802.

[367] *Thorpe*, II, S. 794.

[368] § 85—202 Ga. Code Ann., Buch 24, S. 266. Die Vorschrift ist auch abgedruckt bei *Gray*, § 23.2, S. 21 und bei *Vance*, 33 Yale L. J. 250, Fußn. 10, 263, Fußn. 95.

Beide Bestimmungen widersprechen sich offensichtlich. Man streitet daher, ob die tenure in Georgia trotz Art. I sec. 23 der Verfassung von 1798 heute noch besteht.

Vance[369] meint: Die tenure bestehe in Georgia nicht mehr. Sie sei von dem zitierten Verfassungsartikel in Allodialeigentum umgewandelt worden. Dies bestätige gerade die Bestimmung von 1861, die das Land ausdrücklich als „allodial" bezeichne. Wenn die Bestimmung von „allodial *tenure*"spreche, so sei dies ohne Bedeutung, weil die tenure — wie sich eben aus der Bestimmung von 1861 ergebe — ihren materiellen Inhalt verloren habe und folglich tatsächlich nicht mehr bestehe.

Man wird *Vance* sicher zugeben müssen, daß die tenure im Sinne der feudalen tenure nicht mehr besteht. Doch spricht die Bestimmung von 1861 dementsprechend auch nur von „allodial tenure". Dies ist aber gerade diejenige Form der tenure, bei der zwar eine lord- (hier Staat-)tenant-Bindung besteht, bei der aber der tenant keinem feudalen incident unterliegt[370]. Die Einwände *Vance*'s treffen daher das „allodial tenure" nicht.

Daher wird man mit *Gray*[371] die Vorschrift von 1861 als gesetzliche Feststellung ansehen müssen, daß die *tenure* — allerdings als allodial tenure — auch heute noch in Georgia im Verhältnis zum Staat *besteht*. Gleichwohl unterliegt sie keinerlei feudalen Beschränkungen. Auch das right of eminent domain, dem der tenant ausgesetzt ist, ist kein incident der tenure, sondern ein Ausfluß der staatlichen Hoheitsgewalt, der jeder Staatsbürger unterliegt[372]:

> *§ 36—101 Ga. Code Ann.:*
>
> "*Right of eminent domain defined.* — The right of eminent domain is the right of the State, through its regular organization, to reassert, either temporarily or permanently, its dominion over any portion of the soil of the State on account of public exigency and for the public good; thus, in time of war

---

[369] *Vance*, 33 Yale L. J. 263.

[370] Eingehend dazu oben S. 149—151.

[371] *Gray*, § 23.2, S. 21.

[372] Botts v. Southeastern Pipe-Line Co., 190 Ga. 689, 10 S. E. 2d 375, 378 (S. Ct. Ga. 1940); State v. Blasingame, 212 Ga. 222, 91 S. E. 2d 341, 343 (S. Ct. Ga. 1956); Johnson v. Fulton County, 103 Ga. App. 873, 121 S. E. 2d 54, 57 (Ct. App. Ga. 1961); State Highway Department v. Hatcher, 218 Ga. 299, 127 S. E. 2d 803, 806 (S. Ct. Ga. 1962). Ebenso *Vance*, 33 Yale L. J. 264 m. Fußn. 101.

Vgl. allgemein 26 *Am. Jur. 2d*, Eminent Domain, §§ 1—9, S. 638—649 und oben S. 150 f.

or insurrection the proper authorities may possess and hold any part of the territory of the State for the common safety; and in time of peace the legislature may authorize the appropriation of the same to public purposes, such as the opening of roads, construction of defenses, or providing channels for trade or travel[373]."

Dasselbe gilt für das escheat-Recht des Staates: Im Gegensatz zum englischen Feudalsystem ist das escheat-Recht in Georgia ein Teil der staatlichen Hoheitsgewalt und kein incident der tenure[374].

Mithin ergibt sich: In Georgia besteht die tenure noch heute. Sie ist nicht in Allodialeigentum umgewandelt. Immerhin kommt sie, da sie aller ihrer feudalen incidents entkleidet ist, dem Allodialeigentum sehr nahe. Man bezeichnet sie daher wie in der Bestimmung von 1861 (Wortlaut oben S. 161) und wie schon in New Jersey und South Carolina am besten als *allodial tenure*[375].

III. Statute Quia Emptores

Das *Statute Quia Emptores*[376] ist in der Georgia-Charter nicht wie z. B. in den Carolina-Charters ausdrücklich ausgeschlossen. Man wird daher davon auszugehen haben, daß es in Georgia *in Kraft* ist[377]. Es bestehen daher — wie sich auch schon aus der Bestimmung von 1861 ergibt (Wortlaut oben S. 161) — nur tenures im Verhältnis zum Staat (als Nachfolger der englischen Krone). Die Schaffung neuer tenures durch Subinfeudation zwischen Privatpersonen ist ausgeschlossen.

---

[373] § 36-101 Ga. Code Ann., Buch 12, S. 245 f.

[374] So Oslin v. State, 161 Ga. 967, 132 S. E. 542, 543 (S. Ct. Ga. 1926), per *Russel*, C. J. "But no aid can be drawn from English cases in determining when there may be said to be an escheat, or as to the proceedings by which that determination shall be reached, for the reason that ... there are ... property escheats, if at all, directly to the state as the sovereign power within whose jurisdiction it is situated." und "... there is no escheat in this state in the sense in which that term is used in England."

Die Definition des escheat-Rechts in Georgia läßt zunächst den gegenteiligen Schluß zu: *§ 85-1101 Ga. Code Ann.*, Buch 24, S. 454: "*Escheat defined.* — Escheat results upon failure of heirs, in which case the estate of an intestate *reverts* to the State. In no other case does an estate escheat."

[375] Ebenso *Gray*, § 23.2, S. 21.

Zur allodial tenure in New Jersey und South Carolina näher oben S. 149—151 und 157—159.

[376] 18 Edw. I, c. 1—3 (1290), unten Anhang VII, S. 263—264. Näher dazu oben S. 56—59.

[377] *Gray*, § 25, S. 23 f.; ebenso wohl auch *Chesnut*, 91 U. Pa. L. Rev. 152.

L. MARYLAND

I. Entwicklung bis zum Unabhängigkeitskrieg

Das Gebiet Marylands war bereits mit den drei Virginia-Charters von 1606, 1609 und 1612 übertragen worden, ohne daß es jedoch zu einer Besiedlung gekommen war. Der Widerruf der dritten Virginia-Charter im Jahre 1624 ermöglichte es der Krone, das Land erneut zu übertragen.

George *Calvert*, ein Katholik, hatte bereits um 1620 vergeblich versucht, in Neufundland eine englische Kolonie zu gründen[378]. Als Mitglied der Plymouth Company hatte er Virginia und andere Teile Nord-Amerikas bereist und dabei das Land zwischen dem Potomac und der Chesapeake Bay entdeckt. Nach England zurückgekehrt, bat er Charles I, ihm dieses Gebiet zu übertragen. Er starb jedoch wenige Monate vor Erlaß der erbetenen charter.

Am 20. Juni 1632 übertrug Charles I das Gebiet von Maryland durch eine charter an Cecil *Calvert*, den Sohn George Calvert's und zweiten *Lord Baltimore*[379]. Die charter schuf ein tenure-Verhältnis zwischen dem König und Lord Baltimore „as of our Castle of Windsor, in our County of Berks, in free and common Soccage, by Fealty only for all services“[380]. Als quit-rent behielt sich der König zwei Indianerpfeile aus diesem Gebiet, abzuliefern am Osterdienstag eines jeden Jahres auf Schloß Windsor, sowie $^1/_5$-Anteil an allen Gold- und Silberfunden vor[381]. Die charter gewährte *Lord Baltimo*re ungewöhnlich weitgehende Befugnisse[382]: Neben dem Regierungs- und Gesetzgebungsrecht erhielt er die uneingeschränkte Kontrolle über das ihm übertragene Land. Er hatte das Recht, manors nach feudalem englischen Vorbild zu gründen und durch Subinfeudation neue tenure-Verhältnisse unter Vorbehalt einer quit-rent und mit jedem beliebigen Besitzstand zu schaffen; ein Recht, das in dieser Ausdehnung selbst die englische Krone nicht besaß. Mit Recht bezeichnet daher die charter Lord Baltimore und seine Nachfolger als „the true and absolute Lords and Proprietaries“[383].

---

[378] Näher *Harris*, S. 117; *Powell*, I, § 56, S. 148, Fußn. 19.

[379] Maryland-Charter, unten Anhang XVI, S. 280—290. Die lateinische Fassung ist abgedruckt bei *Thorpe*, III, S. 1669—1677.

Zur Geographie vgl. *Harris*, S. 118 f. und die dortige Karte.

Über die Grenzstreitigkeiten Marylands mit Virginia, Pennsylvania und Delaware vgl. ebenfalls *Harris*, S. 119.

[380] Unten Anhang XVI, S. 282.

[381] Unten Anhang XVI, S. 282.

[382] Vgl. zum Folgenden auch *Harris*, S. 120 f.

[383] Unten Anhang XVI, S. 282.

Die *quit-rents* des Königs und Lord Baltimore's waren, da das Statute Quia Emptores[384] für sie nicht galt[385], *rent-services* und wurden als *real property* angesehen.

Diese charter gab erstmals einem Landeigentümer in den Kolonien derart weitreichende Rechte. Sie blieb daher in England nicht unwidersprochen: Die ehemaligen Mitglieder der London Company hielten entgegen, Lord Baltimore könne das Land an Feinde der englischen Krone übertragen, er könne eine Vormachtstellung innerhalb der Kolonien und gegenüber dem englischen König gewinnen und schließlich selbst über Krieg und Frieden entscheiden. Da Lord Baltimore überdies großzügige Landübertragungen vornehmen könne, werde sich zum Schaden der übrigen Kolonien die Einwanderung auf Maryland konzentrieren[386]. Es zeigte sich jedoch in der Folgezeit, daß diese Besorgnisse unbegründet waren.

Bis zur protestantischen Revolution von 1688 konnte Lord Baltimore seine einzigartige Stellung halten. Danach herrschten die Protestanten in Maryland. Lord Baltimore behielt jedoch seine Eigentumsrechte in Maryland, da er zur anglikanischen Hochkirche übertrat[387].

II. Umwandlung in Allodialeigentum

Nach der amerikanischen Revolution haben sich alle tenures in *Allodialeigentum* umgewandelt[388]. Dies ist schon frühzeitig anerkannt worden. So heißt es in der Entscheidung *Matthews v. Ward*[389] des Court of Appeals of Maryland von 1839:

> "After the Revolution, therefore, lands become allodial, subject to no tenure, nor to any of the services incident thereto, and if allodial, the supreme power of the State would succeed to them as the king would succeed to allodial property in England, by the common law, upon the death of the owner without next of kin[390]."

Lord Baltimore verlor durch diese Umwandlung in Allodialeigentum seine Rechte an dem durch Subinfeudation übertragenen Land. Die quit-rents und die entsprechenden Verpflichtungen der tenants

---

384 18 Edw. I, c. 1—3 (1290), unten Anhang VII, S. 263—264. Näher dazu oben S. 56—59.

385 Die Maryland-Charter erklärte das Statute ausdrücklich für nicht anwendbar (non obstante-Klausel), unten Anhang XVI, S. 288—289.

386 Einzelheiten bei *Harris,* S. 121.

387 *Powell,* I, § 56, S. 148, Fußn. 20.

388 *Gray,* § 23, S. 19; *Casner-Leach,* S. 266; *Vance,* 33 Yale L. J. 262, 270; *Chesnut,* 91 U. Pa. L. Rev. 151.

389 Matthews v. Ward, 10 Gill & Johns. 443 (Ct. App. Md. 1839).

390 10 Gill & Johns. 451.

wurden durch statute von 1780 abgeschafft[391]. Er erhielt, anders als etwa die Familie Penn in Pennsylvania, keine Entschädigung für seine Rechts- und Vermögensverluste[392].

M. PENNSYLVANIA

I. Entwicklung bis zum Unabhängigkeitskrieg

Das Gebiet Pennsylvanias, zwischen den Kolonien Massachusetts und Maryland gelegen[393], war vor 1681 teilweise bereits durch verschiedene frühere charters übertragen worden: durch die drei Virginia-Charters von 1606, 1609 und 1612, die charter an den Council of New England von 1620, die holländische charter an die Dutch West India Company von 1621, die Maryland-Charter von 1632, die Connecticut-Charter von 1662 und schließlich durch die New York-Charter an den Duke of York and Albany von 1664. Da jedoch währenddessen keine Siedlungen gegründet worden waren, übertrug Charles II am 14. März 1681 durch eine charter das Gebiet an den Quäker William *Penn*[394]. Die charter schuf ein tenure-Verhältnis zwischen dem König und William Penn „as of Our Castle of Windsor in Our County of Berks, in free and comon Socage, by fealty only for all Services“[395]. Als quit-rent behielt sich der König zwei Biberfelle, abzuliefern am 1. Januar jeden Jahres auf Schloß Windsor, und $^1/_5$-Anteil an allen Gold- und Silberfunden vor[396]. Die charter folgte dem Vorbild der Maryland-Charter und gewährte Penn ähnlich weitgehende Rechte[397]: Neben dem allerdings eingeschränkten[398] Regierungs- und Gesetzgebungsrecht erhielt er die uneingeschränkte Kon-

---

[391] Ch. 18, § 2, abgedruckt bei *Dorsey*, Bd. I, S. 158.

[392] *Mayer*, S. 35; *Chesnut*, 91 U. Pa. L. Rev. 151.
Zur Entschädigung Penn's vgl. unten S. 201.

[393] Zur Geographie vgl. *Harris*, S. 122 und die Karte S. 123.

[394] Pennsylvania-Charter, unten Anhang XVIII, S. 295—305.

[395] Unten Anhang XVIII, S. 297.

[396] Unten Anhang XVIII, S. 297.

[397] *Harris*, S. 112—124; *Rutter*, 14 N. Y. U. Intra. L. Rev. 220 f.

[398] Die wesentlichen Einschränkungen gegenüber der Maryland-Charter von 1632 waren:

1. Alle Gesetze mußten regelmäßig zur Überprüfung und Zustimmung in England vorgelegt werden.
2. Ein Bevollmächtigter der Kolonie mußte seinen ständigen Sitz in England haben, um die sonst auftretenden Verzögerungen im Rechtsverkehr mit der Kolonie zu vermindern.
3. Das englische Parlament behielt das Besteuerungsrecht.

Näher unten Anhang XVIII, S. 298—302.

trolle über das ihm übertragene Land. Er konnte wie Lord Baltimore manors nach feudalem englischen Vorbild gründen und durch Subinfeudation tenure-Verhältnisse unter Vorbehalt einer quit-rent und mit jedem beliebigen Besitzstand schaffen. Das Subinfeudationsrecht stand im Gegensatz zu Maryland neben William Penn auch dessen unmittelbaren tenants zu, also denen, die unmittelbar von Penn Land erhalten hatten (grantees im ersten Glied), nicht aber deren und allen folgenden tenants (grantees im zweiten und folgenden Glied)[399]. Die Pennsylvania-Charter bezeichnet daher ihn und seine Nachfolger als „the true and absolute Proprietaries of the Countrey aforesaid"[400].

Die *quit-rents* des Königs, William Penn's und der grantees im ersten Glied waren, da für sie das Statute Quia Emptores[401] nicht galt[402], *rent-services* und wurden als *real property* angesehen.

Noch 1681 erließ William Penn die „Concessions to the Province of Pennsylvania", eine Art Besiedlungsplan für Pennsylvania[403]. Danach sollten als Mittelpunkt der Kolonie eine große Stadt gegründet und weitere kleine Städte über die Kolonie verteilt werden. Alle Städte sollten durch Straßen verbunden sein. Das hierfür erforderliche Land blieb von allen Übertragungen ausgenommen. Eine eigene Bestimmung befaßte sich mit den *quit-rents* und staffelte sie zwischen 2 und 4 s. im Jahr für je 50 acres Land, je nachdem, ob das Land von einem servant oder einem master bewirtschaftet wurde[404].

1682 folgte Penn's „Charter of Liberties"[405]. Sie enthielt allgemeine Vorschriften über die Regierung der Kolonie, das Schul- und Justizwesen, nicht jedoch über die land tenure. Die 1701 erlassene „Charter of Privileges, Granted by William Penn, Esq. to the Inhabitants of Pennsylvania and Territories"[406], die den Siedlern sehr weitgehende

---

[399] Eingehend hierzu unten S. 200—204.

[400] Unten Anhang XVIII, S. 296 unten.

[401] 18 Edw. I, c. 1—3 (1290), unten Anhang VII, S. 263—264. Näher dazu oben S. 56—59.

[402] Die Pennsylvania-Charter erklärte das Statute ausdrücklich für nicht anwendbar (non obstante-Klausel), unten Anhang XVIII, S. 303.

[403] Abgedruckt bei *Thorpe*, V, S 3044—3047.

[404] Die maßgebende Bestimmung lautet, *Thorpe*, V, S. 3045: "VII. That, for every fifty acres, that shall be allotted to a servant, at the end of his service, his quit-rent shall be two shillings per annum, and the master, or owner of the servant, when he shall take up the other fifty acres, his quit-rent, shall be four shillings by the year, or, if the master of the servant (by reason in the indentures he is so obliged to do) allot out to the servant fifty acres in his own division, the said master shall have, on demand, allotted him, from the governor, the one hundred acres, at the chief rent of six shillings per annum."

[405] Abgedruckt bei *Thorpe*, V, S. 3047—3052.

[406] Abgedruckt bei *Thorpe*, V, S. 3076—3081.

Regierungsrechte übertrug, enthielt ebenfalls keine Bestimmungen über die land tenure.

Das land-tenure-System wurde demnach von der Einräumung größerer Freiheits- und Regierungsrechte für die Siedler nicht berührt und blieb in vollem Umfang bestehen.

II. Keine Umwandlung in Allodialeigentum

Man streitet, ob die tenure noch heute in Pennsylvania besteht oder ob sie in Allodialeigentum umgewandelt worden ist.

Der *Supreme Court of Pennsylvania* befaßte sich 1836 in *Ingersoll v. Sergeant*[407] mit dieser Frage: Es ging um die Teilbarkeit einer quit-rent, die bei einer fee simple-Übertragung aus dem Jahre 1811 vorbehalten war. Die *quit-rent* konnte nur teilbar sein, wenn man sie als rent-service und nicht als rent-charge ansah[408]. Rent-service konnte sie wiederum nur dann sein, wenn das Statute Quia Emptores[409] nicht galt[410].

Das Gericht entschied: Das Statute sei in Pennsylvania nie in Kraft gewesen. Die quit-rent sei als rent-service und somit als teilbar anzusehen. Dabei stützte das Gericht seine Entscheidung auf die Pennsylvania-Charter. Denn sie übertrage „the lands of the Province of William Penn, his heirs and assigns, so as to enable them to hold and dispose of the same as if the statute quia emptores had not been in existence. That it has ever been so understood, may be seen and fairly inferred from both our legislative and judicial proceedings“[411].

Die Entscheidung erkannte damit im Ergebnis an, daß die land tenure in Pennsylvania auch nach der Revolution *bestehen geblieben* und *nicht in Allodialeigentum* umgewandelt worden ist. Denn die Frage nach der Geltung des Statute Quia Emptores setzt voraus, daß man das Bestehen der land tenure bejaht: "To speak of rent service, or of the Statute Quia Emptores, in any State where tenure is non-existent, is an absurdity; rent service and the Statute Quia Emptores necessarily imply tenure[412]."

---

[407] Ingersoll v. Sergeant, 1 Whart. 337 (S. Ct. Pa. 1836).

[408] Siehe dazu oben S. 35 und 37.

[409] 18 Edw. I, c. 1—3 (1290) unten Anhang VII, S. 263—264.

[410] Ingersoll v. Sergeant, 1 Whart. 337, 347 (S. Ct. Pa. 1836): "Hence, it is evident that the ground-rent in question cannot be considered a rent-charge, unless it be so by the force of the statute quia emptores; but if it shall appear, upon examination, that this statute is not and never has been in force in Pennsylvania then it would seem to be equally evident that is must be held to be a rent-service."

[411] 1 Whart. 348.

[412] So *Gray*, § 26, S. 24; ebenso § 24, S. 22 f.: "In those States where tenure no longer obtains, there can be no question whether the Statute Quia

1863 wurde dasselbe Gericht in *Wallace v. Harmstad*[413] mit der Klage eines tenant gegen dessen lord auf Wiedereinräumung des Besitzes (action of replevin) befaßt. Der lord hatte durch sein right of distress[414] dem tenant den Besitz des Landes entzogen.

Das Gericht entschied jetzt ***abweichend:*** Die tenure bestehe in Pennsylvania seit der Revolution nicht mehr, da der mit der tenure notwendig verbundene Treueid (fealty) dort nie gegolten habe.

Das Gericht verwechselte insoweit wahrscheinlich fealty mit homage: Fealty galt in Pennsylvania jedenfalls vor der Revolution kraft ausdrücklicher Bestimmung der charter, homage dagegen nicht. Erst nach der Revolution ist die fealty in Pennsylvania weggefallen[415].

Andererseits sah das Gericht aber unter Berufung auf *Ingersoll v. Sergeant*[416] die vorbehaltene quit-rent als rent-service, ein typisches Institut gerade der tenure, und nicht als rent-charge an:

> "That ground-rent is a rent-service was demonstrated in Ingersoll v. Sergeant, 1 Wh. 337, a case which has been so often recognised and followed as to have become a rule of property[417]."

Die Entscheidung widerspricht sich damit selbst. Denn die Qualifizierung der quit-rent als rent-service setzt notwendig die Anerkennung der tenure voraus. Rent-service ist ohne tenure nicht denkbar[418].

Trotz der Kritik, die die Entscheidung überwiegend gefunden hat[419], ist sie nie revidiert worden. Dennoch scheint im Hinblick auf die Grundsatzentscheidung *Ingersoll v. Sergeant*[420] die Ansicht richtig

---

Emptores is in force; its subject-matter has ceased to exist." und § 25, S. 23: "In the States where there is no reason to question the existence of tenure, there seems as little reason to question the existence of the Statute Quia Emptores." Ebenso *Chesnut*, 91 U. Pa. L. Rev. 152.

[413] Wallace v. Harmstad, 44 Pa. 492 (S. Ct. Pa. 1863).

[414] Näher dazu oben S. 35.

[415] Zum Vorstehenden vgl. *Chesnut*, 91 U. Pa. L. Rev. 151, Fußn. 32; *Rutter*, 14 N. Y. U. Intra. L. Rev. 224.
Zur Pennsylvania-Charter: unten Anhang XVIII, S. 296 f.

[416] 1 Whart. 337 (S. Ct. Pa. 1836).

[417] 44 Pa. 495, per *Woodward*, J.

[418] Näher oben S. 168 und dort Fußn. 412.

[419] *Gray*, § 26, S. 24, mit weiteren Nachweisen, Fußn. 6; *Sharswood*, S. 207—232; *Simes* in A. L. P., I, § 1.41, S. 59; *Rutter*, 14 N. Y. U. Intra. L. Rev. 223 f.; aber zustimmend *Kent*, IV, S. 25 und offenbar auch *Chesnut*, 91 U. Pa. L. Rev. 151.

[420] 1 Whart. 337 (S. Ct. Pa. 1836).

zu sein, daß trotz *Wallace v. Harmstad*[421] die *tenure in Pennsylvania* noch *besteht* und das *Statute Quia Emptores*[422] dort nicht gilt[423].

N. NEW YORK

I. Entwicklung unter den Holländern bis 1664

Nach Hudson's Entdeckungsfahrt im Jahre 1609 wurde das Gebiet von New York zuerst von den Holländern besiedelt und verwaltet: 1614 erhielt die United New Netherland Company durch eine charter des Staten-Generals der Vereinigten Niederlande für drei Jahre das Recht, Handelsniederlassungen zu gründen[424]. 1621 verlieh der Staten-General durch eine neue charter das Handelsmonopol sowie das Recht, Kolonien zu gründen, für 24 Jahre an die neugegründete Dutch West India Company[425]. Die erste ständige Ansiedlung der Holländer in der New-York-Bay wurde allerdings erst 1623 gegründet[426]. Sie entwickelte sich nur langsam und keineswegs nach den Wünschen der holländischen Gesellschaft. Um die Besiedlung zu fördern, erließ die Gesellschaft daher 1629 die *„Charter of Privileges to Patroons"*, mit der das holländische *patroon-System* in den damaligen Neu-Niederlanden eingeführt wurde[427]: Die charter versprach jedem eine Landübertragung, der in der Kolonie innerhalb von 4 Jahren eine Siedlung

---

[421] 44 Pa. 492 (S. Ct. Pa. 1863).

[422] 18 Edw. I, c. 1—3 (1290), unten Anhang VII, S. 263—264.

[423] So Cuthbert v. Kuhn, 3 Whart. 357, 31 Am. Dec. 513, 514 (S. Ct. Pa. 1837); In re Phillips' Estate, 10 Pa. Dist. 99 (Dist. Ct. Pa. 1901); 38 *C. J. S.*, Ground Rents, § 2 c (4), S. 1091; 32 *Am. Jur.*, Landlord and Tenant, § 1040, S. 871; *Simes* in A. L. P., I, § 1.41, S. 59 f.; *Reno* in A. L. P., II, § 9.41, S. 457; *Gray,* § 26, S. 24 f. gegen § 23, S. 19; *Harris,* S. 396; *Cadwalader,* S. 45 f.; *Vance,* 33 Yale L. J. 262, 265, 268; *Chesnut,* 91 U. Pa. L. Rev. 152, anders allerdings S. 151; *Rutter,* 14 N. Y. U. Intra. L. Rev. 224.

Anders Stuart v. City of Easton, 170 U. S. 383, 18 Sup. Ct. 650, 654 (S. Ct. 1898).

[424] Abgedruckt in englischer Sprache in N. Y. Col. Hist., I, S. 11—12.

[425] Abgedruckt in englischer Sprache bei *Thorpe,* I, S. 59—67. Vgl. auch oben S. 107, Fußn. 29.

Die Dutch West India Company wurde gegründet, um die holländischen Handelsinteressen in den westlichen Meeren zu vertreten, während die Dutch East India Company die Handelsinteressen im Indischen Ozean und Fernen Osten wahrte. Vgl. *Harris,* S. 92.

[426] *Harris,* S. 92; *Note,* 80 Harv. L. Rev. 1758, wo das Jahr 1624 genannt ist.

[427] Die charter ist abgedruckt bei *MacDonald,* S. 43—45.

Zum patroon-System und zum Folgenden vgl. *Harris,* S. 92 f.; *Christman,* S. 1—4; *Osgood,* 17. Jhdt., II, S. 30—33.

von mindestens 50 Personen (die mindestens 15 Jahre alt sein mußten) gründete. Der Gründer der Siedlung, der *patroon*, erhielt weitergehende Rechte, als sie etwa ein lord des englischen Feudalsystems besaß: Die Siedler waren ihm nicht nur vertraglich zur Treue verpflichtet (fealty) und mußten ihm — wie tenants — Kriegsdienste leisten. Ihm standen darüber hinaus die uneingeschränkte Kontrolle über die Siedler und die Verwaltung der Niederlassung zu. Vor allem aber hatte der patroon das volle und absolute Eigentum über das ihm übertragene Land. Hierzu hieß es in *sec. 6 der charter:*

> "They [the patroons] shall forever possess and enjoy all lands . . . to the exclusion of all others, to be holden from the Company as a perpetual inheritance, without it ever devolving again to the Company . . ."[428]

Aufgrund der weiteren Vorschriften der charter konnte der patroon auch testamentarisch über sein Land verfügen[429].

Jeder patroon konnte sein Land selbst auswählen, und zwar entweder 16 Meilen an der Küste oder einem Fluß (Hudson River oder Delaware River) oder 8 Meilen auf beiden Ufern des Flusses[430]. Die Gesellschaft kaufte das Land von den Indianern.

Die charter verfehlte ihre Zwecke nicht. Die Einwanderung nahm rasch zu, vor allem weil viele Großgrundbesitzer und Kaufleute des Mutterlandes unter diesen günstigen Bedingungen Siedlungen gründeten. Der erste und bedeutendste patroon war *Kiliaen Van Rensselaer*, ein reicher und einflußreicher Juwelenhändler aus Amsterdam und Mitglied der Dutch West India Company[431]. Er gründete 1629 eine Siedlung am Hudson River mit dem Zentrum Rensselaerwyck, die er binnen kurzem durch zusätzliche Landkäufe von den Indianern auf 24 Meilen entlang des Flusses ausdehnte. Ähnliche Niederlassungen wurden z. B. von den patroons *Hardenbergh, Beekman, Verplanck, Van Cortlandt, Schuyler, Livingston, Morris* und *Jay* gegründet.

Zwischen der Gesellschaft und den mächtigen patroons, die sich in der Kolonie wie Landesfürsten aufführten[432], kam es im Laufe der

---

[428] *MacDonald,* S. 45, zitiert nach *Harris,* S. 93.

[429] *Harris,* S. 93; in der charter hieß es: ". . . liberty to dispose of their aforesaid heritage by testament".

[430] Näher oben S. 108, Fußn. 30.

[431] Die Gesellschaft befaßte sich, mit stillschweigender Duldung der Regierung, die sich wegen ihres Freundschaftsvertrages mit Spanien nicht offen hinter das Unternehmen stellen konnte, vornehmlich mit Seeräuberei: Sie führte einen Privatkrieg gegen die reich mit Gold, Silber und Juwelen beladenen spanischen Schiffe aus Peru und Mexiko. Die Stützpunkte in Nordamerika waren für die Mitglieder der Gesellschaft daher sehr günstig. Vgl. *Christman,* S. 2.

[432] Näher dazu mit Beispielen *Christman,* S. 3.

Zeit zu immer neuen Streitigkeiten, so daß die Gesellschaft 1640 durch eine neue charter die Rechte der patroons einschränkte[433]. Sie bezog sich allerdings nur auf künftige, nicht aber auf die bestehenden patroonships.

II. Entwicklung nach 1664 bis zum Unabhängigkeitskrieg

Am 12. März 1664, bevor die Engländer die Neu-Niederlande eroberten, übertrug Charles II dieses Gebiet durch eine charter an seinen Bruder, den Duke of York and Albany[434]. Die charter schuf hinsichtlich des gesamten Gebietes, also auch hinsichtlich der unter patroonship stehenden Ländereien, ein tenure-Verhältnis „as of our manner of East Greenwich in our county of Kent in ffree and common soccage"[435] zwischen dem König und seinem Bruder. Als quit-rent behielt sich der König jährlich 40 Biberpelze vor, zu liefern auf Abruf oder innerhalb von 90 Tagen nach Abruf[436].

Der Duke of York and Albany erhielt das volle Regierungs- und Gesetzgebungsrecht, nicht dagegen die Befugnis, das Land unter Vereinbarung eines tenure-Verhältnisses und unter Vorbehalt einer quitrent an Privatpersonen zu übertragen (Subinfeudationsrecht).

Die vom *König* vorbehaltene *quit-rent* war, da sie nicht unter das Statute Quia Emptores[437] fiel, eine *rent-service* und wurde als *real property* angesehen. Da jedoch die charter das Subinfeudationsrecht nicht an den *Duke of York and Albany* verliehen hatte, wurden *seine* quit-rents vom Statute Quia Emptores erfaßt, waren folglich *rents-charge oder rents-seck* und wurden als *personal property* angesehen.

Durch die Thronbesteigung des Duke of York and Albany im Jahre 1685 als James II wurde New York automatisch königliche Provinz[438]. Die *von dem Duke vorbehaltenen quit-rents* dürften damit ebenfalls automatisch quit-rents des Königs geworden sein mit der Folge, daß nunmehr das Statute Quia Emptores für sie nicht mehr galt, sie also seitdem *rent-services* waren und als *real property* angesehen wurden.

---

[433] Abgedruckt in englischer Sprache in N. Y. Col. Hist., I, S. 119—123.

[434] Abgedruckt bei *Thorpe*, III, S. 1637—1640 sowie in N. J. Rev. Stat. 1937, Bd. IV, S. 115—116.

Zur Geographie vgl. *Harris*, S. 95 und die Karte S. 96.

[435] *Thorpe*, III, S. 1638; N. J. Rev. Stat. 1937, Bd. IV, S. 115.

[436] *Thorpe*, ebenda; N. J. Rev. Stat. 1937, ebenda. Vgl. auch hierzu und zum Folgenden *Harris*, S. 95, 96.

[437] 18 Edw. I, c. 1—3 (1290), unten Anhang VII, S. 263—264. Näher dazu oben S. 56—59.

[438] *Harris*, S. 95; *Note*, 80 Harv. L. Rev. 1759.

Zuvor hatte Charles II das Gebiet von New York 1674 durch eine neue charter wiederum an den Duke of York and Albany übertragen[439]. Sie war notwendig geworden, weil die Holländer das Gebiet im Herbst 1673 zurückerobert hatten, es aber im Februar 1674 an England hatten zurückgeben müssen[440]. Die charter brachte jedoch keine Änderungen gegenüber derjenigen von 1664. In den hier wesentlichen tenure-Vorschriften stimmte sie sogar wörtlich mit dieser überein.

Die *patroonships* blieben nach 1664 zunächst in alter Form bestehen, allerdings mit der Änderung, daß der patroon nicht mehr absoluter Eigentümer, sondern tenant des Duke of York and Albany wurde. 1685 wurden die patroonships *in manors* englischen Vorbilds *umgewandelt:* die patroons wurden lords of the manor und die Siedler ihre tenants. Die Befugnisse der patroons gegenüber ihren Siedlern änderten sich dadurch jedoch nicht[441].

III. Entwicklung nach dem Unabhängigkeitskrieg

Nach der Revolution und dem Unabhängigkeitskrieg brachte die *„Act Concerning Tenures" vom 20. Februar 1787* einschneidende Änderungen[442]: Sie schaffte alle feudalen tenures in New York ab, ließ allerdings „any rents certain or other services incident or belonging to tenures in common socage, due or to grow due to the people of this state, or any mean lord, or other private person, or the fealty or distresses incident thereunto"[443] ausdrücklich bestehen. Hiermit waren in erster Linie die quit-rents der großen manors (früheren patroonships) im Hudson- und Mohawk-Tal gemeint. Sie wurden also von der Abschaffung der feudalen tenures nicht betroffen[444]. Die Act bezog sich vielmehr auf die tenures, die zwischen dem König und den Landbesitzern bestanden. Weiterhin erklärte das Gesetz alle tenures aufgrund einer Landübertragung des Staates für *„allodial and not feudal"*[445].

Gemäß der *revision von 1830* trat das Volk an die Stelle des Königs als Oberherr über das Land: "... the people of this state, in their

---

[439] Abgedruckt bei *Thorpe*, III, S. 1641—1644.

[440] Näher oben S. 108, Fußn. 35.

[441] Zum Vorstehenden vgl. *Christman*, S. 4; *Note*, 80 Harv. L. Rev. 1757 f. Eingehend zu den manors in New York unten S. 213—216.

[442] Abgedruckt bei *Jones & Varick*, II, S. 67. Vgl. *Gray*, § 23, S. 18, insbes. Fußn. 2; *Vance*, 33 Yale L. J. 261.

[443] Zitiert nach *Vance*, 33 Yale L. J. 261.

[444] Ebenso *Reno* in A. L. P., II, § 9.41, S. 457.

[445] Zitiert nach *Vance*, 33 Yale L. J. 261.

right of sovereignty, are deemed to possess the original and ultimate property in and to all lands within the jurisdiction of the state; and all lands to which the title shall fail from a defect of heirs, shall revert or escheat to the people[446]." Das Land wurde *„to be allodial"* erklärt, „so that, subject only to the liability to escheat, the entire and absolute property is vested in the owners, according to the nature of their respective estates"[447].

Diese Bestimmungen wurden in *Art. I* der *„Constitution of New York" von 1846* zusammengefaßt[448]:

> *§ 11:*
>
> "The People of this State, in their right of sovereignty, are deemed to possess the original and ultimate property in and to all lands within the jurisdiction of the State; and all lands the title to which shall fail, from a defect of heirs, shall revert, or escheat to the people."
>
> *§ 12:*
>
> "All feudal tenures of every description, with all their incidents, are declared to be abolished, saving however, all rents and services certain which at any time heretofore have been lawfully created or reserved."
>
> *§ 13:*
>
> "All lands within this State are declared to be allodial, so that, subject only to the liability to escheat, the entire and absolute property is vested in the owners according to the nature of their respective estates[449]."

1894 wurden sie unverändert in Art. I §§ 10—12 der neuen „Constitution of New York" übernommen[450]. Die *„Constitution of New York" von 1938* enthielt dagegen, ohne daß sich freilich sachlich etwas änderte, nur noch folgende Bestimmung, die auch in die *„Constitution of New York" von 1952* unverändert aufgenommen wurde[451]:

---

[446] N. Y. Rev. Stat. 1830, Bd. I, c. 1, tit. 1, § 1, S. 718. Vgl. *Gray*, § 23, S. 18; *Vance*, 33 Yale L. J. 261.

[447] N. Y. Rev. Stat. 1830, Bd. I, c. 1, tit. 1, § 3, S. 718. Vgl. auch Jackson v. Schutz, 18 Johns. R. 174, 180, 181 (S. Ct. N. Y. 1820); De Peyster v. Michael, 6 N. Y. 467, 502—505, 57 Am. Dec. 470, 484 f. (Ct. App. N. Y. 1852); Kavanaugh v. Cohoes Power & Light Corp., 114 Misc. Rep. 590, 623 f., 187 N. Y. Supp. 216, 236 f. (S. Ct. N. Y. 1921); *Gray*, ebenda und *Vance*, 33 Yale L. J. ebenda.

[448] Abgedruckt bei *Thorpe*, V, S. 2653—2675 [2653—2655].

[449] *Thorpe*, V, S. 2654 f.

[450] *Thorpe*, V, S. 2695 f.

[451] N. Y. C. L. S., Bd. 12, S. 36. Vgl. im übrigen Table A und B, ebenda, S. 3, 5.

Art. I § 10:
"The people of the state, in their right of sovereignty, possess the original and ultimate property in and to all lands within the jurisdiction of the state. All lands shall forever remain allodial so that the entire and absolute property is vested in the owners, according to the nature of their respective estates. All lands the title of which shall fail, from a defect of heirs, shall revert, or escheat to the people."

IV. Allodial tenure

Die Lage in New York entspricht weitgehend derjenigen New Jerseys, die oben S. 149—151 dargestellt wurde: Die tenure besteht, jetzt freilich mit dem Staat als Oberherrn über das Land (als Nachfolger des Königs), noch heute in New York[452], unterscheidet sich aber wesentlich von der (in New York abgeschafften) englischen feudal tenure: Von den feudalen incidents bestehen nur noch das escheat-Recht des Staates und die quit-rents des Staates und der Privatpersonen[453].

Das *escheat-Recht* des Staates kann heute nicht mehr ohne weiteres als charakteristisches incident der tenure gelten[454]. Zwar steht gemäß Art. I § 10 der Verfassung von 1952 (Wortlaut siehe oben) alles Land unter der Oberherrschaft des Staates und damit in einem tenure-Verhältnis zum Staat, so daß sich dessen escheat-Recht sehr wohl aus diesem tenure-Verhältnis herleiten ließe. Doch besteht dasselbe Heimfallsrecht auch in Staaten, die die tenure ausdrücklich abgeschafft haben und nur das Allodialeigentum kennen: Bei ihnen stützt sich das escheat-Recht auf die staatliche Souveränität und Oberherrschaft gegenüber den Bürgern[455]. Dementsprechend verstand man

---

[452] *Gray,* § 23, S. 18 i. V. m. Fußn. 2 a. E.; anders dagegen § 24, S. 22 f.; *Vance,* 33 Yale L. J. 249, Fußn. 9 a. E., 259, 260 f.; vgl. Cornell v. Lamb, 2 Cow. 652, 654 (S. Ct. N. Y. 1824); De Peyster v. Michael, 6 N. Y. 467, 502—505, 57 Am. Dec. 470, 484 f. (Ct. App. N. Y. 1852); Main v. Feathers, 21 Barb. 646, 647 (S. Ct. N. Y. 1856); Van Rensselaer v. Dennison, 35 N. Y. 393, 399 f. (Ct. App. N. Y. 1866); Kavanaugh v. Cohoes Power & Light Corp., 114 Misc. Rep. 590, 620, 187 N. Y. Supp. 216, 233 (S. Ct. N. Y. 1921); Matter of People, In re Melrose Ave. in Borough of the Bronx, 234 N. Y. 48, 136 N. E. 235, 237, 23 A. L. R. 1233, 1236 (Ct. App. N. Y. 1922); In re Menschefrend's Estate, In re Brown, 283 App. Div. 463, 128 N. Y. S. 2d 738, 743 (App. Div. N. Y. 1954).

[453] Näher *Vance,* 33 Yale L. J. 259, 261.

[454] Näher dazu oben S. 150.

[455] Vgl. z. B. Art. 46, § 47 Md. Ann. Code. 1957, Bd. 4, S. 535 f.; Tit. 12 § 1101 Del. Code Ann., Bd. 8, S. 72; C. 190, § 3 (7) Mass. Ann. Laws, Bd. 6, S. 334 oben.

in New York das escheat nicht als incident der tenure, sondern als incident der staatlichen Souveränität[456].

Die *quit-rents des Staates* (als Nachfolger der englischen Krone) wurden noch eine gewisse Zeit nach der Unabhängigkeit erhoben und durch Gesetz gesichert[457]. Doch scheinen sie später nicht mehr beigetrieben worden und nach 1830 in Vergessenheit geraten zu sein[458].

Dagegen blieben die *quit-rents der Privatpersonen* im wesentlichen erhalten. Für die *bestehenden* quit-rents fielen allerdings alle Veräußerungsbeschränkungen (z. B. Vorkaufsrechte, fines for alienation) fort, da sie mit der Übertragung des fee simple-estate an dem Land unvereinbar waren[459]. Überdies wurden alle *künftig* zu vereinbarenden quit-rents auf 12 Jahre begrenzt. Die Vereinbarung zeitlich unbeschränkter quit-rents, wie sie bei den großen manors im Hudson- und Mohawk-Tal bestanden, war nicht mehr möglich[460].

Mithin ergibt sich: In New York besteht die tenure noch heute. Sie ist allerdings fast aller ihrer feudalen incidents entkleidet und kommt daher dem Allodialeigentum sehr nahe. Man bezeichnet sie daher wie schon in New Jersey, South Carolina und Georgia am besten als *allodial tenure*[461].

---

[456] Matter of People, In re Melrose Ave. in Borough of the Bronx, 234 N. Y. 48, 136 N. E. 235, 236, 237, 23 A. L. R. 1233, 1236 (Ct. App. N. Y. 1922), per *Cardozo*, J.: "Escheat, as it survives in the Constitution of New York, preserves the name but ignores the origin of its feudal prototype. In origin it was an incident, not of sovereignty, but of tenure. ... Now feudal tenures are abolished (Const. art. 1, § 11), and all lands within the state are declared to be allodial (article 1, § 12). What was once an incident of tenure has become an incident of sovereignty."; In re Clark's Estate, 271 App. Div. 691, 68 N. Y. S. 2d 487, 492 (App. Div. N. Y. 1947); In re Bonner's Estate, 80 N. Y. S. 2d 122, 125 (Surr. Ct. N. Y. 1948); In re Menschefrend's Estate, In re Brown, 283 App. Div. 463, 128 N. Y. S. 2d 738, 743, 746 (App. Div. N. Y. 1954). Vgl. allgemein Connecticut Mut. Life Ins. Co. v. Moore, 333 U. S. 541, 560, 68 Sup. Ct. 682, 692 (S. Ct. 1948); Barker v. Leggett, 102 F. Supp. 642, 644 (D. Mo. 1951).

[457] Vgl. dazu People v. Van Rensselaer, 9 N. Y. 291, 344 (Ct. App. N. Y. 1853); De Lancey v. Piepgras, 138 N. Y. 26, 39, 33 N. E. 822, 826 f. (Ct. App. N. Y. 1893); *Vance*, 33 Yale L. J. 261, Fußn. 76.

[458] *Vance*, 33 Yale L. J. 261.

[459] Näher unten S. 236—238.

[460] Art. I § 14 der „Constitution of New York" von 1846. Eingehend hierzu unten S. 234—236.

[461] *Gray*, § 23, S. 18 i. V. m. Fußn. 2 a E.; *Vance*, 33 Yale L. J. 261.

Zur allodial tenure in New Jersey, South Carolina und Georgia oben S. 149—151, 157—159, 161—163. Zum Allodialeigentum oben S. 135, Fußn. 189.

V. Statute Quia Emptores

Das *Statute Quia Emptores*[462] ist in der New York-Charter nicht wie z. B. in den Carolina-Charters ausdrücklich ausgeschlossen. Dennoch wird überwiegend angenommen, daß es vor der Revolution in New York nicht galt, sondern erst seit 1787 dort in Kraft ist[463]. Nach der Revolution ist es durch sec. 1 der „Act Concerning Tenures" vom 20. Februar 1787 ausdrücklich *in Kraft* gesetzt worden. Somit bestehen in New York nur tenure-Verhältnisse gegenüber dem Staat (als Nachfolger der englischen Krone). Die Schaffung neuer tenures durch Subinfeudation zwischen Privatpersonen ist nicht möglich.

O. ZUSAMMENFASSUNG
TENURE UND QUIT-RENT IN AMERIKA

Das englische feudale land-tenure-System ist in allen dreizehn amerikanischen Gründerkolonien übernommen worden, und zwar aufgrund der königlichen charters, die diese Kolonien teils von ihrer Besiedlung an, teils — wie in Rhode Island — erst später erhielten. Doch hat sich dieses System in seiner feudalen Form abgesehen von Pennsylvania nirgendwo halten können: Manche Kolonien haben das gesamte tenure-System abgeschafft und durch Allodialeigentum ersetzt, andere haben zwar an dem tenure-System festgehalten, es aber aller seiner feudalen incidents entkleidet, so daß es im Ergebnis für den Grundeigentümer wie Allodialeigentum wirkt.

In *Virginia* wurden das land-tenure-System und die quit-rents gesetzlich abgeschafft. Dasselbe gilt für *North Carolina* sowie beschränkt für *Connecticut* und *Maryland:* In Connecticut bestätigte der Gesetzgeber 1793 die bereits tatsächlich vollzogene Umwandlung der land tenure in Allodialeigentum, und in Maryland wurden nur die quit-rents 1780 durch Gesetz abgeschafft. Das land-tenure-System hatte sich dort schon vorher — ohne entsprechende gesetzliche Bestimmung — in Allodialeigentum umgewandelt. Wie in Maryland gilt auch in *Massachusetts, Rhode Island, New Hampshire, Maine* und *Delaware* tatsächlich und rechtlich Allodialeigentum, wiewohl die land tenure dort nie ausdrücklich durch Gesetz abgeschafft worden ist. Dagegen besteht die tenure noch, wenn auch nur als allodial tenure, in

---

[462] 18 Edw. I, c. 1—3 (1290), unten Anhang VII, S. 263—264.

[463] So Jackson v. Schutz, 18 Johns. R. 174, 179—181, 183 (S. Ct. N. Y. 1820); Ingersoll v. Sergeant, 1 Whart. 337, 348 (S. Ct. Pa. 1836); De Peyster v. Michael, 6 N. Y. 467, 502—506, 57 Am. Dec. 470, 482—486 (Ct. App. N. Y. 1852), per *Ruggles,* J.; dagegen für die Geltung des statute schon vor 1787: People v. Van Rensselaer, 9 N. Y. 291, 332—338 (Ct. App. N. Y. 1853), per *Denio,* J.; Van Rensselaer v. Hays, 19 N. Y. 68, 71—77, 75 Am. Dec. 278, 280—287 (Ct. App. N. Y. 1859), per *Denio,* J.

New Jersey, South Carolina, Georgia und *New York*. Der einzige Staat jedoch, in dem noch heute die tenure als feudal tenure gilt, ist *Pennsylvania. Dort* und in *South Carolina* ist das Statute Quia Emptores[464] nicht in Kraft, wohingegen es in *New Jersey, Georgia* und *New York* rezipiert wurde. Das hat zur Folge, daß in *Pennsylvania* und *South Carolina* noch heute neue tenure-Verhältnisse — in South Carolina allerdings nur als allodial tenure — durch Subinfeudation unter Privatpersonen geschaffen werden können, in den anderen Staaten, die an der tenure festgehalten haben, dagegen nicht.

In den amerikanischen Kolonien fanden die tenure und die quit-rents eine ganz andere Ausgangslage vor, als sie zur Zeit der Besiedlung Amerikas in England selbst bestand. Wie oben gezeigt, hatte sich die feudale land tenure in England schon damals weitgehend in ein privatrechtliches real-property-System versachlicht, das kaum mehr feudale, an der persönlichen lord-tenant-Bindung orientierte Merkmale aufwies. Die quit-rents waren keine typischen feudalen incidents der tenure, sondern im Gegenteil: sie hatten den Wandel zum real-property-System gefördert und beschleunigt.

Demgegenüber bedeutete die Übernahme von tenure und quit-rents in Amerika zunächst einen *Rückschritt*. Denn beide wurden, wie ihre spätere Abschaffung in den meisten amerikanischen Staaten beweist, als typisch feudale Rechtsinstitute verstanden und daher nach der Revolution und der Unabhängigkeit nicht mehr geduldet.

Dies hatte verschiedene Gründe: In England galt das Land unter Berufung auf die Eroberung von 1066 als Eigentum der Krone, als terra regis. Einen derartigen Besitzgrund konnte die Krone dagegen in Amerika nicht vorweisen. Das Land gehörte nach strenger Rechtsansicht der Siedler den Indianern oder den Siedlern, die es urbar gemacht hatten, nicht aber der englischen Krone. Das Kolonialland war nicht terra regis. Die Krone konnte das Land daher berechtigterweise auch nicht durch Begründung eines tenure-Verhältnisses und Vorbehalt einer quit-rent an Dritte übertragen[465]. Den tenure-Verhältnissen und den quit-rents, soweit sie von der englischen Krone vorbehalten wurden, fehlte daher von Anfang an die rechtliche Grundlage.

Ähnliches galt für die tenures und quit-rents der amerikanischen Landeigentümer: Da das Land nach Ansicht der Siedler nicht im Eigentum der englischen Krone stand, konnten sie das Land nicht wirksam von der Krone erwerben und es nicht wirksam an Dritte

---

[464] 18 Edw. I, c. 1—3 (1290), unten Anhang VII, S. 263—264.

[465] Dementsprechend lehnten die Siedler auch den *Locke*'schen Verfassungsentwurf für Carolina (abgedruckt bei *Thorpe*, V, S. 2772—2786 und auszugsweise unten Anhang XVII, S. 290—295; näher dazu oben S. 154—156) ab, der demgegenüber auf den Rechten der englischen Krone basierte.

übertragen. Vielmehr stand das Land nach dem Rechtsempfinden der Siedler allein in Allodialeigentum derer, die es von den Indianern gekauft und besiedelt hatten; eine Rechtsauffassung, die mit dem englischen land-tenure-System unverträglich war.

Der Rückfall in den Feudalismus wurde jedoch schon sehr bald aufgefangen: Nach der Revolution und Unabhängigkeit waren die Siedler Herren ihres eigenen Landes. Die besitzrechtliche Oberherrschaft einer fremden Regierung (der englischen Krone) konnten sie nicht länger anerkennen. Ihre durch die Unabhängigkeit errungene persönliche Freiheit und die Freiheit ihrer Besitzrechte sollten nun auch durch die Umwandlung der tenure-Verhältnisse in Allodialeigentum rechtlich gesichert werden. Demzufolge wurde in den meisten Staaten die tenure samt den quit-rents abgeschafft und an ihrer Stelle das Allodialeigentum eingeführt. In den Staaten jedoch, die an der tenure festgehalten hatten, trat der Staat als besitzrechtlicher Oberherr an die Stelle der englischen Krone, was nicht nur eine einfache Rechtsnachfolge bedeutete, sondern der tenure in Amerika erstmals eine rechtliche Grundlage gab. Denn der Staat als Repräsentant des Volkes wurde als rechtmäßiger Eigentümer des Landes anerkannt. Er konnte daher berechtigterweise Teile des Landes durch Schaffung eines tenure-Verhältnisses an Dritte übertragen. Tatsächlich besaß allerdings der Wirkung nach jeder einzelne Grundbesitzer das volle Allodialeigentum. Denn die tenure wurde in eine allodial tenure ohne feudale incidents allerdings weitgehend unter Beibehaltung der quit-rents umgewandelt. So wurden auch in diesen Staaten die typisch feudalen Besitzformen abgeschafft. Lediglich in Pennsylvania blieb die feudale tenure erhalten.

Daraus ergibt sich, daß die *tenures und quit-rents,* soweit sie in Amerika die Abschaffung der feudalen Rechtsinstitute überstanden haben und noch bestehen, nicht ohne weiteres als *feudale Rechtsinstitute* angesehen wurden, sondern bereits möglicherweise als Bestandteil des privatrechtlichen und demokratischen Rechtssystems der Zeit nach der Unabhängigkeit galten.

Die Entwicklung in den USA spricht also dafür, daß die quit-rents, soweit sie heute noch bestehen, auch in Amerika nicht zu feudalen Rechtsinstituten geworden sind.

4. ABSCHNITT

Die Rezeption der Grundbesitzformen und Übertragungsarten

A. REZEPTION DER GRUNDBESITZFORMEN

Die englischen *common-law-Besitzständ*e sind, abgesehen von kleinen Abweichungen, in ihrer Gesamtheit unverändert in Amerika übernommen worden, die freehold estates ebenso wie die leasehold estates[466]. Sie bilden auch heute noch die Grundlage des amerikanischen Sachenrechts. Die *freehold estates*[467] änderten sich allerdings materiell in den Staaten mit Allodialeigentum: Sie gewährten dort nicht mehr nur freie Besitzstände, sondern freies Eigentum. Das *fee tail,* wiewohl grundsätzlich ebenfalls rezipiert[468], ist nach der Unabhängigkeit in den meisten Staaten abgeschafft worden[469]. Sie hielten diesen abgeschnittenen Besitzstand für unvereinbar mit dem freiheitlichen, privatrechtlichen real-property-System[470].

Die *equity-Besitzstände,* die uses, sind ebenfalls übernommen worden, nicht dagegen allgemein auch das Statute of Uses[471]. Vielfach ist es in den einzelnen Staaten durch gleichlautende oder gleichwirkende statutes ersetzt worden[472]. Nur in ganz wenigen Staaten ist weder das Statute of Uses noch ein entsprechendes anderes Gesetz in Kraft[473].

B. REZEPTION DER ÜBERTRAGUNGSARTEN

Die meisten der in England entwickelten und gebräuchlichen Übertragungsarten sind auch in Amerika nachweisbar[474]. Daß auch com-

---

[466] Vgl. *Kent,* IV, S. 23; *Simes* in A. L. P., I, § 1.42, S. 61.

[467] Vgl. zur Einteilung des fee simple oben S. 71, Fn. 335 und die dort zitierte amerikanische Literatur. Näher im übrigen zu den freehold estates oben S. 70—77.

[468] *Morris,* S. 82; *Simes* in A. L. P., I, § 1.42, S. 61.

[469] Heute wird das fee tail nur noch in Delaware, Kansas, Maine, Massachusetts, Rhode Island (sofern es durch deed begründet ist) und in Wyoming anerkannt. Vgl. ausführlich mit zahlreichen Nachweisen *Restatement,* Property, I, Ch. 5, Special Note 2, S. 203 f.; *Morris,* S. 86; *Burby,* S. 293, Fußn. 13; *Simes* in A. L. P., ebenda.

[470] *Morris,* ebenda.

[471] Vgl. *Bogert,* Trusts & Trustees, II, § 208, S. 296; *Bogert,* On Trust, Ch. 1, sec. 6, 7, S. 10 f., mit weiteren Nachweisen. *Tiffany-Zollman,* § 165, S. 155; *Pomeroy,* III, § 986 a, S. 910; *Burby,* S. 13; *Simes* in A. L. P., I, § 1.43, S. 61 f.; *Bordwell,* 39 Harv. L. Rev. 477 f.; *Note,* 78 Am. Dec. 409 f.; *Note,* 16 L. R. A. (n. s.) 1148.

Näher zu den uses oben S. 82—90.

[472] Übersichten finden sich bei *Bogert,* Trusts & Trustees, § 208, S. 297. Fußn. 47 (S. 299); *Pomeroy,* III, § 986 a, S. 910, Fußn. 5; *Rood,* 4 Mich. L. Rev. 122, Fußn. 27; *Note,* 16 L. R. A. (n. s.) 1149—1162 (nach Staaten geordnet).

[473] Z. B. in *Nebraska:* Farmers' & Merchants' Ins. Co. v. Jensen, 58 Neb. 522, 78 N. W. 1054, 1055 f., 44 L. R. A. 861 (S. Ct. Neb. 1899); in *Ohio:* Thompson v. Thompson, 17 Ohio St. 649 (S. Ct. Ohio 1867) und in *Vermont:* Gorham v. Daniels, 23 Vt. 600, 609 (S. Ct. Vt. 1851); Blair v. Blair, 111 Vt. 53, 10 A. 2d 188, 189 (S. Ct. Vt. 1940). Vgl. *Simes* in A. L. P., I, § 1.43, S. 62; *Pomeroy,* III, § 986 a, S. 910, Fußn. 5 Sp. 1 a. E.; *Tiffany-Zollman,* § 165, S. 155, Fußn. 30; *Note,* 16 L. R. A. (n. s.) 1155, 1158, 1161, mit weiteren Nachweisen.

mon recovery und fine rezipiert worden sind, ist zwar bestritten, aber doch wahrscheinlich[475]. Heute sind all diese Übertragungsarten durch conveyance by deed — Übertragung durch Übergabe einer Urkunde — ersetzt[476].

---

[474] Vgl. die Rechtsprechungsnachweise bei *Simes* in A. L. P., I, § 1.44, S. 62, Fußn. 2—5.

[475] Ebenso *Simes* in A. L. P., I, § 1.44, S. 62 f., mit Nachweisen.

Demgegenüber meinte *Kent*, IV, S. 485, daß common recovery und fine „probably were never adopted, or known in practice, in most of the states". Vgl. dagegen die Entscheidungen Chase's Case, 1 Bland 206, 17 Am. Dec. 277, 296 (Chan. Md. 1826); Stump v. Findlay, 2 Rawle 168, 19 Am. Dec. 632, 635—637 (S. Ct. Pa. 1828); Frost v. Cloutman, 7 N. H. 9, 26 Am. Dec. 723 (Super. Ct. N. H. 1834); Roseboom v. Van Vechten, 5 Denio. 412, 414 (S. Ct. N. Y. 1848); Richman v. Lippincott, 5 Dutch. 44, 29 N. J. L. 44 (S. Ct. N. J. 1860).

Zu common recovery und fine oben S. 92—94.

[476] *Simes* in A. L. P., I, § 1.44, S. 63; *Rood,* 4 Mich. L. Rev. 110—122. Vgl. dazu *Burby,* S. 409—427.

3. TEIL

Quit-rents in Amerika heute

1. ABSCHNITT
Ausgangspunkte

Soweit die quit-rents in den Kolonien bei der Schaffung von tenure-Verhältnissen durch Subinfeudation — wie anfangs üblich — vorbehalten wurden, bestehen sie noch heute, wenn auch teilweise in abgewandelter Form, in *Maryland* als „Maryland-ground-rents", in *Pennsylvania* als „Pennsylvania-ground-rents" und in *New York* als „manor-leases" oder „manorial-leases". Dort haben die quit-rents eine selbständige und eigenartige Entwicklung hinter sich, die zu einer teilweise verschiedenen Rechtsnatur dieser quit-rent-Arten geführt hat.

Daneben lassen sich auch noch in anderen Bundesstaaten ground-rents bei Landübertragungen nachweisen. Doch wurden sie in der Regel von Anfang an nur bei der Begründung eines leasehold estate, nicht auch eines freehold estate vereinbart[1]. Sie führen ihre heutige

---

[1] So in z. B. *Colorado:* Cronk v. Shoup, 70 Colo. 71, 197 Pac. 756 (S. Ct. Colo. 1921); Driscoll v. State Board of Land Commissioners of Colorado, 23 F. 2d 63 (8th Cir. 1927); in *Connecticut:* Russell v. New Haven, 51 Conn. 259 (S. Ct. Conn. 1883); in *Delaware:* Brown v. Peirce, 6 Boyce 326, 29 Del. 326, 99 Atl. 530 (S. Ct. Del. 1916); Monbar, Inc. v. Monaghan, 162 Atl. 50 (Chan. Del. 1932); im *District of Columbia:* Camp v. Boyd, 229 U. S. 530, 33 Sup. Ct. 785, 57 L. Ed. 1317 (S. Ct. 1912); in *Georgia:* Wells v. Mayor, etc. of Savannah, 87 Ga. 397, 13 S. E. 442 (S. Ct. Ga. 1891); 32 S. E. 669 (S. Ct. Ga. 1899); affirmed 181 U. S. 531, 21 Sup. Ct. 697 (S. Ct. 1900); J. W. Perry Co. v. Norfolk, 220 U. S. 472, 31 Sup. Ct. 465 (S. Ct. 1910); Louisville & N. R. Co. v. Wright, 199 Fed. 454 (D. Ga. 1912); Penick v. Atkinson, 77 S. E. 1055 (S. Ct. Ga. 1913); In re Central of Georgia Ry. Co., 47 F. Supp. 786 (D. Ga. 1942); Williams v. J. M. High Co., 36 S. E. 2d 667 (S. Ct. Ga. 1946); in *Illinois:* De Haven v. Sherman, 131 Ill. 115, 22 N. E. 711 (S. Ct. Ill. 1888); Einbecker v. Einbecker, 44 N. E. 426 (S. Ct. Ill. 1896); in *Kentucky:* Purcell v. City of Lexington, 186 Ky. 381, 216 S. W. 599 (Ct. App. Ky. 1920); in *Maine:* Gale v. Edwards, 52 Me. 363 (S. Jud. Ct. Me. 1864); Gay v. Walker, 36 Me. 54, 58 Am. Dec. 734 (S. Jud.

Existenz nicht auf die quit-rents der Kolonialzeit, sondern auf die bei dem lease vereinbarten rents zurück, die ein übliches privatrechtliches Entgelt für die Überlassung des Landes darstellen und keine nähere Beziehung zum Feudalsystem haben. Sie sind daher hier nicht erheblich.

2. ABSCHNITT
Maryland

A. BEISPIELE

I. Das Testament der Witwe[2]

Die Witwe Hayden stirbt kinderlos in Baltimore, Md. Sie hinterläßt einigen Grundbesitz und eine letztwillige Verfügung: In Ziffer 1—3 trifft sie Bestimmungen über die Verteilung verschiedener Grundstücke; in Ziffer 5—6 vermacht sie ihre Möbel und Kleidungsstücke an ihre drei Schwestern, ihre goldene Uhr an ihren Neffen John Francis Hayden und setzt ihren Bruder Charles Ogle und ihre Schwe-

---

Ct. Me. 1853); in *Massachusetts:* Stark v. Mansfield, 178 Mass. 76, 59 N. E. 643 (S. Jud. Ct. Mass. 1901); Pittsfield & N. A. R. Corporation v. Boston & A. R. Co., 260 Mass. 390, 157 N. E. 611 (S. Jud. Ct. Mass. 1927); in *Michigan:* Pierson v. H. R. Leonard Furniture Co., 268 Mich. 507, 256 N. W. 529 (S. Ct. Mich. 1934); in *Missouri:* State ex rel. Glenn v. Mississippi River Bridge Co., 134 Mo. 321, 35 S. W. 592 (S. Ct. Mo. 1896); in *Nebraska:* Bartos v. Skleba, 107 Neb. 293, 185 N. W. 1002 (S. Ct. Neb. 1921); in *New Hampshire:* Smith & Sargent v. American Car Sprinkler Co., 78 N. H. 152, 97 Atl. 872 (S. Ct. N. H. 1916); in *New Jersey:* Smith v. Specht, 42 Atl. 599 (Chan. N. J. 1899); in *North Carolina:* Wall v. Wall, 126 N. C. 405, 35 S. E. 811 (S. Ct. N. C. 1900); Kearnes v. Gray, 173 N. C. 555, 92 S. E. 606 (S. Ct. N. C. 1917); in *Ohio:* McCammon v. Cooper, 69 Ohio St. 366, 69 N. E. 658 (S. Ct. Ohio 1904); In re Hotel Gibson Co., 11 F. Supp. 30 (D. Ohio 1935); in *Rhode Island:* In re Palin, 28 R. I. 12, 65 Atl. 282 (S. Ct. R. I. 1906); in *Tennessee:* Waddell v. Preston, 84 S. W. 2d 584 (S. Ct. Tenn. 1935); in *Vermont:* Derrick v. Luddy, 64 Vt. 462, 24 Atl. 1050 (S. Ct. Vt. 1892); University of Vermont and State Agr. College v. Ward, 158 Atl. 773 (S. Ct. Vt. 1932); in *Virginia:* Norfolk v. J. W. Perry Co., 108 Va. 28, 61 S. E. 867, 128 Am. St. Rep. 940, 35 L. R. A. (n. s.) 167 (S. Ct. Va. 1908); affirmed 220 U. S. 472, 31 Sup. Ct. 465, 55 L. Ed. 548 (S. Ct. 1910); Norfolk v. White, 108 Va. 35, 61 S. E. 870 (S. Ct. Va. 1908); affirmed 220 U. S. 472, 31 Sup. Ct. 465, 55 L. Ed. 548 (S. Ct. 1910); in *Wisconsin:* Horner v. Dellinger, 18 Fed. 495 (C. C. Wis. 1883); in *Wyoming:* Miller v. Buck Creek Oil Co., 269 Pac. 43 (S. Ct. Wyo. 1928).

Vgl. im übrigen 38 *C. J. S.*, Ground Rents, § 2 c (5), S. 1092 f.; *Allen*, 88 A. L. R. 2d 1218 f.

[2] Ogle v. Reynolds, 75 Md. 145, 23 Atl. 137 (Ct. App. Md. 1891).

ster Mary Jane des Forges zu executors ein. Wichtig ist Ziffer 4 des Testaments, die Bestimmungen über vier ground-rents der Erblasserin aus den Grundstücken an der North Eutaw Street in Baltimore, Md. enthält:

1. Die erste ground-rent (aus dem Grundstück an der Ecke Eutaw- und Biddle-Street) soll zur Deckung der Begräbniskosten und für ein Grabmal für die Erblasserin und ihren Mann Captain Hayden verwendet werden.
2. Mit der zweiten ground-rent soll für Vater und Mutter Ogle und für James und Elizabeth Hayden ein Grabdenkmal errichtet werden.
3. Auch die dritte ground-rent soll für diese Zwecke verwendet werden, sofern die anderen nicht ausreichen.
4. Die vierte ground-rent soll dem Baufonds der St. Lukas-Mission der protestantischen Episkopalkirche zufallen.

Die executors sind in einer schwierigen Lage: Die ground-rents erbringen insgesamt nur $ 86, womit nicht einmal die Begräbniskosten gedeckt werden können. Sie verkaufen daher kurzerhand die reversions der Erblasserin und erlösen $ 1900.

Können die executors die reversions verkaufen? Bestehen überhaupt solche reversions? Gehören sie zum Nachlaß[3]?

II. Der verunglückte Kauf[4]

Albert L. Gorter gehört ein kleines Grundstück in Baltimore, Md., das er mittels eines lease ab 10. April 1888 für 14 Jahre mit Verlängerungsmöglichkeit gegen eine jährliche ground-rent von $ 120 an John F. Mincher überträgt. Die ground-rent soll nach 10 Jahren gegen eine Kapitalabfindung im Verhältnis 5 : 100 (ground-rent : Kapitalabfindung) ablösbar sein.

David Stewart, sein Nachbar, besitzt ein Grundstück im Wert von $ 2400.

Gorter und Stewart beschließen, beide Grundstücke zusammenzulegen. Sie vereinbaren folgendes: Stewart soll sein Grundstück auf Gorter, Gorter die reversion seiner ground-rent auf Stewart übertragen. Beide erhalten gleiche Vermögenswerte: Gorter das Grundstück im Wert von $ 2400, Stewart die ground-rent mit der Kapitalabfindung 5 : 100, also ebenfalls $ 2400.

Vor Ausführung des Vertrags wird 1888 die Kapitalabfindung für die ground-rents gesetzlich auf das Verhältnis 6 : 100 festgelegt

---

[3] Dazu unten S. 194, Fußn. 50.

[4] Stewart v. Gorter, 70 Md. 242, 16 Atl. 644 (Ct. App. Md. 1889).

(näher unten S. 190—191). Stewart weigert sich daraufhin, sein Grundstück auf Gorter zu übertragen. Denn nunmehr erhält er einen Gegenwert von nur $ 2000 (als Kapitalabfindung der ground-rent).

Stimmt das? Kann Gorter seine reversion auf Stewart übertragen? Ist die gesetzliche Festsetzung der Kapitalabfindung dispositives Recht? Kann also auch ein anderes Verhältnis für die Abfindung vereinbart werden[5]?

III. Die übertragene ground-rent[6]

Am 4. November 1850 übertragen Henry Patterson und seine Frau ihr Grundstück in Baltimore, Md. mittels eines lease für 99 Jahre, wie in Maryland üblich, auf John C. Sulznar und seine Rechtsnachfolger. Sie behalten sich eine ground-rent von jährlich $ 22.50 vor. Fast 86 Jahre später, am 28. September 1936, wird dann Sulznar's leasehold estate an dem Grundstück auf die Allied Mortgage Companies, Inc. weiterveräußert. Für $ 7900. Sie ist von nun an Schuldnerin der ground-rent.

Es geht um die Besteuerung der ground-rent und des leasehold estate. Gelten sie allgemein als real property oder als personal property? Auch für die Besteuerung[7]?

B. MARYLAND-GROUND-RENTS

I. Entstehung

Laut Ziffer XVIII der Maryland-Charter konnten Lord Baltimore, seine Erben und Rechtsnachfolger „at his or their Will and Pleasure, assign, alien, grant, demise, or enfeoff so many, such, and proportionate Parts and Parcels of the Premises, to any Person or Persons willing to purchase the same“, wobei diese Personen das Land innehatten, je nach der Vereinbarung „in Fee-simple, or Fee-tail, or for Term of Life, Lives or Years; to hold of the aforesaid now Baron of Baltimore, his Heirs and Assigns, by so many, such, and so great Services, Customs and Rents of this Kind, as to the same now Baron of Baltimore, his Heirs, and Assigns, shall seem fit and agreeable and not immediately of Us, our Heirs and Successors“[8].

Die Maryland-Charter fuhr dann fort mit der wichtigen *non obstante-Klausel:*

---

[5] Dazu unten S. 191, Fußn. 35, 37; S. 194, Fußn. 50.

[6] Jones v. Magruder, 42 F. Supp. 193 (D. Md. 1941).

[7] Dazu unten S. 191, Fußn. 35; S. 197, Fußn. 64.

[8] Unten Anhang XVI, S. 288.

"And We do give, and by these Presents, for Us, our Heirs and Successors, do grant to the same Person and Persons, and to each and every of them, License, Authority and Power, that such Person and Persons may take the Premises, or any Parcel thereof, of the aforesaid now Baron of Baltimore, his Heirs and Assigns, and hold the same to them and their Assigns, or Heirs, of the aforesaid Baron of Baltimore, his Heirs and Assigns, of what Estate of Inheritance soever, in Fee Simple or Fee-tail, or otherwise, as to them and the now Baron of Baltimore, his Heirs and Assigns, shall seem expedient; the Statute made in the Parliament of Lord Edward, Son of King Henry, late King of England, our Progenitor, commonly called the 'Statute Quia Emptores Terrarum', heretofore published in our Kingdom of England, or any other Statute, Act, Ordinance, Usage, Law, or Custom, or any other Thing, Cause, or Matter, to the contrary thereof, heretofore had, done, published, ordained or provided to the contrary thereof notwithstanding[9]."

Diese Klausel wirkte positiv und negativ: Positiv wurde bei den Landübertragungen Lord Baltimore's die Subinfeudation gestattet, so daß diejenigen, die von Lord Baltimore Land erhalten hatten (grantees), dieses Land als unmittelbare tenants gerade Lord Baltimore's und nicht des englischen Königs besaßen[10]. Negativ schloß die Klausel dagegen für alle anderen Landübertragungen die Subinfeudation gemäß dem Statute Quia Emptores[11] aus. Hierin lag zugleich die Feststellung, daß dieses Gesetz grundsätzlich in Maryland galt[12].

Beide Wirkungen fallen freilich heute nicht mehr ins Gewicht, da die tenures in Maryland zugunsten des Allodialeigentums abgeschafft sind[13].

Indessen hat die non obstante-Klausel ihre Wirkung für die Entstehung und heutige Geltung der sogenannten *Maryland-ground-rents* behalten: Gemäß der Klausel konnte sich kein tenant Lord Baltimore's bei einer eigenen Landübertragung eine quit-rent nach Art der rent-service vorbehalten. Denn für diese Übertragung galt das Statute Quia Emptores, das alle rent-services in rents-charge umgewan-

---

[9] Unten Anhang XVI, S. 288—289.

[10] *Simes* in A. L. P., I, § 1.41, S. 59; *Chesnut*, 91 U. Pa. L. Rev. 142; *Kaufman*, 5 Md. L. Rev. 5.

[11] 18 Edw. I, c. 1—3 (1290), unten Anhang VII, S. 263—264.

[12] *Simes* in A. L. P., I, § 1.41, S. 59; *Chesnut*, 91 U. Pa. L. Rev. 145—147, der die mitunter gegenteiligen Äußerungen überzeugend widerlegt.

[13] So auch *Chesnut*, 91 U. Pa. L. Rev. 142 f., 151 f.

Zur Abschaffung der tenure in Maryland näher oben S. 165—166.

delt hatte[14] und das nach der Maryland-Charter nur für Lord Baltimore, seine Erben und Rechtsnachfolger ausgeschlossen war[15].

Gleichwohl boten die rent-services dem, der sein Land weiterübertragen wollte, verschiedene wichtige Vorteile: Sie waren im Gegensatz zu rents-charge teilbar[16]. An ihnen bestand, da sie real property waren, ein dower-Recht[17]. Sie waren als real property vererblich, so daß sie unmittelbar — ohne Zwischenschaltung eines administrator oder executor — auf den Erben übergingen[18]. Schließlich war mit ihnen das gesetzliche right of distress verbunden, was freilich wenig bedeutete, da es bei den rents-charge mit derselben Wirkung vertraglich vereinbart werden konnte[19].

Man suchte daher eine Möglichkeit, auch bei den Landübertragungen, die unter das Statute Quia Emptores[20] fielen, die rent-services zuzulassen. Man fand sie im *lease,* der schon in England als Umgehung des Subinfeudationsverbotes erhebliche Bedeutung erlangt hatte[21]. Er bot sich auch in Maryland als geeignete Umgehungsform an[22].

Doch wurde der lease in England in der Regel nur für kurze Zeiträume vereinbart, wiewohl auch leases für längere Zeiträume bekannt waren. Die rents der kurzzeitigen leases boten aber kaum eine wirtschaftlich gleichwertige Vermögensposition. Die Landbesitzer in Maryland suchten daher nach einer Form des lease, die der Übertragung des fee simple unter Vorbehalt einer rent-service wirtschaftlich gleichkam[23].

---

[14] 18 Edw. I, c. 1—3 (1290), unten Anhang VII, S. 263—264.
Zur Umwandlung der rent-services näher oben S. 57—58.

[15] Ziffer XVIII der Maryland-Charter, unten Anhang XVI, S. 288—289 und oben S. 185—186.

[16] Hierzu und zum Folgenden näher oben S. 35—38.

[17] Zur dower näher oben S. 74.

[18] 31 *Am. Jur. 2d,* Executors and Administrators, § 246, S. 130; Art. 46, § 1 Md. Ann. Code 1957, Bd. 4, S. 518.

[19] Näher oben S. 35 und unten S. 216.

[20] 18 Edw. I, c. 1—3 (1290), unten Anhang VII, S. 263—264.

[21] Näher hierzu und zum lease oben S. 78—82.

[22] Banks v. Haskie, 45 Md. 207, 223 (Ct. App. Md. 1876); Ehrman v. Mayer, 57 Md. 612, 621 (Ct. App. Md. 1881); Culbreth v. Smith, 69 Md. 450, 1 L. R. A. 538, 16 Atl. 112, 116 (Ct. App. Md. 1888); Jones v. Magruder, 42 F. Supp. 193, 196 (D. Md. 1941), per *Chesnut,* D. J.

[23] *Mayer,* S. 46 f.: "The object was to create permanent rents for the benefit of the land owners, with the advantage of being rent-services, which idea was probably suggested by the proprietary's quit rents, to which the inhabitants of the province had long been accustomed; and at the same time to secure to the tenant such use and enjoyment of the land that he would be justified, from the assurance of his long lease, in making valuable improve-

Die Juristen in Maryland waren mit dem Irish lease, einer in Irland gebräuchlichen Form des lease, vertraut, der für drei Lebensalter galt und anschließend aufgrund eines üblicherweise dem lessee eingeräumten vertraglichen Optionsrechts verlängert werden konnte[24]. Sie vereinfachten diesen lease und faßten die drei Lebensalter in die (damals) ungefähr entsprechende Zeit von 99 Jahren zusammen. Die ewige Verlängerbarkeit des Irish lease behielten sie bei[25].

Sie schufen damit den typischen *Maryland-ground-rent-lease*, einen lease auf 99 Jahre, der durch Vertrag (covenant of renewal) ewig verlängerbar (renewable forever) ist, einen lease, der trotz der zeitlichen Begrenzung durch die Verlängerungsmöglichkeit praktisch unbegrenzt gilt und damit der fee simple-Übertragung insoweit wirtschaftlich gleichwertig ist. Die dabei vorbehaltene *Maryland-ground-rent* gilt für die Dauer des lease, also ebenfalls für 99 Jahre mit Verlängerungsmöglichkeit[26].

Dieser lease fällt nicht unter das Statute Quia Emptores, das nach seinem Kapitel III auf fee simple beschränkt ist[27]. Die non obstante-Klausel in Ziffer XVIII der Maryland-Charter[28] steht erst recht

---

ments on the premises. The common law lease in which the reversion remained in the landowner and his tenure of the proprietary was not interfered with, was evidently considered by the lawyers of the period as the form best adapted to accomplish their purpose. In fact, it is a question whether the landed proprietors could have secured their object in any other way. They might have created rent-charges, but they were not desirable. It may be inferred from section XVIII of the Charter that subinfeudation was permitted only for the purpose of allowing his tenants to hold immediately of the proprietary, as the proprietary held of the King, and that it did not extend beyond his immediate grantees. ... At least it does not appear that the lords of manors ever exercised the power (if it existed by construction of the charter) of making grants and feoffments, to be holden of them by such rents as they held of the proprietary. The reservations of rents to them were, in point of fact, under leases for lives — (in some cases renewed to the heirs of the life tenants, as in copyhold estates) — or for term of years."

[24] Boyle v. Lysaght, Vern. & Scriv. 135, 143 (K. B. Irl. 1787). Vgl. *Kaufman*, 5 Md. L. Rev. 16.

[25] Culbreth v. Smith, 69 Md. 450, 1 L. R. A. 538, 16 Atl. 112, 116 (Ct. App. Md. 1888); Jones v. Magruder, 42 F. Supp. 193, 196 (D. Md. 1941), per *Chesnut*, D. J.; *Chesnut*, 91 U. Pa. L. Rev. 143; *Kaufman*, 5 Md. L. Rev. 7, 10.

[26] Banks v. Haskie, 45 Md. 207 (Ct. App. Md. 1876) und die S. 189 Fußn. 31 aufgeführten cases; 38 *C. J. S.*, Ground Rents, § 2 c (2), S. 1090 f.; 32 *Am. Jur.*, Landlord and Tenant, § 1039, S. 870; *Chesnut*, 91 U. Pa. L. Rev. 143—145; *Kaufman*, 5 Md. L. Rev. 9—13.

[27] 18 Edw. I, c. 3, unten Anhang VII, S. 264.
Näher dazu oben S. 57.

[28] Unten Anhang XVI, S. 288—289 und oben S. 185—186.

nicht entgegen. Die Maryland-ground-rents, die bei dem Maryland-ground-rent-lease vorbehalten werden, sind daher *rent-services* und leiten sich mittelbar aus den quit-rents Lord Baltimore's, seiner Erben und Rechtsnachfolger her. Als rent-services entsprechen sie den quit-rents der kolonialen Landherren in Amerika, die durch charter das Subinfeudationsrecht erhalten hatten[29].

Die Maryland-ground-rents bestehen in dieser Form seit etwa 1750[30] und sind schon früh von der Rechtsprechung anerkannt worden. Der leading case in Maryland ist *Banks v. Haskie* von 1876[31]: Er behandelt eine ground-rent von 1772 auf einem Grundstück in Baltimore. Der Court of Appeals erkannte den ground-rent-lease in dieser in Maryland entwickelten Form ausdrücklich an und führte dessen Entwicklung auf den Irish lease zurück. Gleichzeitig widerlegte er die gegen diesen lease erhobenen Einwände und wies auf die große wirtschaftliche Bedeutung der bei ihm vorbehaltenen ground-rents hin[32].

---

[29] Ehrman v. Mayer, 57 Md. 612, 621 f. (Ct. App. Md. 1881); Outtoun v. Dulin, 72 Md. 536 (Ct. App. Md. 1890); Jones v. Magruder, 42 F. Supp. 193, 196 (D. Md. 1941), per *Chesnut,* D. J.; *Chesnut,* 91 U. Pa. L. Rev. 150; *Kaufman,* 5 Md. L. Rev. 4.

[30] Culbreth v. Smith, 69 Md. 450, 16 Atl. 112, 116 (Ct. App. Md. 1888); Jones v. Magruder, 42 F. Supp. 193, 195 f. (D. Md. 1941), per *Chesnut,* D. J.; Moran v. Hammersla, 188 Md. 378, 52 A.2d 727, 728 (Ct. App. Md. 1947); Rocks v. Brosius, 241 Md. 612, 217 A.2d 531, 542 (Ct. App. Md. 1966); *Chesnut,* 91 U. Pa. L. Rev. 143, Fußn. 12; *Kaufman,* 5 Md. L. Rev. 7.

[31] Banks v. Haskie, 45 Md. 207 (Ct. App. Md. 1876). Vgl. außerdem Ehrman v. Mayer, 57 Md. 612 (Ct. App. Md. 1881); Myers v. Silljacks, 58 Md. 319 (Ct. App. Md. 1881); Culbreth v. Smith, 69 Md. 450, 16 Atl. 112 (Ct. App. Md. 1888); Stewart v. Gorter, 70 Md. 242, 16 Atl. 644 (Ct. App. Md. 1889); Ogle v. Reynolds, 75 Md. 145, 23 Atl. 137 (Ct. App. Md. 1891); Flook v. Hunting, 76 Md. 178, 24 Atl. 670 (Ct. App. Md. 1892); Crane v. Judik, 86 Md. 63, 38 Atl. 129 (Ct. App. Md. 1897); Maulsby v. Page, 105 Md. 24, 65 Atl. 818 (Ct. App. Md. 1907); Ward v. Newbold, 115 Md. 689, 81 Atl. 793 (Ct. App. Md. 1911); Jones v. Magruder, 42 F. Supp. 193 (D. Md. 1941); Moran v. Hammersla, 188 Md. 378, 52 A.2d 727 (Ct. App. Md. 1947); Serio v. Von Nordeck, 189 Md. 388, 56 A.2d 41 (Ct. App. Md. 1947); Kolker v. Biggs, 203 Md. 137, 99 A.2d 743, 745 (Ct. App. Md. 1953); Globe Home Improvement Co. v. Brothers, 204 Md. 73, 102 A.2d 748 (Ct. App. Md. 1954); Rocks v. Brosius, 241 Md. 612, 217 A.2d 531 (Ct. App. Md. 1966); Kaufman v. C. I. R., 372 F.2d 789, 791 (4th Cir. 1966).

[32] Banks v. Haskie, 45 Md. 207, 223 (Ct. App. Md. 1891), per *Miller,* C. J.: "This character of tenure is, so far as we know, among the States, peculiar to Maryland. It has not been generally adopted so far as we are informed in any other State. It was introduced here in Colonial times, and has been a favorite system of tenure from a very early period. A large city has been built, and improved, and the vast majority of the real estate in Baltimore is now held under it. It is not open to any of the objections

II. Gesetzgebung von 1888

Heute sind, seit dem 5. April 1888, alle ground-rents eines lease für mehr als 15 Jahre nach 5 Jahren auf Wunsch des lessee gegen eine Kapitalabfindung im Verhältnis von 6 : 100 (ground-rent : Kapitalabfindung) ablösbar. Für die ground-rents, die zwischen dem 8. April 1884 und 5. April 1888 vorbehalten worden sind, gilt eine Übergangsregelung. Die maßgebenden Bestimmungen lauten[33]:

> *Art. 21, § 103:*
> "All leases or subleases of land made in this State between the 8th day of April, 1884, and the 5th day of April, 1888, for a longer period than fifteen years, shall be redeemable at any time after the expiration of fifteen years, at the option of the tenant, for a sum of money equal to the capitalization of the rent reserved at the rate of six per centum in gold coin of the United States, or its equivalent, unless some other sum not exceeding four per cent capitalization of said rent in said coin shall be specified in said lease, in which event said rent shall be redeemable for the sum fixed in said lease or sublease. All rents reserved by leases or subleases of land made in this State, after April 5th, 1888, for a longer period than fifteen years shall be redeemable at any time after the expiration of ten years from the date of such lease or sublease, at the option of the tenant, after a notice of six month to the landlord, for a sum of money equal to the capitalization of the rent reserved at a rate not to exceed six per centum."

---

against perpetuities. Property is not thereby placed extra commercium. On the contrary, these leasehold interests devolve upon the personal representatives of the owner, are in terms made assignable, and they, as well as the ownerships in fee under the denomination of 'ground rents', are subjects of daily transfer, and are constantly sought for as safe investments of capital. It is a peculiar description of tenure which has been sustained by our courts, and approved and fostered by our people. While the ground rents from their nature are usually of a fixed value, the leasehold interests are more or less fluctuating. In many, and indeed in most cases, they have largely increased in value with the growth of the City. And most extensive and costly improvements have been and are daily being made by owners of such interests on grounds thus leased."

[33] Statute von 1888, Ch. 395; Art. 21, §§ 103, 104 Md. Ann. Code 1957, Bd. 2, S. 228, 230.

Nach der Gesetzgebung von 1888 waren die leases erst nach 10 Jahren ablösbar. Die Verkürzung auf 5 Jahre brachte die revision von 1900. Daher sind die zwischen 1888 und 1900 vereinbarten leases erst nach 10 Jahren ablösbar. Vgl. *Kaufman*, 5 Md. L. Rev. 28.

Art. 21, § 104:
"All rents reserved by leases or subleases of land hereafter made in this State for a longer period than fifteen years shall be redeemable at any time after expiration of five years from date of such leases or subleases, at the option of the tenant, after a notice of one month to the landlord, for a sum of money equal to the capitalization of the rent reserved at a rate not exceeding six per centum."

Diese Bestimmungen wirken nicht zurück[34]. Sie erfassen daher nicht die ground-rents aus der Zeit vor 1884[35].

Die Ablösungsmöglichkeit wurde im öffentlichen Interesse und nicht nur im Interesse des lessee eingeführt. Sie ist daher strikten Rechts[36] und unterliegt nicht der Parteivereinbarung[37].

---

[34] Flook v. Hunting, 76 Md. 178, 24 Atl. 670, 671 (Ct. App. Md. 1892); Maulsby v. Page, 105 Md. 24, 65 Atl. 818, 820 (Ct. App. Md. 1907); Silberstein v. Epstein, 146 Md. 254, 126 Atl. 74, 76 (Ct. App. Md. 1924); Trustees of Sheppard, etc., Hospital v. Swift & Co., 178 Md. 200, 13 A.2d 174, 178 f. (Ct. App. Md. 1940).

[35] So sind im Beispielsfall 2 (Der verunglückte Kauf) der lease und die ground-rent von diesen Bestimmungen betroffen: Der lease wurde erst am 10. April 1888 vereinbart. Zweifel, daß der lease nur für 14 Jahre abgeschlossen sei und daher vielleicht nicht unter diese Bestimmungen fiele, räumte das Gericht damit aus, daß der lease verlängerbar sei, tatsächlich also für mehr als 14 Jahre vereinbart wurde: "A lease for 14 years, with a covenant to renew for another 14 years, is, in effect, a lease for a longer period than 15 years." Stewart v. Gorter, 70 Md. 242, 16 Atl. 644, 645 (Ct. App. Md. 1889).

Dagegen fällt die ground-rent im Beispielsfall 3 (Die übertragene ground-rent) nicht unter diese Bestimmungen, da sie schon 1850 vereinbart wurde. Sie ist also nur nach Parteivereinbarung, nicht gesetzlich ablösbar.

[36] Stewart v. Gorter, 70 Md. 242, 16 Atl. 644, 645 (Ct. App. Md. 1889), per *Stone*, J.: "The act of 1888 was the result of a well-grounded belief that these long leases, with their covenants of renewal, were injurious to the prosperity of the city of Baltimore, and that sound public policy demanded that all leases hereafter made, if for more than 15 years, might be ended at the option of the tenant or lessee, upon paying the capitalization of his ground-rent at 6 per centum. It was the system of those long leases, irredeemable until the end of the term, that the legislature wished to break up, rather than any special consideration for the lessees, that caused the act."

Ebenso Swan v. Kemp, 97 Md. 690, 55 Atl. 441, 443 (Ct. App. Md. 1903); Walker v. Washington Grove Ass'n, 127 Md. 564, 96 Atl. 682, 683—685 (Ct. App. Md. 1916); Maryland Theatrical Corp. v. Manayunk Trust Co., 157 Md. 602, 146 Atl. 805, 809 (Ct. App. Md. 1929).

[37] Im Beispielsfall 2 (Der verunglückte Kauf) können die Parteien daher kein anderes Verhältnis (5 : 100) für die Kapitalabfindung vereinbaren. Stewart erhält als Abfindung nur $ 2.000. Zur Beg ündung vgl. die vorige Anmerkung.

III. Begriff und Rechtsnatur

Die Maryland-ground-rent wird bei einem Maryland-ground-rent-lease vereinbart, mit dem der bisherige Eigentümer (lessor) den Besitz an dem Land auf den lessee überträgt. Dieser ground-rent-lease hat in seiner üblichen Form eine Laufzeit von 99 Jahren und ist ewig verlängerbar[38]. Es können auch kürzere oder längere Zeiträume vereinbart werden, nur muß die Dauer des lease bestimmt[39] und der lease selbst ewig verlängerbar sein[40]. Eine Vermutung, daß bei unbestimmter Dauer des lease die übliche Laufzeit von 99 Jahren vereinbart ist, besteht nicht[41]. Bei jeder Verlängerung ist üblicherweise eine kleine renewal fine zu entrichten[42].

Bei diesem Maryland-ground-rent-lease muß der lessee jährlich oder — wie üblich — halbjährlich[43] eine bestimmte Geld-rent an den lessor zahlen, die Maryland-ground-rent. Sie besteht meist aus einem sehr kleinen Teil — 1 % jährlich — des Verkehrswertes des Landes[43a].

---

[38] Banks v. Haskie, 45 Md. 207 (Ct. App. Md. 1876); Culbreth v. Smith, 69 Md. 450, 16 Atl. 112 (Ct. App. Md. 1888); Crane v. Judik, 86 Md. 63, 38 Atl. 129 (Ct. App. Md. 1897); Jones v. Magruder, 42 F. Supp. 193 (D. Md. 1941); Moran v. Hammersla, 188 Md. 378, 52 A.2d 727, 728 (Ct. App. Md. 1947); Serio v. Von Nordeck, 189 Md. 388, 56 A.2d 41 (Ct. App. Md. 1947); Kolker v. Biggs, 203 Md. 137, 99 A.2d 743, 745 (Ct. App. Md. 1953). Vgl. oben S. 187 f. und S. 191, Fußn. 36.

[39] Ward v. Newbold, 115 Md. 689, 81 Atl. 793, 794 (Ct. App. Md. 1911); Globe Home Improvement Co. v. Brothers, 204 Md. 73, 102 A.2d 748 (Ct. App. Md. 1954).

[40] Ward v. Newbold, 115 Md. 689, 81 Atl. 793, 794 f. (Ct. App. Md. 1911); Bellevue Club v. Punte, 148 Md. 589, 129 Atl. 900 (Ct. App. Md. 1925) [ground-rent-lease für 15 Jahre]; Moran v. Hammersla, 188 Md. 378, 52 A.2d 727 (Ct. App. Md. 1947) [ground-rent-lease für 10 Jahre mit einer jährlichen rent von $ 90]; Pennsylvania R. Co. v. Robert S. Green, Inc., 171 Md. 63, 187 Atl. 877 (Ct. App. Md. 1936) [ground-rent-lease für 999 Jahre]; Rocks v. Brosius, 241 Md. 612, 217 A.2d 531 (Ct. App. Md. 1966) [ground-rent-lease für 35 Jahre ab 1962 mit einer jährlichen rent von $ 17.010,65].

Ein Beispiel bietet auch Fall 2 (Der verunglückte Kauf): Es wurde ein lease für 14 Jahre mit Verlängerungsmöglichkeit vereinbart, Stewart v. Gorter, 70 Md. 242, 16 Atl. 644 (Ct. App. Md. 1889).

[41] Ward v. Newbold, 115 Md. 689, 81 Atl. 793, 794 (Ct. App. Md. 1911); Globe Home Improvement Co. v. Brothers, 204 Md. 73, 102 A.2d 748, 749 f. (Ct. App. Md. 1954).

[42] Jones v. Magruder, 42 F. Supp. 193, 195 (D. Md. 1941). 1—10 $, vgl. *Kaufman*, 5 Md. L. Rev. 16.

[43] Vgl. Maulsby v. Page, 105 Md. 24, 65 Atl. 818 (Ct. App. Md. 1907).

[43a] Crowe v. Wilson, 65 Md. 479, 5 Atl. 427, 428, 57 Am. Rep. 343 (Ct. App. Md. 1886); 38 *C. J. S.*, Ground Rents, § 11 f, S. 1112.

Dieser ground-rent-lease ist ein „covenant running with the land“[44]: Die Rechte und Pflichten aus dem lease gehen auf die Rechtsnachfolger des lessee und des lessor über. Für die rent haftet somit der Rechtsnachfolger des lessee, solange er das Land in Besitz hat[45]. Daneben bleibt allerdings auch der lessee aus dem lease-Vertrag haftbar[46].

Die Maryland-ground-rent ist eine *rent-service* und gleicht damit den quit-rents der Kolonialzeit. Von den feudalen incidents ist nur das *right of distress* bestehen geblieben. Freilich bedeutet dies wenig, da es auch mit der rent-charge, wenn auch nur vertraglich, verbunden ist[47].

Mit dem Maryland-ground-rent-lease und der vorbehaltenen ground-rent sind für den lessor und den lessee folgende estates verbunden:

Der *lessor*, der mittels des lease dem lessee den Besitz des Landes einräumt, behält zwei freehold estates: Er ist erstens Besitzer oder owner der vorbehaltenen *ground-rent*, die — weil rent-service — als real property angesehen wird und also einen unbeweglichen Besitzstand gewährt[48]. Zum andern besitzt er die *reversion* oder — wie in

---

[44] Thurston v. Monke, 32 Md. 487 (Ct. App. Md. 1870); Hollander v. Central Metal & Supply Co., 109 Md. 131, 71 Atl. 442, 446, 447 (Ct. App. Md. 1908); *Kaufman*, 5 Md. L. Rev. 21 f.

Zum „covenant running with the land“ näher Spencer's Case, 5 Co. Rep. 16, 77 Eng. Rep. 72 (K. B. 1583); *Reno* in A. L. P., II, §§ 9.1—9.7, S. 335 bis 362.

[45] Reid v. Wiesner & Sons Brewing Co., 88 Md. 234, 40 Atl. 877 (Ct. App. Md. 1898); Williams v. Safe Deposit & Trust Co., 167 Md. 499, 175 Atl. 331, 334 (Ct. App. Md. 1934).

[46] Donelson v. Polk, 64 Md. 501, 2 Atl. 824 (Ct. App. Md. 1886); Consumers' Ice Co. v. Bixler, 84 Md. 437, 35 Atl. 1086, 1087 (Ct. App. Md. 1896); Commercial Building & Coan Ass'n v. Robinson, 90 Md. 615, 45 Atl. 449, 455 f. (Ct. App. Md. 1900); *Mayer*, S. 113—117; *Kaufman*, 5 Md. L. Rev. 22.

[47] Matthews v. Ward, 10 Gill & Johns. 443 (Ct. App. Md. 1839); Jones v. Magruder, 42 F. Supp. 193, 195 (D. Md. 1941), per *Chesnut*, D. J.; *Kaufman*, 5 Md. L. Rev. 4. Um dem right of distress zu entgehen, wurden fast alle ground-rent-leases zuerst durch Strohmänner abgeschlossen; *Lewis*, 3 Md. L. Rev. 321; *Kaufman*, 5 Md. L. Rev. 23, 55 f.

[48] Banks v. Haskie, 45 Md. 207 (Ct. App. Md. 1876); Culbreth v. Smith, 69 Md. 450, 1 L. R. A. 538, 16 Atl. 112, 114 (Ct. App. Md. 1888); Ogle v. Reynolds, 75 Md. 145, 23 Atl. 137, 138 (Ct. App. Md. 1891); Marburg v. Mercantile Bldg. Co., 154 Md. 438, 140 Atl. 836, 839 (Ct. App. Md. 1928); Jones v. Magruder, 42 F. Supp. 193, 197 (D. Md. 1941); Moran v. Hammersla, 188 Md. 378, 52 A.2d 727, 728 (Ct. App. Md. 1947); Commissioner of Internal Revenue v. Simmers' Estate, 231 F.2d 909, 911 (4th Cir. 1956); Welsh Homes, Incorporated v. C. I. R., 279 F.2d 391, 392, 395 (4th Cir. 1960).

Maryland auch gesagt wird — das reversionary interest[49], die Anwartschaft auf das Land bei Beendigung des zeitlich beschränkten Besitzstandes des lease. Diese reversion verbleibt bei dem lessor und ist real property, gibt dem lessor also einen unbeweglichen Besitzstand. Über diesen estate kann er selbständig verfügen[50] mit der Folge, daß das Land nach Beendigung des lease aufgrund der Anwartschaft — jetzt remainder — einem Dritten zufällt[51].

Da diese estates des lessor *real property* sind, gehen sie im Erbfall unmittelbar — ohne Zwischenschaltung eines administrator oder executor — auf die Erben über[52], und besitzt die Ehefrau ein dower-Recht an ihnen[53].

Der *lessee* erwirbt demgegenüber durch den Maryland-ground-rent-lease nur einen leasehold estate, der als personal property angesehen wird[54]. Beim Erbfall geht er daher zunächst auf den personal repre-

---

[49] So Ogle v. Reynolds, 75 Md. 145, 23 Atl. 137, 138 (Ct. App. Md. 1891).

[50] So bilden die reversions in den Beispielsfällen 1 (Das Testament der Witwe) und 2 (Der verunglückte Kauf) selbständige, übertragbare Besitzstände, die im Fall 1 zum Nachlaß der Erblasserin gehören.

Im Fall 1 können diese reversions, wenn sie auch real property sind und daher eigentlich unmittelbar auf die Erben übergehen, von den executors veräußert werden, da es dem Willen der Erblasserin entspricht, daß die executors alle Besitzstände der Erblasserin veräußern; Ogle v. Reynolds, 75 Md. 145, 23 Atl. 137, 139 (Ct. App. Md. 1891), per *Robinson*, J.

Im Fall 2 kann Gorter seine reversion auf Stewart übertragen, und Stewart hat dann aufgrund seines remainder die Anwartschaft auf das Land bei Beendigung des ground-rent-lease; Stewart v. Gorter, 70 Md. 242, 16 Atl. 644 (Ct. App. Md. 1889).

[51] Eingehend dazu oben S. 75—77.

[52] Myers v. Silljacks, 58 Md. 319, 330 (Ct. App. Md. 1881); Culbreth v. Smith, 69 Md. 450, 1 L. R. A. 538, 16 Atl. 112, 114 (Ct. App. Md. 1888); Ogle v. Reynolds, 75 Md. 145, 23 Atl. 137, 138 (Ct. App. Md. 1891); Holzman v. Wager, 114 Md. 322, Ann. Cas. 1912 A, 619, 79 Atl. 205, 209 (Ct. App. Md. 1911); Jones v. Magruder, 42 F. Supp. 193, 195 f. (D. Md. 1941); *Kaufman*, 5 Md. L. Rev. 26.

Siehe auch oben Fußn. 50.

[53] Zum dower-Recht der Ehefrau näher oben S. 74 und Art. 45, § 6 Md. Ann. Code 1957, Bd. 4, S. 507.

[54] Näher allgemein oben S. 79—80.

Zu Maryland vgl. Allender's Lessee v. Sussan, 33 Md. 11, 3 Am. Rep. 171, 174 (Ct. App. Md. 1870); Banks v. Haskie, 45 Md. 207 (Ct. App. Md. 1876); Taylor v. Taylor, 47 Md. 295 (Ct. App. Md. 1877); Arthur v. Cole, 56 Md. 100, 107, 40 Am. Rep. 409, 414 (Ct. App. Md. 1880); Posner v. Bayless, 59 Md. 56 (Ct. App. Md. 1882); Crowe v. Wilson, 65 Md. 479, 5 Atl. 427, 57 Am. Rep. 343 (Ct. App. Md. 1886); Culbreth v. Smith, 69 Md. 450, 1 L. R. A. 538, 16 Atl. 112, 114, 116 (Ct. App. Md. 1888); Holzman v. Wager, 114 Md. 322, Ann. Cas. 1912 A, 619, 79 Atl. 205, 206 f. (Ct. App. Md. 1911);

sentative — administrator oder executor — und nicht auf die Erben über. Außerdem besteht an diesem estate kein dower-Recht der Ehefrau[55].

Der lessee kann seinen leasehold estate infolge der Verlängerungsmöglichkeit praktisch unbegrenzt ausdehnen. Ihm stehen daher nach der in Maryland herrschenden Ansicht alle Nutzungs-, Kontroll- und Abwehrrechte in bezug auf das Land zu[56]. Er hat damit praktisch die Stellung eines Eigentümers. Der lessor, der frühere Besitzer, darf in keiner Weise die Nutzung und Bestellung des Landes durch den lessee behindern und dem lessee auch keine Anweisung über den Gebrauch des Landes geben[57]. Denn ob der lessor jemals wieder in Besitz des Landes kommt, liegt allein an dem lessee. Bezahlt er regelmäßig und pünktlich die ground-rent, so behält er für alle Zukunft den Besitz des Landes. Es wäre dann seltsam, wollte man dennoch den lessor, den früheren Besitzer, und nicht den lessee über den Gebrauch des Landes bestimmen lassen[58]. Aus diesen Gründen steht dem lessor auch kein

---

Jones v. Magruder, 42 F. Supp. 193, 195 f., 197 f. (D. Md. 1941); Moran v. Hammersla, 188 Md. 378, 52 A.2d 727, 728 (Ct. App. Md. 1947); Weinberg v. Baltimore & Annapolis R. Co., 200 Md. 160, 88 A.2d 575, 577 (Ct. App. Md. 1952); Commissioner of Internal Revenue v. Simmers' Estate, 231 F.2d 909, 913, 914 (4th Cir. 1956), per *Soper*, Cir. J.; Welsh Homes, Incorporated v. C. I. R., 279 F.2d 391, 392, 394 (4th Cir. 1960); *Kaufman*, 5 Md. L. Rev. 26, 47.

[55] Allender's Lessee v. Sussan, 33 Md. 11, 3 Am. Rep. 171, 174 (Ct. App. Md. 1870); Arthur v. Cole, 56 Md. 100, 107, 40 Am. Rep. 409, 414 (Ct. App. Md. 1880); Myers v. Silljacks, 58 Md. 319, 330 (Ct. App. Md. 1881); Culbreth v. Smith, 69 Md. 450, 1 L. R. A. 538, 16 Atl. 112, 114 (Ct. App. Md. 1888); Holzman v. Wager, 114 Md. 322, Ann. Cas. 1912 A, 619, 79 Atl. 205, 206 f. (Ct. App. Md. 1911); Craig v. Craig, 140 Md. 322, 117 Atl. 756, 757 (Ct. App. Md. 1922); Jones v. Magruder, 42 F. Supp. 193, 195 f., 197 f. (D. Md. 1941); *Kaufman*, 5 Md. L. Rev. 25 f.

Allgemein zum Übergang des personal property auf den administrator oder executor 31 *Am. Jur. 2d*, Executors and Administrators, § 243, S. 128 f. Zum dower-Recht der Ehefrau näher oben S. 194, Fußn. 53.

[56] Crowe v. Wilson, 65 Md. 479, 5 Atl. 427, 428, 57 Am. Rep. 343, 344 (Ct. App. Md. 1886); Beehler v. Ijams, 72 Md. 193, 19 Atl. 646 (Ct. App. Md. 1890); Putzell v. Drovers' & Mechanics' Nat. Bank, 28 Atl. 276, 278 (Ct. App. Md. 1894); 32 *Am. Jur.*, Landlord and Tenant, § 1041, S. 872; § 1042, S. 873.

[57] Holland v. Mayor etc. of Baltimore, 11 Md. 186, 69 Am. Dec. 195, 197 (Ct. App. Md. 1857) und die in der vorigen Anmerkung aufgeführten Zitate.

[58] So ausdrücklich Crowe v. Wilson, 65 Md. 479, 5 Atl. 427, 428, 57 Am. Rep. 343, 344 f. (Ct. App. Md. 1886), per *Bryan*, J.: "If they [the lessee and his representatives] continue to pay the rent, and elect to hold the premises by renewals of the lease, the reversioner can never, under any circumstances, obtain possession of the demised premises. It would be utterly and entirely

Ersatzanspruch gegen den lessee bei objektiver Wertminderung durch die Nutzung des Landes zu[59].

Real property und einen freehold estate an dem Land erwirbt der lessee allerdings erst, wenn er die ground-rent ablöst, wie dies bei allen nach 1884 vorbehaltenen rents möglich ist. In diesem Fall erlischt die ground-rent, und der lessor ist verpflichtet, durch eine deed-Übertragung dem lessee das volle Eigentum, den unbeschränkten Besitzstand (fee simple), an dem Land zu verschaffen[60].

Daß der lessee bei dem ground-rent-lease nur personal property erwirbt, ist nicht unbestritten[61]. Die Rechtsprechung sagt: Wirtschaftlich habe der lessee, der Empfänger des Landes, dieselbe Stellung wie ein freehold-Besitzer. Wenn auch der lease nur für begrenzte Zeit vereinbart sei, könne der lessee dennoch infolge der Verlängerungsmöglichkeit seinen Besitzstand praktisch auf unbegrenzte Zeit ausdehnen. Überdies könne er, seitdem die ground-rents ablösbar seien, durch Zahlung der Ablösungssumme jederzeit das fee simple und damit real property erwerben, ohne daß der bisherige Eigentümer dies verhindern könne und ohne daß sich dadurch an seiner wirtschaftlichen Stellung etwas ändere. Schließlich wird noch angeführt, daß der ground-rent-lease nach der Rechtsauffassung in Maryland ebenso wie real property durch deed übertragen werde[62].

Die Zweifel der Rechtsprechung hinsichtlich der Qualifizierung des leasehold estate bei dem Maryland-ground-rent-lease haben sich in

---

inconsistent with the covenanted rights of the parties to hold that he could interfere with the management of the property by the tenant in any way, which his interest or wishes might suggest." So auch Beehler v. Ijams, 72 Md. 193, 19 Atl. 646 (Ct. App. Md. 1890), per *Robinson*, J.; Putzell v. Drovers' & Mechanics' Nat. Bank, 28 Atl. 276, 278 (Ct. App. Md. 1894), per *Bryan*, J.

[59] Crowe v. Wilson, 65 Md. 479, 5 Atl. 427, 427 a. E. f., 57 Am. Rep. 343, 344 (Ct. App. Md. 1886); 32 *Am. Jur.*, Landlord and Tenant, § 1042, S. 873.

[60] Jones v. Magruder, 42 F. Supp. 193, 196 (D. Md. 1941), per *Chesnut*, D. J.; Commissioner of Internal Revenue v. Simmers' Estate, 231 F.2d 909, 911 (4th Cir. 1956), per *Soper*, Cir. J.

[61] Vgl. dazu Jones v. Magruder, 42 F. Supp. 193, 197 f. (D. Md. 1941); Moran v. Hammersla, 188 Md. 378, 52 A.2d 727, 728 (Ct. App. Md. 1947); Commissioner of Internal Revenue v. Simmers' Estate, 231 F.2d 909, 914 f. (4th Cir. 1956); Welsh Homes, Incorporated v. C. I. R., 279 F.2d 391, 394—396 (4th Cir. 1960); *Kaufman*, 5 Md. L. Rev. 26.

[62] Bratt v. Bratt's Adm'x, 21 Md. 578, 583 (Ct. App. Md. 1863); Culbreth v. Smith, 69 Md. 450, 1 L. R. A. 538, 16 Atl. 112, 116 (Ct. App. Md. 1888); Jones v. Magruder, 42 F. Supp. 193, 196 (D. Md. 1941); Commissioner of Internal Revenue v. Simmers' Estate, 231 F.2d 909, 913 (4th Cir. 1956).

Vgl. *Art. 21, § 1* Md. Ann. Code 1957, Bd. 2, S. 185, wonach alle estates für mehr als 7 Jahre durch deed übertragen werden müssen.

erster Linie bei der Besteuerung ergeben[63] und dazu geführt, daß der ground-rent-leasehold estate in Maryland zwar weiterhin als personal property angesehen, aber für bestimmte Zwecke, z. B. die Besteuerung, wie real property behandelt wird[64]. Es sind dies freilich ausschließlich Zwecke, in denen es, wie bei der Besteuerung, mehr auf die wirtschaftliche als die rechtstheoretische Stellung des lessee ankommt. Die rechtliche Qualifizierung des ground-rent-leasehold estate als personal property wird dadurch jedenfalls nicht berührt.

Sie kann durch die vorgebrachten Bedenken auch kaum erschüttert werden: Die wirtschaftliche Stellung des lessee ist bei jedem langfristigen lease, nicht nur beim Maryland-ground-rent-lease, der Stellung des freeholders gleichwertig, ohne daß die rechtliche Qualifizierung des langfristigen leasehold estate als personal property angezweifelt würde[65]. Die Verlängerungsklausel beim Maryland-ground-rent-lease läßt hier auch keinen anderen Schluß zu. Denn sie hat im Ergebnis dieselbe Wirkung wie ein sehr langfristiger lease: Beide leases sind für eine zwar zeitlich begrenzte, tatsächlich aber kaum überschaubare Dauer vereinbart. Die wirtschaftliche Stellung des lessee kann daher nicht zu einer anderen rechtlichen Beurteilung führen[66].

Ebensowenig ist die Übertragung durch deed ein durchschlagendes Argument: Diese Übertragungsart hat in Amerika alle anderen Übertragungsarten ersetzt und gilt ganz allgemein für freehold estates und leasehold estates[67].

---

[63] Z. B. Jones v. Magruder, 42 F. Supp. 193 (D. Md. 1941); Commissioner of Internal Revenue v. Simmers' Estate, 231 F.2d 909 (4th Cir. 1956); Welsh Homes, Incorporated v. C .I. R., 279 F.2d 391 (4th Cir. 1960).

[64] Moran v. Hammersla, 188 Md. 378, 52 A.2d 727, 728 (Ct. App. Md. 1947); Commissioner of Internal Revenue v. Simmers' Estate, 231 F.2d 909, 914 (4th Cir. 1956), per *Soper*, Cir. J., dissenting *Parker*, C. J. 916; Welsh Homes, Incorporated v. C. I. R., 279 F.2d 391, 394—396 (4th Cir. 1960); *Lewis*, 3 Md. L. Rev. 315—318, 323—325; *Kaufman*, 5 Md. L. Rev. 63—68.

Art. 81, § 2 Md. Ann. Code 1957, Bd. 7, S. 303 sagt ausdrücklich bezüglich der Besteuerung: "*Real estate* shall include leaseholds, unless such construction would be unreasonable."

Im Beispielsfall 3 (Die übertragene ground-rent) werden demnach die ground-rent und der leasehold estate als real property versteuert, obwohl der leasehold estate eigentlich personal property ist; Jones v. Magruder, 42 F. Supp. 193, 196, 197 f. (D. Md. 1941), per *Chesnut*, D. J.

[65] Crowe v. Wilson, 65 Md. 479, 5 Atl. 427, 57 Am. Rep. 343, 343 a. E. f. (Ct. App. Md. 1886), per *Bryan*, J.: "In England many leases have been made for a thousand years; but they stand on the same footing as leases for one year."

[66] Jones v. Magruder, 42 F. Supp. 193, 195—197 (D. Md. 1941), per *Chesnut*, D. J.

[67] Näher oben S. 181 und *Art. 21, § 1* Md. Ann. Code 1957, Bd. 2, S. 185, oben S. 195, Fußn. 58.

C. ZUSAMMENFASSUNG

Die Maryland-ground-rent ist geschaffen worden, um das Subinfeudationsverbot des Statute Quia Emptores[68] zu umgehen. Sie wird bei einem regelmäßig auf 99 Jahre vereinbarten und ewig verlängerbaren lease (Maryland-ground-rent-lease) für den lessor, seine Erben und Rechtsnachfolger vorbehalten. Sie ist rent-service mit gesetzlichem right of distress und wird als real property angesehen. Sie gibt dem lessor einen besonderen, getrennten Vermögenswert, über den der lessor selbständig verfügen kann. Sie gleicht damit den quit-rents bei fee simple-Übertragungen aus der Kolonialzeit. Seit 1888 sind alle künftigen, für mehr als 15 Jahre vorbehaltenen ground-rents auf Wunsch des lessee gegen eine Kapitalabfindung im Verhältnis 6 : 100 ablösbar.

Das Gesetz (über die Einkommensbesteuerung) in Maryland enthält in *Art. 81, § 279 (k)* Md. Ann. Code 1957 eine Definition der groundrents[69]:

> "'*Ground-rents*' means all rents reserved under ninety-nine year leases or subleases, perpetually renewable, and also rents which are redeemable, at the option of the lessee, under provisions of §§ 103, 104 and 108 of Article 21."

Der Maryland-ground-rent-lease gibt dem lessee wie üblich einen leasehold estate, der — mit Ausnahmen — als personal property gilt. Er räumt dem lessee das volle Nutzungs- und Kontrollrecht über das Land ein, ohne daß der lessor in die Nutzung des Landes einzugreifen berechtigt ist. Dem lessor verbleibt als eigener Vermögenswert (neben der ground-rent) die reversion, die freehold estate und real property ist und über die er selbständig verfügen kann.

3. ABSCHNITT
Pennsylvania

A. BEISPIELE

I. Das aufgeteilte Grundstück[70]

Robert Anderson ist Eigentümer zweier Grundstücke im 34. Bezirk von Philadelphia, Pa. Eines der beiden Grundstücke teilt er in 33 Bau-

---

[68] 18 Edw. I, c. 1—3 (1290), unten Anhang VII, S. 263—264.

[69] Md. Ann. Code 1957, Bd. 7, S. 453. Vgl. dazu *Lewis*, 3 Md. L. Rev. 323—325.

parzellen und überträgt sie am 5. Oktober 1898 durch getrennte deeds an Lewis Fodell unter Vorbehalt einer ground-rent für jede einzelne Parzelle.

Fodell überträgt noch am selben Tag alle 33 Parzellen auf B. L. Neiman, der bald mit der Bebauung beginnt.

Am 5. Mai 1899 verkauft Anderson seine ground-rents an Edward M. Harris.

Harris verlangt Zahlung von $ 86 für eine der ground-rents. Von wem? Konnten die ground-rents überhaupt auf Harris übertragen werden[71]?

II. Die besondere Ablösungsvereinbarung[72]

Ein Treuhänder verkauft 1896 aufgrund gerichtlicher und testamentarischer Ermächtigung ein Grundstück unter Vorbehalt einer ground-rent von jährlich $ 8000. Die ground-rent soll ablösbar sein auf Wunsch des Käufers „at any time after fifteen years". Als Ablösung werden $ 200 000 vereinbart.

Zuvor hatte der Gesetzgeber in Pennsylvania 1850 und 1885 Bestimmungen über die Ablösbarkeit der ground-rents erlassen. Die hier getroffene Vereinbarung weicht teilweise von ihnen ab.

Ist die Vereinbarung dennoch gültig? Welche abweichenden Vereinbarungen können überhaupt getroffen werden[73]?

III. Der geisteskranke Sohn[74]

William L. Hirst überträgt Land unter Vorbehalt einer ground-rent. Er vereinbart mit dem Käufer: Die ground-rent erlischt, wenn der Käufer, seine Erben oder Rechtsnachfolger eine bestimmte Ablösungssumme an Hirst, seine Erben oder Rechtsnachfolger zahlt.

William L. Hirst stirbt. Er hinterläßt ein Testament. Danach fällt sein ganzes Vermögen, einschließlich der ground-rents, an seine Frau und seine Kinder.

Einer seiner Söhne, Stephen C. Hirst, ist geisteskrank und lebt in einer Irrenanstalt. Sein Anteil soll an Thomas J. Barger, ersatzweise dessen Frau Adele H. Barger als Treuhänder gezahlt werden. Das geschieht.

---

[70] Hart v. Anderson, 198 Pa. 558, 48 Atl. 636 (S. Ct. Pa. 1901). Der Sachverhalt, der sehr viel verwickelter ist, wurde wesentlich vereinfacht, um hier als Beispielsfall zu dienen.

[71] Dazu unten S. 207, Fußn. 102.

[72] In re Crean's Estate, 23 Pa. D. & C. 480 (Dist. Ct. Pa. 1896); affirmed 321 Pa. 216, 183 Atl. 915 (S. Ct. Pa. 1936).

[73] Dazu unten S. 206, Fußn. 99.

[74] In re Hirst's Estate, 147 Pa. 319, 23 Atl. 455 (S. Ct. Pa. 1892).

Nunmehr löst der Eigentümer des Landes die ground-rent ab. Er zahlt die vereinbarte Summe.

Wem wird Stephen's Anteil ausgezahlt? Stephen selbst oder dem Treuhänder, inzwischen Adele H. Barger? Die Entscheidung hängt von der Qualifizierung der Ablösungssumme ab. Realty oder personalty? Ist sie realty, dann fällt sie den Erben William L. Hirst unmittelbar zu, also Stephen C. Hirst. Ist sie personalty, dann bleibt es bei der testamentarischen Bestimmung: Der Anteil wird an Adele H. Barger ausgezahlt. Was ist richtig[75]?

B. PENNSYLVANIA-GROUND-RENTS

I. Entstehung

Nach der Pennsylvania-Charter konnten William Penn, seine Erben und Rechtsnachfolger ähnlich der Maryland-Charter[76] „att his or theire own Will and pleasure ... assigne, alien, Grant, demise, or enfeoffe of the Premises soe many and such partes or parcells ... To have and to hold ... in ffee simple, or ffee taile, or for the terme of life, or lives or yeares"[77]. Die Pennsylvania-Charter ging jedoch insofern wesentlich weiter als die Maryland-Charter, als sie dieses Recht nicht nur den Empfängern der charter, also nicht nur William Penn, seinen Erben und Rechtsnachfolgern gab, sondern „all and every such person and persons to whom the said William Penn or his heires shall att any time hereafter grant any estate or inheritance as aforesaid"[78]. Inwieweit die Übertragungen dieser Personen vom Subinfeudationsverbot des Statute Quia Emptores[79] befreit waren, besagt die *non obstante-Klausel* der charter:

> "AND to the same person or persons, and to all and every of them, wee doe give and grant by these presents, for us, our heires and successors, licence, authoritie and power, that such person or persons may take the premisses, or any parcel thereof, of the aforesaid William Penn, his heires or assignes, and the same hold to themselves, their heires and assignes, in what inheritance soever, in ffee-simple or in ffee-taile, or otherwise, as to him, the said William Penn, his heires and assignes, shall seem expedient: The Statute made in the parliament of EDWARD, sonne of King HENRY, the late King of England,

[75] Dazu unten S. 209, Fußn. 110.
[76] Vgl. oben S. 185.
[77] Unten Anhang XVIII, S. 303.
[78] Unten Anhang XVIII, S. 304.
[79] 18 Edw. I, c. 1—3 (1290), unten Anhang VII, 263—264.

our predecessor, commonly called The Statute QUIA EMPTORES TERRARUM, lately published in our Kingdome of England in any wise notwithstanding[80]."

Die Klausel gab damit William Penn und seinen unmittelbaren tenants das Subinfeudationsrecht für alle ihre Übertragungen, nicht dagegen auch den tenants des zweiten Gliedes und aller weiteren Glieder[81]. Die tenants William Penn's hatten daher das Land unmittelbar von ihm, nicht vom König, die tenants dieser tenants unmittelbar von ihnen, nicht von William Penn oder dem König inne. Die Wirkung der Klausel ging somit weiter als bei der Maryland-Charter: Sie dehnte den Ausschluß des Statute Quia Emptores auf die Landübertragungen der unmittelbaren tenants William Penn's aus[82].

Die bei diesen Landübertragungen (William Penn — tenant des 1. Gliedes, tenant des 1. Gliedes — tenant des 2. Gliedes) vorbehaltenen quit-rents waren, da das Statute Quia Emptores insoweit nicht galt, *rent-services*, nicht rents-charge[83].

Aus dieser sehr weitgehenden Wirkung der non obstante-Klausel erklären sich das Bestehen der sogenannten *Pennsylvania-ground-rents* und ihre Eigenart gegenüber den Maryland-ground-rents[84]: Es sind *die* quit-rents, die sich sowohl William Penn, seine Erben und Rechtsnachfolger als auch ihre tenants, deren Erben und Rechtsnachfolger *bei der Übertragung von Land zu fee simple* vorbehielten[85], die also von *ewiger Dauer* sind.

Während der Revolution wurden der Familie Penn durch die *„Divesting Act" vom 27. November 1779* alle Eigentumsrechte samt quit-rents gegen eine Entschädigung von £ 130 000 entzogen, soweit diese sich auf Penn's Rechte als Eigentümer der Kolonie stützten. Die quit-rents wurden als „badges of slavery"[86] abgeschafft. Die Eigentumsrechte und quit-rents blieben jedoch ausdrücklich erhalten, soweit sie sich auf private Grundstücke und manor land-Übertragungen bezogen.

---

[80] Unten Anhang XVIII, S. 303.

[81] Jones v. Magruder, 42 F. Supp. 193, 196 (D. Md. 1941), per *Chesnut,* D. J.; *Mayer,* S. 47; *Harris,* S. 123, 396; *Simes* in A. L. P., I, § 1.41, S. 59; *Vance,* 33 Yale L. J. 257, Fußn. 43; *Chesnut,* 91 U. Pa. L. Rev. 141—143, 144 f.; *Rutter,* 14 N. Y. U. Intra. L. Rev. 220—222.

[82] *Chesnut,* 91 U. Pa. L. Rev. 141—144.

[83] Zur Bedeutung des Statute Quia Emptores für die rent-service näher oben S. 57—58.

[84] Vgl. die oben in Fußn. 81 Zitierten.

[85] Jones v. Magruder, 42 F. Supp. 193, 196 (D. Md. 1941), per *Chesnut,* D. J.; *Simes* in A. L. P., I, § 1.41, S. 59; *Chesnut,* 91 U. Pa. L. Rev. 141 bis 143, 144 f.; *Rutter,* 14 N. Y. U. Intra. L. Rev. 220—222.

[86] So *Casner-Leach,* S. 265, Fußn. 17. Im Gesetzestext findet sich diese Formulierung, soweit ersichtlich, nicht.

Die maßgebenden Bestimmungen lauten[87]:

Tit. 64 § 1:

"All and every the estate, right, title, interest, property, claim and demand of the heirs and devisees, grantees or other, claiming as proprietaries of Pennsylvania, whereof they or either of them stood seised, or to which they or any of them were entitled, or which to them were deemed to belong, on the 4th day of July, in the year of our Lord 1776, of, in or to the soil and land contained within the limits of the said late province, now state of Pennsylvania, or any part thereof, together with the royalties, franchises, lordships and all other the hereditaments and premises comprised, mentioned and granted in the same charter or letters patent of the said King Charles the Second, (except as hereinafter is excepted,) shall be and they are hereby vested in the commonwealth of Pennsylvania, for the use and benefit of the citizens thereof, freed and discharged, and absolutely acquitted, exempted and indemnified of, from and against all estates, uses, trusts, entails, reversions, remainders, limitations, charges, incumbrances, titles, claims and demands whatsoever, from, by or under the said charter or letters patent, or otherwise, as fully, clearly and entirely as if the said charter or letters patent, and the estates, interests, hereditaments and premises therein comprised, mentioned and granted, and all other the estate, right and title of the said proprietaries of, in and to the said premises, were herein transcribed and repealed."

Tit. 64 § 4:

"All and every the private estates, lands and hereditaments of any of the said proprietaries, whereof they are now possessed, or to which they are now entitled, in their private several right or capacity, by devise, purchase or descent, and likewise all the lands, called and known by the name of proprietary tenths or manors, which were duly surveyed and returned into the land office on or before the 4th day of July, in the year of our Lord 1776, together with the quit or other rents and arrearages of rents reserved out of the said proprietary tenths or manors, or any part or parts thereof, which have been sold, be confirmed, ratified and established forever, according to such estate or estates therein, and under such limitations, uses and trusts, as in and by the several and respective reservations, grants and conveyances thereof, are directed and appointed."

---

[87] Tit. 64 §§ 1, 4—5, 8 Purdon's Penna. Stat. Ann., S. 2, 4, 5. Vgl. dazu Poor v. McClure, 77 Pa. 214 (S. Ct. Pa. 1874); Com. v. Berks County Commissioners, 109 Pa. 214 (S. Ct. Pa. 1885).

Tit. 64 § 5:
"All and every the quit-rents, which at any time or times heretofore have been reserved in and by any warrant, patent or other conveyance of lands or other hereditaments, from, by or under the said proprietaries, their officers, or others by them commissioned and appointed, and all and every the dues and arrearages of quit-rents, and arrearages of purchase moneys for lands, not within the tenths or manors aforesaid, or which at any time or times heretofore have been deemed or taken to be due and in arrear, other than the quit or other rents reserved within the proprietary tenths or manors before mentioned, shall from henceforth cease and determine; and the same lands and other hereditaments shall be free and discharged therefrom, and from the payment thereof, forever."
Tit. 64 § 8:
"The sum of one hundred and thirty thousand pounds, sterling money of Great Britain, [shall] be paid out of the treasury of this state, to the devisees and legatees of Thomas Penn and Richard Penn, late proprietaries of Pennsylvania, respectively, and to the widow and relict of the said Thomas Penn, in such proportions as shall hereafter by the legislature be deemed equitable and just, upon a full investigation of their respective claims."

Soweit die quit-rents William Penn's, seiner Erben und Rechtsnachfolger von diesem Gesetz unberührt geblieben waren, bestanden sie auch nach der Revolution weiter. Hinzu kamen alle quit-rents der tenants des ersten Gliedes, die ohnehin nicht unter dieses Gesetz gefallen waren.

Diese quit-rents sind der Grundstock der typischen *Pennsylvania-ground-rents*. Sie werden bei der Übertragung eines freehold estate an dem Land, nicht (wie in Maryland) eines leasehold estate vorbehalten. Sie sind, da das Statute Quia Emptores[88] gemäß der non obstante-Klausel der charter[89] für sie nicht gilt, *rent-services* mit allen damit verbundenen Vorteilen[90].

Die Landübertragungen der tenants William Penn's erfaßten praktisch den gesamten Bezirk Philadelphias, Pa., so daß sich dort jede Landübertragung auf die Übertragung durch einen tenant William Penn's zurückführen läßt und *bei jeder Landübertragung in Philadelphia, Pa.* eine ground-rent vorbehalten werden kann[91].

---

[88] 18 Edw. I, c. 1—3 (1290), unten Anhang VII, S. 263—264.
[89] Unten Anhang XVIII, S. 303 und oben S. 200 f.
[90] Zu den Vorteilen näher oben S. 186.
[91] Vgl. *Harris*, S. 396; *Rutter*, 14 N. Y. U. Intra. L. Rev. 225.
Beispiele finden sich in Streaper v. Fisher, 1 Rawle 155, 18 Am. Dec. 604

Anders ist es im übrigen Pennsylvania, wo man jedesmal wird prüfen müssen, ob sich das Land auf die Übertragung durch einen tenant William Penn's zurückführen läßt.

Neben der sehr weitgehenden non obstante-Klausel hat vor allem zur Entwicklung der Pennsylvania-ground-rents beigetragen, daß das Statute Quia Emptores nach einhelliger Ansicht in Pennsylvania nie in Kraft getreten ist[92]. Dadurch wurden die ground-rents, die ohnehin nicht unter dieses Gesetz fielen, auch nicht durch eine spätere Einführung des Gesetzes gestört[93].

II. Gesetzgebung von 1850 und 1885

Seit 22. April 1850 können alle ground-rents, die auf ewige Dauer, also bei der Übertragung des Landes zu fee simple vereinbart sind, von dem Käufer des Landes und Schuldner der ground-rent abgelöst werden. Der Verkäufer kann nicht widersprechen. Die maßgebende Bestimmung lautet[94]:

> *Tit. 68 § 161:*
>
> "From and after the passage of this act, whenever a deed or other instrument or writing conveying real estate shall be

---

(S. Ct. Pa. 1829); Dougherty's Estate, 9 W. & S. 189, 42 Am. Dec. 326 (S. Ct. Pa. 1844); Wallace v. Harmstad, 15 Pa. 462, 53 Am. Dec. 603 (S. Ct. Pa. 1850); Fassitt v. Middleton, 47 Pa. 214, 86 Am. Dec. 535 (S. Ct. Pa. 1864); In re Hirst's Estate, 147 Pa. 319, 23 Atl. 455 (S. Ct. Pa. 1892); In re White's Estate, 167 Pa. 206, 31 Atl. 569 (S. Ct. Pa. 1895); Hart v. Anderson, 198 Pa. 558, 48 Atl. 636 (S. Ct. Pa. 1901); Wilson v. Iseminger, 185 U. S. 55, 22 Sup. Ct. 573, 46 L. Ed. 804 (S. Ct. 1902); Norris v. Crowe, 206 Pa. 438, 55 Atl. 1125, 98 Am. St. Rep. 783 (S. Ct. Pa. 1903); Frank v. Guarantee Trust & Safe Deposit Co., 216 Pa. 40, 64 Atl. 894, 8 Ann. Cas. 991 (S. Ct. Pa. 1906); Davis v. Investment Land Co., 296 Pa. 449, 146 Atl. 119 (S. Ct. Pa. 1929); Wolfe v. Lewisburg Trust & Safe Deposit Co., 305 Pa. 583, 81 A. L. R. 660, 158 Atl. 567 (S. Ct. Pa. 1931); In re Crean's Estate, 23 Pa. D. & C. 480 (Dist. Ct. Pa. 1896); affirmed 321 Pa. 216, 183 Atl. 915 (S. Ct. Pa. 1936); Pronzato v. Guerrina, 400 Pa. 521, 163 A.2d 297 (S. Ct. Pa. 1960).

[92] Ingersoll v. Sergeant, 1 Whart. 337 (S. Ct. Pa. 1836); Cuthbert v. Kuhn, 3 Whart. 357, 31 Am. Dec. 513, 514 (S. Ct. Pa. 1837); Van Rensselaer v. Hays, 19 N. Y. 68, 97 f., 75 Am. Dec. 278, 302 f. (Ct. App. N. Y. 1859); Wallace v. Harmstad, 44 Pa. 492 (S. Ct. Pa. 1863); In re Phillips' Estate, 10 Pa. Dist. 99 (Dist. Ct. Pa. 1901); *Harris*, S. 396; *Cadwalader*, S. 45 f.; 38 *C. J. S.*, Ground Rents, § 2 c (4), S. 1091; 32 *Am. Jur.*, Landlord and Tenant, § 1040, S. 871; *Simes* in A. L. P., I, § 1.41, S. 59 f.; *Reno* in A. L. P., II, § 9.41, S. 457; *Chesnut*, 91 U. Pa. L. Rev. 152; *Rutter*, 14 N. Y. U. Intra. L. Rev. 224.

Vgl. auch oben S. 168—170.

[93] Vgl. *Casner-Leach*, S. 265.

[94] Statute vom 22. 4. 1850, Tit. 68 § 161 Purdon's Penna. Stat. Ann., S. 39.

made, wherein shall be contained a reservation of ground rent, to become perpetual upon the failure of the purchaser to comply with the conditions therein contained, no such covenant or condition shall be so construed as to make the said ground rent a perpetual encumbrance upon the said real estate; but it shall and may be lawful for the purchaser thereof, at any time after the said ground rent shall have fallen due, to pay the full amount of the same, and such payment shall be a complete discharge of such real estate from the encumbrance aforesaid."

Seit 24. Juni 1885 sind dann alle nicht ablösbaren ground-rents kraft Gesetzes nichtig. Der Zeitpunkt der regelmäßigen Ablösbarkeit ist auf 21 Jahre festgelegt oder an die Lebenszeit einer oder mehrerer Personen geknüpft. Gleichzeitig regelt das Gesetz die Höhe der Ablösungssumme, allerdings nur für den Fall, daß diese nicht schon in der deed festgelegt ist. Die maßgebende Bestimmung lautet[95]:

Tit. 68 § 162:

"From and after the passage of this act no irredeemable or non-extinguishable ground rent shall be charged upon, or be reserved out of or for any land within this commonwealth. Nor shall any omission to provide for the redemption of any ground rent, or rent charged, nor any option, agreement, contract, covenant and condition contained in any deed hereafter to be made, charging or reserving ground rent, be in any wise construed or interpreted to make such ground rent irredeemable, or prevent the extinguishment thereof; nor shall any ground rent or rent charge, hereafter to be charged or reserved as aforesaid, be construed or interpreted to be or become irredeemable or non-extinguishable, by reason of any failure to pay the sum of money, mentioned in the deed to be paid for the extinguishment of the rent, within the time fixed by the deed, nor shall the period for the extinguishment of any such rent be postponed longer than twenty-one years, or a life, or lives in being. And it shall be lawful for the owner or owners of the real estate, upon or out of which any such rent shall hereafter be charged or reserved, to pay at the time fixed by the deed, or by this act, or at any time thereafter, the full amount of the principal of said rent, with all arrearages of the said rent to the time of such payment: Provided however, That

---

[95] Statute vom 24. 6. 1885, Tit. 68 § 162 Purdon's Penna. Stat. Ann., S. 40 f.

Eine Redemption Act von 1869 — vgl. dazu *Kaufman*, 5 Md. L. Rev. 45 — wurde in Palairet's Appeal, 67 Pa. 479 (S. Ct. Pa. 1871) für verfassungswidrig erklärt.

in case there shall not be any principal sum fixed for the extinguishment of the ground rent, in the deed charging or reserving the same, then said ground rent may be redeemed or extinguished by the payment of such sum, as will produce a yearly interest, equal in amount to the said annual rent, at the legal rate of interest in force at the time of the reservation of the said ground rent, together with all the arrearages of rent to the time of payment. Which said payment shall be a complete discharge of such real estate from the said rent and the principal thereof, and the encumbrance thereof, and the same shall thereafter cease and be forever extinguished, and the covenant for the payment of said rent shall thereupon become void, and such owner or owners of said real estate shall, thereupon, be entitled to receive at the cost of such owner or owners a sufficient release and discharge of such rent so extinguished as aforesaid."

Beide Gesetze wirken nicht zurück[96]. Sie erfassen daher nicht die ground-rents aus der Zeit vor 1850 oder 1885, die daher nur kraft Vereinbarung abgelöst werden können.[97]

Die Ablösungsmöglichkeit des Gesetzes von 1885 kann vertraglich anders geregelt werden, allerdings zeitlich nur unterschritten, nicht überschritten werden[98]: Die Vereinbarung einer kürzeren Ablösungszeit, nicht dagegen einer längeren Ablösungszeit, ist zulässig[99]. Doch steht es dem Schuldner frei, die ground-rent erst später oder überhaupt nicht abzulösen. Es genügt, daß die Möglichkeit der Ablösung besteht.

III. Begriff und Rechtsnatur

Die Pennsylvania-ground-rent ist eine dauernde (perpetual), nach 1885 allerdings ablösbare rent, die bei der Übertragung des Landes zu fee simple oder einem anderen freehold estate von dem Veräußerer (grantor) für sich und seine Erben aus dem Lande selbst vereinbart

[96] Elcock v. Conover, 11 W. N. C. 216 (Dist. Ct. Pa. 1882); *Casner-Leach*, S. 265; *Rutter*, 14 N. Y. U. Intra. L. Rev. 224, 226.

[97] Ein Beispiel findet sich bei In re Twenty-fifth Street, 18 W. N. C. 318 (Dist. Ct. Pa. 1886).

[98] Zum Folgenden vgl. ausführlich In re Crean's Estate, 23 Pa. D. & C. 480 (Dist. Ct. Pa. 1896); affirmed 321 Pa. 216, 183 Atl. 915, 916 (S. Ct. Pa. 1936).

[99] So ist im Beispielsfall 2 (Die besondere Ablösungsvereinbarung) die Ablösung nach 15 Jahren gültig vereinbart. Denn der Schuldner kann nach 15 Jahren zu jeder beliebigen Zeit („at any time") die Ablösung vornehmen.

wird[100]. Sie entsteht in der Regel durch einen entsprechenden Vorbehalt (reservation) in der Übertragungsurkunde (deed) und verpflichtet den Erwerber des Landes (grantee) zu einer meist jährlichen rent-Zahlung.

Dieser Vorbehalt ist ein „covenant running with the land": Das Land haftet für die ground-rent, so daß die Berechtigung und Verpflichtung aus der ground-rent auf die Rechtsnachfolger des Veräußerers und Erwerbers übergehen[101]. Seit 12. Juni 1878 ist in Pennsylvania gesetzlich bestimmt, daß die Verpflichtung aus der ground-rent nur dann den Rechtsnachfolger des Erwerbers auch persönlich trifft, wenn dieser bei der Übertragung des Landes ausdrücklich oder schriftlich eine persönliche Haftung übernommen hat[102]. Das Gesetz wirkt allerdings nicht zurück, so daß es für die alten Übertragungen bei der bisherigen Rechtslage bleibt[103].

---

[100] Hierzu und zum Folgenden Hirst v. Lithgrow, 2 Yeates 24, 1 Am. Dec. 326 (S. Ct. Pa. 1795); Bantleon v. Smith, 2 Binn. 146, 4 Am. Dec. 430 (S. Ct. Pa. 1809); Bosler v. Kuhn, 8 W. & S. 183 (S. Ct. Pa. 1848); Wallace v. Harmstad, 44 Pa. 492 (S. Ct. Pa. 1863); Wilson v. Iseminger, 185 U. S. 55, 59, 46 L. Ed. 804, 806, 22 Sup. Ct. 573, 574 (S. Ct. 1902); Jones v. Magruder, 42 F. Supp. 193, 196 (D. Md. 1941), per *Chesnut*, D. J.; Pronzato v. Guerrina, 400 Pa. 521, 163 A.2d 297, 298 (S. Ct. Pa. 1960); *Casner-Leach*, S. 265; 38 *C. J. S.*, Ground Rents, § 4, S. 1094; 32 *Am. Jur.*, Landlord and Tenant, § 1039, S. 869; *Reno* in A. L. P., II, § 9.42, S. 458—460; *Chesnut*, 91 U. Pa. L. Rev. 137; *Rutter*, 14 N. Y. U. Intra. L. Rev. 224; *Note*, Ann. Cas. 1918 A, 150, 151.

[101] Skerrett v. Burd, 1 Whart. 246 (S. Ct. Pa. 1836); Bosler v. Kuhn, 8 W. & S. 183, 185 (S. Ct. Pa. 1844); Robb v. Beaver, 8 W & S. 107 (S. Ct. Pa. 1848); Whitaker v. Brown, 46 Pa. 197 (S. Ct. Pa. 1865); Cowton v. Wickersham, 54 Pa. 302, 304 (S. Ct. Pa. 1867); Sachse v. Myers, 15 Pa. Super. 425 (Super. Ct. Pa. 1900); Pronzato v. Guerrina, 400 Pa. 521, 163 A. 2d 297, 298 (S. Ct. Pa. 1960); *Rutter*, 14 N. Y. U. Intra. L. Rev. 227; vgl. auch *Note*, Ann. Cas. 1918 A, 150, 151.

Zum „covenant running with the land" näher oben S. 193 und dort Fußn. 44.

[102] Statute vom 12. 6. 1878: "An act to define the liability of grantees of real estate for the incumbrances thereon"; Tit. 21 §§ 655, 656 Purdon's Penna. Stat. Ann., S. 210, 224.

Daher kann im Beispielsfall 1 (Das aufgeteilte Grundstück) Harris nur dann Zahlung von $ 86 von Neiman verlangen, wenn dieser die Verpflichtung aus der ground-rent in seinem Vertrag mit Fodell übernommen hat. Hat er die Verpflichtung nicht übernommen, dann bleibt Fodell persönlicher Schuldner. In jedem Fall haftet aber das Land.

Die Vorfrage, ob Anderson die ground-rents auf Harris übertragen konnte, ist zu bejahen: Anderson kann selbständig über die ground-rents verfügen.

[103] Merriman v. Moore, 90 Pa. 78 (S. Ct. Pa. 1879); Burton v. Association, 7 W. N. C. 439 (S. Ct. Pa. 1879); Hopple v. Hutchinson, 44 W. N. C. 441 (S. Ct. Pa. 1885); Peter's Estate, 16 Pa. Super. 462 (Super. Ct. Pa. 1901);

Diese ground-rent ist — wie oben S. 203 bereits bemerkt — *rent-service*[104] und entspricht damit den quit-rents der Feudalzeit. Von den feudalen incidents — right of distress und fealty (oder homage and fealty) — ist die fealty weggefallen[105]. Nur das kraft common law mit der rent-service verbundene right of distress bei rent-Rückständen ist bestehen geblieben[106]. Doch bedeutet dies auch hier wenig, da dieses Recht auch mit der rent-charge regelmäßig vertraglich verbunden war.

Bei der Übertragung des Landes unter Vorbehalt einer Pennsylvania-ground-rent erhalten der grantor wie der grantee einen freehold-estate:

Der *grantor* behält sich die *ground-rent* vor, die — weil rent-service — real property ist und einen unbeweglichen Besitzstand gewährt. Er kann über sie selbständig verfügen und sie unabhängig vom übertragenen Land aufteilen, wobei allerdings für eine geteilte ground-rent immer nur der entsprechende Teil des übertragenen Landes haftet[107]. Im Erbfall geht die ground-rent, da sie real property

---

Sachse v. Myers, 15 Pa. Super. 425 (Super. Ct. Pa. 1900); *Rutter*, 14 N. Y. U. Intra. L. Rev. 227; Note 2 zu Tit. 21 § 655 Purdon's Penna. Stat. Ann., S. 211, mit weiteren Nachweisen.

[104] Ingersoll v. Sergeant, 1 Whart. 337 (S. Ct. Pa. 1836); Franciscus v. Reigart, 4 Watts 98 (S. Ct. Pa. 1836); Cuthbert v. Kuhn, 3 Whart. 357, 31 Am. Dec. 513, 514 (S. Ct. Pa. 1837); Kenege v. Elliot, 9 Watts 262 (S. Ct. Pa. 1843); In re Phillips' Estate, 10 Pa. Dist. 99, 100 (Dist. Ct. Pa. 1901); Jones v. Magruder, 42 F. Supp. 193, 196 (D. Md. 1941), per *Chesnut*, D. J.; In re Girard Trust Co., 35 Pa. D. & C. 245 (Dist. Ct. Pa. 1954); *Casner-Leach*, S. 265; 32 *Am. Jur.*, Landlord and Tenant, § 1039, S. 869 f.; 38 *C. J. S.*, Ground Rents, § 2 c (4), S. 1091 f.; *Simes* in A. L. P., a. a.O., ebenda; *Reno* in A. L. P., a. a. O., ebenda; *Chesnut*, 91 U. Pa. L. Rev. 137; *Rutter*, 14 N. Y. U. Intra. L. Rev. 224; *Note*, Ann. Cas. 1918 A, 151; vereinzelt wird die ground-rent indessen, wiewohl zu Unrecht, als rent-charge bezeichnet, z. B. Hirst v. Lithgrow, 2 Yeates 24, 1 Am. Dec. 326 (S. Ct. Pa. 1795); Streaper v. Fisher, 1 Rawle 155, 18 Am. Dec. 604, 605 (S. Ct. 1829); Brown v. Johnson, 4 Rawle 146 (S. Ct. Pa. 1833).

[105] Näher oben S. 169 und dort Fußn. 415.

[106] Linton v. Hart, 25 Pa. 193, 64 Am. Dec. 691 (S. Ct. Pa. 1855); Wilson v. Iseminger, 185 U. S. 55, 46 L. Ed. 804, 22 Sup. Ct. 573 (S. Ct. 1902); 32 *Am. Jur.*, Landlord and Tenant, § 1041, S. 871; § 1042, S. 872; *Chesnut*, 91 U. Pa. L. Rev. 151.

A. M. offenbar Wallace v. Fourth United Presbyterian Church, 152 Pa. 258, 25 Atl. 520, 521 (S. Ct. Pa. 1893), *per Williams*, J. und Cuthbert v. Kuhn, 3 Whart. 357, 31 Am. Dec. 513 (S. Ct. Pa. 1837).

[107] St. Mary's Church v. Miles, 1 Whart. 229, 235 (S. Ct. Pa. 1836); Ingersoll v. Sergeant, 1 Whart. 337 (S. Ct. Pa. 1836); Cuthbert v. Kuhn, 3 Whart. 357, 31 Am. Dec. 513 (S. Ct. Pa. 1837); Moroney v. Copeland, 1 Whart. 407 (S. Ct. Pa. 1840); McQuigg v. Morton, 39 Pa. 31 (S. Ct. Pa.

ist, unmittelbar — ohne Zwischenschaltung eines personal representative — auf die Erben über[108].

Dagegen wird die *Ablösungssumme* bei der ground-rent als personal property qualifiziert[109]. Sie muß daher im Erbfall an den personal representative gezahlt werden[110].

Dagegen behält der grantor *nicht* — wie in Maryland — die *reversion,* die Anwartschaft auf das Land bei Beendigung des Besitzstandes[111]. Denn der grantee erwirbt in der Regel fee simple, also einen zeitlich unbegrenzten Besitzstand. Nur in Fällen, in denen der grantee lediglich einen zeitlich beschränkten Besitzstand — z. B. fee tail oder life estate — erhalten hat, ist eine reversion zugunsten des grantor denkbar. Sie ist dann real property, über sie kann selbständig verfügt werden, und sie fällt im Erbfall unmittelbar den Erben zu[112].

Der *grantee* erwirbt durch die Übertragung ebenfalls einen freehold estate — meist fee simple —, also real property, das durch den Vor-

---

1861); Wallace v. Harmstad, 44 Pa. 492 (S. Ct. Pa. 1863); Mitchell v. Steinmetz, 97 Pa. 251 (S. Ct. Pa. 1881); Wallace v. Fourth United Presbyterian Church, 152 Pa. 258, 25 Atl. 520, 521 (S. Ct. Pa. 1893); In re White's Estate, 167 Pa. 206, 31 Atl. 569, 570 (S. Ct. Pa. 1895); Hart v. Anderson, 198 Pa. 558, 48 Atl. 636, 637 (S. Ct. Pa. 1901); Wilson v. Iseminger, 185 U. S. 55, 59, 46 L. Ed. 804, 806, 22 Sup. Ct. 573, 574 (S. Ct. 1902); Davis v. Investment Land Co., 296 Pa. 449, 146 Atl. 119, 121 (S. Ct. Pa. 1929); In re Crean's Estate, 23 Pa. D. & C. 480 (Dist. Ct. Pa. 1896), affirmed 321 Pa. 216, 183 Atl. 915, 916 (S. Ct. Pa. 1936); Jones v. Magruder, 42 F. Supp. 193, 196 f. (D. Md. 1941), per *Chesnut,* D. J.; Pronzato v. Guerrina, 400 Pa. 521, 163 A. 2d 297, 298 (S. Ct. Pa. 1960); *Cadwalader,* S. 83—87; 38 *C. J. S.,* Ground Rents, § 2 c (4), S. 1091 f.; *Chesnut,* 91 U. Pa. L. Rev. 137; *Rutter,* 14 N. Y. U. Intra. L. Rev. 224 f.; *Note,* Ann. Cas. 1918 A, 151.

In Pennsylvania gilt die ground-rent auch für die Besteuerung als real property; Tit. 72 § 5453.201 (a) Purdon's Penna. Stat. Ann., S. 549 f.

[108] 31 *Am. Jur. 2d,* Executors and Administrators, § 246, S. 130; Wolfe v. Lewisburg Trust & Safe Deposit Co., 305 Pa. 583, 81 A. L. R. 660, 158 Atl. 567, 568 (S. Ct. Pa. 1931).

Ein *dower-Recht* der Ehefrau besteht allerdings heute nicht mehr: Es ist in Pennsylvania seit 1933 abgeschafft, Tit. 12 § 6 Purdon's Penna. Stat. Ann., S. 31. Zum dower-Recht allgemein oben S. 74.

[109] In re Hirst's Estate, 147 Pa. 319, 23 Atl. 455, 456 (S. Ct. Pa. 1892); 38 *C. J. S.,* Ground-Rents, § 2 c (4), S. 1092.

[110] 31 *Am. Jur. 2d,* Executors and Administrators, § 243, S. 128 f.; Tit. 20 § 320.103 Purdon's Penna. Stat. Ann., S. 18.

Im Beispielsfall 3 (Der geisteskranke Sohn) muß Stephen Hirst's Anteil an der Ablösungssumme an Adele H. Barger ausgezahlt werden. Denn er ist als personal property zu qualifizieren. Die anteilige Ablösungssumme steht daher nicht unmittelbar dem Sohn zu.

[111] Näher oben S. 75 f. und zu Maryland oben S. 193 f.

[112] Vgl. oben Fußn. 110.

behalt der ground-rent nicht beeinträchtigt wird[113]. Inwieweit über diesen estate selbständig verfügt werden kann und ob er auf die Erben übergeht, hängt von der Art des estate ab. Es gelten die oben S. 70—77 genannten Grundsätze.

C. ZUSAMMENFASSUNG

Die Pennsylvania-ground-rent ist aus der sehr weitgehenden Fassung der Pennsylvania-Charter entstanden, die sowohl William Penn als auch seinen unmittelbaren tenants das Subinfeudationsrecht gab. Sie ist eine dauernde rent, die sich der Veräußerer des Landes für sich, seine Erben und Rechtsnachfolger aus dem Lande selbst bei der Übertragung eines freehold estate vorbehält. Sie ist rent-service mit gesetzlichem right of distress und wird als real property angesehen. In der Hand des Veräußerers ist sie ein selbständiger, veräußerbarer und vererblicher Besitzstand. Sie gleicht damit vollkommen den quit-rents der kolonialen Landherren.

Seit 1850 und 1885 sind alle ewigen, nicht ablösbaren ground-rents für die Zukunft kraft Gesetzes entweder ablösbar (so ab 1850) oder nichtig (so ab 1885): Künftig sind sie spätestens nach 21 Jahren (oder einer anderen gesetzlich festgesetzten Zeit) ablösbar. Die Ablösungssumme gilt als personal property.

Die Übertragung des Landes, bei der die ground-rent vorbehalten wird, gibt dem Erwerber einen freehold estate, meist das fee simple an dem Land. Damit erwirbt der Erwerber ebenfalls real property. Eine reversion verbleibt dem Veräußerer nur dann, wenn dem Erwerber nur ein beschränkter freehold estate eingeräumt wird.

4. ABSCHNITT

New York

A. BEISPIELE

I. Die nichtbezahlte rent[114]

Am 9. Juli 1790 überträgt Stephen III Van Rensselaer 123$^3/_4$ acres Land in Neuschottland, Albany County, im manor of Rensselaerwyck an Garrit Seager, dessen Erben und Rechtsnachfolger zu fee simple.

[113] Vgl. die Zitate S. 208, Fußn. 107.

[114] Van Rensselaer v. Slingerland, 26 N. Y. 580 (Ct. App. N. Y. 1863).

Die jährliche rent: 15 Büschel Weizen, 4 fette Hennen, fällig jeweils am 2. Januar, und ein Tag Hand- und Spanndienste. Bei einem rent-Rückstand von 28 Tagen und länger hat Stephen das right of ejectment und das right of re-entry[115].

Stephen stirbt am 26. Januar 1839 und hinterläßt ein Testament, wonach sein Sohn Stephen IV für einen Teil des manor als Erbe berufen wird[116].

Vor Januar 1840 verkauft Seager das Land an Slingerland.
Slingerland zahlt zwischen 1840 und 1856 keine rent.

Stephen IV macht das right of re-entry gegen Slingerland geltend. Mit Recht? Hat er überhaupt Anspruch auf Zahlung der rent gegen Slingerland? Hat er das right of re-entry? Wenn ja, gegen wen? Gegen Seager? Gegen Slingerland[117]?

II. Der vernachlässigte Landherr[118]

Königin Anne von England verleiht am 6. August 1714 ein Stück Land an Andreas Coeymans. Dessen Rechtsnachfolger Isaac D. Verplanck gibt es 1828 an Overbagh weiter.

Verplanck überträgt zuvor, am 6. Juni 1815, dieses Land durch einen lease in fee an Henry und James H. Arnold, ihre Erben und Rechtsnachfolger für eine 17 $-rent jährlich.

Der lease in fee enthält folgende Vereinbarung: Verplanck, seine Erben und Rechtsnachfolger haben ein Vorkaufsrecht an dem Land. Üben sie es nicht aus, so erhalten sie ein Sechstel vom Verkaufserlös (sixth-sale). Bei Nichtbeachtung dieser Bestimmung und bei Nichtzahlung der rent hat Verplanck das right of re-entry.

Später verkaufen die Arnolds das Land an einen gewissen Bishop; Bishop überträgt weiter an Patrie.

Patrie zahlt zwar die rent. Doch wird an das Sechstel des Verkaufserlöses für Verplanck, seine Erben und Rechtsnachfolger nie gedacht, weder beim Verkauf Arnold-Bishop noch Bishop-Patrie.

Overbagh verlangt jetzt für diese Übertragungen die sixth-sales. Mit Recht? Wenn ja, von wem[119]?

---

[115] Näher dazu unten S. 216.
[116] Näher dazu unten S. 217.
[117] Dazu unten S. 240, Fußn. 220, S. 242, Fußn. 227, S. 245, Fußn. 242 und S. 247, Fußn. 248.
[118] Overbagh v. Patrie, 8 Barb. 28 (S. Ct. N. Y. 1850).
[119] Dazu unten S. 216, Fußn. 140, 141, S. 236, Fußn. 193, S. 237, Fußn. 195, 198, S. 238, Fußn. 202, S. 244, Fußn. 231, 235.

III. Die kinderreiche Familie Kortright[120]

John Kortright besitzt große Ländereien in Delaware County. Er führt seinen Besitz auf Lawrence Kortright, dieser seinen Besitz auf eine charter der englischen Krone zurück.

Am 9. Oktober 1789 überträgt John Kortright 22 000 acres Land durch einen lease in fee unter Vorbehalt einer rent und mit right of re-entry bei Nichtzahlung der rent an Thomas McLaury.

Thomas McLaury verkauft 45 acres an Edward T. McLaury.

1810 stirbt John Kortright. Er hinterläßt als Erben sechs Kinder. Unter ihnen Eliza, die 1824 Nicholas Cruger heiratet.

Edward T. McLaury zahlt keine rent. Eliza Cruger macht das right of re-entry gegen ihn geltend, und zwar für ein Sechstel des Landes. Ist das richtig? Steht Eliza das right of re-entry zu? Wenn ja, über das ganze Land oder nur über ein Sechstel[121]?

B. MANORIAL-LEASES

I. Entstehung

Anders als die Maryland- und Pennsylvania-Charters[122] verlieh die New York-Charter von 1664 dem Duke of York and Albany eher die Rechte eines Königs denn eines Eigentümers[123]. So hieß es in der charter:

> "And we do further of our special grace, certain knowledge and meer motion, for us, our heirs and successors, give and grant unto our said dearest brother James, Duke of York, his heirs, deputies, agents, commissioners and assigns, by these presents, full and absolute power and authority to correct, punish, pardon, govern and rule all such the subjects of us, our heirs and successors, as shall from time to time adventure themselves into any the parts or places aforesaid; or that shall or do at any time hereafter inhabit within the same, according to such laws, orders, ordinances, directions and instruments as by our said dearest brother or his assigns, shall be established; . . ."[124]

Die charter enthielt dagegen keine Bestimmung, die den oben S. 186 und 200 f. abgedruckten Regelungen der Maryland- und Penn-

---

[120] Cruger v. McLaury, 41 N. Y. 219 (Ct. App. N. Y. 1869).

[121] Dazu unten S. 240, Fußn. 220, S. 242, Fußn. 227, S. 245, Fußn. 242, S. 246, Fußn. 245, S. 247, Fußn. 248.

[122] Vgl. oben S. 185—189 und 200—204.

[123] *Casner-Leach*, S. 263.

[124] *Thorpe*, III, S. 1638 f.; N. J. Rev. Stat. 1937, Bd. IV, S. 115.

sylvania-Charters entsprochen hätte und nach der der Duke allein oder mit seinen Rechtsnachfolgern neue tenures schaffen oder manors gründen durfte[125].

Dennoch bestand in New York das am besten entwickelte manor-System der Kolonien. Es beruhte auf dem holländischen patroon-System, das nach der englischen Eroberung zunächst bestehen bleiben konnte, weil die Engländer 1664 und 1674 die holländischen Landtitel bestätigt hatten[126]. 1685 ergab sich dann die Gelegenheit, die patroonships in englische Rechtsformen umzuwandeln: Der Duke of York and Albany wurde als James II König von England und konnte nunmehr ungebunden von den Beschränkungen der New York-Charter über das Land verfügen. So wurden die patroonships seit 1685 durch letters patent des königlichen Gouverneurs in New York (damals Thomas *Dongan*) binnen kurzem in *manors* englischen Musters umgewandelt, wobei die Landtitel der holländischen patroons neuerlich bestätigt wurden[127]: Die patroons wurden tenants der englischen Krone und verloren damit zwar einen Teil ihrer Herrschaftsrechte, wurden andererseits aber lords of manor, wodurch sie berechtigt waren, innerhalb des manor neue tenures durch Subinfeudation zu schaffen[128]. Die Rechtsverhältnisse zwischen dem lord of manor (früher: patroon) und seinen tenants waren somit tenure-Verhältnisse, wodurch sich an der Rechtsstellung der früheren patroons gegenüber den tenants nichts änderte.[129]

Die größte patroonship, die der *Van Rensselaers*, wurde am 4. November 1685 durch letters patent des Gouverneurs Thomas *Dongan* in einen manor umgewandelt[130]. Als quit-rent mußten die Van Rensselaers jährlich 50 Büschel Weizen an den englischen König liefern

---

[125] Vgl. auch *Osgood*, 17. Jhdt., II, S. 19 a. E. f.

[126] Näher hierzu *Osgood*, 17. Jhdt., II, S. 24; *Christman*, S. 3, 5.
Zum patroon-System vgl. oben S. 170—172.

[127] People v. Van Rensselaer, 9 N. Y. 291, 292—301 (Ct. App. N. Y. 1853); *Osgood*, 17. Jhdt., II, S. 30; *Christman*, S. 4 f.
Zum manor englischen Musters eingehend oben S. 32—34.

[128] De Peyster v. Michael, 6 N. Y. 467, 502, 57 Am. Dec. 470, 482 f. (Ct. App. N. Y. 1852), per *Ruggles*, J.

[129] *Osgood*, 17. Jhdt., II, S. 30 f.; *Christman*, S. 4; *Note*, 80 Harv. L. Rev. 1757 f.

[130] Die letters patent zugunsten Van Rensselaer's sind inhaltlich wiedergegeben und teilweise abgedruckt in People v. Van Rensselaer, 9 N. Y. 291, 297—299 (Ct. App. N. Y. 1853).

Lord Kiliaen Van Rensselaer hatte bereits unter der holländischen Verwaltung eine derart mächtige Stellung, daß er auf Barren Island am oberen Hudson ein Fort bauen und die Handelsrechte in Anspruch nehmen konnte, die eigentlich der Dutch West India Company zustanden. Als die Company protestierte, drohte er mit Waffengewalt und ließ alle Schiffe, die das Fort

(„yielding and paying a quit-rent of fifty bushels of wheat annually unto our sovereign lord, the king's majesty, his heirs and successors forever")[131].

Die Umwandlungen in manors und die damit verbundenen Landübertragungen wurden im Mai 1691 durch Gesetz *William*'s and *Mary*'s erneut bestätigt und sanktioniert[132].

Nach der Revolution und der Demokratisierung der Kolonien erkannte Stephen III Van Rensselaer („Good Patroon")[133], der damalige lord of manor, bald, daß die manors in der alten Form anachronistisch geworden waren. Zwar sicherte die „Act Concerning

---

passieren wollten, „to strike thy colors for the Lord Kiliaen and the staple right of Rensselaerwyck".

Rensselaerwyck am oberen Hudson umfaßte die Albany und Rensselaer Counties und noch einen Teil der Columbia County. Um 1838 bestand der manor aus 60 000—100 000 Farmern. Stephen III, der „Good Patroon", war der sechste lord des manor seit dessen Gründung.

Interessant ist, daß der Gründer des manor, Kiliaen Van Rensselaer, nie in Amerika gewesen ist. Vgl. zu allem Vorstehenden *Christman*, S. 2, 3.

Zur Entwicklung des Rensselaer manor und der Familie Van Rensselaer eingehend People v. Van Rensselaer, 9 N. Y. 291, 292—302 (Ct. App. N. Y. 1853).

[131] People v. Van Rensselaer, 9 N. Y. 291, 297 (Ct. App. N. Y. 1853).

[132] Vgl. People v. Van Rensselaer, 9 N. Y. 291 (Ct. App. N. Y. 1853).

[133] Er hat — als überzeugter Gegner der *Jefferson*'schen Demokratie — auch politisch gewirkt z. B. als Mitglied des Verfassungskonvents von 1821 und hat in der amerikanischen Geschichte durch folgende Begebenheit Berühmtheit erlangt: 1824 war er Mitglied des Kongresses, als der amerikanische Präsident gewählt werden sollte. Zur Wahl standen John Quincy *Adams*, der kleine, rundliche Staatssekretär *Monroe*'s aus New York, Andrew *Jackson*, der große, hagere General aus Tennessee und Held von New Orleans, William *Crawford* aus Georgia, der Favorit des Südens, und Henry *Clay*, der redegewandte junge Demokrat aus Kentucky.

Drei Wahlgänge führten zu keiner Entscheidung. Nun mußte das Repräsentantenhaus die Wahl vornehmen. Henry *Clay* zog zugunsten *Adams*' zurück.

Stephen *Van Rensselaer* begünstigte *Crawford*, der weder ein so gefährlicher Demokrat wie *Jackson*, noch ein Yankee wie *Adams* war. Als es offenbar auch jetzt noch nicht zu einer absoluten Mehrheit zu kommen schien und sich ein Zweikampf Jackson—Adams abzeichnete, versuchten *Clay* und Daniel *Webster*, Stephen zu einer Stimmabgabe für *Adams* zu bewegen. Als die Wahl begann und die Urne zu Stephen kam, beugte er seinen Kopf, in die Hände gesenkt, auf sein Pult und betete zu Gott, ihm seinen Willen kundzutun. Als er die Augen aufschlug, lag vor ihm auf dem Pult der Stimmzettel „Adams". Stephen sah darin eine Fügung Gottes und warf den Zettel in die Urne. *Adams* erhielt 13 Stimmen, *Jackson* und *Crawford* zusammen 11. John Quincy *Adams* war mit der Stimme Stephen *Van Rensselaer*'s Präsident geworden. Vgl. *Christman*, S. 10; *Maurois*, S. 274 f.

Tenures" vom 20. Februar 1787 den weiteren Bestand der quit-rents und der tenures im manor[134]. Doch war es nur eine Frage der Zeit, wann die großen manors aufgelöst wurden.

Um seinen Besitzstand dauerhaft zu sichern, entwickelte Stephen III daher zusammen mit seinem Schwager Alexander *Hamilton* eine neue Rechtsform, unter der den tenants das Land übertragen wurde, den *manorial-, manor- oder New York-lease.*

Er wurde zunächst bei der Übertragung der Höhen der Helderbergs, einer neuerschlossenen kargen Gegend in der Albany County, angewandt[135], verbreitete sich binnen kurzer Zeit auf alle anderen manors in New York und war dort Anfang des 19. Jahrhunderts die übliche Rechtsform der Landübertragungen[136].

Das wesentlich Neue an diesem manorial-lease[137] war, daß es sich nicht um ein tenure-Verhältnis, sondern um einen *Verkauf* des Landes an die Farmer, deren Erben und Rechtsnachfolger handelte. Trotzdem waren deren Verpflichtungen kaum anders und eher strenger als bei den bisherigen tenure-Verhältnissen (daher: *„incomplete sale"*[138]). Stephen III umging mit dieser Konstruktion zunächst erfolgreich alle Angriffe und Einwendungen gegen das tenure- und das Feudalsystem.

Der lord *verkaufte* bei diesem lease das Land an den Farmer, dessen Erben und Rechtsnachfolger auf unbeschränkte Dauer (forever) *zu folgenden Bedingungen*[139]:

1. Als Kaufpreis (purchase price) für den Titel und die Nutzung des Landes mußte der Farmer eine *quit-rent* von jährlich 10—15 Büscheln Winterweizen und zumeist 4 fetten Hühnern zahlen. Ferner mußte er

---

[134] Näher dazu oben S. 173 und dort Fußn. 442.

[135] Eingehend dazu *Christman*, S. 6—9.

[136] *Osgood*, 17. Jhdt., II, S. 32 f.; *Casner-Leach*, S. 264; *Christman*, S. 9. Ein Faksimile: unten S. 306.

[137] Die Bezeichnung „lease" ist hier dogmatisch ungenau: Er gewährt dem lessee eigentlich nur einen leasehold estate, nicht einen freehold estate wie in New York; überdies ist er zeitlich beschränkt.

Vgl. Overbagh v. Patrie, 8 Barb. 28, 37 (S. Ct. N. Y. 1850), per *Parker*, J.; Kavanaugh v. Cohoes Power & Light Corp., 114 Misc. Rep. 590, 187 N. Y. Supp. 216, 228 (S. Ct. N. Y. 1921).

Zum lease eingehend oben S. 78—82.

[138] So genannt von Stephen III, vgl. *Christman*, S. 6.

[139] Zum Folgenden näher De Peyster v. Michael, 6 N. Y. 467, 469—470, 57 Am. Dec. 470 [nicht mitabgedruckt] (Ct. App. N. Y. 1852); Van Rensselaer v. Snyder, 13 N. Y. 299, 300—301 (Ct. App. N. Y. 1855); Kavanaugh v. Cohoes Power & Light Corp., 114 Misc. Rep. 590, 187 N. Y. Supp. 216, 232—237 (S. Ct. N. Y. 1921); *Casner-Leach*, S. 264; *Christman*, S. 6 f.

Das Original eines solchen lease ist unten S. 306 im Faksimile abgebildet.

dem lord an einem Tag im Jahr Hand- und Spanndienste leisten (one day's service each year with team and wagon).
2. Der Farmer mußte alle für das Land fälligen Steuern tragen, mußte das Land erschließen und Straßen bauen.
3. Der Farmer konnte das Land nur zu den unveränderten Bedingungen seines lease, also als incomplete sale weiterveräußern.
4. Der lord hatte eine Art Vorkaufsrecht: Wollte der Farmer das Land verkaufen, so mußte er es zunächst für 21 Tage dem lord anbieten. Dieser konnte das Land entweder selbst zurückkaufen, und zwar zu drei Viertel des üblichen Marktpreises, oder, wenn er es nicht zurückkaufen wollte, ein Viertel des erzielten Kaufpreises verlangen (quarter-sale)[140]. Für diese quarter-sales haftete das Land selbst, also der jeweilige freehold-Besitzer des Landes[141].
5. Zahlte der Farmer nicht pünktlich seine quit-rent oder kam er seinen sonstigen Verpflichtungen nicht gehörig nach, so durfte der lord die Ernte und die Tiere, die sich auf dem Land befanden, und den Hausrat in Besitz nehmen und auf dem Grund und Boden des Farmers versteigern, und zwar jeweils bis zur Höhe der Zahlungsrückstände. Der lord konnte aber auch den Besitzstand des Farmers an dem Land beenden *(ejectment)* und selbst wieder den fee simple-Besitzstand an dem Land erwerben *(right of re-entry)*.

Die Bedingungen waren so gefaßt, daß alle Vorteile beim lord, alle Nachteile bei den Farmern lagen. Auch wenn die Farmer jetzt nominell Käufer und Eigentümer des Landes wurden, standen sie sich nicht besser denn als tenants. Die persönliche Abhängigkeit von ihrem lord bestand auch weiterhin. Der manorial-lease, getarnt als incomplete sale, war ebenso *feudal* wie die bisherige tenure.

Durch *Gesetz vom 9. April 1805,* an dessen Zustandekommen Stephen III maßgebend beteiligt war, wurde die quit-rent als Kaufpreis bei einem Verkauf des Landes ausdrücklich für zulässig erachtet und anerkannt[142]. Hierdurch wurde für den ganzen Staat New York

---

[140] Daneben gab es auch andere Teilungsverhältnisse, z. B. sixth-sales oder tenth-sales: Bei ihnen konnte der lord das Land entweder zu $^5/_6$ oder $^9/_{10}$ des Marktpreises selbst zurückkaufen oder aber $^1/_6$ oder $^1/_{10}$ des erzielten Kaufpreises verlangen. Vgl. Overbagh v. Patrie, 8 Barb. 28, 33 (S. Ct. N. Y. 1850), Beispielsfall 2 (Der vernachlässigte Landherr).

[141] Im Beispielsfall 2 (Der vernachlässigte Landherr) haftet daher — vorausgesetzt, die Vereinbarung des sixth-sale ist gültig — der freehold-Besitzer Patrie für die sixth-sales, und zwar sowohl für das sixth-sale beim Verkauf Arnold-Bishop wie für das beim Verkauf Bishop-Patrie. Vgl. aber unten S. 237, Fußn. 195.

[142] Van Rensselaer v. Hays, 19 N. Y. 68, 92, 75 Am. Dec. 278, 298 (Ct. App. N. Y. 1859); Van Rensselaer v. Read, 26 N. Y. 558, 568 (Ct. App. N. Y. 1863).

Vgl. zu diesem Gesetz auch unten S. 240, 241.

eine Praxis legalisiert, die Stephen bereits seit ungefähr 1790 erfolgreich anwandte.

II. Der Anti-Renters-Aufstand[143]

1. Gründe

Die quit-rents des Winterweizens belasteten die Bauern in den Helderbergs ganz außerordentlich. Der Boden war karg, und Winterweizen gedieh dort kaum. Die Bauern mußten oft den Weizen teuer einkaufen, doch wies Stephen nicht selten den gekauften Weizen zurück. So gerieten die Bauern im Laufe der Jahre mit ihren quit-rents mehr und mehr in Rückstand. Stephen III war jedoch nachsichtig und trieb diese rents nicht bei. Ein Grund, der ihm den Titel „Good Patroon" eintrug.

Am 26. Januar 1839 starb der „Good Patroon" und verfügte letztwillig, daß alle rückständigen quit-rents (im Werte von mehr als $ 4000) beigetrieben werden sollten. Rensselaerwyck sollte in einen West und einen East Manor aufgeteilt werden. Den West Manor erhielt *Stephen IV Van Rensselaer*, den East Manor *William Paterson Van Rensselaer*, beide gebildete Aristokraten, der eine erzogen in Princeton, der andere in Yale, beide allerdings ohne jede Sympathie für die Farmer und die arbeitende Bevölkerung.

Stephen IV versuchte sofort, die rückständigen quit-rents einzuholen, jedoch mit nur spärlichem Erfolg. Die Farmer schickten am 22. Mai 1839 eine Abordnung unter Führung von Lawrence *Van Deusen* („the George Washington of Anti-Rent"), Hugh *Scott* und Charles *Bouton*, um Stephen umzustimmen. Ohne Erfolg. Sie arbeiteten daraufhin ein statement aus, nach dem die Weizen-rent durch eine Geld-rent (0,75—1 $ pro Büschel je nach Bodenqualität) ersetzt werden, der lord auf das quarter-sale verzichten sollte und die Farmer eine Option auf den Erwerb des uneingeschränkten Eigentums an dem Land zu 2—2,5 $ pro acre haben sollten. Stephen lehnte in brüsker Form ab.

2. Beginn der Unruhen

So kam es am 4. Juli 1839, dem Jahrestag der „Declaration of Independence", zur ersten Massenkundgebung der Farmer in Berne in den Helderbergs. Die Farmer verfaßten eine eigene „Declaration of Independence", gerichtet an Stephen IV, mit folgendem Wortlaut:

> "We have counted the cost of such a contest, and we find nothing so dreadful as voluntary slavery. Honor, justice and

[143] Dem folgenden Überblick über den Aufstand liegt die Darstellung *Christman*'s, S. 11—304 zugrunde.

humanity forbid that we should any longer tamely surrender that freedom which we have so freely inherited from our gallant ancestors, and which our innocent posterity have a right to receive or except from us. ... We will take up the ball of the Revolution where our fathers stopped it and roll it to the final consummation of freedom and independence of the masses[144]."

Stephen beauftragte nunmehr Sheriff Michael *Artcher*, den Anführern der Rebellion in den Helderbergs writs of ejectment[145] zu überbringen und sie von ihrem Land zu vertreiben. *Artcher* war vorsichtig und schickte Daniel *Leonard* in die Helderbergs. Dieser wurde von den Farmern überfallen und gezwungen, die writs zu verbrennen.

Nach diesem Mißerfolg wagte sich Anfang Oktober 1839 Sheriff *Artcher* selbst in die Helderbergs. Von den Höhen hörte er erstmals das Blasen der *Zinnhörner*, das die Farmer jetzt und während des ganzen Aufstandes vor den Emissionären *Stephen*'s warnte. Auf einer engen Bergstraße bei Reidsville verstellten ihm die Farmer den Weg. *Artcher* gab seinem Pferd die Sporen und stürmte auf die Männer los. Einer der Farmer griff die Zügel des Pferdes, drehte es zwei-, dreimal im Kreis und schlug ihm so gewaltig auf die Schenkel, daß es sich aufbäumte und in wilder Flucht nach Albany zurückstürzte.

Stephen verlangte nun den Einsatz des Militärs gegen die Rebellen. Doch konnte er dabei kaum mit der Hilfe des Governors William H. *Seward* rechnen, der nach der Verfassung den Oberbefehl über das Militär hatte. *Seward* war am 1. Januar 1838 gegen den Widerstand der Van Rensselaers Governor von New York geworden. Er war ein überzeugter Demokrat und glühender Verehrer *Jefferson*'s. Er trat für die Befreiung der Landbevölkerung und die Abschaffung jeglicher Sklaverei ein (Jahre später war er Staatssekretär Abraham *Lincoln*'s). Um *Seward* zum Eingreifen zu bewegen, beschloß *Stephen* daher, einen bewaffneten Zwischenfall zu provozieren. Im Stillen hoffte er auch, *Seward* dadurch politisch in Mißkredit zu bringen.

Am 2. Dezember 1839 zog Sheriff *Artcher* auf Befehl *Stephen*'s mit 100 Mann in die Helderbergs. Schon bald hörte er wieder die Zinnhörner von den Höhen und stieß binnen kurzem auf kleine Gruppen von Farmern, die ihn nach einigem Zögern passieren ließen. So marschierte er, einen glänzenden persönlichen Erfolg vor Augen, ohne ernste Zwischenfälle nach Reidsville auf den Höhen der Helderbergs. Dort standen ihm plötzlich an die 600 bewaffnete Farmer gegenüber. Er erkannte schnell seine ausweglose Lage und zog sich mit seiner Truppe nach Albany zurück.

---

[144] *Christman*, S. 20.

[145] Zum Recht des lord auf ejectment oben S. 216.

Dieser Zwischenfall genügte *Stephen*, den Einsatz des Militärs zu verlangen. *Seward* hatte nun keine Wahl, bestimmte aber, daß das Militär nur zur Festnahme von Aufrührern, keinesfalls zur Beitreibung der quit-rents eingesetzt werden dürfe. Die Farmer brachten zwei alte Kanonen aus dem Unabhängigkeitskrieg in Stellung.

Am 9. Dezember 1839 zog Sheriff *Artcher* mit einem Militärtrupp in die Helderbergs. Es tobte ein heftiger Schneesturm, und es war grimmig kalt. *Artcher* traf auf keinen organisierten Widerstand, doch hatten die Farmer alle brauchbaren Unterkünfte belegt, so daß *Artcher* mit dem Militär im Freien campieren mußte.

Am nächsten Tag appellierte *Seward* an die Farmer, ihren Widerstand aufzugeben und mit gesetzlichen Mitteln gegen das Unrecht der quit-rents zu kämpfen[146]. Die Farmer antworteten, „that the pacific offers of your proclamation have been cordially embraced by those to whom it was chiefly directed“. *Seward*, der damit einen großen Erfolg errungen hatte, konnte das Militär abziehen. Die Helderbergs waren befriedet.

Indessen begnügte sich *Seward* damit nicht: Im Januar 1840 verlangte er vom Gesetzgeber eine Änderung der feudalen manorial-leases. Zwar mißbilligte er den bewaffneten Widerstand der Farmer, hielt ihre Ziele aber für begründet und berechtigt: "Their petitions for relief from tenures oppressive, anti-republican, and degrading are already before the Legislature. I respectfully commend them to the favorable consideration of the Senate[147]." Gegen den Widerstand der Konservativen bei den Demokraten und den Whigs wurde eine Kommission zur Abschaffung dieser leases berufen[148]. Ihre Arbeiten brachten jedoch kein greifbares Ergebnis.

3. *Aufbau der Anti-Rent-Bewegung*

Der vereinzelte bewaffnete Widerstand hatte den Farmern bisher wenig geholfen. Auch die Zeit arbeitete offenbar nicht für sie. Die Farmer waren bereit, sich *Stephen*'s Forderungen zu beugen. Da übernahm die studierte Oberschicht auf dem Lande, hier vor allem die

---

[146] Der Appell *Seward*'s ist abgedruckt bei *Christman*, S. 36.

[147] *Christman*, S. 39.

[148] Die Kommission erwog zwei Möglichkeiten der Abhilfe: 1. mittels des right of eminent domain — dazu oben S. 150 — die lords zu zwingen ihr Land gegen einen angemessenen Preis zu verkaufen — diese Möglichkeit hatte der Supreme Court New York soeben 1837 in Bloodgood v. Mohawk and Hudson R. R. Co., 18 Wend. 9 (S. Ct. N. Y. 1837) eröffnet, sofern der Gesetzgeber den Verkauf im Interesse des gemeinen Wohls für erforderlich hielt — oder 2. das right of distress hinsichtlich der rent — dazu oben S. 36 — abzuschaffen.

Vgl. *Christman*, S. 39.

Landärzte, die Führung des Widerstandes und der Rebellion gegen die manorial-leases[149]. In Albany County waren es Dr. Frederick *Crounse* aus Guilderland und jenseits des Hudson Dr. Smith A. *Boughton,* die die Führung der Anti-Rent-Bewegung übernahmen, obwohl sie selbst keine leaseholder waren.

Boughton, ein warmherziger, großzügiger, romantisch veranlagter und ungemein redegewandter Mann, war 1810 als Nachkomme französischer Hugenotten geboren. Sein Vater und zwei seiner Onkel hatten in der amerikanischen Revolutionsarmee gekämpft. Er studierte Medizin am Middlebury College in Vermont, wo er 1831 den degree erwarb. Nach Zwischenstationen in Saratoga Springs, New York und Delhi, Del. beteiligte er sich 1837 als Freiwilliger unter Louis *Papineau* und William Lyon *Mackenzie* am kanadischen Patriotenkrieg. Nach kurzer Gefangenschaft kam er „shorn of money, clothes, and health, with his hair prematurely white"[150] nach New York zurück, heiratete Mary *Bailey,* die Tochter Amasa *Bailey*'s, des Anti-Renters-Führers in Alps, und ließ sich in Alps im East Manor als Arzt nieder. Nach Ausbruch der Unruhen im West Manor machte er sich sehr bald die Ziele der Anti-Renters zu eigen und schloß sich ihrer Bewegung an. Später schrieb er: "I could not stand idle and see thousands deprived of their natural and, as I conceived, social and legal rights."

Zusammen mit den Führern des West Manor und seinen Freunden im East Manor (Burton A. *Thomas* aus West Sandlake und Dr. Rufus S. *Waite* aus Grafton) baute er binnen kurzem eine zentrale Anti-Rent-Bewegung auf.

Im Juli 1842 stieß ein Mann zu ihnen, der wie gerufen kam: Thomas Ainge *Devyr,* ein irischer Feuerkopf mit revolutionärer Vergangenheit und ein genialer Organisator. 1805 in Donegal, Irland geboren, war er 1836 mit der sozialen Streitschrift „Our Natural Rights" hervorgetreten. Kurz darauf war er nach London gegangen, wo er in liberalen Zeitungen gegen die irische Aristokratie und für den kanadischen Patriotenkrieg schrieb. Doch hatte es ihn dort nicht lange gehalten. In Newcastle-upon-Tyne hatte er für die Befreiung der Arbeiter gekämpft und bald einen steilen Aufstieg als Wortführer der Arbeiterklasse erlebt. Er war gefangengenommen, bald aber wieder freigelassen worden. Als er sich Anfang 1840 an einem erfolglosen Staatsstreich beteiligte, mußte er nach Amerika fliehen. Dort traf er 1842 mit der Anti-Rent-Bewegung zusammen. Am 4. Juli 1842, dem

[149] *Christman,* S. 47: "Men of their education and high idealism, knowing at first hand the problems of the hill people, could not let the struggle die for lack of leadership."

[150] Zitiert nach *Christman,* S. 49.

Unabhängigkeitstag, hielt er auf der Versammlung der Anti-Renters eine aufrüttelnde Rede, in der er die Bewegung an die Seite der amerikanischen Revolutionsbewegung stellte und ihr die Würde gab, für Amerika und die Demokratie zu kämpfen[151]. *Devyr,* nun selbst ein Anti-Renter, ließ sich in New York nieder und beteiligte sich von dort am Aufbau einer straffen Organisation der Bewegung.

Diese neue Organisation blieb nicht ohne *Erfolge:*

Am 1. Januar 1844 brachte Dr. *Boughton* eine Petition an den Gesetzgeber zur Änderung der feudalen leases ein, die von Tausenden von Farmern unterzeichnet war. Sie war zwar zunächst ein Mißerfolg, da die lords vorbereitet waren. Doch wurde die Petition von Ira *Harris,* einem jungen Demokraten aus Albany, Ambrose L. *Jordan,* einem berühmten Juristen aus New York, und vor allem von Daniel *Webster,* dem alten Staatsmann (mit „the mouth like a mastiff, a brow like a mountain and eyes like burning anthracite“[152]), der bei der Wahl *Adams'* zum amerikanischen Präsidenten eine so große Rolle gespielt hatte[153], aufgegriffen (*Webster:* "If I had time I would tear that manor into shoestrings[154]."). Sie erreichten, daß eine Gesetzgebungskommission eingesetzt wurde, die ein 3-Punkte-Programm für die feudalen leases beriet:

1. Besteuerung der rents der lords,
2. gerichtliche Überprüfung der Landtitel der patroons und, falls ein Titel bestätigt würde,
3. Durchsetzung eines angemessenen Kaufpreises mit Hilfe des right of eminent domain[155]. Der Preis sollte durch vom Gesetzgeber ernannte Gutachter festgesetzt werden.

Doch griffen Stephen *Van Rensselaer* und die Konservativen beider Parteien auch in die Arbeiten dieser Kommission ein, und das Programm wurde abgelehnt.

Inzwischen gewann die Bewegung unter Führung *Devyr*'s unter den amerikanischen Sozialreformern, die vorwiegend am französischen Fourierismus[156] orientiert waren, mehr und mehr an Bedeutung.

[151] Die Rede *Devyr*'s ist auszugsweise abgedruckt bei *Christman,* S. 56—57.

[152] Zitiert nach *Christman,* S. 63.

[153] Näher oben S. 214, Fußn. 133.

[154] *Christman,* S. 63.

[155] Vgl. oben S. 219, Fußn. 148.

[156] Nach dem französischen Sozialisten Charles *Fourier* (1772—1837). Er wird den utopischen Sozialisten zugeordnet und ist der erste der sogen. Assoziationstheoretiker, die die Assoziation von Produktions-, Konsumgenossenschaft und Lebensgemeinschaft in der sogen. „Familistère“ erstrebten. *Fourier* trat für eine dem Menschen und seiner Arbeit angepaßte Sozialordnung ein. *Fourier*'s Hauptwerke sind „Théorie des quatre mouvements et des destinées générales“ (1808) und „Le nouveau monde industriel et sociétaire“ (1829). Vgl. näher *Seidel,* HDSW, Bd. 4, S. 98—99.

Devyr gelang es, die Sozialreformer George Henry *Evans*, John *Windt* und Alvan Earl *Bovay* für die Bewegung zu gewinnen. *Evans*, *Windt* und *Devyr* gründeten im Februar 1844 die „National Reform Association", nach *Devyr* die Vision „of a great Republican party of progress"[157].

Die Abschaffung der feudalen tenures in New York schien kurz bevorzustehen.

4. Verlauf des Aufstandes

a) Zinnhörner und Kalikos

Während *Devyr* an der geistigen Grundlegung und Rechtfertigung der Anti-Rent-Bewegung arbeitete, war Dr. *Boughton* bemüht, durch aktiven Widerstand die Beitreibung der quit-rents und die Inbesitznahme des Landes durch die lords zu verhindern.

Am 22. Mai 1844, fünf Jahre nach der Zusammenkunft bei *Stephen IV*, trafen sich die Anti-Rent-Führer bei John J. *Gallup* in East Berne, Albany County: Dr. *Boughton* und Burton A. *Thomas* vom East Manor, David L. *Sternberg* aus Livingstonville, Schoharie County, Dr. John *Cornell* und John *Mayham* aus Blenheim Hill, Lawrence *Van Deusen* und Hugh *Scott*. Thomas Ainge *Devyr* fehlte, doch wurde er von *Gallup* über das Ergebnis des Treffens unterrichtet. Man besprach die Möglichkeiten zur Ausweitung des Anti-Rent-Aufstandes auf den ganzen Staat New York und vor allem den aktiven Widerstand gegen Maßnahmen der lords. Man beschloß, nach dem Vorbild der Bostoner „tea party" und in Erinnerung an die ursprünglichen Eigentümer des Landes *indianische Kaliko-Kostüme* (lange, bunt bemalte Gewänder) *und Gesichtsmasken* zu tragen, um nicht erkannt zu werden. Die *Zinnhörner* gehörten zur Ausrüstung. Mit ihnen sollte zu den Waffen gerufen werden. Beim ersten kurzen Blasen sollte jeder seine Arbeit niederlegen und sich an einem vorher festgesetzten Treffpunkt einfinden. Die Mitglieder der Organisation wurden einzelnen Einheiten (Indian bands) aus jeweils 10—15 „Indianern" zugewiesen. Jede Einheit hatte einen Befehlshaber, der einen indianischen Namen trug, z. B. „Red Jacket", „Yellow Jacket", „Black Hawk", „Prophet". Die „Indianer" einer Einheit kannten sich untereinander nicht; die wirklichen Namen waren nur den jeweiligen Befehlshabern bekannt. Alle „Indianer" leisteten einen geheimen Eid, der wie folgt lautete:

> "I do of my own free will and accord come forward to join this body of men, promising in the presence of Almighty God that I will do all in my power to support the Constitution; that I will go at all times when deemed necessary; and will

[157] Zitiert nach *Christman*, S. 69.

> reveal no secrets of the society made known to me necessary to be kept and stand by each other as long as life lasts[158]."

Ihr Schlachtruf war: "Down with the rent."

So entstand innerhalb kurzer Zeit eine gut trainierte und disziplinierte „Indianer"-Armee von über 10 000 Farmern, die überdies immer neuen Zulauf hatte. Denn Dr. *Boughton* ließ überall mit Handzetteln für die Bewegung werben[159] und veranstaltete in jeder Taverne Anti-Rent-Versammlungen.

Die erste Massenversammlung der „Indianer" fand kurz darauf bei Hoag's Corners statt: Unzählige „Indianer" in fantasievollen Kalikos und viele Frauen und Kinder waren erschienen, als ein groß gewachsener „Indianer" mit einem herrlich bemalten, langen Kaliko, mächtigen Federn als Kopfschmuck und einer wilden, kriegerischen Maske das Rednerpodest betrat, *„Big Thunder"* oder Dr. Smith A. *Boughton:*

> "Brother serfs of Lord Van Rensselaer, these Indians have a battle cry that means your safety and your future. Down with the rent[160]!"

b) Ereignisse bis zur Gefangennahme „Big Thunder's"

Die „Indianer" konnten schon bald in Aktion treten: Am 24. Juli 1844 mußte Sheriff Gideon *Reynolds,* ein alter Freund Dr. *Boughton*'s, einigen Anti-Renters writs of ejectment[161] überbringen. Er tat es widerwillig und nahm den Deputy Sheriff George B. *Allen* mit. Nach kurzer Zeit wurden sie von „Indianern" überfallen und gezwungen, die writs zu verbrennen. *Reynolds,* der keine writs bei sich trug, wurde freigelassen; *Allen,* bei dem man writs fand, wurde mit Teer überstrichen und gefiedert.

Jetzt verlangte *Stephen IV* von dem Governor William C. *Bouck* den Einsatz der Armee. Doch *Bouck* zögerte und traf am 10. August 1844 in West Sandlake, East Manor, mit den Anti-Rent-Führern zu Verhandlungen zusammen. Das Ergebnis: *Bouck* wies den Sheriff an,

---

[158] *Christman,* S. 74.

[159] Die Handzettel enthielten zumeist folgenden Aufruf (*Christman,* S. 80):

"ATTENTION
ANTI-RENTERS! AWAKE! AROUSE!

Let the opponents of Patroonery vally in their strength. A great crisis is approaching. Now is the time to strike. The minions of Patroonery are at work. Arouse! Awake! and

Strike till the last armed foe expires,
Strike for your altars and your fires —
Strike for the green graves of your sires,
God and your happy homes!"

[160] *Christman,* S. 83.

[161] Zum Recht des lords auf ejectment oben S. 216.

keine neuen Maßnahmen gegen die Farmer ohne vorherige Beratung mit dem Attorney General und den Richtern des Supreme Court zu übernehmen (die Farmer: "All the Governor lacked of being an Indian was the calico"[162]).

Stephen IV war jedoch der Ansicht, die Befriedungsaktion Governor *Bouck*'s habe nur den tenants des East Manor gegolten, er im West Manor sei daran nicht gebunden. Er schickte daher am 30. August 1844 Sheriff Christopher *Battermann* und drei Begleiter mit writs of ejectment[163] in die Helderbergs. Sie wurden von den „Indianern" überfallen und gefesselt und, nachdem man die writs verbrannt hatte, geteert und gefiedert.

Währenddessen standen am 5. November 1844 die *Wahlen* bevor. Die Farmer, traditionell Demokraten, unterstützten für den Governorsposten Silas *Wright* („the Cato of the American Senate"), bekannt als fortschrittlicher Anhänger *Jefferson*'s und selbst als Farmer geboren, gegen den Whig-Kandidaten Millard *Fillmore.* In den einzelnen counties hatten Amasa J. *Parker,* David *Seymour,* Richard *Herrick,* David *Sager* und Ira *Harris* die Unterstützung der Farmer. Mit ihren hohen Stimmenzahlen hatten die Farmer einen ganz wesentlichen Einfluß auf den Ausgang der Wahl: Silas *Wright* wurde zum Governor gewählt, und *Parker, Seymour, Herrick, Sager* und *Harris* erhielten einen Sitz in der Assembly of Counties. Die Farmer waren zufrieden: Sie konnten nun auch beim Governor und beim Gesetzgeber ein offenes Ohr für ihre Belange erwarten.

Wenige Wochen später, Ende November 1844, kam es zum ersten blutigen Zwischenfall des Aufstandes: General Jacob *Livingston* machte sich auf, die rückständigen rents in seinem manor im oberen Tal des Catskill Creek, Schoharie County, selbst einzuziehen. Schon bald hörte er von allen Seiten das Blasen der Zinnhörner, und wenig später verstellte ihm eine Gruppe „Indianer" den Weg. Nach einem kurzen Kampf, in dessen Verlauf ein „Indianer" durch einen Steinwurf schwer verletzt wurde, zog sich der General zurück.

Die *Livingstons* schickten daraufhin am 11. Dezember 1844 Sheriff Henry *Miller* nach Copake am Fuß des Tom Hill, Columbia County, dem Zentrum des Aufruhrs in ihrem manor, mit dem Auftrag, den Anführern der Rebellion writs of ejectment[164] zu übergeben. In Copake traf er auf mehr als 500 „Indianer", die ihn in eine nahe Taverne zwangen, wo „Big Thunder" auf den Sheriff wartete. Dort gab der Sheriff nach langem Zögern schließlich unter den Drohungen „Big Thunder's" die writs heraus.

---

[162] *Christman,* S. 88.
[163] Vgl. oben Fußn. 161.
[164] Vgl. oben Fußn. 161.

Nun kam es zu immer häufigeren Übergriffen der lords auf die Besitztümer der Farmer, die nur mühsam abgewehrt werden konnten. Dennoch waren die Farmer immer darauf bedacht, Blutvergießen zu vermeiden. Sie wußten, daß die lords nur einen Vorwand suchten, um die Anti-Rent-Führer festnehmen zu können.

Sie fanden ihn schon sehr bald: In Grafton, Rensselaer County, hatte *Stephen IV* sein Holzungsrecht einem gewissen Elijah *Smith* verkauft, einem Holzfäller und Gegner der Anti-Renters. Am 19. Dezember 1844 wurde *Smith* mit einer Ladung Holz von 30 „Indianern" gestellt. „Unload the wood!" befahlen sie. *Smith* sprang vom Wagen, griff seine Axt und stürzte sich auf die maskierten Männer. Im selben Augenblick fiel ein Schuß, und Smith stürzte tödlich getroffen zu Boden.

Es stellte sich bald heraus, daß nicht die Farmer geschossen hatten, sondern ein gewisser Norman *Goeyer,* ein persönlicher Feind Elijah *Smith's*. Er hatte die Gelegenheit wahrgenommen, sich an *Smith* zu rächen und gleichzeitig den Verdacht von sich abzulenken, und *Smith* aus einem Hinterhalt von hinten erschossen. Dies hinderte die *Van Rensselaers* jedoch nicht, den Tod Elijah *Smith's* als Vorwand zu benutzen, um von Governor *Bouck* den Einsatz des Militärs zu verlangen und die Anti-Rent-Führer festnehmen zu lassen.

Indessen, Dr. *Boughton* und einige seiner Genossen waren bereits am 18. Dezember 1844, einen Tag vor *Smith's* Tod, in Smoky Hollow, Columbia County, festgenommen worden: Sheriff *Miller* hatte nach dem Vorfall in Copake eine Belohnung von $ 500 auf „Big Thunder" ausgesetzt, doch wußte er nicht recht, wer „Big Thunder" eigentlich war. Er schickte daher einen Spion, Colonel Ambrose *Root,* zu den Anti-Rent-Führern nach Smoky Hollow und ließ währenddessen deren Quartier von Soldaten umstellen. Als er an der Spitze der Soldaten in das Quartier eindrang, fiel ein Schuß, und William *Rifenburg,* ein junger Farmer aus Hillsdale, der unmittelbar vor Dr. *Boughton* gestanden hatte, fiel tot zu Boden. In der allgemeinen Verwirrung nahm Sheriff *Miller* Dr. *Boughton* („Big Thunder") „with the grip he had developed as a blacksmith"[165] gefangen. Gleichzeitig wurden Mortimer *Belden* („Little Thunder") und Samuel *Wheeler* festgenommen. In einem Brief an *Devyr* schrieb Dr. *Boughton:*

> "I was almost torn limb from limb, with the entire destruction of all my wearing apparel and watch, and forced into a closed carriage and brought to Hudson, where a mob was raised who seemed bent on personal violence and could hardly be restrained from hanging me up to the first lamppost, with the hue and

[165] *Christman,* S. 110.

> cry 'that I would soon meet, my just deserts by a public execution'. I was confined to a small close cell, heavily ironed and deprived of the society of my friends; treated with every indignity and insult that could be heaped upon an individual, all for striving to assert the rights of the poor as well as the rich. ... I can now say with you, and say truly, that for the sake of equal rights I have worn shackles, which I am willing to do if my Anti-Rent friends will STAND BY ME IN ADVERSITY[166].",

und später sagte er:

> "It was a ruse of my enemies. Under this pretense they told me I must be put in jail for my individual safety[167]."

Wer den Schuß abgegeben hatte, der *Rifenburg* traf, wurde nie geklärt. Einige vermuteten, ein Verräter in den eigenen Reihen habe geschossen und *Boughton* treffen wollen; andere meinten, einer aus Sheriff *Miller*'s Truppe habe geschossen. Immerhin bleibt seltsam, daß dieser Mord nie verfolgt und angeklagt wurde.

c) Versuche Wright's zur Zerstörung der Anti-Rent-Bewegung

Nach *Boughton*'s Gefangennahme begann in den Städten am Hudson eine Greuelpropaganda gegen die Anti-Renters, vorangetrieben vor allem von den konservativen Zeitungen. Sie brachten blutrünstige Berichte über *Boughton,* diffamierten ihn persönlich und stellten ihn als Bürgerschreck dar. Auch die Kirche stellte sich gegen die Anti-Renters: "Power comes from God. Resistance to the powers that be is rebellion against the Almighty[168]."

Die Farmer boten eine Kaution von $ 200 000 für die Gefangenen. Aber sie wurde — gesetzwidrig — abgelehnt. Eine Flucht mit Gewalt, die die Farmer vorbereitet hatten, lehnte *Boughton* ab „fearing that it would cause bloodshed and involve the state in civil war"[169]. Nun setzten die Farmer ihre Hoffnungen auf Silas *Wright,* der mit ihren Stimmen Governor geworden war und am 1. Januar 1845 sein Amt antrat. Jedoch, die Hoffnung trog: *Wright* erwies sich bald als Freund der Landaristokratie und erbitterter Gegner des Anti-Rent. Unmittelbar nach Amtsantritt beorderte er 100 Soldaten von New York in die Helderbergs (*Devyr:* "Troops have gone from this city equipped with the instruments of death for the purpose of commencing civil war to establish feudalism over freedom[170].").

---

[166] *Christman,* S. 111.
[167] *Christman,* ebenda.
[168] *Christman,* S. 120.
[169] *Christman,* S. 121.
[170] *Christman,* S. 122.

Währenddessen trafen sich die Anti-Rent-Führer, die noch auf freiem Fuß waren, am 15. Januar 1845 zu einer politischen Zusammenkunft in Berne, Albany County. Die Konferenz, an der Thomas Ainge *Devyr*, George Henry *Evans* und Alvan Earl *Bovay* teilnahmen, wurde von Dr. Frederick *Crounse* eröffnet. Sie wählte Hugh *Scott*, der die erste Delegation der Anti-Renters im Mai 1839 geführt hatte[171], zu ihrem Präsidenten und David L. *Sternberg* zu ihrem Vizepräsidenten. Die Konferenz einigte sich darauf, künftig auf Gewaltanwendung zu verzichten und ihre Ziele durch Verhandlungen durchzusetzen. Sie verfaßte ein Programm, die sogenannte *„Berne Convention"*, mit drei Forderungen:

1. die Abschaffung der Gerichtsgewalt der lords innerhalb der manors,
2. die gerichtliche Prüfung der Landtitel der patroons und
3. die Besteuerung der rents der Landherren.

Die „Berne Convention" stieß auf erhebliche Resonanz in der Bevölkerung. Ihr maßvoller und vernünftiger Ton beeindruckte. Sie paßte schlecht in das Bild, das man sich bisher von den Anti-Renters aufgrund der Greuelberichte gemacht hatte. Die lords reagierten dagegen gereizt („the resolution is remarkable for little else than their bad English"[172]). Governor Silas *Wright* antwortete negativ. Die „Berne Convention" blieb ohne greifbares Ergebnis.

Governor *Wright* (die Anti-Renters: „King Silas") bemühte sich unterdessen um die endgültige Zerstörung der Anti-Rent-Bewegung: Die gefangenen Anführer blieben in Haft, ohne daß ihnen der Prozeß gemacht wurde oder ihnen überhaupt Gelegenheit zur Verteidigung gegeben wurde. Als der Supreme Court Commissioner Russell *Dorr* die Vorführung der Gefangenen zur Überprüfung der Haftgründe anordnete, enthob ihn Governor *Wright* seines Amtes[173]. Die Öffentlichkeit reagierte zwar empört („widespread, deep and almost unanimous feeling of indignation"[174]). Doch *Wright* blieb dabei.

Eine Petition mit 25 000 Farmer-Unterschriften an den Gesetzgeber zur Abschaffung der feudalen leases blieb ungehört. Ira *Harris* im Senat: "Woe to my country, when her laws must be sustained with the point of a bayonet! We shall indeed have fallen on evil times

[171] Vgl. oben S. 217.

[172] Zitiert nach *Christman*, S. 129.

[173] *Dorr:* "I can say that I would more willingly entrust my rights in the hands of even the calico Anti-Renters than with such barbarian gentlemen who wield the tongue and pen with as little honor and veracity as an India would a tomahawk and scalping knife.", zitiert nach *Christman*, S. 131.

[174] Edwin *Croswell* im „Argus", dem Organ der Demokraten, zitiert nach *Christman*, S. 131.

when our laws cannot appeal by their justice and equality to our citizens for support[175]."

Auf *Wright*'s Betreiben erließ der Gesetzgeber stattdessen am 28. Januar 1845 die *„Anti-Disguise Act"*, die den Farmern das Tragen von Zinnhörnern und Kalikos verbot[176]. *Wright* hatte nun eine Handhabe, die Reste der militanten Anti-Rent-Bewegung zu zerschlagen.

Er nutzte sie gründlich: Bewaffnete Horden zogen — mit stillschweigender Billigung der Regierung — plündernd und mordend durchs Land. Sie zertrampelten, wo sie auch hinkamen, die Äcker der Farmer, töteten das Vieh, drangen unter dem Vorwand, nach versteckten Kalikos zu suchen, in die Häuser der Farmer ein, plünderten die Einrichtung und zerstörten nicht selten den ganzen Hof. Die Farmer, die sie unterwegs antrafen, wurden entweder niedergeschossen oder gefangengenommen. Viele Farmer flohen in die Wälder, wo sie überwinterten.

Bei diesem ungesetzlichen Treiben tat sich vor allem Sheriff Osman N. *Steele* mit seinem Trupp („drunken rabble") hervor, der über drei Monate in Delaware County wütete. Ira *Harris* klagte in einem Brief an Silas *Wright:*

> "It is intolerable, indeed, to see our floors and carpets trampled over by the dirty feet of the sheriff and his posse, and to have a lawless banditti breaking into our houses in the dead of night in search of Indian dresses. Women have been dragged from their beds, and otherwise grossly insulted. Now, Sir, what

---

[175] Zitiert nach *Christman*, S. 133.

[176] Reste dieses Gesetzes finden sich noch heute in New York, z. B. *§ 710 Penal Law*, N. Y. C. L. S., Bd. 7, S. 154: "An assemblage in public houses or other places of three or more persons disguised by having their faces painted, discolored, colored or concealed, is unlawful, and every individual so disguised, present thereat, is guilty of a misdemeanor; ......"

§ 887 Ziff. 7 Code of Criminal Procedure, N. Y. C. L. S., [14], S. 555, 556 f.: "The following persons are vagrants:

7. A person who, having his face painted, discolored, colored, covered or concealed, or being otherwise disguised, in a manner calculated to prevent his being identified, appears in a road or public highway, or in a field, lot, wood or inclosure;"

§ 898 Code of Criminal Procedure, N. Y. C. L. S., [14], S. 564: "A magistrate to whom complaint is made against a person charged as a vagrant, as described in the seventh subdivision of section eight hundred and eighty-seven, may, by a warrant, signed by him with his name of office, depute an elector of the county to arrest and bring the vagrant before him, to answer the complaint; and if the name of the person complained of be not known, he may be described in the warrant and in all subsequent proceedings thereon, by a fictious name."

> private gentleman of honor, or what court of justice, could censure females under these circumstances, for proving the prowess of their female arms (accustomed chiefly to the spinning wheel) in vindication of their honor? But we are threatened with immediate death if we make the least remonstrance to these shameful abuses. We are driven to desperation. ... We beg a restoration of civil laws. ... We humbly implore the legislative body that a law may be passed, to take effect immediately, that will shield us from these inhuman abuses that would disgrace even a barbarous people. ... Like the great lawyer of Israel, may you make laws for the people and not for yourselves[177]."

Um die Mitte des Jahres 1845 legte sich das Wüten dieser Trupps. Viele Gefangene wurden freigelassen. Nur ganz wenige konnten verurteilt werden.

In den ersten Augusttagen 1845, vier Monate vor den Neuwahlen, mußte Governor *Wright,* um die Stimmen der Anti-Renters zu gewinnen, Dr. *Boughton, Belden* und *Wheeler* freilassen. Unter den Farmern herrschte große Begeisterung. In einem Triumphzug geleiteten sie *Boughton* nach Alps, wo sie ein großes Fest zu seinen Ehren veranstalteten.

Am 7. August 1845 erschien *Boughton,* jetzt schon eine symbolische Figur des Anti-Rent, in Begleitung *Devyr*'s und *Bovay*'s auf der Albany-Konferenz der Anti-Renters, zu der jede county eine Abordnung entsandt hatte. Man war sich bald einig, den Widerstand gegen die feudalen leases fortzusetzen und alle Maßnahmen der lords zur Beitreibung der quit-rents oder Vertreibung der Farmer auch künftig zu verhindern. *Bovay* berichtete den „National Reformers" in New York:

> "The result of my experience in these counties is a conviction that the Anti-Rent cause is destined to be the most triumphant success. In seven counties their union is perfect, and there is no such thing as a Whig or Democrat among them. They are all Anti-Renters, their banner is equal rights, and under it they will not go back but advance. They are strong enough to hold the balance of power, and force the attention of the people to a consideration of their grievances and the feudal titles they are determined to alter, modify or abolish. They are too completely organized to think of giving way and their movement in connection with that of the National Reformers will yet redeem the condition of labor in this county[178]."

---

[177] Zitiert nach *Christman,* S. 143.
[178] Zitiert nach *Christman,* S. 174.

Die Zerschlagung der Anti-Rent-Bewegung war *Wright* nicht gelungen. Zwar hatte er die „Indianer" zurückdrängen können, doch waren der Geist des Widerstandes und die Einheit der Bewegung ungebrochen.

d) Der Steele-Zwischenfall

Unterdessen unternahmen im Delaware County Sheriff *Steele* und Sheriff Charles *Hathaway* Strafmaßnahmen gegen die Farmer. Als erstes Opfer wählten sie Moses *Earle*, einen alten Farmer aus Andes am Fuß der Dingle Hills. Er gehörte bloß mit halbem Herzen der Anti-Rent-Bewegung an und verweigerte eigentlich nur unter dem Druck seiner Kinder und seiner Nachbarn die Zahlung der rents. Sein Vieh sollte am 7. August 1845 versteigert werden.

Als *Steele* und *Hathaway* mit einem bewaffneten Trupp auf *Earle*'s Hof erschienen, standen sie plötzlich einer Meute „Indianern" unter Edward *O'Connor*, Warren *Scudder* und dem Schotten William *Brisbane* gegenüber. Die „Indianer" hatten Anweisung, nur den — gesetzwidrigen — Verkauf des Viehs *außerhalb* des Hofes zu verhindern und nur im Notfall und auch dann nur auf die Pferde zu schießen. Nach einem erregten Wortwechsel über die Berechtigung des Sheriffs, das Vieh außerhalb des Hofes zu versteigern, kam es zu einer Schießerei, bei der Sheriff Osman N. *Steele* tödlich getroffen wurde, nachdem er selbst zwei-, dreimal auf die Farmer gefeuert hatte.

Dies war der Anlaß, den die lords brauchten. *Steele* wurde in einem langen Trauerkondukt zu Grabe getragen. Seine Person erhielt in der konservativen Presse glorifizierende Nachrufe. Die Stadt Delhi, Delware County, stiftete ein pompöses Grabdenkmal[179].

Jetzt begann eine neue Jagd auf die Farmer: Edward *O'Connor*, William *Brisbane*, Moses *Earle*, John *Van Steenbergh* und viele andere, die am Steele-Zwischenfall beteiligt waren, wurden festgenommen und in Delhi ins Gefängnis geworfen — Warren *Scudder* konnte entkommen. Wieder zogen plündernde Horden durchs Land, nahmen jeden gefangen, der ihnen unter die Augen kam, zertrampelten die Felder der Farmer und zerstörten ihre Höfe. Am Ende der

---

[179] Die lords verfaßten ein Gedicht auf ihn:
"Lamented Steele! Well may we weep
O'ver thy untimely grave;
And angels round shall vigil keep,
Thou fearless one and brave!"

Noch heute hängt im Büro des Sheriffs in Delhi ein Gemälde *Steele*'s mit folgender Unterschrift: "Born at Walton, August 16th, 1809. Was murdered at Andes while in discharge of his duty as under-Sheriff August 7th, 1845, by an organized band of men disguised as Indians to resist the Laws."

Aktion war das Gefängnis von Delhi derart überfüllt, daß eilends Notbaracken errichtet werden mußten.

5. Ende des Aufstandes

a) Die Prozesse gegen Dr. Boughton und die Delhi-Gefangenen

Veranlaßt durch den Steele-Zwischenfall wurde jetzt in Hudson der *Prozeß gegen Dr. Boughton* eröffnet. Termin wurde auf den 3. September 1845 bestimmt. Governor Silas *Wright* ernannte zum Vorsitzenden des Gerichts seinen engen Freund, den Richter am Supreme Court John W. *Edmonds,* einen Vertrauten des amerikanischen Präsidenten Martin *Van Buren* und einen überzeugten Parteigänger der Landaristokratie. John *Van Buren,* den Sohn Martin *Van Buren*'s, ernannte er zum Ankläger. *Boughton* wurde von Ambrose L. *Jordan,* dem damals wohl berühmtesten Anwalt New Yorks vertreten.

Es wurde ein sehr einseitiges Verfahren: *Edmonds* rühmte sich schon vorher, er werde mit „Big Thunder" kurzen Prozeß machen; die Sitze des Gerichts wurden mit wenigen Ausnahmen für die Landaristokraten und deren Parteigänger, die Up-Renters, reserviert; das Urteil schien schon vor Prozeßbeginn festzustehen. Während des Prozesses ergaben sich jedoch immer neue Schwierigkeiten: *Van Buren* konnte nicht stichhaltig beweisen, daß „Big Thunder" damals in Copake[180] tatsächlich Dr. *Boughton* gewesen war. Zwar bezeugten dies Sheriff *Miller* und Colonel *Root,* doch traten zur Entlastung *Boughton*'s neue Zeugen auf, die bei den Geschworenen Zweifel weckten[181].

Ambrose L. *Jordan* hielt ein brillantes Plädoyer. Als sich die Geschworenen zurückzogen, war der Ausgang des Prozesses völlig ungewiß. Nach stundenlanger Beratung konnten sie sich nicht einigen. *Edmonds* wies jetzt darauf hin, daß „circumstantial evidence was

---

[180] Siehe oben S. 225—226.

[181] Es kam zu einem Zwischenfall: John *Van Buren,* zusehends gereizter, schlug bei einem erregten Wortwechsel Ambrose L. *Jordan,* dem Verteidiger, mitten ins Gesicht (die englische Presse: "evidence of advancing civilization in America"). Vgl. *Christman,* S. 206 f.

Van Buren bot einen gewissen Abraham *Carle* auf, der „Big Thunder" seinen eigenen Kaliko geliehen haben und ihm in Copake beim Verbrennen der Urkunden geholfen haben wollte. *Jordan* konterte und brachte die Mutter und die Frau *Carle*'s in den Zeugenstand. Die Mutter bezeugte, Abraham habe als Kind eine Kegelkugel an den Kopf bekommen und „had never been right since. He thinks that one of our horses has an extra joint in all her legs and we can't make him think otherwise". Auch die Frau sagte, ihr „Abe" sei leider „crazy". Vgl. *Christman,* S. 209.

often more reliable than positive evidence"[182], und drohte, sie so lange einzuschließen, bis sie sich geeinigt hätten. Das half. Schon nach wenigen Minuten wurde Dr. *Boughton* zu lebenslänglich Gefängnis verurteilt („Wretches must hang that jury-men may dine.").

Edmonds begründete:

> "Your offense in fact is high treason, rebellion against your government, and armed insurrection. Until you came among them the tenantry of the manor was a quiet, orderly, law-observing people. Yourself suffering none of the evils of tenure of which you complained ... a man of education, you well understood your duty to your country, yet when remonstrated with on the impropriety of your course, you admitted that you knew it to be wrong, yet you avowed your intention to persist in your measures of resistance because thus alone you could attain your end. Possessed of a species of popular eloquence, you made your appeals to the interest of the tenants, by holding out to them the prospect of exemption from the payment of rent. You thus enlisted in your service several hundred men whom you publicly paraded ... armed and disguised ... You have been the leader, the active instigator, the principal fomenter of all these disturbances. You have made yourself an example of disorder and violence, and you have caused many erring and misguided men to follow it, to their ruin and the disturbance of the public peace ...
>
> The sentence of the court is that you be confined to prison for the term of your natural life[183]."

In der folgenden Nacht wurde Dr. *Boughton* über den Hudson nach Troy gebracht. Dort wurde er von vielen tausend Farmern erwartet, die ihn gewaltsam befreien wollten. Doch *Boughton* lehnte ab: "I have made up my mind to go peaceably. It is for the benefit of our cause that I do so[184]."

Währenddessen begann in Delhi der *Prozeß gegen die am Steele-Zwischenfall Beteiligten.* Zum Vorsitzenden des Gerichts wurde der Richter Amasa J. *Parker* (seitdem „the American Jeffreys" genannt[185]) bestimmt, der 1844 mit den Stimmen der Anti-Renters in die Assembly of Counties gewählt worden war[186], sich inzwischen aber zur Land-

---

[182] *Christman,* S. 212 f.

[183] Zitiert nach *Christman,* S. 214 f.

[184] Zitiert nach *Christman,* S. 216.

[185] Der englische Richter George *Jeffreys* war Vorsitzender der „Bloody Assizes" von 1685 und fällte im Zusammenhang mit der Monmouth-Rebellion über 1000 Todesurteile.

[186] Siehe oben S. 224.

aristokratie geschlagen hatte. Als Ankläger trat wieder John *Van Buren* auf (*Devyr:* „he had tasted blood"). In einem Prozeß von nur wenigen Tagen wurde gegen mehr als 250 Angeklagte verhandelt. Edward *O'Connor* und John *Van Steenbergh* wurden wegen Mordes an Steele zum Tode durch den Strang, Moses *Earle*, Daniel *Northrup*, Zera *Preston* und Daniel W. *Squire* (der am Steele-Zwischenfall gar nicht beteiligt war, der sich aber nach Ansicht des Gerichts moralisch schuldig gemacht hatte) wegen Totschlages zu lebenslänglich Gefängnis, Calvin *Madison* zu 10 Jahren Gefängnis, William *Brisbane* und sechs weitere Angeklagte zu 7 Jahren Gefängnis verurteilt. Ein Angeklagter erhielt 2 Jahre Gefängnis. Gegen 51 Angeklagte wurden Geldstrafen zwischen 25 und 500 $ verhängt. Die anderen wurden mit einer Warnung des Gerichts vor weiterem „illegal resistance" freigesprochen[187].

b) Das Ende der „Indianer"

Unter dem Eindruck der harten Bestrafung appellierten *Brisbane* und *Squire* an ihre Anti-Rent-Freunde, den Aufstand zu beenden. Sie fanden Gehör: Die Masken wurden verbrannt, die Kalikos umgenäht. Die Zeit der „Indianer" mit Zinnhörnern und Kalikos war zu Ende.

Ihr Verdienst war es, die Aufmerksamkeit der Bevölkerung Amerikas und des Gesetzgebers von New York auf die feudalen leases gelenkt zu haben. Wenn auch die gewalttätigen Aktionen die Anti-Rent-Bewegung erhebliche Sympathien gekostet hatten, so gab die Bewegung doch den Anstoß für tiefgreifende Veränderungen sowohl im Recht der feudalen leases wie im Verfassungsrecht (Wählbarkeit der Richter, Einschränkung der Befugnisse des Governors).

Die Strafurteile von 1845 beendeten zwar den Aufstand. Aber der Kampf gegen die feudalen leases war noch nicht gewonnen. Geführt von herausragenden Politikern (Thomas Ainge *Devyr*, Ira *Harris*, Erastus *Root*, Lawrence *Van Deusen*), verlagerten die Anti-Renters ihren Kampf auf die politische Bühne: Die Wahlen des Jahres 1846 standen bevor. Die Anti-Renters, immer noch eine geschlossene und daher einflußreiche Wählergruppe, ließen schon früh erkennen, daß sie eine neue Kandidatur Silas *Wright*'s nicht unterstützen würden. Ihr Favorit war der Whig-Kandidat John *Young*, der seine ersten Sporen auf den Anti-Rent-Versammlungen verdient hatte. Zwar versuchte *Wright* noch, durch Umwandlung der Todesstrafen *O'Connor*'s und *Van Steenbergh*'s in lebenslängliche Freiheitsstrafen die Anti-Rent-Stimmen zu gewinnen („a wolf when caught in a trap can be as tame as a lamb"). Doch vergebens. *Young* wurde mit großer Mehrheit zum Governor gewählt.

---

[187] Eine Aufstellung der Urteile findet sich bei *Christman*, S. 232 f.

Am 1. Februar 1847, nachdem *Young* sein Amt angetreten hatte, wurden Dr. *Boughton* und seine Mitgefangenen aus der Haft entlassen. Die Anti-Renters empfingen sie begeistert. In Churchtown, Livingston Manor, sagte Dr. *Boughton*, als man „with gladness the return of our friend and brother, the advocate of the tenants, a benefactor of equal rights, and a redeemed martyr to the Anti-Rent cause"[188] feierte:

> "I have endured mental agony and physical pain. My limbs have been shackled. My body has been confined to the cold and narrow cell. I have been exhibited to the gaze of others as a monster in human form. My body has been debilitated. Yet my feelings are the same, my sympathies the same. My mind is unshaken in the belief that the cause is founded on the immutable principle of justice. Speedy and sure retribution not only awaits my prosecutors, but the enemies of the cause — those who have robbed the masses of their natural inheritance by monopolizing the earth[189]."

III. Umwandlung der feudalen leases

1. Gesetzgebung von 1846

Anfang 1846 wurde mit Zustimmung der Whigs und der Demokraten eine Gesetzgebungskommission zur Reform der feudalen leases unter Vorsitz von Samuel J. *Tilden* eingesetzt. Sie legte am 28. März 1846 ihren Bericht *(„Tilden-report")* vor, in dem sie das bestehende lease-System als Hindernis für „a free exchange of the lands" und Anreiz „to restrain labor from seeking, through shifting employments, the habit and the opportunities of enterprise"[190] verurteilte. Die Kommission schlug vor, die quit-rents der landlords zu besteuern und alle künftigen leases auf 10 Jahre zu beschränken. Die bestehenden leases sollten mit dem Tode des jeweiligen landlord wegfallen.

Der Bericht enthielt zu radikale Neuerungen, als daß er ohne Abstriche angenommen worden wäre. Immerhin wurde am *13. Mai 1846* ein Gesetz verkündet, „an act to abolish distress for rent and for other purposes", wonach

1. alle quit-rents der landlords zu versteuern waren,
2. das Eigentum der Farmer bei rent-Rückständen nicht mehr beschlagnahmt und zwangsversteigert werden durfte,

---

[188] Zitiert nach *Christman*, S. 284.
[189] Zitiert nach *Christman*, ebenda.
[190] Zitiert nach *Christman*, S. 254.

3. die rückständigen rents nur dann nach 28 Tagen seit Fälligkeit (1. 1. jeden Jahres) durch das right of ejectment und right of re-entry beigetrieben werden durften, wenn diese Rechte in dem lease vereinbart waren, die Ansprüche des lord nicht auf andere Weise befriedigt werden konnten und der lord 15 Tage vor Ausübung dieser Rechte dies schriftlich dem Senat mitteilte[191].

Ihren größten Erfolg erzielten die Anti-Renters jedoch wenig später: Vom 1. Juni bis 9. Oktober 1846 tagte der *Verfassungskonvent* in Albany. Sie erreichten dort nicht nur die Unabhängigkeit und Wählbarkeit der Richter und Staatsanwälte (sie wurden vorher vom Governor ernannt), sondern vor allem eine grundlegende Änderung der feudalen Landstruktur: Die *feudalen tenures* wurden mit all ihren incidents *abgeschafft*. Jedoch blieben die gesetzmäßig begründeten und vorbehaltenen rents, d. h. die quit-rents der landlords in New York, bestehen (Art. I § 12 der „Constitution of New York" von 1846, Wortlaut oben S. 174). Nach Art. I §§ 14, 15 der „Constitution of New York" von 1846 wurden alle *künftigen leases*, bei denen eine rent vereinbart war, auf 12 Jahre *begrenzt;* die fines, quarter-sales und ähnlichen Veräußerungsbeschränkungen wurden für ungültig erklärt.

> *Art. I § 14:*
> "No lease or grant of agricultural land, for a longer period than twelve years, hereafter, made in which shall be reserved any rent or service of any kind, shall be valid."
>
> *Art. I § 15:*
> "All fines, quarter sales, or other like restraints upon alienation reserved in any grant of land, hereafter to be made, shall be void[192]."

Ein Gesetzentwurf *Young*'s, die bestehenden manors solange zugunsten des Staates zu beschlagnahmen, bis die lords die Berechtigung ihrer Landtitel nachgewiesen hätten, scheiterte 1848 am Widerstand der Konservativen in beiden Parteien.

---

[191] Ausführlich zu diesem Gesetz Van Rensselaer v. Dennison, 8 Barb. 23, 25—28 (S. Ct. N. Y. 1850), per *Parker*, J.; Van Rensselaer v. Snyder, 9 Barb. 302, 305—309 (S. Ct. N. Y. 1850), per *Parker*, J.; Van Rensselaer v. Snyder, 13 N. Y. 299, 302—306 (Ct. App. N. Y. 1855), per *Gardiner*, C. J. und *Crippen*, J.

[192] *Thorpe*, V, S. 2655.

Sie wurden unverändert übernommen in Art. I §§ 13, 14 der „Constitution of New York" von 1894, *Thorpe*, V, S. 2696.

Seit der „Constitution of New York" von 1938 sind diese Paragraphen „as archaic" gestrichen. Vgl. *Christman*, S. 260, Fußnote; Table A, N. Y. C. L. S., Bd. 12, S. 3.

Trotz ihrer Erfolge im Verfassungskonvent waren die Anti-Renters mit diesen Veränderungen — zu Recht — unzufrieden. An ihrer Stellung und an der feudalen Stellung der landlords hatte sich wenig geändert. Es kam zu schweren Konflikten zwischen *Devyr*, Dr. *Boughton* und anderen radikalen Anti-Rent-Führern einerseits und Ira *Harris*, der eine gemäßigte Reformpolitik befürwortete, andererseits. *Harris*, der auf den Anti-Rent-Versammlungen zunehmend die Gruppe der Landaristokraten verteidigte und für Amasa J. *Parker*, den Richter der Delhi-Urteile, eintrat, geriet in den Verdacht, die Anti-Rent-Bewegung lediglich zur Durchsetzung seiner eigenen ehrgeizigen Pläne und zur Förderung seiner Karriere benutzt zu haben. Dies schien dadurch bestätigt zu werden, daß er 1847 mit den Stimmen der Landaristokraten neben *Parker* zum Richter am Supreme Court gewählt wurde.

Zahlreiche Farmer und Politiker, z. B. *Devyr, Root, Dr. Boughton* zogen sich daraufhin enttäuscht und in dem Gefühl, von *Harris* um die Früchte ihres Kampfes betrogen zu sein, aus der Anti-Rent-Bewegung zurück. Viele verließen New York und siedelten in anderen US-Staaten (zumeist in Michigan, Minnesota, Wisconsin und California), wo die feudalen leases nicht bestanden.

2. Rechtsprechung zwischen 1850 und 1863

a) Rechtsprechung zum quarter-sale

Indessen lockerte sich jetzt auch die Rechtsprechung, die bisher durchgängig die Rechte der landlords und deren manorial-leases in der von *Hamilton* geschaffenen feudalen Form bestätigt hatte:

In der Entscheidung des Supreme Court New York vom 4. Februar 1850 in *Overbagh v. Patrie*[193] erklärte Amasa J. *Parker* die quarter-sales und alle sonstigen Veräußerungsbeschränkungen, die auf den bestehenden leases lasteten, für nichtig. Sie seien, so argumentierte er, mit dem Charakter der dauernden leases in fee nicht vereinbar. Denn im Gegensatz zu den leases, die nur einen leasehold estate gewährten oder die für bestimmte Dauer vereinbart waren, stehe dem lessor hier keine reversion zu. Nur sie könne aber eine Veräußerungsbeschränkung rechtfertigen[194]. Dabei stellte *Parker* die quarter-sales den allgemeinen Veräußerungsbeschränkungen gleich. Denn: "There is no difference in principle between a condition that the lessee in fee shall not convey, and a condition that, when he conveys, he shall pay to

[193] 8 Barb. 28 (S. Ct. N. Y. 1850), Beispielsfall 2 (Der vernachlässigte Landherr).

[194] 8 Barb. 32—39.

the lessor one-fourth [one-sixth] of the purchase money. Both are in restraint of alienation[195]."

Zwei Jahre später, im Oktober 1852, stimmte der Court of Appeals New York dieser Entscheidung im Ergebnis zu: In *De Peyster v. Michael*[196] erklärte Richter Charles *Ruggles* (lange Zeit ein erbitterter Gegner des Anti-Rent) die quarter-sales der bestehenden leases für nichtig. Wie *Parker* ging er von dem Grundsatz aus, daß Veräußerungsbeschränkungen nur aufgrund einer reversion berechtigt, Veräußerungsbeschränkungen daher bei fee simple-Übertragungen unzulässig seien, „that a fee simple estate and a restraint upon its alienation cannot in their nature co-exist. The ownership of the fee cannot exist in one person while the ownership of the right of alienation and of its fruits, exists in a different person[197]." Das quarter-sale gehöre ebenfalls zu diesen unzulässigen Veräußerungsbeschränkungen: "Upon the highest legal authority, therefore, it may be affirmed that in a fee simple grant of land, a condition that the grantee shall not alien, or that he shall pay a sum of money to the grantor upon alienation, is void, on the ground that it is repugnant to the estate granted[198]."

Allerdings machte *Ruggles* eine Einschränkung: Er hielt nur die bei den leases *nach* 1787 vereinbarten quarter-sales für nichtig, die bei den leases *vor* 1787 vereinbarten dagegen für gültig. Denn erst seit 1787 gelte in New York das Statute Quia Emptores[199] — es sei durch sec. 1 der „Act Concerning Tenures" vom 20. Februar 1787 in New York eingeführt worden[200]. Vor Erlaß des Statute Quia Emptores und daher auch vor seiner Einführung in New York seien aber Veräußerungsbeschränkungen (feudalen Ursprungs) durchaus zulässig gewesen, so daß bei den New Yorker leases *vor* 1787 die Veräußerung des Landes zulässigerweise habe eingeschränkt werden können[201].

Gleichwohl hatte diese Modifizierung kaum praktischen Wert: Die manorial-leases in der *Hamilton*'schen Form wurden erst um 1790

---

[195] 8 Barb. 39 f.
So ist im Beispielsfall 2 (Der vernachlässigte Landherr) der Vorbehalt des sixth-sale ungültig. Denn das sixth-sale ist eine Veräußerungsbeschränkung, die mit dem fee simple-estate von Henry und James H. Arnold, von Bishop und Patrie nicht vereinbar ist. Overbagh verlangt daher zu Unrecht die sixth-sales von Patrie.

[196] 6 N. Y. 467, 57 Am. Dec. 470 (Ct. App. N. Y. 1852).

[197] 6 N. Y. 493, 57 Am. Dec. 475.

[198] 6 N. Y. 497, 57 Am. Dec. 478.
Somit ist auch nach dieser Entscheidung die Vereinbarung der sixth-sales im Beispielsfall 2 (Der vernachlässigte Landherr) ungültig.

[199] 18 Edw. I, c. 1—3 (1290), unten Anhang VII, S. 263—264.

[200] Vgl. dazu oben S. 177.

[201] 6 N. Y. 501—505, 57 Am. Dec. 482—485.

geschaffen[202]. Bei ihnen waren die *quarter-sales* und Veräußerungsbeschränkungen daher in jedem Fall *nichtig*.

Diese Entscheidungen bestätigten, daß die Farmer fee simple-Besitzer des Landes waren. Die Farmer waren nicht belastet mit irgendwelchen Veräußerungsbeschränkungen der lords[203]. Einige Juristen glaubten hieraus folgern zu können, daß auch die rents unzulässig seien[204]. Jedoch wohl zu Unrecht. Denn die rent ist weder eine Veräußerungsbeschränkung, noch fällt sie unter die feudalen incidents, die 1660 in England abgeschafft wurden[205]. Auch nach Erlaß des Statute Quia Emptores blieb sie, wiewohl nicht mehr als rent-service, unberührt bestehen[206].

b) Rechtsprechung zum Landtitel

Dagegen wäre der Vorbehalt einer rent bei der Veräußerung der lords allerdings dann unzulässig gewesen, wenn das übertragene Land den lords nicht gehört hätte oder wenn sie nicht zur Veräußerung berechtigt gewesen wären. Die Farmer strebten daher seit Beginn der Anti-Rent-Bewegung eine gerichtliche Überprüfung der Landtitel der lords an.

1850 entschied Ira *Harris* unter Beifall seines gesamten Supreme Court Judicial District, gestützt auf das Diktum *Parker*'s in *Overbagh v. Patrie*[207], daß der Landtitel der *Van Rensselaers*' ungültig sei[208].

Doch wurde diese Entscheidung vom Court of Appeals New York nicht bestätigt: In *People v. Van Rensselaer*[209] erklärte er die letters patent des königlichen Governors Thomas *Dongan* vom 4. November 1685 zugunsten Kiliaen *Van Rensselaer*'s für gültig, gleich ob *Dongan* zu der Landübertragung berechtigt gewesen sei oder nicht. Denn jedenfalls sei die Übertragung im Mai 1691 durch Gesetz *William*'s und *Mary*'s bestätigt worden.

---

[202] *Christman*, S. 5, 6. Vgl. auch oben S. 215.

Auch im Beispielsfall 2 (Der vernachlässigte Landherr) ist diese Modifizierung bedeutungslos: Der lease stammt von 1815.

[203] Die landlords reagierten überwiegend positiv. William P. *Van Rensselaer:* "The Anti-Renters are proved to have been right in their hostility to the system. I do not regret their success, for it is, after all, another step in human progress.", zitiert nach *Christman*, S. 293.

[204] Näher *Christman*, S. 293.

[205] Näher hierzu oben S. 66—67.

[206] Näher hierzu oben S. 57—58.

[207] 8 Barb. 28 (S. Ct. N. Y. 1850); näher dazu oben S. 236.

[208] Die Entscheidung ist, soweit ersichtlich, in keinem Report abgedruckt. Hinweise auf die Entscheidung finden sich bei *Christman*, S. 293 und in People v. Van Rensselaer, 9 N. Y. 291, 309 (Ct. App. N. Y. 1853), per Charles M. *Jenkins* (for the appellants).

[209] 9 N. Y. 291 (Ct. App. N. Y. 1853).

Zuvor waren ähnliche Klagen sowohl vom Supreme Court New York wie vom Court of Appeals New York übereinstimmend mit folgender *Begründung* abgewiesen worden[210]: Seit der amerikanischen Revolution und Unabhängigkeit der Kolonien gehöre das Land dem Volk. Die besitzrechtliche Oberherrschaft sei von der englischen Krone auf den Staat New York und damit auf das Volk New York's übergegangen, wie es auch in Art. I § 11 der „Constitution of New York" von 1846 (Wortlaut oben S. 174) festgelegt sei. Doch betreffe dies — wie Art. I § 11 ausdrücklich sage — nur das Land unter „original and ultimate property", und das Land, das „shall fail from a defect of heirs". Dagegen falle hierunter nicht das Land, das *vor* der Revolution (Stichtag: 14. Oktober 1775) von der englischen Krone an private Eigentümer übertragen worden sei. Dieses Land gehöre auch nach der Unabhängigkeit trotz des Wechsels der Regierung und trotz der Oberherrschaft des Volkes diesen Privateigentümern. Wenn über die Berechtigung ihres privaten Eigentums gestritten werde, könne das Volk nur dann die Vertreibung des Eigentümers und die Konfiszierung des Landes verlangen, wenn es — das Volk — dieses Land selbst seit mindestens 40 Jahren in Besitz habe und seit dieser Zeit die quit-rents einziehe (Statute von 1830).

Da dies in keinem der streitigen Fälle gegeben war, blieben alle Klagen gegen die Landtitel der lords ohne Erfolg.

c) Rechtsprechung zum Vorbehalt der quit-rent

Trotz der günstigen Entscheidung in *People v. Van Rensselaer*[211] gab *Stephen IV Van Rensselaer* auf: Er verkaufte seinen West manor für $ 210 000 an Walter *Church* und einige andere Spekulanten. In Handzetteln forderte *Church* die Farmer zur sofortigen Zahlung ihrer rent-Rückstände auf, andernfalls drohte er mit Klage. Einige Farmer kamen der Aufforderung nach, doch verweigerten unter Führung Peter *Ball*'s aus Berne die meisten die Zahlung. *Ball* hatte, nachdem sich die prominenten Anti-Rent-Führer zurückgezogen hatten und Lawrence *Van Deusen* 1852 gestorben war, die Leitung der radikalen Anti-Renters übernommen. Er ließ *Church* wissen, daß die Farmer gemäß der Entscheidung *De Peyster v. Michael*[212] das Land von Van Rensselaer *gekauft* hätten, sie keine tenants seien und daher eine Verpflichtung zur rent-Zahlung nicht wirksam bestehe. *Church* erhob

[210] So z. B. People v. Van Rensselaer, 8 Barb. 189 (S. Ct. N. Y. 1850); People v. Livingston, 8 Barb. 253 (S. Ct. N. Y. 1850); People v. Clarke, 10 Barb. 120 (S. Ct. N. Y. 1850); ebenso People v. Van Rensselaer, 9 N. Y. 291, 342 (Ct. App. N. Y. 1853), per *Denio*, J. und People v. Clarke, 9 N. Y. 349 (Ct. App. N. Y. 1853).

[211] 9 N. Y. 291 (Ct. App. N. Y. 1853).

[212] 6 N. Y. 467, 57 Am. Dec. 470 (Ct. App. N. Y. 1852).

daraufhin Klage gegen Peter *Ball* und Robert *Hayes*, einen anderen Anti-Renter. Sowohl der Supreme Court New York in *Van Rensselaer v. Ball*[213], *Van Rensselaer v. Hayes*[214] wie der Court of Appeals New York in *Van Rensselaer v. Ball*[215], *Van Rensselaer v. Hays*[216] sprachen die Klage zu. Beide Gerichte hielten zwar ausdrücklich an der *De Peyster v. Michael*-Entscheidung[217] fest, indem sie die quarter-sales für ungültig erklärten, weil das Land zu fee simple verkauft worden sei. Doch erklärten sie, der Vorbehalt einer jährlichen quit-rent und das right of re-entry des Verkäufers seien bei einer fee simple-Übertragung des Landes sowohl nach common law wie nach der Gesetzgebung New Yorks gültig und diese seien auch übertragbar: Das common law lasse — seit dem Statute Quia Emptores allerdings nur in Form der rent-charge oder rent-seck[218] — die Vereinbarung einer jährlichen rent bei einer fee simple-Übertragung zu (Hinweise auf *Littleton, Coke upon Littleton* und *Blackstone*), und diese rent sei nach common law wie nach dem New Yorker Gesetz von 1805[219] als eigener estate übertragbar. Anders verhalte es sich nach dem common law zwar mit dem right of re-entry — es sei kein estate und daher nach common law nicht übertragbar —, doch habe das New Yorker Gesetz von 1805 dieses Recht ausdrücklich auch den Rechtsnachfolgern des lord eingeräumt[220].

---

[213] 27 Barb. 104 (S. Ct. N. Y. 1858).

[214] 27 Barb. 104 (S. Ct. N. Y. 1858) [die Entscheidungen Van Rensselaer v. Ball, Van Rensselaer v. Hayes sind mit den Entscheidungen Van Rensselaer v. Smith, Christie v. De Friest an dieser Stelle gemeinsam abgedruckt].

[215] 19 N. Y. 100 (Ct. App. N. Y. 1859).

[216] 19 N. Y. 68, 75 Am. Dec. 278 (Ct. App. N. Y. 1859) [der Beklagte wird fälschlich immer als *Hays* angegeben, obwohl es sich um Robert *Hayes* handelt].

[217] 6 N. Y. 467, 57 Am. Dec. 470 (Ct. App. N. Y. 1852).

[218] 18 Edw. I, c. 1—3 (1290), unten Anhang VII, S. 263—264.
Vgl. im übrigen näher oben S. 57—58.

[219] Dazu oben S. 216.

[220] So heißt es z. B. in Van Rensselaer v. Hays, 19 N. Y. 68, 92, 75 Am. Dec. 278, 298 (Ct. App. N. Y. 1859), per *Denio*, J.:

"The act [of 1805], in effect, establishes a privity of contract between those holding a derivative title under both grantors and grantees; and the intention of the Legislature, apparently, was to place the assignees of both parties upon grants in fee, where a rent was reserved, ...";

und in Van Rensselaer v. Ball, 19 N. Y. 100, 105 (Ct. App. N. Y. 1859), per *Denio*, J.:

"No one can for a moment doubt the intention of the Legislature to confer upon the assignees of a grantor in fee reserving rent, the remedy by entry for the nonpayment of such rent, precisely as the grantor himself had it before he parted with the right. In other words, the design is plain to make the right of entry transferable, and thus to change, to this extent, in

Trotz dieser Entscheidungen des Supreme Court New York und des Court of Appeals New York weigerten sich die Farmer, die rent-Rückstände zu zahlen, und verlangten vom Gesetzgeber die Aufhebung des Gesetzes von 1805[221].

Church griff daraufhin zur Selbsthilfe: Am 17. Februar 1860 ritt er mit einem bewaffneten Trupp nach Berne. Dort überfiel und zerstörte er das Anwesen *Ball*'s. Die Anti-Renters griffen klug nicht ein und ließen *Church* gewähren. Das eigenmächtige Handeln und die Umstände des Überfalls — es herrschte ein heftiger Schneesturm — kosteten *Church* viele Sympathien vor allem auch unter den konservativen Abgeordneten[222].

Wenig später entsprach der Gesetzgeber dem Verlangen der Farmer und hob das Gesetz von 1805 auf. Für die Farmer war dadurch jedoch nichts gewonnen. Denn 1863 entschied der Court of Appeals New York durch Richter Henry R. *Selden*, einen engen Freund von *Church*'s Teilhaber Dean *Richmond*, in *Van Rensselaer v. Read*[223], daß der Vorbehalt einer jährlichen quit-rent bei einer fee simple-Übertragung unabhängig von dem Gesetz von 1805 schon kraft common law gültig und übertragbar sei; und einige Monate später in *Van Rensselaer v. Slingerland*[224] wiederum durch *Selden*, daß trotz der Aufhebung des Gesetzes von 1805 auch das right of re-entry übertragbar sei. Denn dieses Gesetz sei ersetzt worden durch das

---

favor of this class of conditions, the rule of the common law. This is so manifest to my mind from the reading of the statutes, that anything I could further say would be likely to obscure rather than to elucidate it."

Im Beispielsfall 1 (Die nichtbezahlte rent) ist daher sowohl die rent wie das right of re-entry auf Stephen IV als Erben Stephen's III übergegangen.

Dasselbe gilt im Beispielsfall 3 (Die kinderreiche Familie Kortright): Die zugunsten John Kortright's vorbehaltene rent ist mit dem right of re-entry auf die Erbin Eliza Cruger übergegangen, allerdings die rent nur zu einem Sechstel, so daß sie auch nur insoweit ein right of re-entry hat. Vgl. unten S. 246, Fußn. 245.

[221] Zu diesem Gesetz siehe oben S. 216.

[222] John *Slingerland* sagte in einer Rede vor dem Gesetzgeber: "On the most inclement day that has been experienced during the past winter, the sheriff and his posse proceeded to the residence of Mr. Ball. Some idea may be formed of the state of the weather, and of the propriety and humanity of executing process at such a time, when it is stated that the sheriff and some of his party returned with frostbitten cheeks. The Ball family was left exposed upon the highway, to the tender mercies of a driving snowstorm ... I ask you in the name of freedom, in the name of humanity, will you permit a similar scene to be enacted?", zitiert nach *Christman*, S. 297.

[223] 26 N. Y. 558, 568 (Ct. App. N. Y. 1863).

[224] 26 N. Y. 580, 585—587 (Ct. App. N. Y. 1863), Beispielsfall 1 (Die nichtbezahlte rent).

Gesetz von 1846 über die Abschaffung des Zwangsversteigerungsrechts[225]. Dieses Gesetz erkenne die Übertragbarkeit des right of re-entry an[226].

An diesen Grundsätzen hielt die Rechtsprechung in New York seitdem im wesentlichen fest[227].

---

225 Näher dazu oben S. 235.

226 Van Rensselaer v. Slingerland, 26 N. Y. 580, 585 (Ct. App. N. Y. 1863), per *Selden*, J.: "The absence of the provisions of that act [of 1805], however is fully supplied ... by the third section of ch. 274 of the Laws of 1846 ... The third section is as follows: ... '§ 3. Whenever the right of re-entry is reserved and given to a grantor or lessor, in any grant or lease, in default of a sufficiency of goods and chattels whereon to distrain for the satisfaction of any rent due, such re-entry may be made at any time after default in the payment of such rent, provided fifteen days' previous notice of such intention of re-enter, in writing, be given by such grantor or lessor, or his heirs or assigns, to the grantee or lessee, his heirs, executors, administrators or assigns, notwithstanding there may be a sufficiency of goods and chattels on the lands granted or demised for the satisfaction thereof. The said notice may be served personally on such grantee or lessee, or by leaving it at has dwelling house on the premises.'

This statute, in the cases to which it applies (and it is directly applicable to this case), accomplishes two objects. 1. --- 2. It recognizes the assignable quality of the condition of re-entry, and secures to the assignee the same rights in that respect which were possessed by the assignor to whom the right was originally reserved. The question, therefore, is the same as it would be if the original grantor of the premises, to whom the rent was reserved, were himself plaintiff in this action."

227 Vgl. z. B. Van Rensselaer v. Snyder, 13 N. Y. 299, 302 (Ct. App. N. Y. 1855); Main v. Feathers, 21 Barb. 646 (S. Ct. N. Y. 1856); Van Rensselaer v. Bonesteel, 24 Barb. 365, 367 (S. Ct. N. Y. 1857); Main v. Green, 32 Barb. 448 (S. Ct. N. Y. 1860); Van Rensselaer v. Dennison, 35 N. Y. 393, 400 (Ct. App. N. Y. 1866); Van Rensselaer v. Barringer, 39 N. Y. 9, 14 (Ct. App. N. Y. 1868); Hosford v. Ballard, 39 N. Y. 147, 148 (Ct. App. N. Y. 1868); Cruger v. McLaury, 41 N. Y. 219, 221 (Ct. App. N. Y. 1869); Central Bank v. Heydorn, 48 N. Y. 260, 268 (Ct. App. N. Y. 1872), per *Hunt*, C. (dissenting); Lyon v. Odell, 65 N. Y. 28, 29 (Ct. App. N. Y. 1875); Cagger v. Lansing, 64 N. Y. 417, 431 (Ct. App. N. Y. 1876); Bradt v. Church, 110 N. Y. 537, 18 N. E. 357, 358 (Ct. App. N. Y. 1888); Church v. Shultes, 4 App. Div. 378, 38 N. Y. Supp. 842 (App. Div. N. Y. 1896).

Zwischen 1858 und 1870 erhob allein Walter *Church* auf der Grundlage dieser Rechtsprechung an die 2000 Klagen gegen die Farmer. Alle endeten zu seinen Gunsten.

Somit sind im Beispielsfall 1 (Die nichtbezahlte rent) und im Beispielsfall 3 (Die kinderreiche Familie Kortright) sowohl die rent als auch das right of re-entry übertragbar. Im Beispielsfall 1 stehen sie Stephen IV, im Beispielsfall 3 Eliza Cruger (hier allerdings mit Einschränkungen, vgl. unten S. 246, Fußn. 245) zu.

3. Die weitere Entwicklung

Selden's Urteile veranlaßten *Church*, erneut mit einem bewaffneten Trupp gegen die Farmer vorzugehen. Wieder überfiel und zerstörte er das Anwesen Peter *Ball*'s. Jetzt organisierte sich unter Peter *Ball*, William H. *Gallup*, Robert *Hayes* und, nach dem Sezessionskrieg 1861—1865, unter Peter *Warner* erneut die Anti-Rent-Bewegung. Es kam zu mehreren Gefechten im East Manor, den *Church* inzwischen ebenfalls aufgekauft hatte.

1866 und 1869 zerstörte *Church* die großen Farmen Martinus *Lansing*'s und William *Witbeck*'s, obgleich sowohl *Lansing* als auch *Witbeck* zur Zahlung der rent-Rückstände bereit waren. Bei der „Witbeck-battle" fiel Sheriff Willard *Griggs;* einige andere aus *Church*'s Trupp wurden verwundet.

Das letzte Blut der Anti-Rent-Unruhen floß in den frühen achtziger Jahren: *Church* beauftragte Sheriff Leonard *Chamberlain*, die Farm John *Frederick*'s zu beschlagnahmen. Als *Chamberlain* auf der Farm ankam, wurde er aus einem Fenster erschossen („looked like a pepperbox").

Durch die wenn auch bescheidenen Erfolge der Anti-Renters in der Gesetzgebung und Rechtsprechung war der Feudalismus in New York als lebende Institution zerstört. 1880, vierzig Jahre nach Beginn der Unruhen, waren die meisten leases in den Händen der Farmer, und nur noch 2113 von insgesamt 12 344 Farmern besaßen ihr Land in der Form eines manorial-lease (einschließlich der kurzzeitigen leases)[228]. Heute gibt es nur noch wenige Farmer, die aufgrund der alten *Hamilton*'schen manorial-leases jährlich ihre quit-rents an Winterweizen und Hühnern zahlen.

IV. Begriff und Rechtsnatur

Soweit die alten *Hamilton*'schen manorial-leases in der durch die Rechtsprechung gemäßigten Form noch heute bestehen, gilt folgendes: Sie sind kaufvertragliche Vereinbarungen zwischen lord (lessor) und tenant (lessee), durch die der lord und bisherige Eigentümer den fee simple-estate an dem Land auf den tenant überträgt. Diese Vereinbarungen gelten „forever", sie sind also — wie es auch dem übertragenen fee simple entspricht — zeitlich unbeschränkt (perpetual leases)[229].

---

[228] Vgl. *Christman*, S. 303.

[229] *Casner-Leach*, S. 264; 38 C. *J. S.*, Ground Rents, § 2 c (3), S. 1091; 32 *Am. Jur.*, Landlord and Tenant, § 1039, S. 869 f.; *Reno* in A. L. P., II, § 9.41, S. 457.

Als Gegenleistung zahlt der tenant in meist jährlichen Zeitabständen eine bestimmte rent an den lord. Sie besteht in ursprünglicher Form aus einer bestimmten Menge Winterweizen und einer bestimmten Anzahl Hühnern sowie aus einem Tag Hand- und Spanndiensten[230]; doch wurde sie später zumeist in eine Geld-rent umgewandelt[231]. Diese rent wird für die Dauer des lease, also ewig, geschuldet. Sie ist im Gegensatz zu Maryland und Pennsylvania[232] nicht kraft Gesetzes, sondern allenfalls durch Vereinbarung ablösbar.

Von den oben S. 215—216 genannten Bedingungen des lease sind die Ziffer 2 (volle Steuerlast des tenant) durch die Besteuerung der rent des lord teilweise[233], die Ziffer 4 (quarter-sale) ganz[234] und die Ziffer 5 (right of ejectment, right of re-entry) teilweise weggefallen. Die Rechte aus Ziffer 5 bestehen nur noch bei Nichtzahlung der rent[235].

Sofern das Statute Quia Emptores[236] *vor* 1787 im Staat New York nicht galt (so die überwiegende Ansicht[237]), war die bei einem manorial-lease vorbehaltene rent eine rent-service, wohingegen sie eine rent-charge war, wenn das englische statute schon vor 1787 dort in Kraft war[238]. Praktische Bedeutung hat dies allerdings nicht, da die *Hamilton*'schen leases ohnehin erst seit etwa 1790 gebräuchlich wurden. *Nach 1787* („Act Concerning Tenures" vom 20. 2. 1787) galt das Statute Quia Emptores auch in New York[239], so daß die rent jedenfalls seitdem eine *rent-charge* ist[240].

---

[230] Näher oben S. 215 f.

Vgl. auch Van Rensselaer v. Snyder, 13 N. Y. 299, 300, 304 (Ct. App. N. Y. 1855).

[231] Vgl. z. B. Overbagh v. Patrie, 8 Barb. 28 (S. Ct. N. Y. 1850), Beispielsfall 2 (Der vernachlässigte Landherr); Munro v. Syracuse, L. & N. R. Co., 200 N. Y. 224, 93 N. E. 516 (Ct. App. N. Y. 1910).

[232] Näher dazu oben S. 190—191, 204—206.

[233] Näher oben S. 216, 234.

[234] Näher oben S. 216, 236—238.

[235] Näher oben S. 216, 234.

Daher könnte Overbagh im Beispielsfall 2 (Der vernachlässigte Landherr) auf keinen Fall das right of re-entry geltend machen, auch wenn die Vereinbarung des sixth-sale gültig wäre. Denn es handelt sich nicht um einen rent-Rückstand.

[236] 18 Edw. I, c. 1—3 (1290), unten Anhang VII, S. 263—264.

[237] Vgl. oben S. 177.

[238] De Peyster v. Michael, 6 N. Y. 467, 504 f., 57 Am. Dec. 470, 484 f. (Ct. App. N. Y. 1852); 38 *C. J. S.*, Ground Rents, § 2 c (3), S. 1091.

[239] Vgl. oben S. 177.

[240] Devisees of Van Rensselaer v. Executors of Platner, 2 Johns. Cas 24, 26 (S. Ct. N. Y. 1800); Van Rensselaer v. Jewett, 5 Denio. 121, 128 (S. Ct. N. Y. 1847), per *McKissock*, J.; Van Rensselaer's Executors v. Gallup.

Wird die rent nicht oder zu spät gezahlt, so hat der lord das right of ejectment und das right of re-entry: Er kann das Land beschlagnahmen und selbst wieder in Besitz nehmen[241].

Der manorial-lease ist ein „covenant running with the land": Die Rechte und Pflichten aus dem Vertrag gehen auf die jeweiligen Rechtsnachfolger über. Auch der Rechtsnachfolger des lord hat also das right of ejectment und das right of re-entry, und der Rechtsnachfolger des tenant erwirbt das fee simple an dem Land und ist zur Zahlung der rent verpflichtet[242].

---

5 Denio. 454, 467 (S. Ct. N. Y. 1848), per *Whittlesey*, J.; De Peyster v. Michael, 6 N. Y. 467, 505, 57 Am. Dec. 470, 484 f. (Ct. App. N. Y. 1852); Van Rensselaer v. Bonesteel, 24 Barb. 365, 367 (S. Ct. N. Y. 1857); Van Rensselaer v. Smith, Van Rensselaer v. Hayes, Van Rensselaer v. Ball, Christie v. De Friest, 27 Barb. 104, 137, 143 (S. Ct. N. Y. 1858); Van Rensselaer v. Hays, 19 N. Y. 68, 76 f., 75 Am. Dec. 278, 284 (Ct. App. N. Y. 1859); Van Rensselaer v. Ball, 19 N. Y. 100, 107 (Ct. App. N. Y. 1859); Van Rensselaer v. Read, 26 N. Y. 558, 564 (Ct. App. N. Y. 1863); Cruger v. McLaury, 41 N. Y. 219, 222 (Ct. App. N. Y. 1869); Central Bank v. Heydorn, 48 N. Y. 260, 268 (Ct. App. N. Y. 1872), per *Hunt*, C. (dissenting).

A. M. Van Rensselaer v. Bradley, 3 Denio. 135, 140, 45 Am. Dec. 451, 452 (S. Ct. N. Y. 1846), per *Jewett*, J., der die rent für eine rent-service hält, freilich ohne auf das Statute Quia Emptores einzugehen; dagegen ausdrücklich Van Rensselaer v. Chadwick, 24 Barb. 333, 335 (S. Ct. N. Y. 1854), per *Harris*, J.: "The dictum to the contrary, in Van Rensselaer v. Bradley (3 Denio. 135), is not sustained by authority."; 38 *C. J. S.*, Ground Rents, § 2 c (3), S. 1091; 32 *Am. Jur.*, Landlord and Tenant, § 1040, S. 871.

[241] Jackson v. Collins, 11 Johns. R. 1, 4 (S. Ct. N. Y. 1814); Van Rensselaer v. Snyder, 9 Barb. 302, 305—307 (S. Ct. N. Y. 1850); Van Rensselaer v. Jewett, 5 Denio. 121, 128 (S. Ct. N. Y. 1847), per *McKissock*, J.; Van Rensselaer v. Smith, Van Rensselaer v. Hayes, Van Rensselaer v. Ball, Christie v. De Friest, 27 Barb. 104, 143, 152, 158—160, 162 per *Gould*, J., 170, 176 f. per *Wright*, J. (S. Ct. N. Y. 1858); Van Rensselaer v. Ball, 19 N. Y. 100, 106 (Ct. App. N. Y. 1859); Van Rensselaer v. Read, 26 N. Y. 558, 564 (Ct. App. N. Y. 1863); Van Rensselaer v. Slingerland, 26 N. Y. 580, 585, 587 (Ct. App. N. Y. 1863); Van Rensselaer v. Dennison, 35 N. Y. 393, 400 (Ct. App. N. Y. 1866); ebenso und allgemein zu diesen manorial-leases Bradt v. Church, 110 N. Y. 537, 544, 18 N. E. 357, 359 (Ct. App. N. Y. 1888); Munro v. Syracuse, L. & N. R. Co., 200 N. Y. 224, 93 N. E. 516, 519 (Ct. App. N. Y. 1910); Kavanaugh v. Cohoes Power & Light Corp., 114 Misc. Rep. 590, 187 N. Y. Supp. 216, 232—237 (S. Ct. N. Y. 1921); First Religious Society v. Socony Mobil Oil Co., 253 N. Y. S. 2d 839, 842, 843 (S. Ct. N. Y. 1964); 38 *C. J. S.*, Ground Rents, § 2 c (3), S. 1091.

[242] Van Rensselaer v. Bradley, 3 Denio. 135, 141, 45 Am. Dec. 451, 453 (S. Ct. N. Y. 1846); De Peyster v. Michael, 6 N. Y. 467, 508, 57 Am. Dec. 470, 487 (Ct. App. N. Y. 1852); Main v. Feathers, 21 Barb. 646, 649 (S. Ct. N. Y. 1856); Van Rensselaer v. Bonesteel, 24 Barb. 365, 368 (S. Ct. N. Y. 1857); Van Rensselaer v. Smith, Van Rensselaer v. Hayes, Van Rensselaer

Mit dem manorial-lease sind für den lord und den tenant folgende estates verbunden:

Der *lord* ist Besitzer und owner der vorbehaltenen *rent*[243]. Zwar ist diese rent eine rent-charge, so daß sie eigentlich nach common law als personal property angesehen werden müßte[244] und nicht mit dem Land übergehen dürfte. Doch ist die manorial-lease ein „covenant running with the land“: Die rent belastet den jeweiligen fee simple-Besitzer des Landes. Mit der Übertragung des Landes geht die rent-Pflicht auf den Dritten über. Auch das right of ejectment und das right of re-entry richten sich gegen den jeweiligen fee simple-Besitzer. Transit terra cum onere. Die rent belastet das Land *dinglich* und ist auch im Verhältnis des Landes *teilbar*[245]. Schuldner der rent ist daher eigent-

---

v. Ball, Christie v. De Friest, 27 Barb. 104, 143, 145, 147 per *Gould*, J., 168, 175 f. per *Wright*, J. (S. Ct. N. Y. 1858); Van Rensselaer v. Hays, 19 N. Y. 68, 92, 96, 75 Am. Dec. 278, 298, 301 (Ct. App. N. Y. 1859); Van Rensselaer v. Ball, 19 N. Y. 100, 105 (Ct. App. N. Y. 1859); Van Rensselaer v. Read, 26 N. Y. 558, 568 f. (Ct. App. N. Y. 1863); Van Rensselaer v. Slingerland, 26 N. Y. 580, 586 (Ct. App. N. Y. 1863); Van Rensselaer v. Dennison, 35 N. Y. 393, 400 (Ct. App. N. Y. 1866); Hosford v. Ballard, 39 N. Y. 147, 149 (Ct. App. N. Y. 1868); Cruger v. McLaury, 41 N. Y. 219, 222 (Ct. App. N. Y. 1869); Central Bank v. Heydorn, 48 N. Y. 260, 268, 275 (Ct. App. N. Y. 1872), per *Hunt*, C. (dissenting); 38 *C. J. S.*, Ground Rents, § 2 c (3), S. 1091.

Zum „covenant running with the land“ näher unten S. 193, Fußn. 44.

Im Beispielsfall 1 (Die nichtbezahlte rent) ist daher die Verpflichtung zur rent-Zahlung mit dem Land auf Slingerland übergegangen. Stephen IV, dem als Erben Stephen's III die rent und das right of re-entry zustehen, macht das right of re-entry wegen der rent-Rückstände daher mit Recht gegen Slingerland geltend und nicht gegen Seager.

Im Beispielsfall 3 (Die kinderreiche Familie Kortright) ist die rent-Verpflichtung auf Edward T. McLaury übergegangen. Eliza Cruger macht daher mit Recht ihm gegenüber das right of re-entry geltend.

[243] De Peyster v. Michael, 6 N. Y. 467, 507, 57 Am. Dec. 470, 487 (Ct. App. N. Y. 1852); Van Rensselaer v. Smith, Van Rensselaer v. Hayes, Van Rensselaer v. Ball, Christie v. De Friest, 27 Barb. 104, 147 (S. Ct. N. Y. 1858); Van Rensselaer v. Hays, 19 N. Y. 68, 83, 75 Am. Dec. 278, 290 (Ct. App. N. Y. 1859); Van Rensselaer v. Read, 26 N. Y. 558, 564 (Ct. App. N. Y. 1863).

[244] Eingehend oben S. 37—38.

[245] Watts v. Coffin, 11 Johns. R. 495, 498 (S. Ct. N. Y. 1814); Van Rensselaer v. Bradley, 3 Denio. 135, 140 (S. Ct. N. Y. 1846), per *Jewett*, J., der freilich eine rent-service annimmt; Van Rensselaer's Executors v. Gallup, 5 Denio. 454, 467 (S. Ct. N. Y. 1848); Van Rensselaer v. Chadwick, 24 Barb. 333, 337 (S. Ct. N. Y. 1854); Van Rensselaer v. Bonesteel, 24 Barb. 365, 369 (S. Ct. N. Y. 1857).

Im Beispielsfall 3 (Die kinderreiche Familie Kortright) können daher die rent im Verhältnis des Landes und das Land im Verhältnis der rent geteilt

lich nicht der fee simple-Besitzer und Vertragspartner (oder dessen Rechtsnachfolger) des manorial-lease, sondern das Land selbst[246]. Die rent-charge des New Yorker manorial-lease weist damit typische Merkmale der rent-service auf und wird demgemäß ebenfalls als *real property* angesehen[247]. Im Erbfall geht sie daher ohne Zwischenschaltung eines personal representative unmittelbar auf die Erben über[248]. Die Ehefrau hat ein allerdings beschränktes dower-Recht[249].

Der lord besitzt dagegen weder eine reversion noch eine possibility of reverter[250]. Denn er hat dem tenant das fee simple, also den uneingeschränkten estate an dem Land, eingeräumt. Das right of re-entry des lord ist kein selbständiger estate[251].

---

werden. D. h.: Edward T. McLaury haftet nur für die auf seine 45 acres Land entfallende rent, und Eliza Cruger kann gegen ihn mit Erfolg nur ein Sechstel der rent, die er schuldet, geltend machen. Denn das Land John Kortright's ist auf seine sechs Kinder zu gleichen Teilen übergegangen. Mithin ist es richtig, daß Eliza Cruger nur für ein Sechstel des Landes ihr right of re-entry gegen Edward T. McLaury erhebt.

[246] So Van Rensselaer v. Bonesteel, 24 Barb. 365, 368 (S. Ct. N. Y. 1857), per *Harris*, J.: "The very definition of rent is, that it is a *certain profit* issuing yearly out of land. The land itself is the principal debtor."

[247] Devisees of Van Rensselaer v. Executors of Platner, 2 Johns. Cas. 24, 26 (S. Ct. N. Y. 1800); Van Rensselaer v. Jones, 5 Denio. 449, 453 (S. Ct. N. Y. 1848); Cruger v. McLaury, 41 N. Y. 219, 222 (Ct. App. N. Y. 1869), Beispielsfall 3 (Die kinderreiche Familie Kortright).

[248] Devisees of Van Rensselaer v. Executors of Platner, 2 Johns. Cas. 24, 26 (S. Ct. N. Y. 1800); Cruger v. McLaury, 41 N. Y. 219, 222 (Ct. App. N. Y. 1869), Beispielsfall 3 (Die kinderreiche Familie Kortright): Die rent geht daher unmittelbar von John Kortright auf seine sechs Kinder über. Dasselbe gilt im Beispielsfall 1 (Die nichtbezahlte rent) für die rent von Stephen III auf Stephen IV.

Siehe auch oben S. 187, Fußn. 18 und unten S. 248, Fußn. 253.

[249] § 190 Real Prop. Law, N. Y. C. L. S., Bd. 9, S. 133: nur in einer Ehe, die *vor* dem 1. 9. 1930 geschlossen ist, hat die Witwe ein dower-Recht.

Zum dower-Recht der Ehefrau näher oben S. 74.

[250] Overbagh v. Patrie, 8 Barb. 28, 40 (S. Ct. N. Y. 1850); De Peyster v. Michael, 6 N. Y. 467, 501, 57 Am. Dec. 470, 481 f. (Ct. App. N. Y. 1852); Van Rensselaer v. Smith, Van Rensselaer v. Hayes, Van Rensselaer v. Ball, Christie v. De Friest, 27 Barb. 104, 143, 163 (S. Ct. N. Y. 1858); Van Rensselaer v. Hays, 19 N. Y. 68, 83, 75 Am. Dec. 278, 290 (Ct. App. N. Y. 1859); Van Rensselaer v. Ball, 19 N. Y. 100, 104 (Ct. App. N. Y. 1859); Van Rensselaer v. Dennison, 35 N. Y. 393, 399 (Ct. App. N. Y. 1866); Cruger v. McLaury, 41 N. Y. 219, 222 (Ct. App. N. Y. 1869); 38 *C. J. S.*, Ground Rents, § 2 c (3), S. 1091; 32 *Am. Jur.*, Landlord and Tenant, § 1041, S. 871.

[251] De Peyster v. Michael, 6 N. Y. 467, 502, 57 Am. Dec. 470, 486 (Ct. App. N. Y. 1852).

Der *tenant* erwirbt vielmehr durch den manorial-lease das *fee simple* an dem Land, also einen freehold estate (nicht nur einen leasehold estate)[252], der als real property angesehen wird und einen unbeweglichen Besitzstand gewährt. Dieser estate geht im Erbfall ohne Zwischenschaltung eines personal representative auf die Erben über[253]. An ihm besteht ein beschränktes dower-Recht der Ehefrau[254].

Anders ist es allerdings bei den auf 12 Jahre begrenzten leases: Der lessee erwirbt hier kein fee simple, sondern nur einen leasehold estate an dem Land, und der lessor besitzt die reversion[255].

C. ZUSAMMENFASSUNG

Der New Yorker manorial-lease geht auf eine Konstruktion Alexander *Hamilton*'s zugunsten der landlords (patroons) im oberen Hudson- und Mohawk-Tal zurück mit dem Ziel, ein Verbot der feudalen tenure in New York zu umgehen. Sie besteht aus einem Kaufvertrag, durch den der lord dem tenant das Land gegen eine meist jährlich zu zahlende, ewige rent zu fee simple, also für unbegrenzte Zeit, überträgt. Der tenant erhält dadurch das real property an dem Land, während der lord in der rent, obwohl sie ebenfalls mindestens seit 1787 eine rent-charge ist, real property erwirbt.

Die rent besteht üblicherweise aus bestimmten Mengen Weizen, einer Anzahl Hühnern und einem Tag Hand- und Spanndiensten.

---

[252] Watts v. Coffin, 11 Johns. R. 495, 498 (S. Ct. N. Y. 1814); Jackson v. Schutz, 18 Johns. R. 174, 182 (S. Ct. N. Y. 1820); Van Rensselaer v. Jones, 5 Denio. 449, 452 (S. Ct. N. Y. 1848); Van Rensselaer v. Hayes, 5 Denio. 477, 480 (S. Ct. N. Y. 1848); Overbagh v. Patrie, 8 Barb. 28, 39 (S. Ct. N. Y. 1850); Van Rensselaer v. Snyder, 9 Barb. 302, 305 (S. Ct. N. Y. 1850); De Peyster v. Michael, 6 N. Y. 467, 491, 57 Am. Dec. 470, 473 (Ct. App. N. Y. 1852); Van Rensselaer v. Smith, Van Rensselaer v. Hayes, Van Rensselaer v. Ball, Christie v. De Friest, 27 Barb. 104, 139, 146, 152, 156 per *Gould*, J., 171 per *Wright*, J. (S. Ct. N. Y. 1858); Van Rensselaer v. Hays, 19 N. Y. 68, 76, 75 Am. Dec. 278, 284 (Ct. App. N. Y. 1859); Van Rensselaer v. Ball, 19 N. Y. 100, 104 (Ct. App. N. Y. 1863); Van Rensselaer v. Slingerland, 26 N. Y. 580, 587 (Ct. App. N. Y. 1863); Van Rensselaer v. Dennison, 35 N. Y. 393, 399 (Ct. App. N. Y. 1866); Saunders v. Hanes, 44 N. Y. 353, 360 (Ct. App. N. Y. 1871); 38 *C. J. S.*, Ground Rents, § 2 c (3), S. 1091; 32 *Am. Jur.*, Landlord and Tenant, § 1039, S. 869 f., § 1040, S 871.

[253] § 83 Decedent Estate Law, N. Y. C. L. S., Bd. 3, S. 109—120.

[254] Näher oben S. 247, Fußn. 249.

[255] Kavanaugh v. Cohoes Power & Light Corp., 114 Misc. Rep. 590, 187 N. Y. Supp. 216, 229 (S. Ct. N. Y. 1921); 33 *N. Y. Jur.*, Landlord and Tenant, § 3, S. 283 f.

Doch ist sie in vielen Fällen in eine Geld-rent umgewandelt worden. Ablösbar ist diese rent nur durch Vereinbarung.

Zur Durchsetzung der rent steht dem lord das right of ejectment und das right of re-entry zu. Beide Rechte gehen auf den Rechtsnachfolger des lord über, da der manorial-lease ein „covenant running with the land" ist.

In der ursprünglichen Form dieses lease stand dem lord eine Art Vorkaufsrecht zu: Wollte der tenant das Land veräußern, so konnte der lord es entweder selbst kaufen oder ein Viertel des erzielten Kaufpreises verlangen (quarter-sale).

Gegen diese letzte Bestimmung und gegen die rent-Zahlungen kämpften die Farmer im New Yorker Anti-Rent-Aufstand zwischen 1839 und 1845. Unter der militärischen und politischen Führung Dr. Smith A. *Boughton*'s („Big Thunder") und Thomas Ainge *Devyr*'s kam es zu immer blutigeren Kämpfen zwischen den als Indianern verkleideten Anti-Renters und den Trupps der County-Sheriffs. Der Aufstand endete 1845, als Dr. *Boughton* und zahlreiche andere Anti-Rent-Führer auf Betreiben des Governors Silas *Wright* abgeurteilt wurden. Zwar flackerte der Aufstand später zeitweise wieder auf, doch kam es nicht mehr zu dem organisierten Widerstand, wie er vorher geleistet worden war.

Die Anti-Renters setzten ihren Kampf nach Beendigung des Aufstandes auf politischer Ebene fort. Er blieb nicht ohne Erfolge: In der Verfassung von 1846 wurden die quarter-sales und alle anderen Veräußerungsbeschränkungen für nichtig erklärt. Alle künftigen leases wurden auf 12 Jahre begrenzt. Überdies wurde ebenfalls 1846 die Besteuerung der rents der landlords beschlossen und das right of re-entry nur noch bei Nichtzahlung der rent zugelassen. Zwischen 1850 und 1863 schloß sich die Rechtsprechung dieser Entwicklung an und schaffte die quarter-sales und Veräußerungsbeschränkungen auch für die vorher bestehenden manorial-leases ab. Gleichwohl wurde der rent-Vorbehalt mit wechselnden Begründungen für gültig gehalten ebenso wie das right of re-entry, das nach Ansicht der Gerichte auf den Rechtsnachfolger des lord überging. Eine Überprüfung der Landtitel der lords, die von den Anti-Renters ebenfalls angestrebt wurde, blieb ohne Erfolg. Denn nach einer ersten, für die Anti-Renters günstigen Entscheidung erkannte die Rechtsprechung die Landtitel, soweit sie sie überprüfte, ausnahmslos an.

Den Anti-Renters war damit zwar weder die Abschaffung der manorial-leases noch der rents gelungen. Doch hatten die leases ihren feudalen Charakter verloren: Der manorial-lease in der Gestalt nach dem Anti-Renters-Aufstand stellt sich als ein privatrechtlicher Kaufvertrag mit Leistung (Übertragung des Landes zu fee simple) und Gegenleistung (ewige rent) dar, der alle feudalen Kriterien (quarter-sales; Veräußerungsbeschränkungen; right of ejectment und right of re-entry bei jedem Vertragsverstoß, nicht nur bei Nichtzahlung der rent; volle Steuerlast des tenant) abgelegt hat. Das right of ejectment und re-entry bei Nichtzahlung der rent ist eine Sicherung für die rent zugunsten des Veräußerers. Es ist kein feudales Relikt, sondern eine notwendige, aber auch hinreichende Befriedigung des Sicherungsinteresses des Veräußerers im Rahmen des Kaufvertrages. Denn das übertragene Land hat in der Regel einen erheblich höheren Wert als die jährliche rent[256].

5. ABSCHNITT

South Carolina

Wie oben S. 157—159 ausgeführt, besteht die tenure, wiewohl in abgewandelter Form, noch heute in South Carolina. Überdies ist das Statute Quia Emptores dort nicht in Kraft[257]. Es beständen somit gute Bedingungen für neue tenures mit quit-rent-(ground-rent-)Vorbehalt.

Dennoch sind in South Carolina nie ground-rents nach dem Muster Pennsylvanias oder leases nach dem Muster Marylands oder New Yorks entstanden. Die Gründe hierfür sind soziologischer Art: In South Carolina ist es zu Beginn der Besiedlung nicht zur Gründung einer großen Stadt gekommen wie z. B. Baltimores in Maryland, Philadelphias in Pennsylvania oder auch Neu-Amsterdams in der vormals holländischen Kolonie New York[258]. Nur in diesen großen Städten bestand eine wirtschaftliche Notwendigkeit, mit dem Land zu handeln, das Land als Kapital zu bewerten, und nur in diesen Städten konnten die ground-rents und quit-rents ihre Vorzüge als Finanzierungsmittel des Landes zur Geltung bringen[259]. Für die Nutzbarkeit dieses Kapitals war die rent wie geschaffen. Denn sie gewährte dem Erwerber — jedenfalls in Pennsylvania und New York — das fee simple an dem Land, ohne daß dieser hierfür bei Übertragung des Landes einen angemessenen Kaufpreis zu zahlen brauchte. Dem Veräußerer brachte sie jährlich feste und zeitlich unbegrenzte Zahlungen, mit denen er selbst wieder als Vermögenswerten handeln konnte. Die rent entsprach also den Interessen sowohl des Veräußerers wie des

---

[256] Ähnlich 38 *C. J. S.*, Ground Rents, § 2 c (3) a. E., S. 1091.

[257] Näher oben S. 159.

[258] Noch heute weist South Carolina keine nach amerikanischen Maßstäben große Stadt auf: Die größte Stadt, Columbia, bleibt mit ca. 162 000 Einwohnern weit hinter den Weltstädten Baltimore, Philadelphia und New York zurück. Vgl. *Encyclopaedia Americana*, Bd. 25, S. 288.

[259] Vgl. *Kaufman*, 5 Md. L. Rev. 72.

Erwerbers und war daher in den Gebieten der großen Städte eine beliebte Art, Land zu übertragen.

Anders verhielt es sich in South Carolina: Die „big eight", denen das Gebiet 1663 und 1665 übertragen worden war[260], kümmerten sich kaum um den Aufbau von Kultur und Handel in ihrer Kolonie. Es kamen daher nur wenige Siedler ins Land. Sie ließen sich dort nieder, wo ihnen niemand das Land streitig machte. Das Land als Handelsobjekt war ihnen unbekannt. Hätte man einen Kaufpreis von ihnen gefordert, so wären sie weitergezogen. Ein ground-rent- oder lease-System, wie es in Pennsylvania, Maryland und New York bestand, konnte sich unter diesen Bedingungen nicht entwickeln.

---

[260] Näher oben S. 107, 153—154, 156.

ERGEBNIS UND AUSBLICK

Die Untersuchung hat ergeben, daß die eingangs auf S. 4 aufgestellte These richtig ist, wonach die quit-rents in Maryland, Pennsylvania und New York keine feudalen Rechtsinstitute sind, sondern Rechtsgebilde, die vollständig in das privatrechtliche Sachenrechtssystem dieser US-Staaten eingegliedert und darin aufgegangen sind.

Als Vorläufer der quit-rents kannte schon das angelsächsische Recht Geld- und Naturalien-rent-Zahlungen, die als Ersatz für die eigentlich geschuldeten Dienste erbracht wurden und den Schuldner von diesen Diensten befreiten. Mögen diese rents auch Ausnahmen gewesen sein, so wird doch deutlich, daß der Gedanke der quit-rents schon in der vorfeudalen Epoche bekannt war, die quit-rents also nicht a priori feudale Rechtsinstitute waren[1].

In der Blüte des Feudalismus waren die quit-rents von untergeordneter Bedeutung. Sie traten hinter die Dienstleistungen zurück, die innerhalb der persönlichen lord-tenant-Bindung des feudalen land-tenure-Systems für den lord in der Regel von größerem Wert waren. Erst als sich diese persönliche lord-tenant-Bindung lockerte und als sich das feudale land-tenure-System zu einem privatrechtlichen real-property-System zu entwickeln begann, gewannen die quit-rents größere Bedeutung, brachten sie doch sowohl dem lord wie dem tenant wichtige Vorteile: Der lord erhielt anstelle der Dienstleistungen regelmäßige Geldzahlungen, die er zur Erfüllung seiner (hoheitlichen) Aufgaben dringend brauchte; der tenant konnte sich durch Geldzahlungen aus der unzeitgemäß gewordenen persönlichen Bindung zu seinem lord immer mehr befreien. So förderten die quit-rents das Ende des englischen Feudalismus und standen gleichzeitig am Anfang der Entwicklung vom feudalen (öffentlich-rechtlichen) land-tenure-System zu einem privatrechtlichen real-property-System[2].

Unter dem Einfluß der quit-rents, die sich immer mehr verbreiteten und damit den Feudalismus immer mehr aushöhlten, führte diese Entwicklung zunächst in der ersten Stufe zu einer Versachlichung der feudalen lord-tenant-Bindung, in der zweiten Stufe durch die Ab-

[1] Oben S. 5—15.

[2] Oben S. 15—42.

schaffung der Subinfeudation zu einer erheblichen Vereinfachung und Einschränkung des Feudalsystems, in der dritten und vierten Stufe zu einer allgemeinen Ersetzung der feudalen Dienstleistungen durch Geldzahlungen. Am Ende des Feudalismus ist also das land-tenure-System in ein auf den gleichrangigen und gegenseitigen Leistungen von Landbesitz und Geld beruhendes privatrechtliches real-property-System umgewandelt[3].

Diese Umwandlung blieb auch bei den Besitzständen und Übertragungsarten des englischen Rechts nicht ohne Folgen. Dabei zeigten sich im wesentlichen zwei Tendenzen: Die feudalen Besitzstände und Übertragungsarten blieben ihrer Form nach bestehen, änderten jedoch ihren bislang feudalen Inhalt und fügten sich in das privatrechtliche real-property-System ein. Daneben entstanden neue Besitzstände und Übertragungsarten, die bereits typische privatrechtliche Züge trugen und mit dem Feudalsystem nichts mehr gemein hatten[4].

Die quit-rents hatten daher einen anti-feudalen Inhalt, und sie hatten während des Feudalismus diesen Inhalt nicht geändert, sondern im Gegenteil entscheidend an der Verdrängung des feudalen land-tenure-Systems zugunsten eines privatrechtlichen real-property-Systems mitgewirkt. Zur Zeit der Besiedlung Amerikas und zur Zeit der Rezeption des englischen Rechts in den amerikanischen Kolonien waren die quit-rents also keine feudalen Rechtsinstitute.

Indessen bestand für die quit-rents in den amerikanischen Kolonien zunächst eine ganz andere Ausgangslage: Die quit-rents wurden vom englischen König und von den Landherren, denen die Kolonien vom König übertragen worden waren, dazu benutzt, das alte feudale land-tenure-System, das in England bereits umgewandelt war, wieder zur Geltung zu bringen. Dieser Versuch mußte mißlingen: Das Kolonialland war nicht terra regis. Es gehörte den Indianern oder den Siedlern, die es urbar gemacht hatten, keineswegs aber der englischen Krone. Das feudale land-tenure-System hatte von vornherein keine rechtliche Grundlage. Die quit-rents, zur Begründung dieses Systems in den Kolonien mißbraucht, wurden daher von den Siedlern als typisch feudale Rechtsinstitute angesehen und abgelehnt und dementsprechend auch nach der Revolution und Unabhängigkeit in den meisten Gründerstaaten abgeschafft[5]. Dadurch änderte sich jedoch nicht der anti-feudale Charakter der quit-rents. Denn die Abschaffung muß als Reaktion auf den Mißbrauch der quit-rents durch die englische Krone und die Landherren während der Kolonialzeit verstanden werden.

---

[3] Oben S. 42—69.
[4] Oben S. 69—99.
[5] Oben S. 102—177.

Daß die quit-rents keine feudalen Rechtsinstitute sind, hat ihre Entwicklung in den US-Staaten Maryland, Pennsylvania und New York bewiesen, in denen die quit-rents noch heute gebräuchlich sind.

In Maryland bestehen die quit-rents in den Maryland-ground-rents fort. Sie sind entstanden, um das Subinfeudationsverbot des Statute Quia Emptores[6] zu umgehen und dadurch die wichtigen wirtschaftlichen Vorteile der rent-services zu erhalten. Sie werden üblicherweise bei einem 99-Jahres-lease, der ewig verlängerbar ist, vorbehalten. Seit 1888 sind alle künftigen, für länger als 15 Jahre vorbehaltenen ground-rents nach 5 oder 10 Jahren auf Wunsch des lessee ablösbar. Die Dauer der ground-rents liegt also seitdem allein in der Disposition des lessee[7].

Am reinsten haben sich die quit-rents in Pennsylvania in den Pennsylvania-ground-rents erhalten. Dort sind sie aus der sehr weitgehenden Fassung der Pennsylvania-Charter von 1681[8] entstanden. Sie werden bei einer fee simple-Übertragung des Landes vorbehalten und sind daher grundsätzlich von ewiger Dauer. Seit 1850 und 1885 sind diese ewigen ground-rents spätestens nach 21 Jahren ablösbar, so daß ihre Länge seitdem auch hier in die Disposition des Schuldners gestellt ist[9].

In New York bestehen die quit-rents in den ewigen rents der manorial-leases fort. Diese leases sind in der Form von Kaufverträgen (incomplete sales) entstanden, um ein Verbot der feudalen tenures in New York zu umgehen und um die Besitztümer der feudalen Landherren (patroons) zu retten. Dieser Versuch mißlang: Als Folge des Anti-Renters-Aufstandes lösten sich die feudalen Besitztümer bis zum Ende des 19. Jahrhunderts auf. Zwar blieben die manorial-leases bestehen. Sie verloren jedoch ihren feudalen Charakter (Einschränkung der Veräußerbarkeit, Steuerlast des tenant, unbegrenztes Zwangsvollstreckungsrecht des lord). Heute stellen sich diese manorial-leases als privatrechtliche Kaufverträge mit Leistung (Übertragung des Landes) und Gegenleistung (ewige rent) ohne alle feudalen Züge dar. Im Gegensatz zu Maryland und Pennsylvania sind diese rents allerdings nur vertraglich, nicht aber gesetzlich ablösbar[10].

Weder die Pennsylvania- und Maryland-ground-rents noch die rents der manorial-leases in New York weisen feudale Züge auf. Vielmehr sind sie in die privatrechtliche, demokratische Rechtsordnung dieser Staaten eingebettet, und zwar so weitgehend, daß darüber ihr

---

[6] 18 Edw. I, c. 1—3 (1290), unten Anhang VII, S. 263—264.
[7] Oben S. 183—198.
[8] Unten Anhang XVIII, S. 295—305 [304].
[9] Oben S. 198—210.
[10] Oben S. 210—250.

Ursprung und ihre früheren Ziele (in der Kolonialzeit) fast völlig vergessen sind[11]. In neuerer Zeit haben sie sich vor allem als Finanzierungsmittel bei Landkäufen unentbehrlich gemacht — sie repräsentieren dort ganz oder teilweise den Kaufpreis. Man bedient sich ihrer gern bei kostspieligen Landkäufen, bieten sie doch dem finanzschwachen Käufer oft die einzige Möglichkeit, eigenes Land zu erwerben[12]. Ebenso haben sich diese quit-rents in Zeiten wirtschaftlichen Rückganges und Tiefstandes bewährt: Sie beleben die Investition des festliegenden Geldes, sie sind gegenüber anderen Finanzierungsmitteln für den Schuldner ungefährlich und verschaffen dem rent-Schuldner durch den sofortigen Besitz einen besonders hohen Gegenwert[13]. Einen zusätzlichen Anreiz bietet die gesetzliche Ablösungsmöglichkeit in Maryland und Pennsylvania.

Um den Fortbestand der ground-rents in Maryland und Pennsylvania braucht man nicht zu fürchten. Sie haben sich vielfach bewährt und sind in der heutigen Rechtspraxis unentbehrlich geworden. De lege ferenda erscheint es jedoch wünschenswert, die gesetzliche Ablösungsmöglichkeit auch auf die alten (in Maryland vor 1884, in Pennsylvania vor 1850 vereinbarten) ground-rents auszudehnen und damit alle Anklänge an die Kolonialzeit zu beseitigen[14].

Der Fortbestand der manorial-leases in New York erscheint dagegen fraglich. Sie wurden seit 1846 durch kurzzeitige leases ersetzt. Neue manorial-leases dürfen seitdem nicht mehr vereinbart werden, und die alten manorial-leases sterben mehr und mehr aus.

Angesichts der vielen Vorteile, die die quit-rents vor allem in Maryland und Pennsylvania bieten, erstaunt es, daß keine ähnlichen Systeme in anderen US-Staaten eingeführt wurden. Dies wird sowohl darauf zurückzuführen sein, daß jeder Staat seine eigenen traditionellen Finanzierungsmethoden hat und unbekannten Systemen daher skeptisch gegenübersteht[15], als auch darauf, daß die amerikanischen Juristen diese quit-rent-Systeme zwar als „beneficial“, aber doch auch

---

[11] Vgl. *Lewis,* 3 Md. L. Rev. 314; *Kaufman,* 5 Md. L. Rev. 2.

[12] Zu den finanztechnischen Vorzügen dieser ground-rents eingehend *Kaufman,* 5 Md. L. Rev. 47—61.

Baltimore, Md. wird daher beispielsweise oft als die „city of homeowners“ bezeichnet, vgl. *Kaufman,* 5 Md. L. Rev. 68, 72.

[13] *Casner-Leach,* S. 266; *Kaufman,* 5 Md. L. Rev. 47—61.

[14] Nach *Kaufman,* 5 Md. L. Rev. 68 f. bestehen in Maryland noch eine Reihe dieser alten ground-rents. Er fährt auf S. 69 fort: "The sooner they die out entirely, the better it will be for the good of the city and the reputation of the system. However, it will probably be many years and perhaps several centuries before all the irredeemables are gone."

[15] *Kaufman,* 5 Md. L. Rev. 72.

ANHANG

I. Grant of bookland

* In nomine sancti saluatoris dei et domini nostri Ihesu Christi, regnante et gubernante eodem domino Ihesu simulque spiritu sancto gubernacula in imis et in arduis disponendo ubique regit! Licet sermo sapientium consiliumque prudentium stabilis permaneat, tamen ob incertitudine temporalium rerum, diuinis numinibus muniendo, perscrutando, pro ignotis et incertis euentis stabilienda roborandaque in deo uiuo et uero sunt. Qua-propter ego Coenulfus gratia dei rex Merciorum, uiro uerando in Christi charitate summo pontificalis apice decorato, Uulfredo archiepiscopo dabo et concedo aliquam partem terrae juris mei, quae mihi largitor omnium bonorum deus donare dignatus est, pro intimo caritatis affectu, ut apostolus ait, hilarem enim datorem diligit deus. Et hoc est in loco qui dicitur Binnanea, / [505] circiter XXX iugera, inter duos rivos gremiales fluminis quod dicitur Stur. Et haec terra libera permaneat in perpetuam possessionem aeclesiae Christi. Quod si quisquis huic largitioni contradixerit, contradicat eum deus, et denegat ingressum coelestis utiac. Actum est hoc anno dominicae incamationis DCCC.XIIII. Indict. VI. his testibus consentientibus atque confirmantibus, quorum nomina nota sunt.

* Ego Coenuulf gratia dei rex Merciorum hanc donationis confirmationem signo crucis Christi roboraui.

* Ego Uulfred archiepiscopus consensi et subscripsi.

* Ego Denebyrht episcopus consensi et subscripsi.

* Ego Uulfhard episcopus consensi et subscripsi.

* Signum manus Eadberhti ducis.

* Signum manus Ealhheardi ducis.

* Signum manus Ceoluulfi ducis.

Holdsworth, III, S. 504—505; ein weiteres Beispiel findet sich bei *Digby*, S. 56—57.

II. Laen

Anno dominicae incarnationis DCCCC.LXII. Ego Oswoldus superni rectoris fultus juvamine praesul cum licentia Eadgari regis

Anglorum ac Aelfheri ducis Merciorum uni levitarum meorum qui a gnosticis noto Ealfherd nuncupatur vocabulo ob ejus fidele obseqium quandam ruris particulam unam videlicet mansam quod solito vocatur nomine Cumtún cum omnibus ad se rite pertinentibus liberaliter concessi ut ipse vita comite fideliter perfruatur et post vitae suae terminum duobus quibus voluerit cleronomis de relinquat, quibus etiam defunctis rus predictum cum omnibus utensilibus ad usum primatis aecclesiae Dei in Weogorna ceastre restituatur immunis.

* Ego Oswaldus Dei providentia archipraesul hanc meam donationem confirmavi.

(Es folgen siebzehn weitere Namen: 2 Priester, 1 Diakon und 14 Geistliche)

Holdsworth, III, S. 505; ein weiteres Beispiel findet sich bei *Digby,* S. 57—58.

III.

1. ERSTE MAGNA CARTA

Great Charter of Liberties vom 15. Juni 1215

JOHANNES Dei gratia rex Angliae, dominus Hyberniae, dux Normanniae et Aquitanniae, comes Andegaviae, archiepiscopis, episcopis, abbatibus, comitibus, baronibus, justiciarius, forestariis, vicecomitibus, praepositis, ministris et omnibus ballivis et fidelibus suis salutem. Sciatis nos intuitu Dei et pro salute animae nostrae et omnium antecessorum et haeredum nostrorum, ad honorem Dei et exaltationem sanctae ecclesiae, et emendationem regni nostri, per consilium venerabilium patrum nostrorum, Stephani Cantuariensis archiepiscopi totius Angliae primatis et sanctae Romanae ecclesiae cardinalis, Henrici Dublinensis archiepiscopi, Willelmi Londoniensis, Petri Wintoniensis, Joscelini Bathoniensis et Glastoniensis, Hugonis Lincolniensis, Walteri Wygornensis, Willelmi Coventrensis, et Benedicti Roffensis episcoporum; magistri Pandulfi domini papae subdiaconi et familiaris, fratris Eymerici magistri militiae Tempi in Anglia; et nobilium virorum Willelmi Mariscalli comitis Penbrociae, Willelmi comitis Saresberiae, Willelmi comitis Waremiae, Willelmi comitis Arundelliae, Alani de Galweya constabularii Scottiae, Warini filii Geroldi, Petri filii Hereberti, Huberti de Burgo senescalli Pictaviae, Hugonis de Nevilla, Mathei filii Hereberti, Thomae Basset, Alani Basset, Philippi de Albiniaco, Roberti de Roppel., Johannis Mariscalli, Johannis filii Hugonis et aliorum fidelium nostrorum;

... ...

... ...

Art. 12. / [294] Nullum scutagium vel auxilium ponatur in regno nostro, nisi per commune consilium regni nostri, nisi ad corpus nostrum redimendum, et primogenitum filium nostrum militem faciendum, et ad filiam nostram primogenitam semel maritandam, et ad haec non fiat nisi rationabile auxilium: simili modo fiat de auxiliis de civitate Londoniarum.

... ...

... ...

Art. 15. / [295] Nos non concedemus de cetero alicui quod capiat auxilium de liberis hominibus suis, nisi ad corpus suum redimendum, et ad faciendum primogenitum filium suum militem, et ad primogenitam filiam suam semel maritandam, et ad haec non fiat nisi rationabile auxilium.

... ...

... ...

Art. 17. Communia placita non sequantur curiam nostram sed teneantur in aliquo loco certo.

... ...

... ...

[302] Data per manum nostram in prato quod vocatur Ronimed, inter Windelesoram et Stanes, quinto decimo die Junii, anno regni nostri septimo decimo.
Stubbs, S. C., S. 292, 294, 295, 302.

2. *DRITTE MAGNA CARTA*
Second Charter of Henry III, 1217

HENRICUS Dei gratia rex Angliae, dominus Hiberniae, dux Normanniae, Aquitanniae, et comes Andegaviae, archiepiscopis, episcopis, abbatibus, prioribus, comitibus, baronibus, vicecomitibus, praepositis, ministris, et omnibus baillivis et fidelibus suis praesentem cartam inspecturis, salutem. Sciatis quod intuitu Dei et pro salute animae nostrae et animarum antecessorum et successorum nostrorum, ad exaltationem sanctae ecclesiae et emendationem regni nostri, concessimus et hac praesenti carta confirmavimus pro nobis et haeredibus nostris in perpetuum, de consilio venerabilis patris nostri domini Gualonis tituli Sancti Martini presbiteri cardinalis et apostolicae sedis legati, domini Walteri Eboracensis archiepiscopi, Willelmi Londoniensis episcopi, et aliorum episcoporum Angliae et Willelmi Mariscalli comitis Pembrokiae rectoris nostri et regni nostri, et aliorum fidelium comitum et baronum nostrorum Angliae, has libertates subscriptas tenendas in regno nostro Angliae in perpetuum: —

... ...

... ...

Art. 39. / [343] Nullus liber homo de cetero det amplius alicui vel vendat de terra sua quam ut de residuo terrae suae possit sufficienter fieri domino feodi servitium ei debitum quod pertinet ad feodum illud.

... ...

... ...

Art. 43. Non liceat alicui de cetero dare terram suam alicui domui religiosae ita quod illam resumat tenendam de eadem domo, nec liceat alicui domui religiosae terram alicujus sic accipere quod tradat eam illi a quo eam receperit tenendam. Si quis autem de cetero terram suam alicui domui religiosae sic dederit et super hoc convincatur, donum suum penitus cassetur et terra illa domino suo illius feodi incurratur.

... ...

... ...

Stubbs, S. C., S. 341, 343.

IV. Statute of Merton, 20 Hen. III, c. 6 (1236)

De haeredibus per parentes vel per alios vi abductis vel detentis, ita provisum est; quod quicunque laicus inde convictus fuerit quod puerum sic maritaverit, reddat perdenti valorem maritagii, et pro delicto corpus ejus capiatur et imprisonetur, donec perdenti emendaverit delictum, si puer maritetur, et praeterea donec domino regi satisfecerit pro transgressione; et hoc fiat de haerede infra quatuordecim annos existente. De haerede autem cum sit quatuordecim annorum vel ultra, usque ad plenam aetatem, si se maritaverit sine licentia domini sui, ut ei auferat maritagium suum, et dominus offerat ei rationabile maritagium ubi non disparagetur, dominus suus tunc teneat terram ejus ultra terminum aetatis suae, scilicet viginti et unius anni, per tantum tempus quod possit inde duplicem valorem maritagii recipere secundum aestimationem legalium hominum, vel secundum quod ei pro eodem maritagio prius fuerit oblatum sine fraude et malitia, et secundum quod probari poterit in curia domini regis.

De dominis qui maritaverint illos quos habent in custodia villanis vel aliis sicut burgensibus ubi disparagentur; si talis haeres fuerit infra quatuordecim annos, et talis aetatis quod consentire non possit, tunc si parentes conquerantur, dominus ille amittat custodiam usque ad legitimam aetatem haeredis; et omne commodum, quod inde perceptum fuerit, convertatur in commodum ipsius qui / [126] infra aetatem est, secundum dispositionem et provisionem parentum, contra dedecus ei factum. Si autem fuerit quatuordecim annorum et ultra,

quod consentire poterit, et tali maritagio consenserit, nulla sequatur poena.
Digby, S. 125—126.

V. Statute of Mortmain (1279)
Statutum De Viris Religiosis, 7 Edw. I, stat. 2, c. 13

Rex Justitiariis suis de Banco, salutem. Cum dudum provisum fuisset quod viri religiosi feoda aliquorum non ingrederentur sine licentia et voluntate capitalium dominorum de quibus feoda illa immediate tenentur; et viri religiosi postmodum nihilominus tam feoda sua propria quam aliorum hactenus ingressi sint, ea sibi appropriando et emendo, et aliquando ex dono aliorum recipiendo, per quod servitia, quae ex hujusmodi feodis debentur, et quae ad defensionem regni ab initio provisa fuerunt, indebite subtrahuntur, et domini capitales escaetas suas inde amittunt; nos super hoc pro utilitate regni congruum remedium provideri volentes, de consilio praelatorum, comitum et aliorum fidelium regni nostri de consilio nostro existentium, providimus, statuimus, et ordinavimus, quod nullus religiosus aut alius quicunque terras aut tenementa aliqua emere vel vendere, aut sub colore donationis aut termini vel alterius tituli cujuscunque, ab aliquo recipere, aut alio quovis modo, arte vel ingenio, sibi appropriare praesumat, / [220] sub forisfactura eorundem, per quod ad manum mortuam terrae et tenementa hujusmodi deveniant quoquo modo. Providimus etiam quod si quis reliogiosus aut alius, contra praesens statutum, aliquo modo, arte vel ingenio, venire praesumpserit, liceat nobis, et aliis immediatis capitalibus dominis foedi taliter alienati, illud infra annum a tempore alienationis hujusmodi ingredi et tenere in feodo et haereditate. Et si capitalis dominus immediatus negligens fuerit, et feodum hujusmodi ingredi noluerit infra annum, tunc liceat proximo capitali domino mediato feodi illius, infra dimidium annum sequentem, feodum illud ingredi et tenere, sicut praedictum est; et sic quilibet dominus mediatus faciat, si propinquior dominus in ingrediendo hujusmodi feodum negligens fuerit, ut praedictum est. Et si omnes hujusmodi capitales domini hujusmodi feodi, qui plenae fuerint aetatis, et infra quatuor maria, et extra prisonam, per unum annum negligentes vel remissi fuerint in hac parte, nos statim post annum completum a tempore quo hujusmodi emptiones, donationes, aut alias appropriationes fieri contigerit, terras et tenementa hujusmodi capiemus in manum nostram, et alios inde feoffabimus per certa servitia nobis inde ad defensionem regni nostri facienda; salvis capitalibus dominis feodorum illorum wardis, escaetis, et aliis ad ipsos pertinentibus, ac servitiis inde debitis et consuetis.

Et ideo vobis mandamus quod statutum praedictum coram vobis legi et de cetero firmiter teneri et observari faciatis. T. R. apud Westmonasterium XV° die Novembris anno etc. septimo.
Digby, S. 219—220.

VI. Statute De Donis Conditionalibus Statute of Westminster II, 13 Edw. I, c. 1 (1285)

In primis, de tenementis quae multotiens dantur sub conditione, videlicet, cum aliquis dat terram suam alicui viro et ejus uxori / [227] et haeredibus de ipsis viro et muliere procreatis, adjecta conditione expressa tali, quod si hujusmodi vir et mulier sine haerede de ipsis viro et muliere procreato obissent, terra sic data ad donatorem vel ad ejus haeredem revertatur; in casu etiam cum quis dat tenementum in liberum maritagium quod donum habet conditionem annexam, licet non exprimatur in carta doni, quae talis est, quod si vir et mulier sine haerede de ipsis viro et muliere procreato obierint, tenementum sic datum ad donatorem vel ad ejus haeredem revertatur; in casu etiam cum quis dat tenementum alicui et haeredibus de corpore suo exeuntibus, durum videbatur, et adhuc videtur hujusmodi donatoribus et haeredibus donatorum quod voluntas ipsorum in donis suis expressa non fuerit prius nec adhuc est observata. In omnibus enim praedictis casibus post prolem suscitatam et exeuntem ab ipsis quibus tenementum sic fuit datum conditionaliter, hucusque habuerunt hujusmodi feoffati potestatem alienandi tenementum sic datum, et exhaeredandi de tenemento exitum ipsorum contra voluntatem donatorum et formam de dono expressam: et praeterea cum deficiente exitu de hujusmodi feoffatis, tenementum sic datum ad donatorem vel ad ejus haeredem reverti debuit per formam in carta de dono expressam, licet exitus, si quis fuerit, obisset, per factum et feoffamentum ipsorum, quibus tenementum sic fuit datum sub conditione, exclusi fuerunt hucusque de reversione eorundem tenementorum, quod manifeste fuit contra formam doni sui: propter quod Dominus Rex, perpendens quod necessarium et utile est in praedictis casibus apponere remedium, statuit, quod voluntas donatoris secundum formam in carta doni sui manifeste expressam de caetero observetur, ita quod non habeant illi, quibus tenementum sic fuit datum sub conditione, potestatem alienandi / [228] tenementum sic datum, quo minus ad exitum illorum quibus tenementum sic fuerit datum remaneat post eorum obitum, vel ad donatorem, vel ad ejus haeredem, si exitus deficiat per hoc quod nullus sit exitus omnino, vel si aliquis exitus fuerit, per mortem deficiet, haerede hujusmodi exitus deficiente. Nec habeat de caetero secundus vir hujusmodi mulieris aliquid in tenemento sic dato per conditionem post mortem uxoris ejus per legem Angliae, nec exitus de

secundo viro et muliere successionem haereditariam, sed statim post mortem viri et mulieris quibus tenementum sic fuit datum post eorum obitum, vel ad eorum exitum, vel ad donatorem, vel ad ejus haeredem, ut praedictum est, revertatur. Et quia in novo casu novum remedium est apponendum, fiat impetranti tale breve: „Praecipe A quod juste, etc. reddat B tale manerium cum pertinentiis, quod C dedit tali viro et tali mulieri et haeredibus de ipsis viro et muliere exeuntibus": vel „Quod C dedit tali viro in liberum maritagium cum tali muliere, et quod post mortem praedictorum viri et mulieris praedicto B filio praedictorum viri et mulieris descendere debet per formam donationis praedictae ut dicit": vel „Quod C dedit tali et haeredibus de corpore suo exeuntibus, et quod post mortem ipsius talis praedicto B filio praedicti talis descendere debet per formam donationis, etc." Breve per quod donator habet recuperare suum, deficiente exitu, satis est in usu in Cancel- / [229] laria. Et sciendum, quod hoc statutum quoad alienationem tenementi contra formam doni imposterum faciendam locum habet, et ad dona prius facta non extenditur. Et si finis super huiusmodi tenemento imposterum levetur, ipso jure sit nullus, nec habeant haeredes hujusmodi, aut illi ad quos spectat reversio, licet plenae sint aetatis, in Anglia, et extra prisonam, necesse apponere clameum suum.
Digby, S. 226—229.

VII. Statute Quia Emptores
Statute of Westminster III, 18 Edw. I, c. 1—3 (1290)

Statutum Domini Regis de terris vendendis et emendis.

c. 1 QUIA EMPTORES terrarum et tenementorum de feodis magnatum et aliorum in praejudicium eorundem temporibus retroactis multotiens in feodis suis sunt ingressi, quibus libere tenentes eorundem magnatum et aliorum terras et tenementa sua vendiderunt, tenenda in feodo sibi et haeredibus suis de feoffatoribus suis et non de capitalibus dominis feodorum, per quod iidem capitales domini escaetas, maritagia, et custodias terrarum et tenementorum de feodis suis existentium saepius amiserunt, quod quidem eisdem magnatibus et aliis dominis quam plurimum durum et difficile videbatur, et similiter in hoc casu exhaeredatio manifesta; Dominus Rex in Parliamento suo apud Westmonasterium per Pascha anno regni sui decimo octavo, videlicet in quindena Sancti Johannis Baptistae, ad instantiam magnatum regni sui, concessit, providit, et statuit, quod de cetero liceat unicuique libero homini terram suam seu tenementum sive partem inde pro voluntate sua vendere, ita tamen quod feoffatus teneat terram illam seu tenementum de eodem capitali domino et per eadem servitia et consuetudines, per quae feoffator suus illa prius tenuit.

c. 2 Et si partem aliquam earundem terrarum seu tenementorum alicui vendiderit, feoffatus illam teneat immediate de capitali domino, et oneretur statim de servicio quantum pertinet sive pertinere debet eidem domino pro particula illa, secundum quantitatem terrae seu tenementi venditi; et sic in hoc casu decidat capitali domino ipsa pars servicii capienda per manum feoffatoris, ex quo feoffatus debet eidem capitali domino juxta quantitatem / [237] terrae seu tenementi venditi de particula illa servicii sic debiti esse intendens et respondens.

c. 3 Et sciendum est quod per praedictas venditiones sive emptiones terrarum seu tenementorum, seu partis alicujus eorundem, nullo modo possunt terrae seu tenementa illa in parte vel in toto ad manum mortuam devenire arte vel ingenio contra formam statuti super hoc dudum editi. Et sciendum quod istud statutum locum tenet de terris venditis tenendis in feodo simpliciter tantum; et quod se extendit ad tempus futurum. Et incipiet locum tenere ad festum Sancti Andreae proximo futurum.

Digby, S. 236—237.

VIII. Statute of Enrolments, 27 Hen. VIII, c. 16 (1536)

An Act concerning Enrolments of Bargain and Contracts of Lands and Tenements.

Be it enacted by the authority of this present parliament, that from the last day of July, which shall be in the year of our Lord God 1536, no manors, lands, tenements, or other hereditaments, shall pass, alter, or change from one to another, whereby any estate of inheritance or freehold shall be made or take effect in any person or persons, or any use thereof to be made, by reason only of any bargain and sale thereof, except the same bargain and sale be made by writing indented, sealed,and enrolled in one of the King's Courts of Record at Westminster, or else within the same county or counties where the same manors, lands, or tenements so bargained and sold lie or be, before the Custos Rotulorum and two Justices of the Peace, and the Clerk of the Peace of the same county or counties, or two of them at the least, whereof the Clerk of the Peace to be one; and the same enrolment to be had and made within six months next after the date of the same writings indented. ... ... And that the Clerk of the Peace for the time being, within every such county, shall sufficiently enrol and engross in parchment the same deeds or writings indented as is aforesaid, and the rolls thereof at the end of every year shall deliver unto the said Custos Rotulorum of the same county for the time being, there to remain in the custody of the said Custos Rotulorum for the time being, amongst other records of every of the same counties where any such enrolment shall be so made, to the

intent that every party that hath to do therewith may resort and see the effect and tenor of every such writing so enrolled.
Digby, S. 368.

IX. Statute of Uses, 27 Hen. VIII, c. 10 (1535—1536)

An Act concerning Uses and Wills.

Where by the common laws of this realm, lands, tenements, and hereditaments be not devisable by testament, nor ought to be transferred from one to another, but by solemn livery and seisin, matter of record, writing sufficient made bona fide, without covin or fraud, yet nevertheless divers and sundry imaginations, subtle inventions, and practices have been used, whereby the hereditaments of this realm have been conveyed from one to another by fraudulent feoffments, fines, recoveries, and other assurances craftily made to secret uses, intents, and trusts, and also by wills and testaments, sometimes made by nude parolx and words, sometimes by signs and tokens, and sometimes by writing, and for the most part made by such persons as be visited with sickness, in their extreme agonies and pains, or at such time as they have had scantly any good memory or remembrance; at which times they being provoked by greedy and covetous persons lying in wait about them, do many times dispose indiscreetly and unadvisedly their lands and inheritances; by reason whereof, and by occasion of which fraudulent feoffments, fines, recoveries, and other like assurances to uses, confidences, and trusts, divers and many heirs have been unjustly at sundry times disinherited, the lords have lost their wards, marriages, reliefs, harriots, escheats, aids, pur fair fitz chivalier and pur file marier, and scantly any person can be certainly assured of any lands by them purchased, nor know surely against / [348] whom they shall use their actions or execution for their rights, titles, and duties; also men married have lost their tenancies by the curtesy, women their dowers; manifest perjuries by trial of such secret wills and uses have been committed; the king's highness hath lost the profits and advantages of the lands of persons attainted, and of the lands craftily put in feoffment to the uses of aliens born, and also the profits of waste for a year and a day of lands of felons attainted, and the lords their escheats thereof; and many other inconveniences have happened, and daily do increase among the king's subjects, to their great trouble and inquietness, and to the utter subversion of the ancient common laws of this realm; for the extirping and extinguishment of all such subtle practised feoffments, fines, recoveries, abuses, and errors heretofore used and accustomed in this realm, to the subversion of the good and ancient laws of the same, and to the intent that the king's highness or any other his subjects of this realm, shall not in any wise hereafter, by any means or inventions be deceived, damaged, or hurt, by reason of such trusts, uses, or confidences: It may please the King's most royal Majesty, that it may be enacted by his Highness, by the assent of the Lords Spiritual and Temporal, and the Commons, in this present parliament assembled, and by the authority of the same, in manner and form following: that is to say, that where any person or persons stand, or be seised, or at any time hereafter shall happen to be seised of and in any honours, castles, manors, lands, tenements, rents, services, reversions, remainders, or other hereditaments, to the use, confidence, or trust of any other person / [349] or persons, or of any body politick, by reason of any bargain, sale, feoffment, fine, recovery, covenant, contract, agreement, will, or otherwise, by any manner means whatsoever it be; that in every such case, all and every such person and persons, and bodies politik, that have or hereafter shall have any such use, confidence, or trust, in fee simple, fee tail, for term of life, or for years, or otherweise; or any use, confidence, or trust, in remainder or reverter, shall from henceforth stand and be seised, deemed, and adjudged in lawful seisin estate, and possession of and in the same honours, castles, manors, lands, tenements, rents, services, reversions, remainders, and hereditaments, with their appurtenances, to all intents, constructions, and purposes in the law, of and in such like estates, as they had or shall have in use, trust, or confidence of or in the same; and that the estate, title, right, and possession that was in such person or persons that were or hereafter shall be seised of any lands, tenements, or hereditaments, to the use, confidence, or trust of any such person or persons, or of any body politick, be from henceforth clearly deemed and adjudged to be in him or them that have, or hereafter shall have such use, confidence, or trust, after such quality, manner, form, and condition as they had before, in or to the use, confidence, or trust that was in them.

2. / [350] And be it further enacted by the authority aforesaid, That where divers and many persons be or hereafter shall happen to be jointly seised of and in any lands, tenements, rents, reversions, remainders, or other hereditaments, to the use, confidence, or trust of any of them that be so jointly seised, that in every such case that those person or persons which have or hereafter shall have any such use, confidence, or trust, in any such lands, tenements, rents, reversions, remainders, or hereditaments, shall from henceforth have and be deemed and adjudged to have, only to him or them that have, or hereafter shall have, such use,confidence,or trust, such estate, possession, and seisin of and in the same lands, tenements, rents, reversions, remainders, and other hereditaments, in like nature, manner, form, condition, and course, as he or they had before in the use, confidence,

or trust of the same lands, tenements, or hereditaments; / [*Simes*, S. 35] saving and reserving to all and singular persons, and bodies politick, their heirs and successors, other than those person or persons which be seised, or hereafter shall be seised of any lands, tenements or hereditaments, to any use, confidence, or trust, all such right, title, entry, interest, possession, rents and action, as they or any of them had, or might have had before the making of this act.

3. / [*Digby*, S. 350] And where also divers persons stand and be seised of and in any lands, tenements, or hereditaments in fee-simple or otherwise, to the use or intent that some other person or persons shall have and perceive yearly to them and to his or their heirs one annual rent of x. li. or more or less out of the same lands and tenements, and some other person one other annual rent to him and his assigns for term of life, or years, or for some other special time, according to such intent and use as hath been heretofore declared, limited, and made thereof: Be it therefore enacted by the authority aforesaid, that in every such case the same persons, their heirs, and assigns, that have such use and interest to have and perceive any such annual rents out of any lands, tenements, or hereditaments, that they and every of them, their heirs and assigns be adjudged and deemed to be in possession and seisin of the same rent of and in such like estate as they had in the title, interest, or use of the said rent or profit, and as if a sufficient grant or other lawful conveyance had been made and executed to them by such as were or shall be seised to the use or intent of any such rent to be had / [351] made, or paid according to the very trust and intent thereof, and that all and every such person and persons as have or hereafter shall have any title, use, and interest, in or to any such rent or profit shall lawfully distrain for non-payment of the said rent, and in their own names make avowries, or by their bailiffs or servants make cognisances and justifications, and have all other suits, entries, and remedies, for such rents as if the same rents had been actually and really granted to them with sufficient clauses of distress, re-entry, or otherwise, according to such conditions, pains, or other things limited and appointed upon the trust and intent for payment or surety of such rent.

4. And be it further enacted by the authority aforesaid, that whereas divers persons have purchased, or have estate made and conveyed of and in divers lands, tenements, and hereditaments, unto them and to their wives and to the heirs of the husband, or to the husband and to the wife, and to the heirs of their two bodies begotten, or to the heirs of one of their bodies begotten, or to the husband and to the wife, for term of their lives, or for term of life of the said wife, or where any such estate or purchase of any lands, tenements, or hereditaments, hath been or hereafter shall be made to any husband and to his wife,

in manner and form expressed, or to any other person or persons, and to their heirs and assigns, to the use and behoof of the said / [352] husband and wife, or to the use of the wife, as is before rehearsed, for the jointer of the wife, that then in every such case every woman married having such jointer made or hereafter to be made shall not claim nor have title to have any dower of the residue of the lands, tenements, or hereditaments, that at any time were her said husband's, by whom she hath any such jointer, nor shall demand nor claim her dower of and against them that have the lands and inheritances of her said husband, but if she have no such jointer, then she shall be admitted and enabled to pursue, have, and demand her dower by writ of dower after the due course and order of the common laws of this realm, this act or any law or provision made to the contrary thereof notwithstanding.

5. Provided always that if any such woman be lawfully expulsed or evicted from her said jointer, or from any part thereof, without any fraud or covin, by lawful entry, action, or by discontinuance of her husband, then every such woman shall be endowed of as much of the residue of her husband's tenements or hereditaments, whereof she was before dowable, as the same lands and tenements so evicted and expulsed shall amount or extend unto.

6. ... ...

7. Provided also, that if any wife have or hereafter shall have any manors, lands, tenements, or hereditaments unto her given and assured after marriage for term of her life or otherwise in jointer, except the same assurance be to her made by act of parliament, and the said wife after that fortune to overlive her said husband, in whose time the said jointer was made or assured unto her, that then the same wife so overliving shall and may at her liberty after the death of her said husband, refuse to have and take the lands and tenements so to her given appointed, or / [353] assured during the coverture, for term of her life, or otherwise in jointer, except the same assurance be to her made by act of parliament, as is aforesaid, and thereupon to have, ask, demand, and take her dower by writ of dower, or otherwise, according to the common law, of and in all such lands, tenements, and hereditaments, as her husband was and stood seised of any state of inheritance at any time during the coverture; anything contained in this act to the contrary in anywise notwithstanding.

8. ... ...

9. And forasmuch as great ambiguities and doubts may arise of the validity and invalidity of wills heretofore made of any lands, tenements, and hereditaments to the great trouble of the King's subjects, the King's most royal Majesty minding the tranquillity and rest of

his loving subjects, of his most excellent and accustomed goodness is pleased and contented that it be enacted, by the authority of this present parliament, that all manner true and just wills and testaments heretofore made by any person or persons deceased, or that shall decease before the first day of May that shall be in the year of our Lord God 1536, of any lands, tenements, or other hereditaments, shall be taken and accepted good and effectual in the law, after such fashion, manner, and form, as they were commonly taken and used at any time within forty years next afore the making of this act, anything contained in this act, or in the preamble thereof, or any opinion of the common law to the contrary thereof notwithstanding.

10. Provided always, that the King's Highness shall not have, demand, or take any advantage or profit for or by occasion of the executing of any estate only by authority of this act to any person or persons or bodies politick, which now have or on this side the said first day of May which shall be in the year of our Lord God 1536, shall have any use or uses, trusts, or confidences in any manors, lands, tenements, or hereditaments holden of the King's Highness by reason of primer seisin, livery, ouster-le-main, fine for alienation, relief, or harriot, but that fines for alienation, reliefs, and harriots shall be paid to the King's Highness, and also liveries, and ouster-le-mains shall be sued for uses, trusts, and confidences, to be made and executed in possession by authority of this act, after and from the said first day of May, of lands, and tenements, and other hereditaments holden of the King in such like manner and form, to all intents, constructions, and purposes as hath heretofore been used or accustomed by the order of the laws of this realm.

11. / [*Simes*, S. 36] And forasmuch as great ambiguities and doubts may arise of the validity and invalidity of wills heretofore made of any lands, tenements and hereditaments, to the great trouble of the King's subjects; the King's most royal majesty minding the tranquility and rest of his loving subjects, of his most excellent and accustomed goodness is pleased and contented that it be enacted by the authority of this present parliament, That all manner true and just wills and testaments heretofore made by any person or persons deceased, or that shall decease before the first day of May, that shall be in the year of our Lord God 1536 of any lands, tenements or other hereditaments, shall be taken and accepted good and effectual in the law, after such fashion, manner and form as they were commonly taken and used at any time within forty years next afore the making of this act; any thing contained in this act, or in the preamble thereof, or any opinion of the common law to the contrary thereof nothwithstanding.

12.—14. ... ...

15. / [*Digby*, S. 354] Provided also, that this act nor anything therein contained, shall not be prejudicial to the King's Highness for wardship of heirs now being within age, nor for liveries, or for ouster-le-mains, to be sued by any person or persons now being within age, or of full age, of any lands or tenements unto the same heir or heirs now already descended; anything in this act contained to the contrary notwithstanding.

Digby, S. 347—354;

Simes in A. L. P., I, § 1.25, S. 33—36.

X. Statute of Wills, 32 Hen. VIII, c. 1 (1540)

The Act of Wills, Wards, and Primer Seisins, whereby a Man may devise two Parts of his Land.

Where the King's most royal Majesty in all the time of his most gracious and noble reign hath ever been a merciful, loving, benevolent, and most gracious Sovereign Lord, unto all and singular his loving and obedient subjects, and by many times past hath not only showed and imparted to them generally by his many, often, and beneficial pardons heretofore by authority of his parliament granted, but also by divers other ways and means, many great and ample grants and benignities, in such wise as all his said subjects been most bounden to the uttermost of all their powers and graces by them received of God to render and give unto his Majesty their most humble reverence and obedient thanks and services, with their daily and continual prayer to Almighty God for the continual preservation of his most royal estate in most kingly honour and prosperity; yet always his Majesty, being replete and endowed by God with grace, goodness, and liberality, most tenderly considering that his said obedient and loving subjects cannot use or exercise themselves according to their estates, degrees, faculties, and qualities, or to bear themselves in such wise as that they may conveniently keep and maintain their hospitalities and families, nor the good education and bringing up of their lawful generations, which in this realm (laud be to God) is in all parts very great and abundant, but that in manner of necessity, as by daily experience is manifested and known, they shall not be able of their proper goods, chattels, and other movable substance to discharge their debts, and after their degrees set forth and advance their children and posterities; Wherefore our said Sovereign Lord most virtuously considering the mortality that is to every person at God's will and pleasure most common and uncertain, of his most blessed disposition and liberality, being willing to relieve and help his said subjects in their said necessities and debility, is contented / [388] and pleased that it be ordained and enacted by authority of this present Parliament in manner and form as hereafter followeth, that is to say, That all and every person and persons having or which hereafter shall have any manors, lands, tenements, or hereditaments, holden in socage, or of the nature of socage tenure, and not having any manors, lands, tenements, or hereditaments holden of the King our Sovereign Lord by knight-service, by socage tenure in chief, or of the nature of socage tenure in chief, nor of any other person or persons by knight-service, from the twentieth day of July in the year of our Lord MDXL, shall have full and free liberty, power, and authority to give, dispose, will, and devise, as well by his last will and testament in writing, or otherwise by any act or acts lawfully executed in his life, all his said manors, lands, tenements, or hereditaments, or any of them, at his free will and pleasure; any law, statute, or other thing heretofore had, made, or used, to the contrary notwithstanding.

2. ... ... (Darin ist dasselbe Verfügungsrecht für das ganze Land demjenigen eingeräumt, der sein Land nur in socage tenure und nicht unter knight service innehat.)

3. Saving alway and reserving to the King our Sovereign Lord, his heirs and successors, all his right, title and interest of primer seisin and reliefs, and also all other rights and duties for tenures in socage, or of the nature of socage tenure in chief, as heretofore hath been used and accustomed, the same manors, lands, tenements or hereditaments, to be taken, had, and sued out of and from the hands of his Highness, his heirs and successors, by the person or persons to whom any such manors, lands, tenements or hereditaments shall be disposed, willed, or devised, in such and like manner and form as hath been used by any heir or heirs before the making of this statute; and saving and reserving also fines for alienations of such manors, lands, tenements, or hereditaments holden of the King our Sovereign Lord in socage, or of the nature of socage tenure in chief, whereof there shall be any alteration of freehold or inheritance, made by will or otherwise, as is aforesaid.

4. And it is further enacted by the authority aforesaid, that all and singular person and persons having any manors, lands, tenements, or hereditaments of estate of inheritance holden of the King's Highness in chief by knight-service, or of the nature of knight-service in chief, from the said twentieth day of July, shall / [389] have full power and authority by his last will, by writing or otherwise, by any act or acts lawfully executed in his life, to give, dispose, will or assign two parts of the same manors, lands, tenements, or hereditaments, in three parts to be divided, or else as much of said manors, lands, tenements or hereditaments as shall extend or amount to the yearly value

of two parts of the same in three parts to be divided, in certainty and by special divisions as it may be known in severalty, to and for the advancement of his wife, preferment of his children, and payment of his debts or otherwise at his will and pleasure; any law, statute, custom or other thing to the contrary thereof notwithstanding.

5. Saving and reserving to the King our Sovereign Lord the custody, wardship and primer seisin, or any of them as the case shall require, of as much of the same manors, lands, tenements, or hereditaments as shall amount and extend to the full and clear yearly value of the third part thereof without any diminution, dower, fraud, covin, charge or abridgment of any of the same third part or of the full profits thereof.

Digby, S. 387—389.

XI.

1. Resolution of the House of Commons to the Lords, 24th of February, 1645

That the Court of Wards and Liveries, / [395] and all wardships, liveries, primer seisins, and ousterlemains, and all other charges incident or arising for or by reason of wardship, livery, primer seisin, or ousterlemain, be from this day taken away; and that all tenures by homage, and all fines, licences, seizures, and pardons for alienation, and all other charges incident thereto, be likewise taken away; and that all tenures by knight-service either of his Majesty or others, or by knight-service or socage in capite of his Majesty, be turned into free and common socage.

2. Act of Parliament von 1656

Whereas the four and twentieth day of February in the year of our Lord 1645 the Court of Wards and Liveries and all wardships, liveries, primer seisins, and ousterlemains, and all other charges incident or arising for or by reason of wardships, livery, primer seisins, or ousterlemains, and all tenures by homage, and all fines, licences, seizures, and pardons for alienation, and all other charges incident thereunto, were by the Lords and Commons then assembled in Parliament taken away, and all tenures by knight-service, either of the king or others, or by knight-service in capite, or socage in capite of the king, were turned into free and common socage, for the further establishing and confirming the same, Be it declared and enacted by His Highness the Lord Protector and the Parliament, that the Court of Wards and Liveries, and all wardships, liveries, primer seisins, and ousterlemains, and all other charges incident and arising for or by reason of any such tenure, wardship, livery, primer seisin, or ousterlemain, be taken away, from the said four and twentieth day of February 1645, and that all homage, fines, licences, seizures, pardons for alienation, incident or arising for or by reason of wardship, livery, primer seisin, or ousterlemain, and all other charges incident thereunto be likewise taken away, and is hereby adjudged and declared to be taken away from the said twenty-fourth day of February 1645, And that all tenures in capite and by knight-service of the late king or any other person, and all tenures by socage in chief, be taken away, and all tenures are hereby enacted and declared to be turned into free and common socage / [396] from the said twenty-fourth day of February 1645, and shall be so construed, adjudged and declared to be for ever hereafter turned into free and common socage. Nevertheless it is hereby enacted that all rents certain, and heriots, due to mesne lords or other private persons, shall be paid; and that where any relief or double ancient yearly rent, upon the death of an ancestor, was in such cases formerly due and payable, a double ancient yearly rent only in lieu thereof shall now be paid upon the death of an ancestor as in free and common socage, and that the same shall be recovered by like remedy in law, as rents and duties in free and common socage.

3. 12 Car. II, c. 24 (1660)

An Act taking away the Court of Wards and Liveries, and Tenures in Capite, and by Knight-Service, and Purveyance, and for settling a Revenue upon his Majesty in lieu thereof.

Whereas it hath been found by former experience that the Court of Wards and Liveries and tenures by knight-service either of the king or others, or by knight-service in capite, or socage in capite of the king, and the consequents upon the same, have been much more burthensome, grievous, and prejudicial to the kingdom / [397] than they have been beneficial to the king; And whereas since the intermission of the said Court, which hath been from the four and twentieth day of February, which was in the year of our Lord one thousand six hundred forty and five, many persons have by will and otherwise made disposal of their lands held by knight-service, whereupon divers questions might possibly arise unless some seasonable remedy be taken to prevent the same; Be it therefore enacted by the King our Sovereign Lord, with the assent of the Lords and Commons in Parliament assembled, and by the authority of the same, and it is hereby enacted, That the Court of Wards and Liveries, and all wardships, liveries, primer seisins and ousterlemains, values and forfeitures of marriages, by reason of any tenure of the King's Majesty, or of any other by knight-service, and all mean rates, and all other gifts, grants, and charges, incident or arising for or by reason of wardships, liveries, primer seisins, or ousterlemains, be taken away and discharged, and are hereby enacted to be taken away and discharged, from the said twenty-fourth day of February one thousand six hundred forty-five; any law, statute, custom, or usage to the contrary hereof in any wise notwithstanding: And that all fines for alienations, seizures, and pardons for alienations, tenure by homage, and all charges incident or arising for or by reason of wardship, livery, primer seisin, or ousterlemain, or tenure by knight-service, escuage, and also aide pur file marrier, et pur faire fitz chivalier, and all other charges incident thereunto, be likewise taken away and discharged from the said twenty-fourth day of February one thousand six hundred forty and five: any law, statute, custom, or usage to the contrary hereof in any wise notwithstanding: And that all tenures by knight-service of the king, or of any other person, and by knight-service in capite, and by socage in capite of the king, and the fruits and consequents thereof, happened or which shall or may hereafter happen or arise thereupon or thereby, be taken away and discharged; any law, statute, custom, or usage to the contrary hereof in any wise notwithstanding; And all tenures of any honours, manors, lands, tenements, or hereditaments, of any estate of inheritance at the common law, held either of the king or of any other person or persons, bodies politick or corporate, are hereby enacted to be turned into free and common socage, to all intents and purposes, from the said twenty-fourth day of February one thousand six hundred forty-five, and shall be so / [398] construed, adjudged, and deemed to be from the said twenty-fourth day of February one thousand six hundred forty-five, and for ever hereafter, turned into free and common socage; any law, statute, custom, or usage to the contrary hereof in any wise notwithstanding.

2. And that the same shall for ever hereafter stand and be discharged of all tenure by homage, escuage, voyages royal, and charges for the same, wardships incident to tenure by knight's-service, and values and forfeitures of marriage, and all other charges incident to tenure by knight-service, and of and from aide pur file marrier, and aide pur faire fitz chivalier; any law, statute, usage, or custom to the contrary in any wise notwithstanding. And that all conveyances and devises of any manors, lands, tenements, and hereditaments, made since the said twenty-fourth day of February, shall be expounded to be of such effect as if the same manors, lands, tenements, and hereditaments had been then held and continued to be holden in free and common socage only; any law, statute, custom, or usage to the contrary hereof in any wise notwithstanding.

3. And be it further ordained and enacted by the authority of this present Parliament, That one Act made in the reign of King Henry the Eighth, intituled An Act for the Establishment of the Court of the King's Wards; and also one Act of Parliament made in the thirty-third year of the reign of the said King Henry the Eighth, concerning the officers of the Courts of Wards and Liveries, and every clause, article, and matter in the said Acts contained, shall from henceforth be repealed and utterly void.

4. And be it further enacted by the authority aforesaid, That all tenures hereafter to be created by the King's Majesty, his heirs or successors, upon any gifts or grants of any manors, lands, tenements, or hereditaments, of any estate of inheritance at the common law, shall be in free and common socage, and shall be adjudged to be in free and common socage only, and not by knight-service, or in capite, and shall be discharged of all wardship, value and forfeiture of marriage, livery, primer seisin, ousterlemain, aide pur faire fitz chivalier and pur file marrier; any law, statute, or reservation to the contrary thereof in any wise notwithstanding.

5. Provided nevertheless, and be it enacted, That this Act, or anything herein contained, shall not take away, nor be construed to take away, any rents certain, heriots, or suits of court, belonging or incident to any former tenure now taken away or altered / [399] by virtue of this Act, or other services incident or belonging to tenure in common socage due or to grow due to the King's Majesty, or mean lords, or other private person, or the fealty and distresses incident thereunto; and that such relief shall be paid in respect of such rents as is paid in case of a death of a tenant in common socage.

6. Provided always, and be it enacted, That anything herein contained shall not take away, nor be construed to take away any fines for alienation due by particular customs of particular manors and places, other than fines for alienations of lands or tenements holden immediately of the king in capite.

7. Provided also, and be it further enacted, That this Act, or anything herein contained, shall not take away, or be construed to take away, tenures in frank-almoign, or to subject them to any greater or other services than they now are; nor to alter or change any tenure by copy of court-roll, or any services incident thereunto; nor to take away the honorary services of grand serjeanty, other than of wardship, marriage, and value of forfeiture of marriage, escuage, voyages royal, and other charges incident to tenure by knight-service; and other than aide pur faire fitz chivalier, and aide pur file marrier.

8. And be it further enacted by the authority aforesaid, That where any person hath or shall have any child or children under the age of

one and twenty years, and not married at the time of his death; that it shall and may be lawful to and for the father of such child or children, whether born at the time of the decease of the father, or at that time in ventre sa mere, or whether such father be within the age of one and twenty years or of full age, by deed executed in his life-time, or by his last will and testament in writing, in the presence of two or more credible witnesses, in such manner, and from time to time as he shall respectively think fit, to dispose of the custody and tuition of such child or children for and during such time as he or they shall respectively remain under the age of twenty-one years, or any lesser time, to any person or persons in possession or remainder, other than Popish recusants; and that such disposition of the custody of such child or children, made since the twenty-fourth of February one thousand six hundred and forty-five, or hereafter to be made, shall be good and effectual against all and every person or persons claiming the / [400] custody or tuition of such child or children, as guardian in socage or otherwise: And that such person or persons to whom the custody of such child or children hath been or shall be so disposed or devised as aforesaid, shall and may maintain an action of ravishment of ward or trespass against any person or persons which shall wrongfully take away or detain such child or children, for the recovery of such child or children; and shall and may recover damages for the same in the said action for the use and benefit of such child or children.

9. And be it further enacted, That such person or persons to whom the custody of such child or children hath been or shall be so disposed or devised, shall and may take into his or their custody to the use of such child or children the profit of all lands tenements and heredita-ments of such child or children; and also the custody, tuition, and management of the goods, chattels, and personal estate of such child or children, till their respective age of one and twenty years, or any lesser time, according to such disposition aforesaid, and may bring such action or actions in relation thereunto as by law a guardian in common socage might do.

10. Provided also, That this Act, or anything herein contained, shall not extend to alter or prejudice the custom of the City of London, nor of any other city or town corporate, or of the town of Berwick-upon-Tweed, concerning orphans; nor to discharge any apprentice from his apprenticeship.

11. Provided also, That neither this Act, nor anything therein contained, shall infringe or hurt any title of honour, feodal or other, by which any person hath or may have right to sit in the Lord's House of Parliament as to his or their title of honour or sitting in Parlia-ment, and the privilege belonging to them as Peers; this Act or any-

thing therein contained to the contrary in any wise nothwithstanding.
15.—52. ... ... (Bestimmungen über den Ausgleich für die Einkommenseinbußen des Königs durch Besteuerung von Bier, Ale und Apfelmost.)
Digby, S. 394—400.

XII.

1. Quare ejecit infra terminum

Rex, vicecomiti salutem. Si A te fecerit securum de clamore suo prosequendo, tunc summoneas per bonos summonitores B quod sit coram justitiariis nostris apud Westmonasterium ostensurus quare deforciat praefato A unum mesuagium cum pertinentiis in N quod C ei dimisit ad terminum qui nondum praeteriit, infra quem terminum idem C praefato B mesuagium illud vendidit, occasione cujus venditionis idem B praefatum A de mesuagio praedicto ejecit ut dicit. Et habeas ibi summonitores et hoc breve. Teste, etc.

2. Ejectio firmae

Rex, vicecomiti salutem. Si A te fecerit, etc., tunc pone per vadium et salvos plegios B quod sit coram justitiariis, etc., ostensurus quare vi et armis manerium de I quod C praefato A dimisit ad terminum qui nondum praeteriit, intravit, et bona et catalla ejusdem A ad valentiam tanti in eodem manerio inventa cepit et asportavit, et ipsum a firma sua praedicta ejecit, et alia enormia ei intulit ad grave damnum ipsius A et contra pacem nostram. Et habeas ibi nomina plegiorum et hoc breve. Teste, etc.
Holdsworth, III, S. 500.

XIII. Feoffment in fee

RICARDUS de Luci omnibus hominibus suis atque amicis Francis et Anglis tam praesentibus quam futuris totius Angliae salutem. Sciatis me dedisse et comcessisse Radulfo Britono Terram Chiggewillae cum omnibus pertinentibus eidem terrae sibi et haeredibus suis ad tenendum de me et de haeredibus meis in feodo et haereditate per servicium unius militis. Quare volo et firmiter praecipio quod idem Radulfus et haeredes sui terram illam teneant in bene et in pace et libere et quiete et honorifice, in bosco et plano in pratis et pasturis in aquis in viis et semitis et in omnibus aliis rebus quae terrae illi pertinent. Testibus, etc.
Digby, S. 61.

XIV. Beispiel für eine recovery-Urkunde

GEORGE the second by the grace of God of Great Britain, France, and Ireland King, defender of the faith, and so forth; to all to whom these our present letters shall come, greeting. *Know ye,* that among the pleas of land, enrolled at Westminster, before Sir John Willes, knight, and his fellows, our justices of the bench, of the term of saint Michael, in the twenty-first year of our reign, upon the fifty second roll it is thus contained. *Entry* returnable on the oc- / [XVIII] tave of saint Martin. *Norfolk,* to wit: Francis Golding, clerk, in his proper person demandeth against David Edwards, esquire, two messuages, two gardens, three hundred acres of land, one hundred acres of meadow, two hundred acres of pasture, and fifty acres of wood, with the appurtenances, in Dale, as his right and inheritance, and into which the said David hath not entry, unless after the disse-sin, which Hugh Hunt thereof unjustly, and without judgement, hath made to the aforesaid Francis, within thirty years now last past. And whereupon he saith, that he himself was seised of the tenements aforesaid, with the appurtenances, in his demesne as of fee and right, in time of peace, in the time of the lord the king that now is, boy taking the profits thereof to the value of six shillings and eight pence, and more, in rents, corn, and grass: and into which the said David hath not entry, unless as aforesaid: and thereupon he bringeth suit, and good proof. *And* the said David in his proper person comes and defendeth his right, when and where it shall behove him, and thereupon voucheth to warranty Jacob Morland; who is present here in court in his proper person, and the tenements aforesaid, with the appurtenances, to him freely warranteth, and prays that the said Francis may count against him. *And* hereupon the said Francis demandeth against the said Jacob, tenant by his own warranty, the tenements aforesaid, with the appurtenances, in form aforesaid. And whereupon he saith, that he himself was seised of the tenements aforesaid, with the appurtenances, in his demesne as of fee and right, in time of peace, in the time of the lord the king that now is, by taking the profits thereof to the value of six shillings and eight pence, and more, in rents, corn, and grass: and into which the said David hath not entry, unless as aforesaid: and thereupon he bringeth suit, and good proof. *And* the aforesaid Jacob, tenant by his own warranty, defends his right, when and where it shall behove him. And saith that the aforesaid Hugh did not disseise the aforesaid Francis of the tenements aforesaid, as the aforesaid Francis by his writ and count afore- / [XIX] said above doth suppose: and of this he puts himself upon the country. *And* the aforesaid Francis thereupon cra-veth leave to imparl; and he hath it. And afterwards the aforesaid Francis cometh again here into the court in this same term in his proper person, and the aforesaid Jacob, though solemny called, cometh not again, but hath departed in contempt of court, and maketh default. *Therefore it is considered,* that the aforesaid Francis do recover his seisin against the aforesaid David of the tenements aforesaid, with the appurtenances; and that the said David have of the land of the aforesaid Jacob to the value of the tenements aforesaid. And the said Jacob in mercy. *And* hereupon the said Francis prays a writ of the lord the king, to be directed to the sheriff of the county aforesaid, to cause him to have full seisin of the tenements aforesaid with the appurtenances: and it is granted unto him, returnable here without delay. Afterwards, that is to say, the twenty eighth day of November in this same term, here cometh the said Francis in his proper person; and the sheriff, namely sir Charles Thompson, knight, now sendeth, that he by virtue of the writ aforesaid to him directed, on the twenty fourth day of the same month, did cause the said Francis to have full seisin of the tenements aforesaid with the appurtenances, as he was commanded. *All and singular* which premises, at the request of the said Francis, by the tenor of these presents we have held good to be exemplified. In testimony whereof we have caused our seal, appointed for sealing writs in the bench aforesaid, to be affixed to these presents. *Witness* sir John Willes, knight at Westminster, the twenty eighth day of November, in the twenty first year of our reign.

Cooke.

Blackstone, II, Appendix, S. XVII—XIX.

XV. Covenant Between the Settlers at New Plymouth, 11. November 1620

IN THE NAME OF GOD, AMEN. We, whose names are underwritten, the Loyal Subjects of our dread Sovereign Lord King James, by the Grace of God, of Great Britain, France, and Ireland, King, Defender of the Faith, &c. Having undertaken for the Glory of God, and Advancement of the Christian Faith, and the Honour of our King and Country, a Voyage to plant the first Colony in the northern Parts of Virginia; Do by these Presents, solemnly and mutually, in the Presence of God and one another, covenant and combine ourselves together into a civil Body Politick, for our better Ordering and Preservation, and Furtherance of the Ends aforesaid: And by Virtue hereof do enact, constitute, and frame, such just and equal Laws, Ordinances, Acts, Constitutions, and Officers, from time to time, as shall be thought most meet and convenient for the general Good of the Colony; unto which we promise all due Submission and Obedience. IN WITNESS whereof we have hereunto subscribed our names at Cape-Cod the eleventh of November, in the Reign of our Sovereign Lord King James, of England, France, and Ireland, the eighteenth, and of Scotland, the fifty-fourth, Anno Domini, 1620.

Mr. John Carver,	Mr. Samuel Fuller,	Edward Tilly,
Mr. William Bradford,	Mr. Christopher Martin,	John Tilly,
Mr. Edward Winslow,	Mr. William Mullins,	Francis Cooke,
Mr. William Brewster,	Mr. William White,	Thomas Rogers,
Isaac Allerton,	Mr. Richard Warren,	Thomas Tinker,
Myles Standish,	John Howland,	John Ridgdale,
John Alden,	Mr. Steven Hopkins,	Edward Fuller,
John Turner,	Digery Priest,	Richard Clark,
Francis Eaton,	Thomas Williams,	Richard Gardiner,
James Chilton,	Gilbert Winslow,	Mr. John Allerton,
John Craxton,	Edmund Margesson,	Thomas English,
John Billington,	Peter Brown,	Edward Doten,
Joses Fletcher,	Richard Britteridge,	Edward Liester.
John Goodman,	George Soule,	

Thorpe, III, S. 1841.

XVI. Maryland-Charter vom 20. Juni 1632

Charles, by the Grace of God, of England, Scotland, France, and Ireland, king, Defender of the Faith, &c. To all to whom these Presents come, Greeting.

II. Whereas our well beloved and right trusty Subject Caecilius Calvert, Baron of Baltimore, in our Kingdom of Ireland, Son and Heir of George Calvert, Knight, late Baron of Baltimore, in our said Kingdom of Ireland, treading in the steps of his Father, being animated with a laudable, and pious Zeal for extending the Christian Religion, and also the Territories of our Empire, hath humbly besought Leave of us, that he may transport, by his own Industry, and Expense, a numerous Colony of the English Nation, to a certain Region, herein after described, in a Country hitherto uncultivated, in the Parts of America, and partly occupied by Savages, having no knowledge of the Divine Being, and that all that Region, with some / [1678] certain Privileges, and Jurisdiction, appertaining unto the wholesome Government, and State of his Colony and Region aforesaid, may by our Royal Highness be given, granted and confirmed unto him, and his Heirs.

III. Know Ye therefore, that We, encouraging with our Royal Favour, the pious and noble purpose of the aforesaid Barons of Baltimore, of our special Grace, certain knowledge, and mere Motion, have Given, Granted and Confirmed, and by this our present Charter, for Us our Heirs, and Successors, do Give, Grant and Confirm, unto the aforesaid Caecilius, now Baron of Baltimore, his Heirs, and

Assigns, all that Part of the Peninsula, or Chersonese, lying in the Parts of America, between the Ocean on the East and the Bay of Chesapeake on the West, divided from the Residue thereof by a Right Line drawn from the Promontory, or Head-Land, called Watkin's Point, situate upon the Bay aforesaid, near the river Wigloo, on the West, unto the main Ocean on the East; and between that Boundary on the South, unto that Part of the Bay of Delaware on the North, which lieth under the Fortieth Degree of North Latitude from the Equinoctial, where New England is terminated; And all that Tract of Land within the Metes underwritten (that is to say) passing from the said Bay, called Delaware Bay, in a right Line, by the Degree aforesaid, unto the true meridian of the first Fountain of the River of Pattowmack, thence verging toward the South, unto the further Bank of the said River, and following the same on the West and South, unto a certain Place, called Cinquack, situate near the mouth of the said River, where it disembogues into the aforesaid Bay of Chesapeake, and thence by the shortest Line unto the aforesaid Promontory or Place, called Watkin's Point; so that the whole tract of land, divided by the Line aforesaid, between the main Ocean and Watkin's Point, unto the Promontory called Cape Charles, and every the Appendages thereof, may entirely remain excepted for ever to Us, our Heirs and Successors.

IV. Also We do grant and likewise Confirm unto the said Baron of Baltimore, his Heirs, and Assigns, all Islands and Islets within the Limits aforesaid, all and singular the Islands, and Islets, from the Eastern Shore of the aforesaid Region, towards the East, which had been, or shall be formed in the Sea, situate within Ten marine Leagues from the said shore; with all and singular the Ports, Harbours, Bays, Rivers, and Straits belonging to the Region or Islands aforesaid, and all the Soil, Plains, Woods, Marshes, Lakes, Rivers, Bays, and Straits, situate, or being within the Metes, Bounds, and Limits aforesaid, with the Fishings of every kind of Fish, as well of Whales, Sturgeons, and other royal Fish, as of other Fish, in the Sea, Bays, Straits, or Rivers, within the Premises, and the fish there taken; And moreover all Veins, Mines, and Quarries, as well opened as hidden, already found, or that shall be found within the Region, Islands, or Limits aforesaid, of Gold, Silver, Gems, and precious Stones, and any other whatsoever, whether they be of Stones, or Metals, or of any other Thing, or Matter whatsoever; And furthermore the Patronages, and Advowsons of all Churches which (with the increasing Worship and Religion of Christ) within the said Region, Islands, Islets, and Limits aforesaid, hereafter shall happen to be built, together with License and Faculty of erecting and founding Churches, Chapels, and Places of Worship, in convenient and / [1679] suitable places, within the Premises, and of causing the same to be dedicated and consecrated according to the Ecclesiastical Laws of our Kingdom of England, with all, and singular such, and as ample Rights, Jurisdictions, Privileges, Prerogatives, Royalties, Liberties, Immunities, and royal Rights, and temporal Franchises whatsoever, as well by Sea as by Land, within the Region, Islands, Islets, and Limits aforesaid, to be had, exercised, used, and enjoyed, as any Bishop of Durham, within the Bishoprick or County Palatine of Durham, in our Kingdom of England, ever heretofore hath had, held, used, or enjoyed, or of right could, or ought to have, hold, use, or enjoy.

V. And we do by these Presents, for us, our Heirs, and Successors, Make, Create, and Constitute Him, the now Baron of Baltimore, and his Heirs, the true and absolute Lords and Proprietaries of the Region aforesaid, and of all other Premises (except the before excepted) saving always the Faith and Allegiance and Sovereign Dominion due to Us, our Heirs, and Successors; to have, hold, possess, and enjoy the aforesaid Region, Islands, Islets, and other the Premises, unto the aforesaid now Baron of Baltimore, and to his Heirs and Assigns, to the sole and proper Behoof and Use of him, the now Baron of Baltimore, his Heirs and Assigns, forever. To Hold of Us, our Heirs and Successors, Kings of England, as of our Castle of Windsor, in our County of Berks, in free and common Soccage, by Fealty only for all Services, and not in Capite, nor by Knight's Service, Yielding therefore unto Us, our Heirs and Successors Two Indian Arrows of these Parts, to be delivered at the said Castle of Windsor, every Year, on Tuesday in Easter Week: And also the fifth Part of all Gold and Silver Ore, which shall happen from Time to Time, to be found within the aforesaid Limits.

VI. Now, That the aforesaid Region, thus by us granted and described, may be eminently distinguished above all other Regions of that Territory, and decorated with more ample Titles, Know Ye, that We, of our more especial Grace, certain knowledge, and mere Motion, have thought fit that the said Region and Islands be erected into a Province, as out of the Plenitude of our royal Power and Prerogative. We do, for Us, our Heirs and Successors, erect and incorporate the same into a Province, and nominate the same Maryland, by which Name We will that it shall from henceforth be called.

VII. And forasmuch as We have above made and ordained the aforesaid now Baron of Baltimore, the true Lord and Proprietary of the whole Province aforesaid, Know Ye therefore further, that We, for Us, our Heirs and Successors, do grant unto the said now Baron, (in whose Fidelity, Prudence, Justice, and provident Circumspection of Mind, We repose the greatest Confidence) and to his Heirs, for the good and happy Government of the said Province, free, full, and absolute Power, by the Tenor of these Presents, to Ordain, Make, and Enact Laws, of what Kind soever, according to their sound Discretions, whether relating to the Public State of the said Province, or the private Utility of Individuals, of and with the Advice, Assent, and Approbation of the Free-Men of the same Province, or the greater Part of them, or of their Delegates or Deputies, whom We will shall be called together for the framing of Laws, when, and as often as Need shall require, by the aforesaid now Baron of Baltimore, and his Heirs, and in the Form which shall seem best to him / [1680] or them, and the same to publish under the Seal of the aforesaid now Baron of Baltimore, and his Heirs, and duly to execute the same upon all Persons, for the time being, within the aforesaid Province, and the Limits thereof, or under his or their Government and Power, in Sailing towards Maryland, or thence Returning, Outward-bound, either to England, or elsewhere, whether to any other Part of Our, or of any foreign Dominions, wheresoever established, by the Imposition of Fines, Imprisonment, and other Punishment whatsoever; even if it be necessary, and the Quality of the Offence require it, by Privation of Member, or Life, by him the aforesaid now Baron of Baltimore, and his Heirs, or by his or their Deputy, Lieutenant, Judges, Justices, Magistrates, Officers, and Ministers, to be constituted and appointed according to the Tenor and true Intent of these Presents, and to constitute and ordain Judges, Justices, Magistrates and Officers of what kind, for what Cause, and with what Power soever, within that Land, and the Sea of those Parts, and in such form as to the said now Baron of Baltimore, or his Heirs, shall seem most fitting; And also to Remit, Release, Pardon, and Abolish, all Crimes and Offences whatsoever against such Laws, whether before, or after Judgment passed; and to do all and singular other Things belonging to the Completion of Justice, and to Courts, Praetorian Judicatories, and Tribunals, Judicial Forms and Modes of Proceeding, although express Mention thereof in these Presents be not made; and, by Judges by them delegated, to award Process, hold Pleas, and determine in those Courts, Praetorian Judicatories, and Tribunals, in all Actions, Suits, Causes, and Matters whatsoever, as well Criminal as Personal, Real and Mixed, and Praetorian: Which said Laws, so to be published as abovesaid, We will enjoin, charge, and command, to be most absolute and firm in Law, and to be Kept in those Parts by all the Subjects and Liege-Men of Us, our Heirs, and Successors, so far as they concern them, and to be inviolably observed under the Penalties therein expressed, or to be expressed. So, nevertheless, that the Laws aforesaid be consonant to Reason, and be not repugnant or contrary, but (so far as conveniently may be) agreeable to the Laws, Statutes, Customs, and Rights of this Our Kingdom of England.

VIII. And forasmuch as, in the Government of so great a Province, sudden accidents may frequently happen, to which it will be necessary to apply a Remedy, before the Freeholders of the said Province, their Delegates, or Deputies, can be called together for the framing of Laws; neither will it be fit that so great a Number of People should immediately, on such emergent Occasion, be called together, We therefore, for the better Government of so great a Province, do Will and Ordain, and by these Presents, for Us, our Heirs and Successors, do grant unto the said now Baron of Baltimore, and to his Heirs, that the aforesaid now Baron of Baltimore, and his Heirs, by themselves, or by their Magistrates and Officers, thereunto duly to be constituted as aforesaid, may, and can make and constitute fit and Wholesome Ordinances from Time to Time, to be Kept and observed within the Province aforesaid, as well for the Conservation of the Peace as for the better Government of the People inhabiting therein, and publicly to notify the same to all Persons whom the same in any wise do or may affect. Which Ordinances / [1681] We will to be inviolably observed within the said Province, under the Pains to be expressed in the same. So that the said Ordinances be consonant to Reason and be not repugnant nor contrary, but (so far as conveniently may be done) agreeable to the Laws, Statutes, or Rights of our Kingdom of England: And so that the same Ordinances do not, in any Sort, extend to oblige, bind, charge, or take away the Right or Interest of any Person or Persons, of, or in Member, Life, Freehold, Goods or Chattels.

IX. Furthermore, that the New Colony may more happily increase by a Multitude of People resorting thither, and at the same Time may be more firmly secured from the Incursions of Savages, or of other Enemies, Pirates, and Ravagers: We therefore, for Us, our Heirs and Successors, do by these Presents give and grant Power, License and Liberty, to all the Liege-Men and Subjects, present and future, of Us, our Heirs and Successors, except such to whom it shall be expressly forbidden, to transport themselves and their Families to the said Province, with fitting Vessels, and suitable Provisions, and therein to settle, dwell and inhabit; and to build and fortify Castles, Forts, and other Places of Strength, at the Appointment of the aforesaid now Baron of Baltimore, and his Heirs, for the Public and their own Defence; the Statute of Fugitives, or any other whatsoever to the contrary of the Premises in any wise notwithstanding.

X. We will also, and of our more abundant Grace, for Us, our Heirs and Successors, do firmly charge, constitute, ordain, and command, that the said Province be of our Allegiance; and that all and singular the Subjects and Liege-Men of Us, our Heirs and Successors, transplanted, or hereafter to be transplanted into the Province aforesaid, and the Children of them, and of others their Descendants, whether already born there, or hereafter to be born, be and shall be Natives and Liege-Men of Us, our Heirs and Successors, of our Kingdom of England and Ireland; and in all Things shall be held, treated, reputed, and esteemed as the faithful Liege-Men of Us, and our Heirs and Successors, born within our Kingdom of England; also Lands, Tenements, Revenues, Services, and other Hereditaments whatsoever, within our Kingdom of England, and other our Dominions, to inherit, or otherwise purchase, receive, take, have, hold, buy, and possess, and the same to use and enjoy, and the same to give, sell, alien and bequeath; and likewise all Privileges, Franchises and Liberties of this our Kingdom of England, freely, quietly, and peaceable to have and possess, and the same may use and enjoy in the same manner as our Liege-Men born, or to be born within our said Kingdom of England, without Impediment, Molestation, Vexation, Impeachment, or Grievance of Us, or any of our Heirs or Successors; any Statute, Act, Ordinance, or Provision to the contrary thereof, notwithstanding.

XI. Furthermore, That our Subjects may be incited to undertake this Expedition with a ready and cheerful mind: Know Ye, that We, of our especial Grace, certain Knowledge, and mere Motion, do, by the Tenor of these Presents, give and grant, as well as to the aforesaid Baron of Baltimore, and to his Heirs, as to all other Persons who shall from Time to Time repair to the said Province, either for the Sake of Inhabiting, or of Trading with the Inhabitants of the Province aforesaid, full License to Ship and Lade in any the Ports / [1682] of Us, our Heirs and Successors, all and singular their Goods, as well movable, as immovable, Wares and Merchandizes, likewise Grain of what Sort soever, and other Things whatsoever necessary for Food and Clothing, by the Laws and Statutes of our Kingdoms and Dominions, not prohibited to be transported out of the said Kingdoms; and the same to transport, by themselves, or their Servants or Assigns, into the said Province, without the Impediment or Molestation of Us, our Heirs or Successors, or any Officers of Us, our Heirs or Successors, (Saving unto Us, our Heirs and Successors, the Impositions, Subsidies, Customs, and other Dues payable for the same Goods and Merchandizes) any Statute, Act, Ordinance, or other Thing whatsoever to the contrary notwithstanding.

XII. But because, that in so remote a Region, placed among so many barbarous Nations, the Incursions as well of the Barbarians themselves, as of other Enemies, Pirates and Ravagers, probably will be feared. Therefore We have Given, and for Us, our Heirs, and Successors, do Give by these Presents, as full and unrestrained Power, as any Captain-General of an Army ever hath had, unto the aforesaid now Baron of Baltimore, and to his Heirs and Assigns, by themselves, or by their Captains, or other Officers to summon to their Standards, and to array all men, of whatsoever Condition, or wheresoever born, for the Time being, in the said Province of Maryland, to wage War, and to pursue, even beyond the Limits of their Province, the Enemies and Ravagers aforesaid, infesting those Parts by Land and by Sea, and (if God shall grant it) to vanquish and captivate them, and the Captives to put to Death, or, according to their Discretion, to save, and to do all other and singular the Things which appertain, or have been accustomed to appertain unto the Authority and Office of a Captain-General of an Army.

XIII. We also will, and by this our Charter, do give unto the aforesaid now Baron of Baltimore, and to his Heirs and Assigns, Power, Liberty, and Authority, that, in Case of Rebellion, sudden Tumult, or Sedition, if any (which God forbid) should happen to arise, whether upon Land within the Province aforesaid, or upon the High Sea in making a Voyage to the said Province of Maryland, or in returning thence, they may, by themselves, or by their Captains, or other Officers, thereunto deputed under their Seals (to whom We, for Us, our Heirs and Successors, by these Presents, do Give and Grant the fullest Power and Authority) exercise Martial Law as freely, and in as ample Manner and Form, as any Captain-General of an Army, by virtue of his Office may, or hath accustomed to use the same, against the seditious Authors of Innovations in those Parts, withdrawing themselves from the Government of him or them, refusing to serve in War, flying over to the Enemy, exceeding their Leave of Absence, Deserters, or otherwise howsoever offending against the Rule, Law, or Discipline of War.

XIV. Moreover, left in so remote and far distant a Region, every Access to Honors and Dignities may seem to be precluded, and utterly barred, to Men well born, who are preparing to engage in the present Expedition, and desirous of deserving well, both in Peace and War, of Us, and our Kingdom; for this Cause, We, for Us, our Heirs and Successors, do give free and plenary Power to the aforesaid now Baron of Baltimore, and to his Heirs and Assigns, to confer Favors, / [1683] Rewards and Honors, upon such Subjects, inhabiting within the Province aforesaid, as shall be well deserving, and to adorn them with whatsoever Titles and Dignities they shall appoint; (so that they be not such as are now used in England) also to erect and incorporate Towns into Boroughs, and Boroughs into Cities, with suitable Privileges and Immunities, according to the Merits of the Inhabitants, and Convenience of the Places; and to do all and singular other Things in the Premises, which to him or them shall seem fitting and convenient; even although they shall be such as, in their own Nature, require a more special Commandment and Warrant than in these Presents may be expressed.

XV. We will also, and by these Presents do, for Us, our Heirs and Successors, give and grant License by this our Charter, unto the aforesaid now Baron of Baltimore, his Heirs and Assigns, and to all Persons whatsoever, who are, or shall be Residents and Inhabitants of the Province aforesaid, freely to import and unlade, by themselves, their Servants, Factors or Assigns, all Wares and Merchandizes whatsoever, which shall be collected out of the Fruits and Commodities of the said Province, whether the Product of the Land or the Sea, into any the Ports whatsoever of Us, our Heirs and Successors, of England or Ireland, or otherwise to dispose of the same there; and, if Need be, within One Year, to be computed immediately from the Time of unlading thereof, to lade the same Merchandizes again, in the same, or other Ships, and to export the same to any other Countries they shall think proper, whether belonging to Us, or any foreign Power which shall be in Amity with Us, our Heirs or Successors: Provided always, that they be bound to pay for the same to Us, our Heirs and Successors, such Customs and Impositions, Subsidies and Taxes, as our other Subjects of our Kingdom of England, for the Time being, shall be bound to pay, beyond which We will that the Inhabitants of the aforesaid Province of the said Land, called Maryland, shall not be burdened.

XVI. And furthermore, or our more ample special Grace, and of our certain Knowledge, and mere Motion, We do, for Us, our Heirs and Successors, grant unto the aforesaid now Baron of Baltimore, his Heirs and Assigns, full and absolute Power and Authority to make, erect, and constitute, within the Province of Maryland, and the Islands and Islets aforesaid, such, and so many Sea-Ports, Harbors, Creeks, and other Places of Unlading and Discharge of Goods and Merchandizes out of Ships, Boats, and other Vessels, and of Lading in the same, and in so many, and such Places, and with such Rights, Jurisdictions, Liberties, and Privileges, unto such Parts respecting, as to him or them shall seem most expedient: And, that all and every the Ships, Boats, and other Vessels whatsoever, coming to, or going from the Province aforesaid, for the Sake of Merchandizing, shall be laden and unladen at such Ports only as shall be so erected and constituted by the said now Baron of Baltimore, his Heirs and Assigns, any Usage, Custom, or other Thing whatsoever to the contrary notwithstanding, Saving always to Us, our Heirs and Successors, and to all the Subjects of our Kingdoms of England and Ireland, of Us, our Heirs and Successors, the Liberty of Fishing for Sea-Fish, as well in the Sea, Bays, Straits, and navigable Rivers, as in the Harbors, Bays, and Creeks of the Province aforesaid; and the Privilege of Salting / [1684] and Drying Fish on the Shores of the same Province; and, for that Cause, to cut down and take Hedging-Wood and Twigs there growing, and to build Huts and Cabins, necessary in this Behalf, in the same Manner, as heretofore they reasonably might, or have used to do. Which Liberties and Privileges, the said Subjects of Us, our Heirs and Successors, shall enjoy, without notable Damage or Injury in any wise to be done to the aforesaid now Baron of Baltimore, his Heirs or Assigns, or to the Residents and Inhabitants of the same Province in the Ports, Creeks, and Shores aforesaid, and especially in the Woods and Trees there growing. And if any Person shall do Damage or Injury of this Kind, he shall incur the Peril and Pain of the heavy Displeasure of Us, our Heirs and Successors, and of the due Chastisement of the Laws, besides making Satisfaction.

XVII. Moreover, We will, appoint, and ordain, and by these Presents, for Us, our Heirs and Successors, do grant unto the aforesaid now Baron of Baltimore, his Heirs and Assigns, that the same Baron of Baltimore, his Heirs and Assigns, from Time to Time, forever, shall have, and enjoy the Taxes and Subsidies payable, or arising within the Ports, Harbors, and other Creeks and Places aforesaid, within the Province aforesaid, for Wares bought and sold, and Things there to be laden, or unladen, to be reasonably assessed by them, and the People there as aforesaid, on emergent Occasion; to whom We grant Power by these Presents, for Us, our Heirs and Successors, to assess and impose the said Taxes and Subsidies there, upon just Cause and in due Proportion.

XVIII. And furthermore, of our special Grace, and certain Knowledge, and mere Motion, We have given, granted, and confirmed, and by these Presents, for Us, our Heirs and Successors, do give, grant and confirm, unto the said now Baron of Baltimore, his Heirs and Assigns, full and absolute License, Power, and Authority, that he, the aforesaid now Baron of Baltimore, his Heirs and Assigns, from Time to Time hereafter, forever, may and can, at his or their Will and Pleasure, assign, alien, grant, demise, or enfeoff so many, such, and proportionate Parts and Parcels of the Premises, to any Person or Persons willing to purchase the same, as they shall think convenient, to have and to hold to the same Person or Persons willing to take or purchase the same, and his and their Heirs and Assigns, in Fee-simple, or Fee-tail, or for Term of Life, Lives or Years; to hold of the aforesaid now Baron of Baltimore, his Heirs and Assigns, by so many, such, and so great Services, Customs and Rents of this Kind, as to the same now Baron of Baltimore, his Heirs, and Assigns, shall seem fit and agreeable, and not immediately of Us, our Heirs and Successors. And We do give, and by these Presents, for Us, our Heirs and Successors, do grant to the same Person and Persons, and to each and every of them, License, Authority and Power, that such Person and Persons may take the Premises, or any Parcel thereof, of the aforesaid now Baron of Baltimore, his Heirs and Assigns, and hold the same to them and their Assigns, or Heirs, of the aforesaid Baron of Baltimore, his Heirs and Assigns, of what Estate of Inheritance soever, in Fee Simple or Fee-tail, or otherwise, as to them and the now Baron of Baltimore, his Heirs and Assigns, shall seem expedient; the Statute made in the Parliament of Lord Edward, Son of King Henry, late King of England, our Progenitor, commonly called / [1685] the "Statute Quia Emptores Terrarum", heretofore published in our Kingdom of England, or any other Statue, Act, Ordinance, Usage, Law, or Custom, or any other Thing, Cause, or Matter, to the contrary thereof, heretofore had, done, published, ordained or provided to the contrary thereof notwithstanding.

XIX. Whe also, by these Presents do give and grant License to the same Baron of Baltimore, and to his Heirs, to erect any Parcels of Land within the Province aforesaid, into Manors, and in every of those Manors, to have and to hold a Court-Baron, and all Things which to a Court Baron do belong; and to have and to Keep View of Frank-Pledge, for the Conservation of the Peace and better Government of those Parts, by themselves and their Stewards, or by the Lords, for the Time being to be deputed, of other of those Manors when they shall be constituted, and in the same to exercise all Things to the View of Frank Pledge belong.

XX. And further We will, and do, by these Presents, for Us, our Heirs and Successors, covenant and grant to, and with the aforesaid now Baron of Baltimore, His Heirs and Assigns, that We, our Heirs, and Successors, at no Time hereafter, will impose, or make or cause to be imposed, any Impositions, Customs, or other Taxations, Quotas, or Contributions whatsoever, in or upon the Residents or Inhabitants of the Province aforesaid for their Goods, Lands, or Tenements within the same Province, or upon any Tenements, Lands, Goods or Chattels within the Province aforesaid, or in or upon any Goods or Merchandizes within the Province aforesaid, or within the Ports or Harbors of the said Province, to be laden or unladen; And We will and do, for Us, our Heirs and Successors, enjoin and command that this our Declaration shall, from Time to Time, be received and allowed in all our Courts and Praetorian Judicatories, and before all the Judges whatsoever of Us, our Heirs and Successors, for a sufficient and lawful Discharge, Payment, and Acquittance thereof, charging all and singular the Officers and Ministers of Us, our Heirs and Successors, and enjoining them under our heavy Displeasure, that they do not at any Time presume to attempt any Thing to the contrary of the Premises, or that may in any wise contravene the same, but that they, at all Times, as is fitting, do aid and assist the aforesaid Inhabitants and Merchants of the Province of Maryland aforesaid, and their Servants and Ministers, Factors and Assigns, in the fullest Use and Enjoyment of the Charter.

XXI. And furthermore We will, and by these Presents for Us, our Heirs and Successors, do grant unto the aforesaid now Baron of Baltimore, his Heirs and Assigns, and to the Freeholders and Inhabitants of the said Province, both Present and to come, and to every of them, that the said Province, and the Freeholder or Inhabitants of the said Colony or Country, shall not henceforth be held or reputed a Member or Part of the Land of Virginia, or of any other Colony already transported, or hereafter to be transported, or be dependent on the same, or subordinate in any kind of Government, from which We do separate both the said Province, and Inhabitants thereof, and by these Presents do will to be distinct, and that they may be immediately subject to our Crown of England, and dependent on the same forever.

XXII. / [1686] And if, peradventure, hereafter it may happen, that any Doubts or Questions should arise concerning the true Sense and Meaning of any Word, Clause, or Sentence, contained in this our present Charter, We will charge and command, That Interpretation to be applied always, and in all Things, and in all Courts and Judicatories whatsoever, to obtain which shall be judged to be the more beneficial, profitable, and favorable to the aforesaid now Baron of Baltimore, his Heirs and Assigns: Provided always, that no Interpretation thereof be made, whereby God's holy and true Christian Religion, or the Allegiance due to Us, our Heirs and Successors, may in any wise suffer by Change, Prejudice, or Diminution; although express Mention be not made in these Presents of the true yearly Value or Certainty of the Premises, or of any Part thereof; or of other Gifts and Grants made by Us, our Heirs and Successors, unto the said now Lord Baltimore, or any Statute, Act, Ordinance, Provision, Proclamation or Restraint, heretofore had, made, published, ordained or provided, or any other Thing, Cause, or Matter whatsoever, to the contrary thereof in any wise notwithstanding.

XXIII. In Witness Whereof We have caused these our Letters to be made Patent. Witness Ourself at Westminster, the Twentieth Day of June, in the Eighth Year of our Reign.

Thorpe, III, S. 1677—1686

XVII. The Fundamental Constitutions of Carolina — 1669

Our sovereign lord the King having, out of his royal grace and bounty, granted unto us the province of Carolina, with all the royalties, properties, jurisdictions, and privileges of a county palatine, as large and ample as the county palatine of Durham, with other great privileges; for the better settlement of the government of the said place, and establishing the interest of the lords proprietors with equality and without confusion; and that the government of this province may be made most agreeable to the monarchy under which we live and of which this province is a part; and that we may avoid erecting a numerous democracy, we, the lords and proprietors of the province aforesaid, have agreed to this following form of government, to be perpetually established amongst us, unto which we do oblige ourselves, our heirs and successors, in the most binding ways that can be devised.

One. The eldest of the lords proprietors shall be palatine; and, upon the decease of the palatine, the eldest of the seven surviving proprietors shall always succeed him.

Two. There shall be seven other chief offices erected, viz: the admirals, chamberlains, chancellors, constables, chief justices, high stewards, and treasurers; which places shall be enjoyed by none but the lords proprietors, to be assigned at first by lot; and, upon the vacancy of any one of the seven great offices, by death or otherwise, the eldest proprietor shall have his choice of the said place.

Three. The whole province shall be divided into counties; each county shall consist of eight signiories, eight baronies, and four precincts; each precinct shall consist of six colonies.

Four. Each signiory, barony, and colony shall consist of twelve thousands acres; the eight signiories being the share of the eight proprietors, and the eight baronies of the nobility; both which shares, being each of them one-fifth of the whole, are to be perpetually annexed, the one to the proprietors, the other to the hereditary nobility, leaving the colonies, being three-fifths, amongst the people; so that in setting out and planting the lands, the balance of the government may be preserved.

Five. At any time before the year one thousand seven hundred and one, any of the lords proprietors shall have power to relinquish, alienate, and dispose to any other person his proprietorship, and all the signiories, powers, and interest thereunto belonging, wholly and entirely together, and not otherwise. But after the year one thousand seven hundred, those who are then lords proprietors shall not have power to alienate or make over their proprietorship, with the signiories and privileges thereunto belonging, or any part thereof, to any person whatsoever, otherwise than in section eighteen; but it shall all descend unto their heirs male, and for want of heirs male, it shall all descent on that landgrave or cazique of Carolina who is descended / [2773] of the next heirs female of the proprietor; and, for want of such heirs, it shall descend on the next heir general; and, for want of such heirs, the remaining seven proprietors shall, upon the vacancy, choose a landgrave to succeed the deceased proprietors, who, being chosen by the majority of the seven surviving proprietors, he and his heirs, successively shall be proprietors, as fully to all intents and purposes as any of the rest.

Six. That the number of eight proprietors may be constantly kept, if, upon the vacancy of any proprietorship, the seven surviving proprietors shall not choose a landgrave to be a proprietor before the second biennial parliament after the vacancy, then the next biennial parliament but one, after such vacancy, shall have power to choose any landgrave to be a proprietor.

Seven. Whosoever, after the year one thousand seven hundred, either by inheritance or choice, shall succeed any proprietor in his proprietorship, and signiories thereunto belonging, shall be obliged to take the name and arms of that proprietor whom he succeeds; which from thenceforth shall be the name and arms of his family and their posterity.

Eight. Whatsoever landgrave or cazique shall any way come to be a proprietor, shall take the signiories annexed to the said proprietorship; but his former dignity, with the baronies annexed, shall devolve into the hands of the lords proprietors.

Nine. There shall be just as many landgraves as there are counties, and twice as many caziques, and on more. These shall be the hereditary nobility of the province, and by right of their dignity be members of parliament. Each landgrave shall have four baronies, and each cazique two baronies, hereditarily and unalterably annexed to and settled upon the said dignity.

Ten. The first landgrave and caziques of the twelve first counties to be planted shall be nominated thus, that is to say: of the twelve landgraves, the lords proprietors shall each of them, separately for himself, nominate and choose one; and the remaining four landgraves of the first twelve shall be nominated and chosen by the palatine's court. In like manner, of the twenty-four first caziques, each proprietor for himself shall nominate and choose two, and the remaining eight shall be nominated and chosen by the palatine's court; and when the twelve first counties shall be planted, the lords proprietors shall again in the same manner nominate and choose twelve more landgraves and twenty-four more caziques, for the next twelve counties to be planted; that is to say, two-thirds of each number by the single nomination of each proprietor for himself, and the remaining third by the joint election of the palatine's court, and so proceed in the same manner till the whole province of Carolina be set out and planted, according to the proportions in these fundamental constitutions.

Eleven. Any landgrave or cazique, at any time before the year one thousand seven hundred and one, shall have power to alienate, sell, or make over, to any other person, his dignity, with the baronies thereunto belonging all entirely together. But after the year one thousand and seven hundred, no landgrave or cazique shall have power to alienate, sell, make over, or let the hereditary baronies of his dignity, or any part thereof, otherwise than as in section eighteen; but they shall all entirely, with the dignity thereunto belonging, descend unto / [2774] his heirs male; and for want of heirs male, all entirely and undivided to the next heir general; and for want of such heirs, shall devolve into the hands of the lords proprietors.

Twelve. That the due number of landgraves and caziques may be always kept up, if, upon the devolution of any landgraveship or caziqueship, the palatine's court shall not settle the devolved dignity, with the baronies thereunto annexed, before the second biennial parliament after such devolution, the next biennial parliament but one after such devolution shall have power to make any one landgrave or cazique in the room of him who dying without heirs, his dignity and baronies devolved.

Thirteen. No one person shall have more than one dignity, with the signiories or baronies thereunto belonging. But whensoever it shall happen that any one who is already proprietor, landgrave, or cazique shall have any of these dignities descend to him by inheritance, it shall be at his choice to keep which of the dignities, with the lands annexed, he shall like best; but shall leave the other, with the lands annexed, to be enjoyed by him who, not being his heir apparent and certain successor to his present dignity, is next of blood.

Fourteen. Whosoever, by right of inheritance, shall come to be landgrave or cazique, shall take the name and arms of his predecessor in that dignity, to be from thenceforth the name and arms of his family and their posterity.

Fifteen. Since the dignity of proprietor, landgrave, or cazique cannot be divided, and the signiories or baronies thereunto annexed must forever all entirely descend with and accompany that dignity, whensoever, for want of heirs male, it shall descend on the issue female, the eldest daughter and her heirs shall be preferred, and in the inheritance of those dignities, and in the signiories or baronies annexed, there shall be no coheirs.

Sixteen. In every signiory, barony, and manor, the respective lord shall have power, in his own name, to hold court-leet there, for trying of all causes, both civil and criminal; but where it shall concern any person being no inhabitant, vassal, or leet-man of the said signiory, barony, or manor, he, upon paying down of forty shillings to the lords proprietors' use, shall have an appeal from the signiory or barony court to the county court, and from the manor court to the precinct court.

Seventeen. Every manor shall consist of not less than three thousand acres, and not above twelve thousand acres, in one entire piece and colony, but any three thousand acres or more in one piece, and the possession of one man, shall not be a manor, unless it be constituted a manor by the grant of the palatine's court.

Eighteen. The lords of signiories and baronies shall have power only of granting estates not exceeding three lives, or twenty-one years, in two-thirds of said signiores or baronies, and the remaining third shall be always demesne.

Nineteen. Any lord of a manor may alienate, sell, or dispose to any other person and his heirs forever, his manor, all entirely together, with all the privileges and leet-men thereunto belonging, so far forth as any colony lands: but no grant of any part thereof, either in fee, or for any longer term than three lives, or one-and-twenty years, shall stand good against the next heir.

Twenty. / [2775] No manor, for want of issue male, shall be divided amongst coheirs; but the manor, if there be but one, shall all entirely descend to the eldest daughter and her heirs. If there be more minors than one, the eldest daughter first shall have her choice, the second next, and so on, beginning again at the eldest, until all the manors be taken up; that so the privileges which belong to manors being indivisible, the lands of the manors, to which they are annexed, may be kept entire and the manor not lose those privileges which, upon parcelling out to several owners, must necessarily cease.

Twenty-one. Every lord of a manor, within his own manor, shall have all the rights, powers, jurisdictions, and privileges which a landgrave or cazique hath in his baronies.

Twenty-two. In every signiory, barony, and manor, all the leet-men shall be under the jurisdiction of the respective lords of the said signiory, barony, or manor, without appeal from him. Nor shall any leet-man or leet-woman have liberty to go off from the land of their particular lord and live anywhere else, without license obtained from their said lord, under hand and seal.

Twenty-three. All the children of leet-men shall be leet-men, and so to all generations.

Twenty-four. No man shall be capable of having a court-leet or leet-men but a proprietor, landgrave, cazique, or lord of a manor.

Twenty-five. Whoever shall voluntarily enter himself a leet-man in the registry of the county court, shall be a leet-man.

Twenty-six. Whoever is lord of leet-men, shall, upon the marriage of a leet-man or leet-woman of his, give them ten acres of land for their lives; they paying to him therefor not more than one-eight part of all the yearly produce and growth of the said ten acres.

Twenty-seven. No landgrave or cazique shall be tried for any criminal cause in any but the chief justice's court, and that by a jury of his peers.

. . .

. . .

Ninety-five. No man shall be permitted to be a freeman of Carolina, or to have any estate or habitation within it, that doth not acknowledge a God; and that God is publicly and solemnly to be worshipped.

. . .

. . .

One hundred and twenty. / [2786] These fundamental constitutions, in number a hundred and twenty, and every part thereof, shall be and remain the sacred and unalterable form and rule of government of Carolina forever. Witness our hands and seals, the first day of March, sixteen hundred and sixty-nine.

Thorpe, V, S. 2772—2775, 2783, 2786.

XVIII. Pennsylvania-Charter vom 28. Februar 1681

CHARLES the Second, by the Grace of God, King of England, Scotland, France, and Ireland, Defender of the Faith, & c. To all whom these presents shall come, Greeting. WHEREAS Our Trustie and wellbeloved Subject WILLIAM PENN, Esquire, Sonne and heire of Sir WILLIAM PENN deceased, out of a commendable Desire to enlarge our English Empire, and promote such usefull comodities as may bee of Benefit to us and Our Dominions, as also to reduce the savage Natives by gentle and just manners to the Love of Cicil Societie and Christian Religion, hath humbley besought Leave of Us to transport an ample Colonie unto a certaine Countrey hereinafter described, in the Partes of America not yet cultivated and planted; And hath likewise humbley besought Our Royall Mejestie to Give, Grant, and Confirme all the said Countrey, with certaine Privileges and Jurisdictions, requisite for the good Government and Safetie of the said Countrey and Colonie, to him and his Heires forever: KNOW YE THEREFORE, That Wee, favouring the Petition and good Purpose of the said William Penn, and haveing Regard to the Memorie and Meritts of his late Father in divers Services, and perticulerly to his Conduct, Courage, and Discretion under our Dearest Brother JAMES Duke of York, in that Signall Battell and Victorie fought and obteyned against the Dutch Fleete, command by the Heer Van Opdam, in the yeare One thousand six hundred and sixty-five:

In consideration thereof, of Our Speciale grace, certaine Knowledge, and meere Motion have Given and Granted, and by this Our present Charter, for Us, Our Heires and Successors, Doe give and Grant unto the said William Penn, his Heires and Assignes, all that Tract or Parte of Land in America, with all the Islands therein conteyned, as the same is bounded on the East by Delaware River, from twelve miles distance Northwards of New Castle Towne unto the three and fortieth degree of Northerne Latitude, if the said River doeth extende so farre Northwards; But if the said River shall not extend soe farre Northward, then by the said River soe farr as it doth extend; and from the head of the said River, the Easterne Bounds are to bee determined by a Meridian Line, to bee drawne from the head of the said River, unto the said three and fortieth Degree. The said Lands to extend westwards five degrees in longitude, to bee computed from the said Easterne Bounds; and the said Lands to bee bounded on the North by the beginning of the three and fortieth degree of Northern Latitude, and on the South by a Circle drawne at twelve miles distance from New Castle Northward and Westward unto the beginning of the fortieth degree of Northern Latitude, and then by a streight Line Westward to the Limitt of Longitude above-mentioned. WEE do also give and grant unto the said William Penn, his heires and assignes, the free and undisturbed use and continuance in, and passage into and out of all and singuler Ports, Harbours, Bays, Waters, Rivers, Isles, and Inletts, belonging unto, or leading to and from the Countrey or Islands aforesaid, And all the Soyle, lands, fields, woods, underwoods, mountaines, hills, fenns, Isles, Lakes, Rivers, waters, Rivuletts, Bays, and Inletts, scituate or being within, or belonging unto the Limitts and Bounds aforesaid, togeather with the fishing of all sortes of fish, whales, Sturgeons, and all Royall and other Fishes, in the Sea, Bayes, Inletts, waters, or Rivers within the premisses, and the Fish therein taken; And also all Veines, Mines, and Quarries, as well discovered as not discovered, of Gold, Silver, Gemms, and / [3037] Pretious Stones, and all other whatsoever, be it Stones, Mettals, or of any other thing or matter whatsoever, found or to bee found within the Countrey, Isles, or Limitts aforesaid; AND him, the said William Penn, his heires and assignes, Wee doe by this Our Royall Charter, for Us, Our heires and Successors, make, create, and constitute the true and absolute Proprietaries of the Countrey aforesaid, and of all other the premisses, Saving alwayes to Us, Our heires and Successors, the Faith and Allegiance of the said William Penn, his heires and assignes, and of all other Proprietaries, Tenants, and Inhabitants that are or shall be within the Territories and Precincts aforesaid; and Saving also, unto Us, Our heires and Successors, the Sovereignty of the aforesaid Countrey; TO HAVE, hold, possess, and enjoy the said Tract of Land, Countrey, Isles, Inletts, and other the premisses unto the said William Penn, his heires and assignes, to the only Proper use and behoofe of the said William Penn, his heires and assignes for ever, to bee holden of Us, Our heires and Successors, Kings of England, as of Our Castle of Windsor in Our County of Berks, in free and comon Socage, by fealty only for all Services, and not in Capite or by Knights Service: Yielding and paying therefore to Us, Our heires and Successors, Two Beaver Skins, to bee delivered at Our said Castle of Windsor on the First Day of January in every Year; and also the Fifth Part of all Gold and Silver Oare, which shall from Time to Time happen to bee found within the Limitts aforesaid, cleare of all Charges. And of Our further Grace, certaine Knowledge, and meer motion, We have thought fitt to erect, and We doe hereby erect the aforesaid Countrey and Islands into a Province and Seigniorie, and doe call itt PENSILVANIA, and soe from henceforth we will have itt called.

AND forasmuch as Wee have hereby made and ordained the aforesaid William Penn, his heires and assignes, the true and absolute Proprietaries of all the Lands and Dominions aforesaid, KNOW YE THEREFORE, That We reposing speciall trust and Confidence in the fidelitie, wisedom, Justice, and provident circumspection of the said William Penn for us, our heires and Successors, Doe grant free, full, and absolute power by vertue of these presents to him and his heires, and to his and their Deputies, and Lieutenants, for the good and happy government of the said countrey, to ordeyne, make, and enact, and under his and their Seales to publish any Lawes whatsoever, for the raising of money for the publick use of the said Province, or for any other End, apperteyning either unto the publick state, peace, or safety of the said Countrey, or unto the private utility of perticular persons, according unto their best discretions, by and with the advice, assent, and approbation of the Freemen of the said Countrey, or the greater parte of them, or of their Delegates or Deputies, whom for the Enacting of the said Lawes, when, and as often as need shall require, Wee will that the said William Penn and his heires, shall assemble in such sort and forme, as to him and them shall seeme best, and the same Lawes duly to execute, unto and upon all People within the said Countrey and the Limitts thereof.

AND wee doe likewise give and grant unto the said William Penn, and his heires, and to his and their Deputies and Lieutenants, full power and authoritie to appoint and establish any Judges and Justices, Magistrates, and Officers whatsoever, for what Causes soever, for the probates of wills, and for the granting of Administrations / [3038] within the precincts aforesaid and with what Power soever, and in such forme as to the said William Penn or his heires shall seeme most convenient: Also to remitt, release, pardon, and abolish whether before Judgement or after all Crimes and Offences whatsoever comitted within the said Countrey against the said Lawes, Treason and wilful and malitious Murder onely excepted, and in those Cases to grant Reprieves, until Our pleasure may bee known therein and to doe all and every other thing and things, which unto the compleate Establishment of Justice, unto Courts and Tribunalls, formes of Judicature, and manner of Proceedings doe belong, altho in these presents expresse mention bee not made thereof; And by Judges by them delegated, to award Processe, hold Pleas, and determine in all the said Courts and Tribunalls all Actions, Suits, and Causes whatsoever, as well Criminall as Civill, Personall, reall and mixt; which Lawes, soe as aforesaid to bee published, Our Pleasure is, and soe Wee enjoyne, require, and command, shall bee most absolute and avaylable in law; and that all the Liege People and subjects of Us, Our heires and Successors, doe observe and keepe the same inviolabl in those partes, soe farr as they concerne them, under the paine therein expressed, or to bee expressed. PROVIDED nevertheles, That the said Lawes bee consonant to reason, and be not repugnant or contrarie, but as neare as conveniently may bee agreeable to the Lawes and Statutes, and rights of this Our Kingdome of England; And Saving and reserving to Us, Our heires and Successors, the receiving, heareing, and determining of the appeale and appeales of all or any Person or Persons, of, in, or belonging to the Territories aforesaid, or touching any Judgement to bee there made or given.

AND forasmuch as in the Government of soe great a Countrey, sudden Accidents doe often happen, whereunto itt will bee necessarie to apply remedie before the Freeholders of the said Province, or their Delegates or Deputies, can bee assembled to the making of Lawes; neither will itt bee convenient that instantly upon every such emergent occasion, soe greate a multitude should be called together: Therefore for the better Government of the said Countrey Wee will, and ordaine, and by these presents, for us, our Heires and successors, Doe Grant unto the said William Penn and his heires, by themselves or by their Magistrates and Officers, in that behalfe duely to bee ordeyned as aforesaid, to make and constitute fitt and wholesome Ordinances, from time to time, within the said Countrey to bee kept and observed, as well for the preservation of the peace, as for the better government of the People there inhabiting; and publickly to notifie the same to all persons, whome the same doeth or anyway may concerne. Which ordinances, Our Will and Pleasure is, shall bee observed inviolably within the said Province, under Paines therein to be expressed, soe as the said Ordinances bee consonant to reason, and bee not repugnant nor contrary, but soe farre as conveniently may bee agreeable with the Lawes of our Kingdome of England, and soe as the said Ordinances be not extended in any Sort to bind, charge, or take away the right or Interest of any person of persons, for or in their Life, members, Freehold, goods, or Chattles. And our further will and pleasure is, that the Lawes for regulateing and governing of Propertie within the said Province, as well for the descent and enjoyment of lands, as likewise for the enjoyment and succession of goods and Chattles, and likewise as to Felonies, shall bee / [3039] and continue the same, as they shall bee for the time being by the generall course of the Law in our Kingdome of England, untill the said Lawes shall bee altered by the said William Penn, his heires or assignes, and by the Freemen of the said Province, their Delegates or Deputies, or the greater Part of them.

AND to the End the said William Penn, or his heires, or other the Planters, Owners, or Inhabitants of the said Province, may not att any time hereafter by misconstruction of the powers aforesaid through inadvertencie or designe depart from that Faith and due allegiance, which by the lawes of this our Kingdom of England, they and all our subjects, in our Dominions and Territories, alwayes owe unto us, Our heires and Successors, by colour of any Extent or largnesse of powers hereby given, or pretended to bee given, or by force or colour of any lawes hereafter to bee made in the said Province, by vertue of any such Powers; OUR further will and Pleasure is, that a transcript or Duplicate of all Lawes, which shall bee soe as aforesaid made and published within the said Province, shall within five yeares after the makeing thereof, be transmitted and delivered to the Privy Councell, for the time being, of us, our heires and successors: And if any of the said Lawes, within the space of six moneths after that they shall be soe transmitted and delivered, bee declared by us, Our heires or Successors, in Our or their Privy Councell, inconsistent with the Sovereigntey or lawful Prerogative of us, our heires or Successors, or contrary to the Faith and Allegiance due by the legall government of this Realme, from the said William Penn, or his heires, or of the Planters and Inhabitants of the said Province, and that thereupon any of the said Lawes shall bee adjudged and declared to bee void by us, our heires or Successors, under our or their Privy Seale, that then and from thenceforth, such Lawes, concerning which such Judgement and declaration shall bee made, shall become voyd: Otherwise the said Lawes soe transmitted, shall remaine, and stand in full force, according to the true intent and meaneing thereof.

FURTHERMORE, that this new Colony may the more happily increase, by the multitude of People resorting thither; Therefore wee for us, our heirs and Successors, doe give and grant by these presents, power, Licence, and Libertie unto all the Liege People and Subjects, both present and future, of us, our heires, and Successors, excepting those who shall bee Specially forbidden to transport themselves and Families unto the said Countrey, with such convenient Shipping as by the lawes of this our Kingdome of England they ought to use, with fitting provisions, paying only the customs therefore due, and there to settle themselves, dwell and inhabitt, and plant, for the publick and their owne private advantage.

AND FURTHERMORE, that our Subjects may bee the rather encouraged to undertake this expedicion with ready and cheerful mindes, KNOW YE, That wee, of Our especiall grace, certaine knowledge, and meere motion, Doe Give and Grant by vertue of these presents, as well unto the said William Penn, and his heires, as to all others, who shall from time to time repaire unto the said Countrey, with a purpose to inhabitt there, or trade with the Natives of the said Countrey, full Licence to lade and freight in any ports whatsoever, of us, our heires and Successors, according to the lawes made or to be made within our Kingdome of England, and into the said Countrey, by them, theire Servants or assignes, to transport all and singuler theire / [3040] wares, goods, and Merchandizes, as likewise all sorts of graine whatsoever, and all other things whatsoever, necessary for food or cloathing, not prohibited by the Lawes and Statutes of our Kingdomes and Dominiones to be carryed out of the said Kingdomes, without any Lett or molestation of us, our heires and Successors, or of any of the Officers of us, our heires and Successors; saveing alwayes to us, our heires and Successors, the legall impositions, customes, and other Duties and payments, for the said Wares and Merchandize, by any Law or Statute due or to be due to us, our heires and Successors.

AND Wee doe further, for us, our heires and Successors, Give and grant unto the said William Penn, his heires and assignes, free and absolute power, to Divide the said Countrey and Islands into Townes, Hundreds and Counties, and to erect and incorporate Townes into Borroughs, and Borroughs into Citties, and to make and constitute ffaires and Marketts therein, with all other convenient priviledges and immunities, according to the meritt of the inhabitants, and the ffitnes of the places, and to doe all and every other thing and things touching, the premisses, which to him or them shall seeme meet and requisite, albeit they be such as of their owne nature might otherwise require a more especiall comandment and Warrant then in these presents is expressed.

WE Will alsoe, and by these presents, for us, our heires and Successors, Wee doe Give and grant Licence by this our Charter, unto the said William Penn, his heires and assignes, and to all the inhabitants and dwellers in the Province aforesaid, both present and to come, to import or unlade, by themselves or theire Servants, ffactors or assignes, all merchandizes and goods whatsoever, that shall arise of the fruites and comodities of the said Province, either by Land or Sea, into any of the ports of us, our heires and successors, in our Kingdome of England, and not into any other Countrey whatsoever: And wee give him full power to dispose of the said goods in the said ports; and if need bee, within one yeare next after the unladeing of the same, to lade the said Merchandizes and Goods again into the same or other shipps, and to export the same into any other Countreys, either of our Dominions or fforeigne, according to Lawe: Provided alwayes, that they pay such customes and impositions, subsidies and duties for the same, to us, our heires and Successors, as the rest of our Subjects of our Kingdome of England, for the time being, shall be bound to pay, and doe observe the Acts of Navigation, and other Lawes in that behalfe made.

AND FURTHERMORE, of our most ample and esspeciall grace, certaine knowledge, and meere motion, Wee doe, for us, our heires and Successors, Grant unto the said William Penn, his heires and assignes, full and absolute power and authoritie to make, erect, and constitute within the said Province and the Isles and Islets aforesaid, such and soe many Sea-ports, harbours, Creeks, Havens, Keyes, and other places, for discharge and unladeing of goods and Merchandizes, out of the shipps, Boates, and other Vessells, and ladeing them in such and soe many Places, and with such rights, Jurisdictions, liberties and priviledges unto the said ports belonging, as to him or them shall seeme most expedient; and that all and singuler the shipps, boates, and other Vessells, which shall come for merchandize and trade unto the said Province, or out of the same shall depart, shall be laden or unladen onely at such Ports as shall be erected and constituted by / [3041] the said William Penn, his heires and assignes, any use, custome, or other thing to the contrary notwithstanding. Provided, that the said William Penn and his heires, and the Lieutenants and Governors for the time being, shall admitt and receive in and about all such Ports, Havens, Creeks, and Keyes, all Officers and their Deputies, who shall from time to time be appointed for that Purpose by the ffarmers or Commissioners of our Customes for the time being.

AND Wee doe further appoint and ordaine, and by these presents, for us, our heires and Successors, Wee doe grant unto the said William Penn, his heires and assignes, That he, the said William Penn, his heires and assignes, may from time to time for ever, have and enjoy the Customes and Subsidies, in the Portes, Harbours, and other Creeks and Places aforesaid, within the Province aforesaid, payable or due for merchandizes and wares there to be laded and unladed, the said Customes and Subsidies to be reasonably assessed upon any occasion, by themselves and the People there as aforesaid to be assembled, to whom wee give power by these presents, for us, our heires and Successors, upon just cause and in dudue p'portion, to assesse and impose the same; Saveing unto us, our heires and Successors, such impositions and Customes, as by Act of Parliament are and shall be appointed.

AND it is Our further Will and plasure, that the said William Penn, his heires and assignes, shall from time to time constitute and appoint an Attorney or Agent, to Reside in or neare our City of London, who shall make knowne the place where he shall dwell or may be found, unto the Clerks of our Privy Counsell for the time being, or one of them, and shall be ready to appeare in any of our Courts att Westminster, to Answer for any Misdemeanors that shall be committed, or by any wilfull default or neglect permitted by the said William Penn, his heires or assignes, against our Lawes of Trade or Navigation; and after it shall be ascertained in any of our said Courts, what damages Wee or our heires or Successors shall have sustained by such default or neglect, the said William Penn, his heires and assignes shall pay the same within one yeare after such taxation, and demand thereof from such Attorney: or in case there shall be noe such Attorney by the space of a yeare, or such Attorney shall not make payment of such damages within the space of one yeare, and answer such other forfeitures and penalties within the said time, as by the Acts of Parliament in England are or shall be provided, according to the true intent and meaneing of these presents; then it shall be lawfull for us, our heires and Successors, to seize and Resume the government of the said Province or Countrey, and the same to retaine untill payment shall be made thereof: But notwithstanding any such Seizure or resumption of the government, nothing concerneing the propriety or ownership of any Lands, tenements, or other hereditaments, or goods or chattels of any the Adventurers, Planters, or owners, other than the respective Offenders there, shall be any way be affected or molested thereby.

PROVIDED alwayes, and our will and pleasure is, that neither the said William Penn, nor his heires, or any other the inhabitants of the said Province, shall at any time hereafter have or maintain any Correspondence with any other king, prince, or State, or with any of theire subjects, who shall then be in Warr against us, our heires or / [3042] Successors; Nor shall the said William Penn, or his heires, or any other the Inhabitants of the said Province, make Warre or doe any act of Hostility against any other king, prince, or State, or any of theire Subjects, who shall then be in league or amity with us, our heires or successors.

AND, because in soe remote a Countrey, and scituate neare many Barbarous Nations, the incursions as well of the Savages themselves, as of other enemies, pirates and robbers, may probably be feared; Therefore Wee have given, and for us, our heires and Successors, Doe give power by these presents unto the said William Penn, his heires and assignes, by themselves or theire Captaines or other their Officers, to levy, muster and traine all sorts of men, of what condition soever, or wheresoever borne, in the said Province of Pensilvania, for the time being, and to make Warre, and to pursue the enemies and Robbers aforesaid, as well by Sea as by Land, even without the Limitts of the said Province, and by God's assistance to vanquish and take them, and being taken to put them to death by the Law of Warre, or to save them, att theire pleasure, and to doe all and every other Thing which to the Charge and Office of a Captaine-Generall of an Army belongeth or hath accustomed to belong, as fully and ffreely as any Captaine-Generall of an Army hath ever had the same.

AND FURTHERMORE, of Our especiall grace and of our certaine knowledge and meere motion, wee have given and granted, and by these presents, for us, our heires and Successors, do Give and Grant unto the said William Penn, his Heirs and Assigns, full and absolute power, licence and authoritie, that he, the said William Penn, his heires and assignes, from time to time hereafter forever, att his or their own Will and pleasure may assigne, alien, Grant, demise, or enfeoffe of the Premises soe many and such partes or parcells to him or them that shall be willing to purchase the same, as they shall thinke fitt, To have and to hold to them the said person and persons willing to take or purchase, theire heires and assignes, in ffee-simple or ffee-taile, or for the terme of life, or lives or yeares, to be held of the said William Penn, his heires and assignes, as of the said Seigniory of Windsor, by such services, customes and rents, as shall seeme ffitt to the said William Penn, his heires and assignes, and not imediately of us, our heires and successors. AND to the same person or persons, and to all and every of them, wee doe give and grant by these presents, for us, our heires and successors, licence, authoritie and power, that such person or persons may take the premisses, or any parcell thereof, of the aforesaid William Penn, his heires or assignes, and the same hold to themselves, their heires and assignes, in what estate or inheritance soever, in ffee-simple or in ffee-taile, or otherwise, as to him, the said William Penn, his heires and assignes, shall seem expedient: The Statute made in the parliament of EDWARD, sonne of King HENRY, late King of England, our predecessor, commonly called The Statute QUIA EMPTORES TERRARUM, lately published in our Kingdome of England in any wise nothwithstanding.

AND by these presents wee give and Grant Licence unto the said William Penn, and his heires, likewise to all and every such person and persons to whom the said William Penn or his heires shall att any time hereafter grant any estate or inheritance as aforesaid, to erect any parcells of Land within the Province aforesaid into Mannors, by and with the Licence to be first had and obteyned for that / [3043] purpose, under the hand and Seale of the said William Penn or his heires; and in every of the said Mannors to have and to hold a Court-Baron, with all things whatsoever which to a Court-Baron do belong, and to have and to hold View of ffrank-pledge for the conservation of the peace and the better government of those partes, by themselves or their Stewards, or by the Lords for the time being of other Mannors to be deputed when they shall be erected, and in the same to use all things belonging to the View of ffrank-pledge. AND Wee doe further grant licence and authoritie, that every such person and persons who shall erect any such Mannor or Mannors, as aforesaid, shall or may grant all or any parte of his said Lands to any person or persons, in ffee-simple, or any other estate or inheritance to be held of the said Mannors respectively, soe as noe further tenures shall be created, but that upon all further and other alienations thereafter to be made, the said lands soe aliened shall be held of the same Lord and his heires, of whom the alienor did then before hold, and by the like rents and Services which were before due and accustomed.

AND FURTHER our pleasure is, and by these presents, for us, our heires and Successors, Wee doe convenant and grant to and with the said William Penn, and his heires and assignes, That Wee, our heires and Successors, shall at no time hereafter sett or make, or cause to be sett, any impossition, custome or other taxation, rate or contribution whatsoever, in and upon the dwellers and inhabitants of the aforesaid Province, for their Lands, tenements, goods or chattells within the said Province, or in and upon any goods or merchandize within the said Province, or to be laden or unladen within the ports or harbours of the said Province, unless the same be with the consent of the Proprietary, or chiefe governor, or assembly, or by act of Parliament in England.

AND Our Pleasure is, and for us, our heires and Successors, Wee charge and comand, that this our Declaration shall from henceforward be received and allowed from time to time in all our courts, and before all the Judges of us, our heires and Successors, for a sufficient and lawfull discharge, payment and acquittance; commanding all and singular the officers and ministers of us, our heires and Successors, and enjoyneing them upon pain of our high displeasure, that they doe not presume att any time to attempt any thing to the contrary of the premisses, or that doe in any sort withstand the same, but that they be att all times aiding and assisting, as is fitting unto the said William Penn, and his heires, and to the inhabitants and merchants of the Province aforesaid, their Servants, Ministers, ffactors and Assignes, in the full use and fruition of the benefitt of this our Charter.

AND Our further pleasure is, and wee doe hereby, for us, our heires and Successors, charge and require, that if any of the inhabitants of the said Province, to the number of Twenty, shall at any time hereafter be desirous, and shall by any writeing, or by any person deputed for them, signify such their desire to the Bishop of London for the time being that any preacher or preachers, to be approved of by the said Bishop, may be sent unto them for their instruction, that then such preacher or preachers shall and may be and reside within in the said Province, without any deniall or molestation whatsoever.

AND if perchance hereafter it should happen any doubts or questions should arise, concerning the true Sense and meaning of any / [3044] word, clause, or Sentence conteyned in this our present Charter, Wee will ordaine, and comand, that att all times and in all things, such interpretation be made thereof, and allowed in any of our Courts whatsoever, as shall be adjudged most advantageous and favourable unto the said William Penn, his heires and assignes: Provided always that no interpretation be admitted thereof by which the allegiance due unto us, our heires and Successors, may suffer any prejudice or diminution; Although express mention be not made in these presents of the true yearly value, or certainty of the premisses, or of any parte thereof, or of other gifts and grants made by us our progenitors or predecessors unto the said William Penn: Any Statute, Act, ordinance, provision, proclamation, or restraint heretofore had, made, published, ordained or provided, or any other thing, cause, or matter whatsoever, to the contrary thereof in any wise notwithstanding.

IN WITNESS, &c.

Given under our Privy Seale at our Palace of Westminster the Eight and Twentieth day of February in the Three and Thirtyeth Yeare of Our Reigne.

I. MATHEW.

Thorpe, V, S. 3036—3044.

XIX. Van Rensselaer-Manor-Lease

XX.

1. § 2.01 Fla. Stat. 1965, Bd. 1, S. 2

Common law and certain statutes declared in force. — The common and statute laws of England which are of a general and not a local nature, with the exception hereinafter mentioned, down to the fourth day of July, 1776, are declared to be of force in this state; provided, the said statutes and common law be not inconsistent with the constitution and laws of the United States and the acts of the legislature of this state.

2. Constitution of Maryland, Art. 5, Md. Ann. Code 1957, Bd. 9 A, S. 23

Common law and statutes of England applicable; trial by jury; property derived under charter granted to Lord Baltimore

That the Inhabitants of Maryland are entitled to the Common Law of England, and the trial by Jury, according to the course of that Law, and to the benefit of such of the English statutes as existed on the Fourth day of July, seventeen hundred and seventy-six; and which, by experience, have been found applicable to their local and other circumstances, and have been introduced, used and practiced by the Courts of Law or Equity; and also of all Acts of Assembly in force on the first day of June, eighteen hundred and sixty-seven; except such as may have since expired, or may be inconsistent with the provisions of this Constitution; subject, nevertheless, to the revision of, and amendment or repeal by, the Legislature of this State. And the Inhabitants of Maryland are also entitled to all property derived to them from, or under the Charter granted by His Majesty Charles the First to Caecilius Calvert, Baron of Baltimore.

3. § 43-3-1 R. I. Gen. Laws 1956, Bd. 7, S. 8

English Statutes as common law. — In all cases in which provision is not made herein, such English statutes, introduced before the Declaration of Independence, which have continued to be practiced under as in force in this state, shall be deemed and taken as a part of the common law thereof, and remain in force until otherwise specially provided.

4. § 1-101 Ark. Stat. 1947, Bd. 1, S. 113

Common and statute law of England adopted. — The common law of England, so far as the same is applicable and of a general nature, and all statutes of the British Parliament in aid of or to supply the defects of the common law made prior to the fourth year of James the First (that are applicable to our own form of government), of a general nature and not local to that kingdom, and not inconsistent with the Constitution and laws of the United States or the Constitution and laws of this State, shall be the rule of decision in this State unless altered or repealed by the General Assembly of this State.

5. § 135-1-1 Colo. Rev. Stat. 1963, Bd. 6, S. 795

Common law of England. — The common law of England so far as the same is applicable and of a general nature, and all acts and statutes of the British parliament, made in aid of or to supply the defects of the common law prior to the fourth year of James the First, excepting the second section of the sixth chapter of forty-third Elizabeth, the eighth chapter of thirteenth Elizabeth, and ninth chapter of thirty-seventh Henry the Eighth, and which are of a general nature, and not local to that kingdom, shall be the rule of decision, and shall be considered as of full force until repealed by legislative authority.

6. § 1-101 Ind. Ann. Stat. 1933, Repl. 1946, Bd. 2, S. 31

Law of state. — The law governing this state is declared to be:

First. The Constitution of the United States and of this state.

Second. All statutes of the general assembly of the state in force, and not inconsistent with such constitutions.

Third. All statutes of the United States in force, and relating to subjects over which congress has power to legislate for the states, and not inconsistent with the Constitution of the United States.

Fourth. The common law of England, and statutes of the British Parliament made in aid thereof prior to the fourth year of the reign of James the First (except the second section of the sixth chapter of forty-third Elizabeth, the eighth chapter of thirteenth Elizabeth, and the ninth chapter of thirty-seventh Henry the Eighth), and which are of the general nature, not local to that kingdom, and not inconsistent with the first, second and third specifications of this section.

7. Ch. 28 § 1 Ill. Rev. Stat. 1963, Bd. 1, S. 1087

Rule of decision. — Be it enacted by the People of the State of Illinois, represented in the General Assembly: That the common law of England, so far as the same is applicable and of a general nature, and all statutes or acts of the British parliament made in aid of, and to supply the defects of the common law, prior to the fourth year of

James the First, excepting the second section of the sixth chapter of 43d Elizabeth, the eighth chapter of 13th Elizabeth, and ninth chapter of 37th Henry Eighth, and which are of a general nature and not local to that Kingdom, shall be the rule of decision, and shall be considered as of full force until repealed by legislative authority.

8. § 1.010 Mo. Rev. Stat. 1959, Bd. 1, S. 23

Common law in force — effect on statutes. — The common law of England and all statutes and acts of parliament made prior to the fourth year of the reign of James the First, of a general nature, which are not local to that kingdom and not repugnant to or inconsistent with the Constitution of the United States, the constitution of this state, or the statute laws in force for the time being, are the rule of action and decision in this state, any custom or usage to the contrary notwithstanding, but no act of the general assembly or law of this state shall be held to be invalid, or limited in its scope or effect by the courts of this state, for the reason that it is in derogation of, or in conflict with, the common law, or with such statutes or acts of parliament; but all acts of the general assembly, or laws, shall be liberally construed, so as to effectuate the true intent and meaning thereof.

9. § 1-10 Va. Code 1950, Bd. 1, S. 5

The common law. — The common law of England, in so far as it is not repugnant to the principles of the Bill of Rights and Constitution of this State, shall continue in full force within the same, and be the rule of decision, except as altered by the General Assembly.

§ 1-11 Va. Code 1950, a. a. O., S. 6

Acts of Parliament. — The right and benefit of all writs, remedial and judicial, given by any statute or act of Parliament, made in aid of the common law prior to the fourth year of the reign of James the First, of a general nature, not local to England, shall still be saved, in so far as the same are consistent with the Bill of Rights and Constitution of this State and the Acts of Assembly.

10. § 8-17 Wyo. Stat. 1957, Bd. 4, S. 8—9

Adoption of common law. — The common law of England as modified by judicial decisions, so far as the same is of a general nature and not / [9] inapplicable, and all declaratory or remedial acts or statutes made in aid of, or to supply the defects of the common law prior to the fourth year of James the First (excepting the second section of the sixth chapter of forty-third Elizabeth, the eighth chapter of thirteenth Elizabeth and ninth chapter of thirty-seventh Henry Eighth) and which are of a general nature and not local to England, shall be the rule of decision in this state when not inconsistent with the laws thereof, and shall be considered as of full force, until repealed by legislative authority.

11. Constitution of the State of New York, Art. I § 14, N. Y. C. L. S., Bd. 12, S. 40—41

Common law and acts of the state legislatures. — Such parts of the common law, and of the acts of the legislature of the colony of New York, as together did form the law of the said colony, on the nineteenth day of April, one thou- / [41] sand seven hundred seventy-five, and the resolutions of the congress of the said colony, and of the convention of the State of New York, in force on the twentieth day of April, one thousand seven hundred seventy-seven, which have not since expired, or been repealed or altered; and such acts of the legislature of this state as are now in force, shall be and continue the law of this state, subject to such alterations as the legislature shall make concerning the same. But all such parts of the common law, and such of the said acts, or parts thereof, as are repugnant to this constitution, are hereby abrogated.

12. Tit. 46, § 152 Purdon's Penna. Stat. Ann., Titles 46—47, S. 90—91

Revival of provincial laws; English common law and statutes
Each and every one of the laws or acts of general assembly, that were in force and binding on the inhabitants of the said province on the 14th day of May last, shall be in force and binding on the inhabitants of this state, from and after the 10the day of Februar next, as fully and effectually, to all intents and purposes, as if the said laws, and each of them, had been made or enacted by this general assembly: and all and every person and persons whomsoever are hereby enjoined and required to yield obedience to the said laws, as the case may require, until the said laws or acts of general assembly, respectively, shall be repealed or altered, or until they expire by their own limitation: and the common law and such of / [91] the statute law of England, as have heretofore been in force in the said province, except as hereafter excepted.1777, Jan. 28.

13. § 2-1-1 W. Va. Code, Bd. 2, S. 17

Common law.
The common law of England, so far as it is not repugnant to the principles of the Constitution of this State, shall continue in force

within the same, except in those respects wherein it was altered by the general assembly of Virginia before the twentieth day of June, eighteen hundred and sixty-three, or has been, or shall be, altered by the legislature of this State.

14. § 49-301 D. C. Code 1961, S. 2086

Common law, principles of equity and admiralty, and Acts of Congress to remain in force.

The common law, all British statutes in force in Maryland on February 27, 1801, the principles of equity and admiralty, all general Acts of Congress not locally inapplicable in the District of Columbia, and all Acts of Congress by their terms applicable to the District of Columbia and to other places under the jurisdiction of the United States, in force in the District of Columbia on March 3, 1901, shall remain in force except in so far as the same are inconsistent with, or are replaced by, subsequent legislation of Congress.

LITERATURVERZEICHNIS

Adams, George Burton: Anglo-Saxon Feudalism, 7 Am. Hist. Rev. 11—35 (1901).

Adams, George Burton: The Origin of English Equity, 16 Colum. L. Rev. 87—98 (1916).

Adams, George Burton: The Continuity of English Equity, 26 Yale L. J. 550—563 (1917).

Adams, James Truslow, u. *Saltonstall*, Leverett: „Massachusetts" in Encyclopaedia Britannica, Bd. 15, Chicago, London und Toronto 1959, S. 24—31.

Adams, George Burton, und *Stephens*, H. Morse: Select Documents of English Constitutional History, New York 1947.

Ala. Code: The Code of Alabama, Recompiled 1958, Charlottesville, Va. 1960.

Alas. Stat.: Alaska Statutes 1962, Annotated, Charlottesville, Va. 1962.

Allen, John: Inquiry into the Rise and Growth of the Royal Prerogative in England, London 1830.

Allen, W. W.: Annotation: Reservation or exception in deed in favor of stranger, 88 A. L. R. 2d 1199—1227 (1963).

A. L. P.: American Law of Property, A Treatise on the Law of Property in the United States, Vol. I—VII, Boston 1952 (jeweils einzelne Autoren).

Ames, James Barr: Lectures on Legal History, and miscellaneous Legal Essays, Cambridge, Mass. 1913.

Ames, James Barr: The Origin of Uses and Trusts, 21 Harv. L. Rev. 261 bis 274 (1908).

Am. Jur.: American Jurisprudence, A Comprehensive Text Statement of American Case Law, San Francisco, Rochester, New York 1937 ff.

Am. Jur. 2d: American Jurisprudence, Second Edition, A Modern Comprehensive Text Statement of American Law, State and Federal, Rochester and San Francisco 1962 ff.

Ariz. Rev. Stat.: Arizona Revised Statutes, Annotated, St. Paul, Minn. 1956.

Ark. Stat. 1947: Arkansas Statutes 1947, Indianapolis 1948.

Ashley, W. J.: The Character of Villein Tenure, 8 Eng. Hist. Rev. 294—297 (1893).

Aston, T. H.: The Origins of the Manor in England, R. Hist. Soc., 5. Serie, Bd. VIII (1958), S. 59—83.

Attenborough, Frederick Levi (Hrsg.): The Laws of the Earliest English Kings, Cambridge 1922.

Bacon, Francis: The Learned Reading upon the Statute of Uses, neue Ausgabe hrsg. von William Henry Rowe, London 1804.

Baildon, William Paley (Hrsg.), Civil Pleas: Select Civil Pleas, Vol. I: 1200—1203, S. S., Vol. 3 (1889), London 1890.

Baildon, William Paley, Introduction: Introduction zu Select Cases in Chancery, 1364—1471, S. S., Vol. 10, London 1896.

Ballard, Adolphus: The Domesday Inquest, London 1906.

Barbour, Willard: Some Aspects of Fifteenth-Century Chancery, 31 Harv. L. Rev. 834—859 (1918).

Barlow, Frank: The Feudal Kingdom of England, 1042—1216, London, New York, Toronto 1955.

Bassett, John Spencer: Landholding in Colonial North Carolina, 11 L. Q. Rev. 154—166 (1895).

Bateson, Mary (Hrsg.), I, II: Borough Customs Band I, S. S., Vol. 18, London 1904, Band II, S. S., Vol. 21, London 1906.

Baur, Jürgen: Gott, Recht und weltliches Regiment im Werke Calvins, Diss. Köln 1964.

Beck, Norman Wood: „New Jersey" in Encyclopaedia Britannica, Bd. 16, Chicago, London und Toronto 1959, S. 307—312.

Beseler, Georg: Die Lehre von den Erbverträgen, Teil I: Die Vergabungen von Todes wegen nach dem älteren deutschen Rechte, Göttingen 1835.

Beyerle, Franz: Die ewigen Renten des Mittelalters, Besprechung der Dissertation von Stempell's, Die ewigen Renten und ihre Ablösung, VSWG 9 (1911), 401—406.

Billias, George Athan (Hrsg.): Law and Authority in Colonial America, Selected Essays, Barre, Mass. 1965.

Bingham, Joseph W.: Professor Kales and Common Law Remainders, 5 Mich. L. Rev. 497—508 (1907).

Birch, W. de Gray (Hrsg.): Cartularium Saxonicum, London 1885—1893.

Henry Campbell *Black*'s Law Dictionary: Definitions of the Terms and Phrases of American and English Jurisprudence, Ancient and Modern with Guide to Pronunciation, 4. Aufl. St. Paul, Minn. 1951.

Blackstone, William: Commentaries on the Laws of England, Vol. I—IV; benutzte Ausgabe: 3. Aufl. Oxford, Engl. 1768.

Bogert, George Gleason, On Trusts: Handbook of the Law of Trusts, 4. Aufl. St. Paul, Minn. 1963.

Bogert, George Gleason, und *Bogert,* George Taylor, Trusts & Trustees: The Law of Trusts and Trustees, 2. Aufl. Kansas City, Mo. und St. Paul, Minn. 1965.

Bond, Beverley W., Jr.: The Quit-Rent System in the American Colonies, New Haven, Conn. 1919.

Bondzio, Wilhelm: Zum internationalen Ehegüter- und Ehegattenerbrecht der Vereinigten Staaten von Amerika, Karlsruhe 1964.

Bordwell, Percy: Seisin and Disseisin, 34 Harv. L. Rev. 592—624, 717—740 (1921).

Bordwell, Percy: The Repeal of the Statute of Uses, 39 Harv. L. Rev. 466—484 (1926).

Bordwell, Percy: The Common-Law Scheme of Estates and the Remainder, 34 Iowa L. Rev. 401—429 (1949).

John *Bouvier*'s Law Dictionary and Concise Encyclopedia, 2 Bände, 8. Aufl. von Francis Rawle, Kansas City, Mo. und St. Paul, Minn. 1914.

William Edward Baldwin (Hrsg.), *Bouvier's* Law Dictionary, *Baldwin's* Edition: Students' Edition, Cleveland 1940.

Bowe, William J., und *Parker*, Douglas H.: Revised Treatise Page on the Law of Wills, 8 Bände, Cincinnati 1960 ff.

Bowes, James A., Jr.: Landlord and tenant. Origin of the Relation; their Mutual Rights and Liabilities, 20 Geo. L. J. 521—529 (1932).

Bracton, Henry de: De Legibus et Consuetudinibus Angliae, Erstausgabe London 1569/1640; benutzte Ausgabe: hrsg. von George E. Woodbine, New Haven 1915—1942.

Bracton's Note Book: Frederic William Maitland (Hrsg.), Bracton's Note Book, A Collection of cases, decided in the King's Courts during the reign of Henry the Third, annotated by a lawyer of that time, seemingly by Henry of Bracton, 3 Bände, Cambridge, Engl. 1887.

Brewster, James: „Connecticut" in Encyclopaedia Britannica, Bd. 6, Chicago, London und Toronto 1959, S. 265—271.

Bromley, P. M.: Family Law, 3. Aufl. London 1966.

Brooke, Christopher: The Saxon and Norman Kings, London 1963.

Brooke's Abridgement: Done and Remainder, Compilation and Arrangement of the Cases reported in the Year Books and Early Reports, 1568, zitiert nach *Digby*, S. 271—273.

Brooks, Robert P.: „Georgia" in Encyclopaedia Britannica, Bd. 10, Chicago, London und Toronto 1959, S. 197—203.

Burby, William E.: Handbook of the Law of Real Property, 2. Aufl. St. Paul, Minn. 1954.

Butler, Denis: 1066. The Story of a Year, New York 1966.

Byrd, Harry Flood, und *Church*, Randolph W.: „Virginia" in Encyclopaedia Britannica, Bd. 23, Chicago, London und Toronto 1959, S. 183—190.

Cadwalader, Richard McCall: A practical treatise on the law of ground rents in Pennsylvania, Philadelphia 1879.

Caesar, Gaius Julius: Commentarii de Bello Gallico et Civili, Erkl. von F. Kraner u. F. Hofmann, 12. Aufl. von H. Meusel, Berlin 1959.

Cantor, Milton: Buchbesprechung von Billias, Law and Authority in Colonial America, 10 Am. J. Legal Hist. 85—91 (1966).

Carr, C. T.: Our Manor of East Greenwich, 29 L. Q. Rev. 349—353 (1913).

Cary, William L.: Corporate Financing Through the Sale and Lease-back of Property: Business, Tax, and Policy Considerations, 62 Harv. L. Rev. 1—41 (1948).

Casner, A. James, und *Leach*, W. Barton: Cases and Text on Property, 1. Standardaufl. Boston 1950.

Chadwick, H. M.: Studies on Anglo-Saxon Institutions, Cambridge, Engl. 1905.

Challis, Henry William: The Law of Real Property, 3. Aufl. von Charles Sweet, London 1911.

Challis, Henry William: Determinable Fees. II, 3 L. Q. Rev. 403—405 (1887).

Challis, Henry William: Are Leaseholds Tenements? 6 L. Q. Rev. 69—71 (1890).

Cheshire, G. C.: The Modern Law of Real Property, 9. Aufl. London 1962.

Chesnut, W. Calvin: The Effect of Quia Emptores on Pennsylvania and Maryland Ground Rents, 91 U. Pa. L. Rev. 137—152 (1942).

Chew, Helena M.: The English Ecclesiastical Tenants-in-Chief and Knight Service, London 1932.

Christensen, Robert A.: Does Voucher to Warranty Belong in the UCC? 18 Stan. L. Rev. 666—679 (1966).

Christman, Henry: Tin Horns and Calico, A Decisive Episode in the Emergence of Democracy, New York 1945.

C. J. S.: Corpus Juris Secundum, A Complete Restatement of the Entire American Law, von William Mack und Donald J. Kiser, Brooklyn, N. Y. 1936 ff.

Edward *Coke on Littleton:* 1. Teil von Coke's Institutes, 1628; benutzte Ausgabe: 2. Aufl. London 1629.

Coke, Edward, IV: The Fourth Part of the Institutes of the Lawes of England; Concerning the Jurisdiction of Courts, London 1669.

Coke, Edward, Law Tracts: Three Law Tracts, London 1764.

Colo. Rev. Stat. 1963: Colorado Revised Statutes 1963, Denver Colo. 1964.

Comment: Vested and Contingent Remainders, 20 Harv. L. Rev. 243—245 (1907).

Comment: The Long Term Ground Lease: A Survey, 48 Yale L. J. 1400 bis 1414 (1939).

Conn. Gen. Stat. Rev. 1966: General Statutes of Connecticut, Revision of 1958, Revised to 1966, Bristol, Conn. o. J.

Conrad, Hermann: Deutsche Rechtsgeschichte, 2 Bände, 2. Aufl. Karlsruhe 1962.

Cotton, Robert Bruce: Cottoni Posthuma, hrsg. von James Howell, London 1672.

David, Heiner: Der Schutz des Begünstigten in der Treuhand nach englisch-amerikanischem Recht, Aarau 1926.

David, René und *Grasmann,* Günther: Einführung in die großen Rechtssysteme der Gegenwart, München und Berlin 1966.

D. C. Code 1961: District of Columbia Code Annotated, 1961 Edition, Washington 1961.

Del. Code Ann.: Delaware Code Annotated, Brooklyn, N. Y. und St. Paul, Minn. 1953.

Digby, Kenelm Edward: An Introduction to the History of the Law of Real Property, 5. Aufl. Oxford 1897.

Domesday Book: 2 Bände, ohne Erscheinungsort und Jahr, wahrscheinlich London 1783.

Dorsey, C.: General Public Statutory Law and Public Law, 1692—1839, 3 Bände, Baltimore 1840.

Douglas, David C., William: William the Conqueror, Berkeley und Los Angeles 1964.

Douglas, David C.: A Charter of Enfeoffment under William the Conqueror, 42 Eng. Hist. Rev. 245—247 (1927).

Douglas, David C.: The Norman Conquest and English Feudalism, 9 Econ. Hist. Rev. 128—143 (1939).

Douglas, George William, und *Duff*, James H.: „Pennsylvania" in Encyclopaedia Britannica, Bd. 17, Chicago, London und Toronto 1959, S. 478 bis 484.

Elphinstone, Howard W.: Buchbesprechung, 2 L. Q. Rev. 394—396 (1886).

Elphinstone, Howard W.: Notes on the Alienation of Estates Tail, 6 L. Q. Rev. 280—288 (1890).

Encyclopaedia Americana: Encyclopaedia Americana, Bd. 25, New York 1964.

Encyclopaedia Britannica: Encyclopaedia Britannica, Bde. 16, 23, Chicago, London und Toronto 1959.

Farran, C. D'Olivier: The Principles of Scots and English Land Law, Edinburgh 1958.

Farrer, Frederik Edward: Tenant by the Curtesy of England, 43 L. Q. Rev. 87—117 (1927).

Farrer, Frederik Edward: Reverter to Donor on a Determinable Fee, 50 L. Q. Rev. 33—39 (1934).

Fearne, Charles: An Essay on the learning on Contingent Remainders and executory devises, 3. Aufl. London 1776.

Fitzherbert, Anthony: Natura Brevium. The olde Tenures. Lyttylton tenures. The new talys, London 1534.

Fla. Stat. 1965: Official Florida Statutes 1965, 10. Aufl., hrsg. von Earl Faircloth und Charles Tom Henderson, Tallahassee, Fla. 1965.

Fleta: Fleta oder Commentarius Juris Anglicani sic nuncupatus, geschrieben um 1290 von einem Unbekannten, Erstdruck London 1647.

Forbes, Hugh H. V.: Real Property Law, London o. J.

Foulke, Roland R.: Vested and Contingent Remainders, 15 Colum. L. Rev. 680—691 (1915).

Freeman, Edward: History of the Norman Conquest of England, 6 Bände, Oxford, Engl. 1867—1879.

Ga. Code Ann.: Code of Georgia Annotated, 1948 Revision, Atlanta, Ga. o. J.

Galbraith, V. H.: An Episcopal Land-Grant of 1085, 44 Eng. Hist. Rev. 353—372 (1929).

Ganshof, François Louis: Was ist das Lehenswesen? Darmstadt 1961, Übersetzung der 3. franz. Aufl. Brüssel 1957.

Glanvill, Ranulf de: Tractatus de legibus et consuetudinibus regni Anglie qui Glanvilla vocatur, hrsg. von G. D. G. Hall, Erstausgabe gedruckt 1554, benutzte Ausgabe: S. S. 1965.

Gneist, Rudolf: Englische Verfassungsgeschichte, Berlin 1882.

Goebel, Julius, Jr.: King's Law and Local Custom in Seventeenth Century New England, 31 Colum. L. Rev. 416—448 (1931).

Goodhart, A. L.: Precedent in English and Continental Law, 50 L. Q. Rev. 40—65 (1934).

Goodhart, A. L.: What is the Common Law? Nr. 2 in The Migration of the Common Law, 76 L. Q. Rev. 45—48 (1960).

Gray, John Chipman: The Rule Against Perpetuities, 4. Aufl. hrsg. von Roland Gray, Boston 1942.

Gray, J. S.: Determinable Fees I., 3 L. Q. Rev. 399—402 (1887).

Green, John Richard: The Making of England, hrsg. von Mrs. J. R. Green und K. Norgate, London 1901.

Gulliver, Ashbel Green: Cases and Materials on the Law of Future Interests, St. Paul, Minn. 1959.

Hall, Ford W.: The Common Law: An Account of Its Reception in the United States, 14 Vand. L. Rev. 791—825 (1951).

Halsbury's Statutes of England: Sir Roland Burrows (Hrsg.), Halsbury's Statutes of England, 2. Aufl. London 1948 ff.

Hanbury, Harold Greville: Modern Equity, The Principles of Equity, 8. Aufl. London 1962.

Hardman, Frederic W.: The Law of Escheat, 4 L. Q. Rev. 318—344 (1888).

Hargreaves, A. D.: An Introduction to the Principles of Land Law, 3. Aufl. London 1952.

Harris, Marshall: Origin of the Land Tenure System in the United States, Ames, Iowa 1953.

Haskins, Charles Homer: Norman Institutions, Cambridge, Mass. 1918.

Haskins, Georg L.: Reception of the Common Law in Seventeenth-Century Massachusetts: A Case Study, in Billias, S. 17—31.

Haskins, Georg L.: The Beginnings of Partible Inheritance in the American Colonies, 51 Yale L. J. 1280—1315 (1942).

Haskins, Georg L.: The Development of Common Law Dower, 62 Harv. L. Rev. 42—55 (1948).

Haskins, Georg L.: Curtesy at Common Law: Historical Development, 29 B. U. L. Rev. 228—236 (1949).

Haskins, Georg L.: A Problem in the Reception of the Common Law in the Colonial Period, 97 U. Pa. L. Rev. 842—853 (1949).

Haw. Rev. Laws 1955: Revised Laws of Hawaii 1955, San Francisco 1957.

HDSW: v. Beckerath, Bente, Brinkmann, Gutenberg, Haberler, Jecht, Jöhr, Lütge, Predöhl, Schaeder, Schmidt-Rimpler, Weber, v. Wiese (Hrsg.), Handbuch der Sozialwissenschaften, 12 Bände, Stuttgart, Tübingen und Göttingen 1956 ff.

Hening, William W. (Hrsg.): The Statutes at Large of Virginia, 1619—1792, 13 Bände, New York und Philadelphia 1809—1823.

Heusler, Andreas, Gewere: Die Gewere, Weimar 1872.

Heusler, Andreas, Institutionen: Institutionen des Deutschen Privatrechts, Band I und II, Leipzig 1885—1886.

Hill and Redman: Hill and Redman's Law of Landlord and Tenant, 14. Aufl. hrsg. von W. J. Williams, London 1964.

Holdsworth, William S.: A History of English Law, 16 Bände, London, Bd. I: 1903, Bd. II, III: 1909, Bd. IV—VI: 1924, Bd. VII, VII: 1925, Bd. IX: 1926, Bd. X—XII: 1938, Bd. XIII: 1952, Bd. XIV—XVI: 1964—1966, Bd. I—XIII: Reprint 1966.

Holdsworth, William S.: The Early History of Equity, 13 Mich. L. Rev. 293—301 (1915).

Holdsworth, William S.: The Relation of the Equity Administered by the Common Law Judges to the Equity Administered by the Chancellor, 26 Yale L. J. 1—23 (1916).

Holdsworth, William S.: Case Law, 50 L. Q. Rev. 180—195 (1934).

Hollings, Marjory: The Survival of the Five Hide Unit in the Western Midlands, 63 Eng. Hist. Rev. 453—487 (1948).
Hollister, Warren C.: The Norman Conquest and the Genesis of English Feudalism, 66 Am. Hist. Rev. 641—663 (1961).
Holmes, Oliver Wendell, Jr.: Early English Equity, 1 L. Q. Rev. 162—174 (1885).
Howe, Mark DeWolfe: Readings in American Legal History, Cambridge, Mass. 1949.
Howe, Mark DeWolfe: The Sources and Nature of Law in Colonial Massachusetts, in Billias, S. 1—16.
Howe, Mark DeWolfe: The United States of America, Nr. 3 in The Migration of the Common Law, 76 L. Q. Rev. 49—53 (1960).
Howe, William Wirt: Roman and Civil Law in America, 16 Harv. L. Rev. 342—358 (1903).

Ida. Code: Idaho Code Containing the General Laws of Idaho Annotated, Indianapolis 1949.
Ill. Rev. Stat. 1963: Illinois Revised Statutes 1963, State Bar Association Edition, Chicago, Ill. 1963.
Ind. Ann. Stat. 1933, Rep. 1946: Annotated Indiana Statutes 1933, 1946 Replacement, All Completely Annotated, hrsg. von Harrison Burns, rev. von Benjamin F. Watson, Indianapolis o. J.

Jacobs, Albert C.: Cases and Materials on the Law of Landlord and Tenant, 2. Aufl. St. Paul, Minn. 1941.
John, Eric: Land Tenure in Early England, Leicester 1964.
Jolliffe, J. E. A.: Constitutional History of Medieval England, New York und London 1937.
Jones, Samuel, und *Varick*, R. (Hrsg.): Laws of the State of New York, 2 Bände, New York 1789.
Joüon des Longrais, F.: La Conception Anglaise de la Saisine du XII au XIVe Siècle, Etudes de Droit Anglais, Vol. I, Paris 1925.

Kales, Albert Martin: Future Interest in Land, 22 L. Q. Rev. 250—265, 383—400 (1906).
Kales, Albert Martin: A Modern Dialogue Between Doctor and Student on the Distinction Between Vested and Contingent Remainders, 24 L. Q. Rev. 301—315 (1908).
Kales, Albert Martin: Several Problems of Gray's Rule Against Perpetuities, Second Edition, 20 Harv. L. Rev. 192—204 (1907).
Kales, Albert Martin: Vested and Contingent Remainders, 8 Colum. L. Rev. 245—264 (1908).
Kales, Albert Martin: Comment on Recent Cases, 3 Ill. L. Rev. 369—387 (1909).
Kales, Albert Martin: Comment on Recent Cases, 5 Ill. L. Rev. 379—384 (1911).
Kales, Albert Martin: Buchbesprechung von Foulke's A Treatise on the Rules Against Perpetuities, Philadelphia 1909, 5 Ill. L. Rev. 386—388 (1911).
Kales, Albert Martin: Distinction Between Vested and Contingent Remainders in Illinois, 8 Ill. L. Rev. 225—238 (1913).

Kales, Albert Martin: The Later History of the Rule of Destructibility of Contingent Remainders, 28 Yale L. J. 656—672 (1919).

Kan. Gen. Stat. 1949: General Statutes of Kansas (Annotated) 1949, hrsg. von Franklin Corrick, Topeka 1950.

Kaufman, Frank A.: The Maryland Ground Rent-Mysterious But Beneficial, 5 Md. L. Rev. 1—72 (1940).

Keeton, G. W.: An Introduction to Equity, 5. Aufl. London 1961.

Kemble, J. M., Cod. Dipl. (Hrsg.): Codex Diplomaticus Aevi Saxonici, London 1839—1848.

Kemble, J. M., Saxons: The Saxons in England, 2 Bände, neu hrsg. von W. de Gray Birch, London 1876.

Kent, James: Commentaries on American Law, 4 Bände, 12. Aufl. hrsg. von O. W. Holmes, Jr., Boston und Cambridge, Mass. 1873.

Keyes, Henry Wilder, *Stevens*, Wayne Edson, und *Marston*, Philipp M.: „New Hampshire" in Encyclopaedia Britannica, Bd. 16, Chicago, London und Toronto 1959, S. 301—305.

Kovalevsky, Maxim: Early English Land Tenures, I. Mr. Vinogradoff's Work, 4 L. Q. Rev. 266—275 (1888).

Ky. Rev. Stat.: Kentucky Revised Statutes, July 1962, Frankfort, Ky. 1962.

Lawler, J. John: Classifications of Contingent Remainders, 29 Cal. L. Rev. 290—311 (1941).

Leach, W. Barton, Future Interests: Cases and Materials on the Law of Future Interests, 2. Aufl. Chicago 1940.

Leach, W. Barton, Property Law: Property Law Indicted!, Lawrence 1967.

Leadam, J. S.: Introduction to Select Cases in the Court of Requests, S. S., Vol. 12, London 1898.

Leadam, J. S.: The Inquisition of 1517; Inclosures and Evictions, R. Hist. Soc., Transactions, Bd. VI (1892), S. 167—314.

Leadam, J. S.: The Security of Copyholders in the Fifteenth and Sixteenth Centuries, 8 Eng. Hist. Rev. 684—696 (1893).

Leake, Stephen Martin: An Elementary Digest of the Law of Property in Land, 2. Aufl. hrsg. von A. E. Randall, London 1909.

Letters of Roger Williams: John Russell Bartlett (Hrsg.), The Complete Writings of Roger Williams, Vol. VI: Letters of Roger Williams 1632 bis 1682, New York 1963.

Lewis, Walker H. H.: The Taxation of Maryland Ground Rents, 3 Md. L. Rev. 314—337 (1939).

Littleton, Sir Thomas de: Treatise on Tenures, Erstausgabe 1481—1482, benutzte Ausgabe: Littleton's Tenures in French and English, London 1671.

Lodge, Cabot H.: The Anglo-Saxon Land Laws, Essays in Anglo-Saxon Law, Boston 1876.

Lovell, Colin Rhys: English Constitutional and Legal History, New York 1962.

MacDonald, William (Hrsg.): Select Charters Illustrative of American History, 1606—1775, New York 1899.

Madox, Thomas: The History and Antiquities of the Exchequer of the Kings of England, 2 Bände, 2. Aufl. London 1769.

Maitland, Frederic William, Domesday Book: Domesday Book and Beyond, 2. Aufl. Cambridge, Engl. 1907.

Maitland, Frederic William, Equity: Equity also the Forms of Action at Common Law, hrsg. v. A. H. Chaytor und W. J. Wittaker, Cambridge, Engl. 1916.

Maitland, Frederic William, Introduction: Introduction to Select Pleas in Manorial and Other Seignorial Courts, Vol. I, S. S., Vol. 2, London 1889, reprinted 1952, S. XI—LXXVII.

Maitland, Frederic William, Papers: Collected Papers, hrsg. von H. A. L. Fisher, 3 Bände, Cambridge, Engl. 1911.

Maitland, Frederic William: The Seisin of Chattels, 1 L. Q. Rev. 324—341 (1885).

Maitland, Frederic William: The Mystery of Seisin, 2 L. Q. Rev. 481—496 (1886).

Maitland, Frederic William: The Beatitude of Seisin, I: 4 L. Q. Rev. 24—39 (1888); II: 4 L. Q. Rev. 286—299 (1888).

Maitland, Frederic William: Remainders after Conditional Fees, 6 L. Q. Rev. 22—26 (1890).

Maitland, Frederic William: A New Point on Villein Tenure, 7 L. Q. Rev. 174—175 (1891).

Maitland, Frederic William: Taltarum's Case, 9 L. Q. Rev. 1—2 (1893).

Marsden, Reginald Godfrey: The Rule against Perpetuities, London 1883.

Mass. Ann. Laws: Annotated Laws of Massachusetts, Charlottesville, Va. und Rochester, N. Y. 1959.

Maurois, André: Die Geschichte Amerikas, Zürich 1947.

Mayer, Lewis: Ground Rents in Maryland, Baltimore 1883.

McKean, Frederick G., Jr.: British Statutes in American Jurisdictions, 78 U. Pa. L. Rev. 195—230 (1929).

Md. Ann. Code 1957: The Annotated Code of the Public General Laws of Maryland 1957, Replacement 1963, Charlottesville, Va. 1963.

Mechem, Philip: Cases and Materials on Future Interests, Brooklyn 1958.

Megarry, R. E.: A Manual of the Law of Real Property, 3. Aufl. London 1962.

Megarry, R. E., und *Wade,* H. W. R.: The Law of Real Property, 3 .Aufl. London 1966.

Mitchell, Matthew Cargill: „Rhode Island" in Encyclopaedia Britannica, Bd. 19, Chicago, London und Toronto 1959, S. 254—258.

Mont. Rev. Cod. 1947: Revised Codes of Montana 1947, Annotated, Replacement 1955, Indianapolis 1955.

Monumenta Franciscana: Monumenta Franciscana, zitiert nach *Holdsworth,* IV, S. 416 f.

Mo. Rev. Stat. 1959: Revised Statutes of the State of Missouri 1959, City of Jefferson, Mo. 1960.

Morris, Richard B.: Studies in the History of American Law, 2. Aufl. New York 1964.

Morris, Richard B.: Massachusetts and the Common Law: The Declaration of 1646, 31 Am. Hist. Rev. 443—453 (1926).

Munro, William Bennett: The Genesis of Roman Law in America, 22 Harv. L. Rev. 579—590 (1909).

Nasse, Erwin: Über die mittelalterliche Feldgemeinschaft in England, Bonn 1869.

N. C. Gen. Stat.: The General Statutes of North Carolina, Charlottesville, Va. 1953.

Neb. Rev. Stat. 1943: Revised Statutes of Nebraska, Reissue 1960, Lincoln, Neb. 1960.

Neilson, N.: Custom and the Common Law in Kent, 38 Harv. L. Rev. 482—498 (1925).

Newsome, Albert Ray: „North Carolina" in Encyclopaedia Britannica, Bd. 16, Chicago, London und Toronto 1959, S. 520—525.

N. J. Gen. Stat. 1895: General Statutes of New Jersey 1895, Newark, N. J. 1898.

N. J. Rev. Stat. 1937: Revised Statutes of New Jersey 1937, Newark, N. J. 1940.

N. M. Stat. 1953: New Mexiko Statutes 1953, Annotated, hrsg. von John W. Tranberg und Arie Poldervaart, Indianapolis 1954.

Note: Common Recoveries, 26 Am. Dec. 725—726 (1834).

Note: In What Cases Legal Estate Vests in Beneficiary, under Statute of Uses, 78 Am. Dec. 406—410 (1860).

Note: The Statutes of Uses in the United States, 16 L. R. A. (n. s.) 1148 bis 1162 (1908).

Note: Extent of Adoption of Common Law, Ann. Cas. 1913 E, 1232—1246.

Note: Rent as Realty or Personalty, Ann. Cas. 1918 A, 148—152.

Note: Law in Colonial New York: The Legal System of 1691, 80 Harv. L. Rev. 1757—1772 (1967).

N. R. S.: Nevada Revised Statutes, 1957 Edition, Carson City, Nev o. J.

N. Y. C. L. S.: New York, Consolidated Laws Service, hrsg. von the Lawyers' Co-operative Publishing Company, Rochester, N. Y. und New York 1952.

N. Y. Col. Hist.: E. B. O'Callagham und J. R. Brodhead (Hrsg), Documents Relative to the Colonial History of New York, 15 Bände, New York 1853—1887.

N. Y. Jur.: New York Jurisprudence, A Comprehensive Modern Text Statement of the Substantive Civil Law of New York, Rochester, N. Y. und Mount Kisco, N. Y. 1958 ff.

N. Y. Rev. Stat. 1830: The Revised Statutes of the State of New York, hrsg. von J. Duer, B. F. Butler und I. C. Spencer, Albany 1830.

Okla. Stat. 1951: Oklahoma Statutes 1951, St. Paul, Minn. 1951.

Oman, Sir Charles William Chadwick: The Great Revolt of 1381, Oxford, Engl. 1906.

Osgood, Herbert Levi, 17. Jhdt.: The American Colonies in the Seventeenth Century, Bd. I—III, Gloucester, Mass. Reprint 1957.

Osgood, Herbert Levi, 18. Jhdt.: The American Colonies in the Eighteenth Century, Bd. I—IV, New York 1924, Reprint Bd. I—II 1930, Bd. III bis IV 1958.

Page, T. W.: The End of Villainage in England, New York 1900.

Painter, Sidney: The Rise of the Feudal Monarchies, Ithaca, N. Y. 1951.

Palgrave, Francis, English Commonwealth: Rise and Progress of the English Commonwealth, London 1832.

Palgrave, Francis, Normandy and England: History of Normandy and England, 4 Bände, London 1851—1864.

Peter, Hans: Actio and Writ, Eine vergleichende Darstellung römischer und englischer Rechtsbehelfe, Tübingen 1957.

Plucknett, Theodore F. T.: A Concise History of the Common Law, 5. Aufl. Boston 1956.

Plucknett, Theodore F. T.: Bookland and Folkland, 6 Econ. Hist. Rev 64—72 (1936).

Pollock, Frederick, Expansion: The Expansion of the Common Law, London 1904.

Pollock, Frederick, Land Laws: Land Laws, 3. Aufl. London 1896.

Pollock, Frederick, Recht des Grundbesitzes: Das Recht des Grundbesitzes in England, Berlin 1889.

Pollock, Frederick: Anglo-Saxon Law, 8 Eng. Hist. Rev. 239—271 (1893).

Pollock, Frederick: The Vocation of the Common Law, 11 L. Q. Rev. 323—336 (1895).

Pollock, Frederick, and *Maitland,* Frederic W.: The History of English Law Before the Time of Edward I, 2 Bände, 2. Aufl. Cambridge, Engl. 1923, Reprint 1952.

Pomeroy, John Norton: A Treatise on Equity Jurisprudence, 5. Aufl. von Spencer W. Symons, Bd. I—V, San Francisco und Rochester, N. Y. 1941.

Pope, Herbert: The English Common Law in the United States, 24 Harv. L. Rev. 6—30 (1910).

Potter(-Kiralfy): Potter's Historical Introduction to English Law and Its Institutions, 4. Aufl. von A. K. R. Kiralfy, London 1958.

Pound, Roscoe: The Spirit of the Common Law, Boston 1921.

Pound, Roscoe: Common Law and Legislation, 21 Harv. L. Rev. 383—407 (1908).

Pound, Roscoe: The Revival of Comparative Law, 5 Tulane L. Rev. 1—16 (1930).

Pound, Roscoe: The Development of American Law and Its Deviation from English Law, 67 L. Q. Rev. 49—66 (1951).

Powell, Richard R. B.: The Law of Real Property, Bd. I—VII, mit Supplements, Albany, San Francisco und New York 1966 (teilweise mit Bearbeiter).

Powell, Richard R. B.: Determinable Fees, 23 Colum. L. Rev. 207—234 (1923.)

Prestwich, J. O.: War and Finance in the Anglo-Norman State, R. Hist. Soc., Transactions, 5. Serie, Bd. IV (1954), S. 19—43.

Purdon's Penna. Stat. Ann.: Purdon's Pennsylvania Statutes Annotated, Permanent Edition Philadelphia, Pa., Newark, N. J. und St. Paul, Minn. 1952.

Radbruch, Gustav: Der Geist des englischen Rechts, Göttingen 1956.

Radin, Max: Handbook of Anglo-American Legal History, St. Paul, Minn. 1936.

Ramsey, Abbey of: Cartularium Monasterii de Rameseia 1133—1160, hrsg. von W. H. Hart und P. A. Lyons, zitiert nach *Holdsworth,* III, S. 188.

Rasch, Josef: The New York Law and Practice of Real Property, Vol. I—III, Mount Kisco, N. Y. 1962.

Reinsch, Paul Samuel: The English Common Law in the Early American Colonies, Select Essays in Anglo-American Legal History, I, Cambridge, Engl. 1907, S. 367—415.

Restatement, Property: The American Law Institute, Restatement of the Law of Property, Vol. I: Introduction and Freehold Estates, St. Paul, Minn. 1936.

Rich, Burdett A.: Note. — Adoption of the Common Law in the United States, 22 L. R. A. 501—512 (1894).

Richardson, H. G.: The Oxford Law School under John, 57 L. Q. Rev. 319—338 (1941).

Riesenfeld, Stefan A.: Individual and Family Rights in Land During the Formative Period of the Common Law, Festschrift für Roscoe Pound, Indianapolis und New York 1962, S. 439—462.

R. I. Gen. Laws 1956: General Laws of Rhode Island 1956, Completely Annotated, Indianapolis 1957.

Ritchie, Albert C., und *Everstine*, Carl N.: „Maryland" in Encyclopaedia Britannica, Bd. 15, Chicago, London und Toronto 1959, S. 1—6.

Robinson, Thomas: On Gavelkind, 5. Aufl., hrsg. von C. J. Elton und H. J. H. Mackay, London 1897.

Rood, John R.: The Statute of Uses and the Modern Deed, 4 Mich. L. Rev. 109—122.

Round, John Horace: Feudal England, London 1895.

Round, John Horace: The Introduction of Knight Service into England, 6 Eng. Hist. Rev. 417—443, 625—645 (1891), 7 Eng. Hist. Rev. 11—24 (1892).

Rutter, Thomas, Jr.: Tenure and Ground Rents in Pennsylvania, 14 N. Y. U. Intra. L. Rev. 219—231 (1958—1959).

Ryden, Georg H., und *Eckman*, Jeanette: „Delaware" in Encyclopaedia Britannica, Bd. 7, Chicago, London und Toronto 1959, S. 151—156.

Sanders, Francis Williams: An Essay on the nature and laws of Uses and Trusts, 2 Bände, 5. Aufl., hrsg. v. G. W. Sanders und J. Warner, London 1844.

Savine, Alexander: Copyhold Cases in the Early Chancery Proceedings, 17 Eng. Hist. Rev. 296—303 (1902).

Sayles, G. O., Introduction: Introduction to Select Cases in the Court of King's Bench under Edward I, Vol. III, S. S., Vol. 58, London 1939, S. XI—CXCVIII.

Sayles, G. O., Foundations: The Medieval Foundations of England, Philadelphia 1950.

Sayles, G. O., Select Cases: Select Cases in the Court of King's Bench under Edward I, Vol. I, S. S., Vol. 55, London 1936.

S. C. Code of Laws 1962: Code of Laws of South Carolina 1962, Annotated, Charlottesville, Va. 1962.

Schechter, Frank J.: Popular Law and Common Law in Medieval England, 28 Colum. L. Rev. 269—299 (1928).

Schultze, Adolf: Die langobardische Treuhand und ihre Umbildung zur Testamentsvollstreckung, Untersuchungen zur deutschen Staats- und Rechtsgeschichte, Heft 49, Breslau 1895.

Scott, Austin Wakeman: The Law of Trusts, 5 Bände, 2. Aufl. Boston und Toronto 1956.

Scribner, Charles H.: A Treatise on the Law of Dower, Vol. I—II, 2. Aufl. Philadelphia 1883.

Seebohm, Frederic: Villainage in England, 7 Eng. Hist. Rev. 444—465 (1892).

Seidel, Bruno: „Fourier, Charles" in HDSW, Bd. 4, 1965, S. 98—99.

Sharswood, George: Popular Lectures on Commercial Law, Philadelphia 1856.

Sills, Kenneth Charles, und *Dow,* Edward French: „Maine" in Encyclopaedia Britannica, Bd. 14, Chicago, London und Toronto 1959, S. 686—691.

Simes, Lewis M., and *Smith,* Allan F.: The Law of Future Interests, 4 Bände, 2. Aufl. St. Paul, Minn. 1956.

Simpson, A. W. B.: An Introduction to the History of the Land Law, London 1961.

Smith, Alfred Emanuel, und *Tyler,* A. Ranger: „New York (State)" in Encyclopaedia Britannica, Bd. 16, Chicago, London und Toronto 1959, S. 365—375.

Snell: Snell's Principles of Equity, 25. Aufl. von R. E. Megarry und P. V. Baker, London 1960.

Spelman, Henry: Reliquiae Spelmannianae, hrsg. von Edmund Gibson, Oxford, Engl. 1698.

von Stempell, Benedictus Baron: Die ewigen Renten und ihre Ablösung, Diss. Borna-Leipzig 1910.

Stenton, D. M.: Rolls of the Justices in Eyre for Gloucestershire, Warwickshire and Staffordshire, S. S., Vol. 59, London 1940.

Stenton, F. M., Anglo-Saxon England: Anglo-Saxon England, Oxford, Engl. 1943.

Stenton, F. M., English Feudalism: The First Century of English Feudalism, 1066—1166, Oxford, Engl. 1932.

Stenton, F. M.: English Families and the Norman Conquest, R. Hist. Soc. Transactions, 4. Serie, Bd. XXVI (1944), S. 1—17.

Stephenson, Carl: Feudalism and Its Anticedents in England, 48 Am. Hist. Rev. 245—265 (1943).

Stevenson, W. H.: Reviews of Books, The Coucher Book of Selby Abbey, hrsg. von J. T. Fowler, 9 Eng. Hist. Rev. 742—746 (1894).

Stone, Harlan F.: The Common Law in the United States, 50 Harv. L. Rev. 4—26 (1936).

Story, Joseph: Commentaries on Equity Jurisprudence, 3. engl. Aufl. von A. E. Randall, London 1920.

Stubbs, William, Constitutional History: Constitutional History of England, Bd. I, 5. Aufl. 1891, Bd. II, 4. Aufl. 1896, Bd. III, 5. Aufl. 1898, jeweils Oxford, Engl.

Stubbs, William (Hrsg.), S. C.: Select Charters and Other Illustrations of English Constitutional History from the Earliest Times to the Reign of Edward I (1307), 9. Aufl. von H. W. C. Davis, Oxford, Engl. 1962.

Sullivan, Joseph D.: Leases in the fourteenth Century, 22 Geo. L. J. 41—57 (1933).

Sweet, Charles: Seisin, 12 L. Q. Rev. 239—251 (1896).

Tacitus, Publius Cornelius: De origine et situ Germanorum liber [lat. u. deutsch], hrsg. u. übers. von E. Fehrle, 5. Aufl. Heidelberg 1959.

Taswell-Langmead: Taswell-Langmead's English Constitutional History, 11. Aufl. von Theodore F. T. Plucknett, London 1960.

Thorne, S. E.: English Feudalism and Estates in Land, 1959 Camb. L. J. 193—209.

Thorpe, Francis Newton: The Federal and State Constitutions, Colonial Charters, and Other Organic Laws of the States, Territories, and Colonies, Vol. I—VII, Washington 1909.

Tiffany, Herbert Thorndike: Future Estates, 29 L. Q. Rev. 290—303 (1913).

Tiffany, Herbert Thorndike, und *Zollman,* Carl: A Treatise on the Modern Law of Real Property and other Interests in Land, Chicago 1940.

Turner, G. J.: Notes, A Newly Discovered Ordinance, 12 L. Q. Rev. 299—301 (1896).

Turner, G. J.: Taltarum's Case, 12 L. Q. Rev. 301 (1896).

Updegraff, Clarence Milton: The Interpretation of „Issue" in the Statute De Donis, 39 Harv. L. Rev. 200—220 (1925).

Va. Code 1950: Code of Virginia 1950, Annotated, Charlottesville, Va. o. J.

Vance, William R.: The Quest for Tenure in the United States, 33 Yale L. J. 248—271 (1924).

Vance, William R.: Rights of Reverter and the Statute Quia Emptores, 36 Yale L. J. 593—607 (1927).

Vernon's Tex. Stat. 1948: Vernon's Texas Statutes 1948, Kansas City, Mo. 1948.

V. I. Code: Virgin Islands Code Annotated, 1967 Edition, Orford, N. H. 1967.

Vinogradoff, Paul, English Society: English Society in the Eleventh Century, Oxford, Engl. 1908.

Vinogradoff, Paul, Manor: The Growth of the Manor, 2. Aufl. New York 1911.

Vinogradoff, Paul Villainage: Villainage in England, Oxford, Engl. 1892.

Vinogradoff, Paul: Folkland, 8 Eng. Hist. Rev. 1—17 (1893).

Vinogradoff, Paul: Buchbesprechung von Page, The End of Villainage in England, New York 1900, 15 Eng. Hist. Rev. 774—781 (1900).

Lord Chancellor *Viscount Kilmuir*: Introduction to The Migration of the Common Law, 76 L. Q. Rev. 41—44 (1960).

de Vries, Jan: Die geistige Welt der Germanen, Darmstadt 1964.

Vt. Stat. Ann.: Vermont Statutes Annotated, 1959 Revision, Orford, N. H. o. J.

Wallace, David Duncan, und *Cauthen,* Charles Edward: „South Carolina" in Encyclopaedia Britannica, Bd. 21, Chicago, London und Toronto 1959, S. 85—89.

Walsh, William F.: History of Anglo-American Law, 2. Aufl. Indianapolis 1932.

Wash. Rev. Code: Revised Code of Washington, o. Ersch. Ort, o. J.

Weingarten, Hermann: Die Revolutionskirchen Englands, Leipzig 1868.

Wengler, Wilhelm: Die Anpassung des englischen Rechts durch die Judikatur in den Vereinigten Staaten, Festschrift für Rabel, hrsg. von Hans Dölle, Max Rheinstein und Konrad Zweigert, Bd. I, Tübingen 1954, S. 39—65.

Williams: Williams On Executors and Administrators, hrsg. von G. W. Keeton, 2 Bände, 14. Aufl. London 1960.

Williams, T. Cyprian: The Terms Real and Personal in English Law, 14 L. Q. Rev. 394—408 (1888).

Windeyer, W. J. V.: Lectures on Legal History, 2. Aufl. Sydney, Melbourne und Brisbane 1949.

Winfield, Percy H.: The Chief Sources of English Legal History, Cambridge, Mass. 1925.

Winthrop's Journal: „History of New England 1630—1649", hrsg. von James Kendall Hosmer, Vol. I, New York, Reprint 1953.

Wisc. Stat. 1959: Wisconsin Statutes 1959, 25. Aufl. hrsg. von James J. Burke und Dolores Topp Thimke, Racine, Wisc. o. J.

W. Va. Code: West Virginia Code Annotated, Charlottesville, Va. 1966.

Wyo. Stat. 1957: Wyoming Statutes 1957, Annotated, Charlottesville, Va. 1959.

Yiannopoulos, A. N.: Louisiana Practice, Vol. 1: Civil Law of Property, St. Paul, Minn. 1966.

Zane, John Maxcy: Determinable Fees in American Jurisdictions, 17 Harv. L. Rev. 297—316 (1904).

VERZEICHNIS
DER ZITIERTEN ENTSCHEIDUNGEN

Englische Entscheidungen

Irische Entscheidung

Amerikanische Entscheidungen

Kolibri 360 GmbH
Ferdinand-Jühlke-Straße 7
99095 Erfurt, Deutschland
produktsicherheit@kolibri360.de